Libro completo de recetas,
# CLASE DE COCINA
con explicaciones paso por paso

**Copyright © 2001, 1994 por Publications International, Ltd.**
Reservados todos los derechos. Esta publicación no puede ser reproducida ni citada en su totalidad ni en parte, en forma mimeografiada o por cualquier otro medio impreso o electrónico, ni presentada en radio, televisión, videotape, o en película sin autorización escrita de:
Louis Weber, C.E.O.
Publications International, Ltd.
7373 N. Cicero Ave.
Lincolnwood, Illinois 60712

En ningún caso se concede permiso para fines comerciales.

Los derechos de reproducción de todas las recetas que contienen nombres de marcas específicas son de propiedad de esas empresas y/o asociaciones.

Dole es marca registrada de Dole Food Company, Inc.

Algunos productos señalados en esta publicación pueden tener distribución limitada.

**Fotografías:** Sacco Productions Limited, Chicago
**En la portada:** Filice de pollo al ajo *(página 164)* y Palitos sabrosos de zanahoria *(página 102)*.
**En la contraportada:** Cazuela de gambas en pasta de cabello de ángel *(página 80)*.

ISBN: 0-7853-5600-2

Número de tarjeta de catálogo de la Library of Congress: 94-66564

Hecho en China.

8 7 6 5 4 3 2 1

**Preparación de alimentos con horno de microondas:** los hornos de microondas varían en su voltaje. Los tiempos de coción que se señalan en esta publicación son aproximados. Use los tiempos de cocción como directrices y compruebe si los alimentos están cocidos antes de añadir más tiempo. Refiérase a las instrucciones del fabricante para identificar bandejas de horno apropiadas para horno de microondas.

Los editores agradecen a las siguientes empresas y organizaciones el uso de sus recetas en esta publicación: American Egg Board, American Spice Trade Association, Arkansas State Fair, Black Walnut Festival, Borden, Inc., Borden Kitchens, California Olive Industry, Castroville Artichoke Festival, Christopher Ranch of Gilroy, Circleville Pumpkin Festival, Delmarva Poultry Industry, Inc., Dole Food Company, Inc., Florida Tomato Committee, The HVR Company, Illinois State Fair, Kansas Department of Agriculture, Thomas J. Lipton Co., National Broiler Council, National Pasta Association, National Peanut Festival, National Sunflower Association, Nebraska State Fair, New Jersey Department of Agriculture, New Mexico State Fair, North Dakota Beef Commission, North Dakota Wheat Commission, Pace Foods, Inc., Pollio Dairy Products, The Procter & Gamble Company, The Quaker Oats Company, Southeast United Dairy Industry Association, Inc., Uncle Ben's Rice y Wisconsin Milk Marketing Board.

## Libro completo de recetas
# CLASE DE COCINA

con explicaciones paso por paso

PUBLICATIONS INTERNATIONAL, LTD.

# CONTENIDO

| | |
|---|---|
| **INTRODUCCION** | **6** |
| **APERITIVOS** | **8** |
| Apuntes de curso | 10 |
| Entradas selectas | 12 |
| Estilo foráneo | 22 |
| Hora de picar | 32 |
| Delicias para fiestas | 38 |
| **PASTAS** | **46** |
| Apuntes de curso | 48 |
| Ensaladas y sopas | 50 |
| Salsas | 62 |
| Platos principales | 74 |
| **VERDURAS** | **86** |
| Apuntes de curso | 88 |
| Espárragos | 92 |
| Porotos verdes | 94 |
| Porotos/frijoles | 96 |
| Brécol | 98 |
| Coles | 100 |
| Zanahorias | 102 |
| Coliflor | 104 |
| Maíz tierno | 106 |
| Berenjenas | 110 |
| Colinabos | 112 |
| Champiñones | 115 |
| Cebollas | 118 |
| Pastinacas | 122 |
| Arvejas | 124 |
| Tirabeque | 126 |
| Pimentones | 128 |
| Papas | 130 |
| Camote | 134 |
| Espinacas | 136 |
| Zapallo/auyama | 138 |
| Zapallo de cáscara verde | 140 |
| Tomates | 142 |
| Zapallitos italianos | 144 |
| **POLLO** | **146** |
| Apuntes de curso | 148 |
| Ensaladas | 154 |
| Comidas de plato único | 162 |
| Platos predilectos para la familia | 172 |
| Distinguidos platos principales | 184 |
| **CHINO** | **194** |
| Apuntes de curso | 196 |
| Aperitivos y sopas | 198 |
| Platos principales | 212 |
| Acompañamientos | 274 |
| **ITALIANO** | **236** |
| Apuntes de curso | 238 |
| Aperitivos y sopas | 240 |
| Pastas | 250 |
| Platos principales | 264 |
| Acompañamientos | 274 |

*Tirabeque con ajonjolí*

*Flautas con relleno de pollo*

| | |
|---|---|
| **POSTRES** | **446** |
| Apuntes de curso | 448 |
| Pasteles perfectos | 450 |
| Postres de ensueño | 462 |
| Glorioso chocolate | 468 |
| Fantasías de fruta | 478 |
| Grandes finales | 484 |
| **RECETAS PARA VACACIONES** | **492** |
| Apuntes de curso | 494 |
| Aperitivos y bebidas | 496 |
| Platos principales | 510 |
| Acompañamientos | 524 |
| Postres | 546 |

| | |
|---|---|
| **MEXICANO** | **280** |
| Apuntes de curso | 282 |
| Aperitivos | 286 |
| Tortillas | 294 |
| Platos principales | 308 |
| Para acompañar | 326 |
| Lo básico | 332 |
| **GALLETAS DE CHOCOLATE Y BROWNIES** | **336** |
| Apuntes de curso | 338 |
| En un abrir y cerrar de ojos | 340 |
| Pedacitos de chocolate por cantidades | 348 |
| Platos predilectos para la familia | 358 |
| Brownies | 378 |
| Super-especial | 386 |
| **TORTAS** | **402** |
| Apuntes de curso | 404 |
| Clásicas | 406 |
| La colección de chocolate | 414 |
| Llenas de fruta | 428 |
| Popurri | 426 |

*Galletas de jengibre en forma de osito*

| | |
|---|---|
| **ADORNOS** | **560** |
| Apuntes de curso | 562 |
| De frutas | 564 |
| De verduras | 572 |
| Dulces | 582 |
| Varios | 590 |
| **INDICE** | **596** |

# INTRODUCCION

La serie de libros *Clase de Cocina* fue diseñada para enseñar, tanto a principiantes como a cocineras y cocineros experimentados, a preparar recetas maravillosas y atrayentes, utilizando ingredientes frescos. La presente colección *Clase de Cocina* que se compone de doce libros, abarca una amplia gama de prácticas y terminología del arte culinario. Desde aperitivos a postres, *Clase de Cocina* le presenta un smorgasbord de riquísimas ideas, incluyendo, una vez terminadas las comidas, maneras creativas de adornarlas para realzar su atractivo. A medida que vaya preparando recetas, ¡se va a dar cuenta que está asistiendo a un curso culinario, allí mismo, en su propia cocina!

Cada apetitosa receta fue creada para asegurar los mejores resultados posibles. Para guiarle, paso a paso, en la preparación y cocción, las instrucciones han sido escritas con explicaciones precisas. Al leer las recetas, Ud. podrá observar las técnicas en la práctica por medio de fotografías que le dirán de cómo se deben hacer. Esto le ayuda a dominar técnicas tales como batir claras de huevo a punto de nieve muy firme y para cortar en juliana las verduras. Para estimular aun más su creatividad, cada receta trae una fotografía del tamaño de una página completa que con sólo mirarla se le hará agua la boca.

Además de las maravillosas recetas, cada sección trae un capítulo de Apuntes de curso que está repleto de consejos informativos, sugerencias y pautas para la preparación de recetas. Los Apuntes de curso son de gran utilidad como referencia rápida. Por ejemplo, en "Recetas para vacaciones" hay instrucciones para cortar asados de carne de vaca, de cerdo y cordero, una tabla para cocinar verduras en la sección del mismo nombre, y un glosario de ingredientes orientales en la sección china. Esta valiosa fuente de información culinaria le espera para que Ud. mismo la explore.

*Fusilli Pizzailo*

Se inicia su viaje con "Aperitivos" de creaciones exquisitas. Desde recetas para canapés para picar a medianoche a apetecibles primeros platos, estas recetas están diseñadas para despertar el apetito a cualquiera. Esta sección ofrece consejos para la planificación de fiestas y directrices en cuanto a la cantidad y variedad de aperitivos que se requiere para diferentes ocasiones.

La sección de "Pastas" se hace irresistible con salsas sabrosas, conchas de pasta rellenas y manicotti, estofados deliciosos y ensaladas estupendas. Por nutritiva, apetitosa y económica, no es de extrañar que la pasta haya llegado a ser una comida tan predilecta.

La parte "Verduras" le enseña novedosas formas de preparar comidas que ya son favoritas o que pronto lo serán. Aprenderá a preparar, comprar y almacenar, desde espárragos a zapallitos italianos, todo tipo de productos frescos.

La sección de "Pollo" contiene recetas que hacen destacar su versatilidad. Se puede preparar en platos elaborados o también sin complicaciones. Se puede cocinar rápidamente o a fuego lento. El pollo se adapta a los requerimientos de una mesa a cualquiera hora: almuerzo rápido para mediodía, concurridas cenas de la semana, o en ocasiones festivas. Se dan consejos para comprar y almacenar, como también técnicas para dividir en pedazos un pollo entero.

En secciones especiales se enfocan las cocinas china, italiana y mejicana, que gozan de una popularidad permanente. Estos aperitivos, entradas y acompañamientos están repletos de sabores auténticos. Cada tipo de cocina incorpora un glosario, que describe los ingredientes étnicos y ofrece consejos para comprar y almacenar.

"Galletas de chocolate y brownies" es una vitrina de sabrosos dulces, todos los cuales incorporan el chocolate en alguna forma. Ud. puede elegir entre galletas con sabor a chocolate, con baño de chocolate, con escarchado de chocolate, o con relleno de chocolate. Con fotografías que le enseñan cómo hacerlo, es facilísimo hacer galletas con figuras especiales como de remolino, de dos tonos, y en forma de tablero de ajedrez.

*Pollo chow mein*

La sección de "Tortas" da gusto especial al paladar con las especialidades que ofrece, desde el liviano y delicado pastel de ángel hasta una abundancia sibarítica de chocolate. Pronto va a descubrir cuán fácil es mezclar y preparar al horno tortas exquisitas empezando desde cero. Cubre lo más básico de la preparación de tortas para ayudarle a abandonar sin preocupaciones las mezclas hechas de paquete.

Después de las secciones de "Tortas" y "Galletas de chocolate y brownies" viene la a sección de "Postres". Ud. puede impresionar a su familia y sus amigos con pasteles infalibles y ricos postres, tales como mousse, budines y tortas de queso. Con cualquiera de estos lujos se termina la comida con un toque de dulzura.

"Recetas para vacaciones" contiene lo necesario para que la planificación de cualquier comida en vacaciones sea un placer; para que disfrute cocinando y el comer sea un placer. Las recetas varían, desde sabrosos aperitivos a postres divinos. Si piensa ofrecer un banquete en vacaciones, o simplemente necesita llevar un plato delicioso a casa de alguien, estas recetas garantizan un éxito extraordinario.

Termina su viaje culinario con la sección de "Adornos", que ofrece los toques finales que permiten que cualquier plato sea especialísimo. Los adornos atractivos son fáciles de hacer y generalmente usan frutas, verduras y otros ingredientes que tenga a mano.

*Torta de pecanas con manjar y mantequilla*

Entonces, escoja unas cuantas recetas que coincidan con su nivel de habilidad y luego experimente con otras que sean un poco más avanzadas. ¡Después de asistir a esta *Clase de Cocina* Ud. cocinará como un profesional!

INTRODUCCION 7

**10   APUNTES DE CURSO**

**12   ENTRADAS SELECTAS**

**22   ESTILO FORANEO**

**32   HORA DE PICAR**

**38   DELICIAS PARA FIESTAS**

Langostinos *(página 16)*

# APUNTES DE CURSO

Aperitivos, hors d'oeuvres, entremeses,—sea cual sea el término que se utilice, estas deliciosas exquisiteces, que son servidas antes de la cena, hacen mucho más que satisfacer el apetito de los invitados. De hecho, el término hors d'oeuvres significa "fuera de la comida principal"— preparan el camino para la comida que sigue después. Estos agradables estimulantes del apetito son lo suficientemente versátiles como para prestarse, por si solos, para ser sustento en una fiesta donde la gente llega a cualquier hora; para satisfacer anhelos de tener algo para picar a medianoche, o simplemente para estimular el apetito en una entrada refrescante. Sea cual sea el modo en que decida servirlos, los aperitivos están diseñados para satisfacción tanto de los invitados como de quien los cocina. No es necesario que la preparación de estos suplementos del menú sea abrumadora. Un poco de planificación previa en combinación con las instrucciones paso por paso que se encuentran en esta sección ayudará a mantener la calma del cocinero, y a crear un ambiente relajado y festivo.

Cuando sirva aperitivos antes de una comida, recuerde que su finalidad es estimular el apetito, no satisfacerlo. Uno o dos platos para elegir deberían ser lo indispensable, permitiendo así cinco a siete porciones por persona. Prepare recetas que contrasten en textura, temperatura y sabor con la comida que sigue después. Por ejemplo, un aperitivo frío de mariscos representaría una entrada refrescante antes del segundo que destaca carne asada o lomo de vaca. Sin embargo, si piensa hacer una cena típica de un país determinado, se puede hacer un notable comienzo presentando un aperitivo del mismo país extranjero. Muchas personas prefieren servir aperitivos como entrada antes de que los invitados se sienten en la mesa, para permitir con ello que el cocinero pueda hacer los preparativos culinarios de último hora. Sin embargo, entradas tales como sopa o ensaladas de mariscos siempre deben servirse una vez que estén sentados los invitados.

Para un cóctel o fiesta donde los invitados llegan a cualquier hora, cuando se sirven aperitivos como plato principal, prepare platos para picar variados y cremas para untar, incluyendo algunos que sean fuertes y sustanciosos. Recuerde también que mientras más se extienda la ocasión, más van a comer sus invitados. Programe para preparar de diez a doce porciones por persona como mínimo. La preparación de aperitivos fríos, tales como salsas para bocaditos y verduras en adobo, debe hacerse entre varias horas y un día antes, ya que su sabor en verdad mejora con el tiempo. Algunos aperitivos calientes se pueden preparar por adelantado y, antes de ser servidos, simplemente son recalentados, en tanto otros deben prepararse a última hora. Consiga personas que le ayuden en la cocina, si es necesario, para prestar la atención que se requiere a estos detalles finales. Al disponer los aperitivos en la mesa, por razones de control de sanidad, mantenga la comida a la misma temperatura con que se ha de servir. Los aperitivos que necesitan mantenerse fríos, tales como cóctel de langostinos, deben ponerse sobre una bandeja colocada encima de hielo picado. Para servir aperitivos calientes, tal como albóndigas, trasládelos del horno o de la cocina a un aparato calefactor, tal como un hornillo para mantener la comida caliente en la mesa o en una olla para fondue. Prepare una selección balanceada de aperitivos calientes y fríos que ofrezcan una variedad de sabores y texturas, desde picantes y cremosos hasta livianos y refrescantes. Y recuerde que en una fiesta con muchos invitados y pocos asientos, los invitados prefieren canapés y porciones pequeñas para comer de un solo mordisco, con salsas que no rezuman demasiado.

Uno de los aspectos más divertidos de servir aperitivos es su presentación. Las hermosas fotografías a color de cada receta le daran ideas atractivas para dar el toque final. Una simple ramita de flores pequeñas o un puñado de hierbas frescas ofrece un adorno lleno de colorido para colocar sobre cualquier cosa, desde una canasta rústica tejida a una formal bandeja de plata. Otra posibilidad de adorno es la de escoger uno de los ingredientes de la receta, por ejemplo la cebolla roja y guardar algunas rodajas atractivas como toque final para colocar encima del plato.

Cree sus propios menús de aperitivos con las deliciosas recetas de esta publicación. Una fiesta futbolística en otoño o una fiesta durante las vacaciones para llegar a cualquier hora son solamente dos posibilidades. Dependiendo del tamaño y duración de la fiesta, puede que quiera suplementar su menú con una bandeja de rotisería o un postre liviano.

*Desde arriba a la derecha en el sentido del reloj:* Alas de pollo picantes con miel *(página 40),* Ostras à la Schaller *(página 44),* Empanaditas de espinacas con queso *(página 22)* y Lasaña fría de mariscos y queso con hierbas *(página 18)*

Apuntes de curso • APERITIVOS  11

# Sopa de tomate dorada

**8 tomates medianos**
**4 cucharaditas de margarina con pocas calorías**
**250 g de cebolla picada (ver técnica en la página 22)**
**2 dientes de ajo, cortados en trozos grandes**
**75 g de zanahorias picadas**
**40 g de apio picado**
**1,5 l de caldo de pollo**
**50 g de arroz sin cocinar**
**2 cucharadas de pasta de tomate**
**1 cucharada de salsa inglesa**
**1/2 cucharadita de hojas secas de tomillo, machucadas**
**1/4 a 1/2 cucharadita de pimienta negra**
**5 gotas de salsa de ají picante**
 **Ramitos de tomillo fresco para adorno**

1. Para pelar los tomates fácilmente, cortar en "x" la superficie en el extremo de la flor de cada uno, y colocarlos, uno a uno, por diez segundos, en una olla de agua hirviendo a fuego lento. (Agregar unos 30 segundos más si el tomate no está completamente maduro.) Sacarlos con una espumadera; sumergirlos inmediatamente en un recipiente de agua fría durante 10 segundos más. (No ponga más de un tomate a la vez en el agua caliente, porque de otra manera la temperatura del agua bajará rápidamente, haciendo que los tomates se cuezan antes de poder pelarlos.)

2. Pelar los tomates con un cuchillo de pelar. Para sacar las semillas de los tomates, cortar cada uno de éstos horizontalmente por la mitad. Sostener cada mitad, con el lado del corte hacia abajo, encima de un tazón, y exprimirlos para que salgan las semillas. Picar los tomates. Se reserva todo este preparado por un momento.

3. Poner a fuego mediano para derretir la margarina en una olla grande de hierro o de barro. Agregar la cebolla y el ajo; cocinar y revolver, de 1 a 2 minutos, hasta que la cebolla ablande. Agregar las zanahorias y el apio; cocinar y revolver durante 7 a 9 minutos hasta que estén blandos.

4. Agregar los tomates, el caldo, el arroz, la pasta de tomate, la salsa inglesa, el tomillo seco, la pimienta negra y la salsa de ají picante. Calentar hasta que hierva. Bajar la llama a fuego lento. Cocinar unos 30 minutos, revolviendo frecuentemente.

5. Sacar del fuego. Dejarlo reposar durante 10 minutos a temperatura ambiente para que se enfríe. Pasar la sopa en pequeñas cantidades por procesador de alimentos o licuadora hasta dejarla sin grumos.

6. Recalentar la sopa en la olla de hierro o barro. Ponerla a fuego mediano hasta que alcance su punto de ebullición. Bajar la llama a fuego lento. Dejarla que se caliente por completo, 3 a 5 minutos, a fuego lento. Adornar, si se quiere.

2º paso: Se exprime la mitad de un tomate para sacar las semillas.

5º paso: Se pasa la sopa por procesador de alimentos hasta que esté sin grumos.

*Las cantidades indicadas hacen primeros platos para 8 personas*

APERITIVOS • *Entradas selectas*

*Entradas selectas* • APERITIVOS

# Sopa fría de pepino

4 pepinos grandes
2 cucharadas de mantequilla o margarina
2 cucharadas de harina
50 g de perejil fresco, picado fino ( ver su técnica en la página 22)
50 g de hojas de apio picadas finas
1 sobre de mezcla para sopa de cebolla
1/2 l de agua
450 g de nata líquida o mezcla de nata y leche
Tajadas de pepino, hojas de apio y cáscara de limón para adorno

1. Pelar los pepinos con cuchillo de pelar o cortaverduras. Para sacar las pepas de los pepinos, cortarlos a lo largo por el medio y quitar las pepas raspando con una cucharita. Finalmente picar suficientes pepinos para llenar 750 g, reservando todo este preparado.

2. Disolver mantequilla en una cacerola grande a fuego medio. Añadir la harina removiéndola y dejar en cocción durante 3 minutos, revolviendo constantemente.

3. Agregar pepinos picados, perejil y hojas picadas de apio. Poner la llama a fuego lento. Cocer y remover, unos 8 minutos, hasta que los pepinos se noten blandos al pincharlos con un tenedor.

4. Mezclar la sopa en polvo con agua en una fuente pequeña; agregar a la mezcla de pepino. Calentarla a fuego medio hasta llegar a su punto de ebullición. Bajar la llama a fuego lento. Hervir a fuego lento, tapado, durante 15 minutos. Sacar del fuego. Déjele reposar a temperatura de ambiente hasta que se enfríe.

5. Pasar la sopa en pequeñas cantidades por un procesador de alimentos o licuadora hasta que esté sin grumos.

6. Transferir la sopa a una fuente grande; agregar la nata removiéndola. Tapar; refrigerar. Servir la sopa fría. Adornar si se quiere.

*Las cantidades indicadas hacen primeros platos para 6 personas.*

1º paso: Sacar las pepas de los pepinos.

3º paso: Comprobar si los pepinos son tiernos.

5º paso: Poner la sopa en una licuadora hasta dejarla sin grumos.

*Entradas selectas* • APERITIVOS

# Langostinos

**680 g de langostinos grandes y frescos (alrededor de 16)**
**6 cucharadas de mantequilla**
**4 cucharadas de ajo molido**
**6 cebollines, finamente picados**
**6 cl de vino blanco seco**
**Jugo de 1 limón (alrededor de 2 cucharadas)**
**8 ramitas grandes de perejil fresco, picado fino (técnica en la página 22)**
**Sal y pimienta negra al gusto**
**Rodajas de limón y ramitas de perejil fresco para adorno**

1. Para descascarar los langostinos, comenzar sacando con los dedos la cáscara junto con las patas por un lado del crustáceo, y, haciéndolo girar de un lado a otro, levantar toda la cáscara hasta llegar nuevamente al lado de las patas. Botar las cáscaras.

2. Para sacar la vena de los langostinos utilice un cuchillo de pelar y hacerle un corte pequeño a lo largo del dorso; levantar la vena oscura con la punta del cuchillo. (Puede que encuentre más fácil hacer esto en el chorro de agua.) Poner los langostinos aparte.

3. Para clarificar la mantequilla, disolverla en una olla pequeña a fuego lento. No la remueva. Quitar la espuma blanca que se forma en la superficie. Pasar la mantequilla clarificada por calador fino para que caiga en un vaso de medir hasta llenar una 1/3 taza. Botar el residuo lechoso que se encuentra en el fondo de la olla.

4. Calentar la mantequilla clarificada en un sartén grande a fuego medio. Agregar el ajo; freír y revolver 1 a 2 minutos hasta que ablande sin dorar.

5. Añadir los langostinos, cebollines, vino y jugo de limón; freír y revolver hasta que los langostinos se vuelvan rosados, firmes y opacos, 1 a 2 minutos por lado. No refreír.

6. Antes de servirlos, agregar perejil picado y condimentar con sal y pimienta. Servir en conchas o en pailitas individuales. Adornar si se quiere.

*Las cantidades indicadas hacen primeros platos para 8 personas.*

1º paso: Se pelan los langostinos.

2º paso: Se saca la vena de los langostinos.

3º paso: Colar la mantequilla clarificada.

APERITIVOS • *Entradas selectas*

*Entradas selectas* • **APERITIVOS**  17

# Lasaña fría de mariscos y queso con hierbas

**8 hojas de lasaña sin cocer (de 2 pulgadas[5cm] de ancho)**
**450 g de queso ricota**
**375 g de queso mascarpone**
**2 cucharadas de jugo de limón**
**1 cucharada de hojas frescas de albahaca molidas**
**1 cucharada de eneldo molido**
**1 cucharada de hojas frescas de estragón molidas**
**1/4 cucharadita de pimienta blanca**
**450 g de salmón ahumado, por partes**
**120 g de caviar de corégono, enjuagado con cuidado**
**Salmón ahumado y ramitos de estragón fresco para adorno**

1. Cocer las hojas de lasaña de acuerdo a las indicaciones del paquete hasta que estén cocidas pero todavía firmes. Colar ó escussir y reservar.

2. Procesar el queso ricota y mascarpone, jugo de limón, albahaca, eneldo, estragón y pimienta en el procesador de alimentos o licuadora hasta que esté homogéneo.

3. Forrar un molde de terrina* con un envoltorio plástico, dejando que el plástico sobresalga 12,5cm por los bordes del molde.

3º paso: Se forra el molde de loza de barro.

4. Colocar una hoja de lasaña en el fondo del molde. Extender 125 g de la mezcla del queso sobre la hoja. Cubrir la mezcla con 60 g de salmón ahumado; extender 2 cucharaditas colmadas de caviar encima del salmón. Repetir las capas con los mismos ingredientes, terminando con una hoja de lasaña. Reservar las 60 g restantes de salmón ahumado para adorno.

4º paso: Se cubre de salmón ahumado la capa de queso.

5. Tapar; refrigerar durante varias horas o hasta que esté firme. Levantar la lasaña cuidadosamente del molde y sacar el envoltorio plástico.

6. Adornar con las tiras restantes de salmón enrolladas para que parezcan rosas y ramitos de estragón fresco, si se quiere. Cortar con un cuchillo caliente.

*Las cantidades indicadas hacen primeros platos para 24 personas u 8 platos principales*

*Se puede preparar sin el molde de loza de barro. Coloque la lasaña encima de un envoltorio de plástico. Cubrir y envolver con papel de aluminio.

6º paso: Se enrollan tiras de salmón para que parezcan rosas.

**APERITIVOS** • *Entradas selectas*

*Entradas selectas* • APERITIVOS

# Champiñones con huevos

6 huevos
35 g de pan rallado seco
30 g de queso de tipo Roquefort, desmenuzado
2 cucharadas de cebollines finamente picados, incluyendo la parte superior de las hojas
2 cucharadas de vino blanco seco
2 cucharadas de mantequilla derretida
1 cucharada de perejil fresco picado (técnica en la página 22) o 1/2 cucharada de perejil seco
1/2 cucharadita de sal de ajo
24 sombreretes grandes de champiñón (4 cm de diámetro)
Paprika (optativa)
Cebollines y rodajas de tomate para adorno

1. Para cocer los huevos hasta que estén duros, colocar los 6 huevos en una sola capa en una cacerola. Añadir bastante agua como para tener por lo menos 2,5 cm de agua encima de los huevos. Tapar y a fuego fuerte llevar el agua justo al punto de ebullición. Apagar el fuego. Si es necesario, sacar la olla del quemador para que no siga hirviendo. Dejar reposar los huevos, tapados, en agua caliente, 15 a 17 minutos. Inmediatamente colocar los huevos en el chorro de agua fría o ponerlos en agua con hielo hasta que estén completamente fríos.

2. Sacar la cáscara de los huevos golpeándola suavemente con un cuchillo de mesa hasta que esté completamente agrietada. Sacar la cáscara en el chorro de agua fría. Picar fino los huevos.

3. Precalentar el horno hasta 230ºC. Untar levemente con manteca una bandeja de hornear. Unir los huevos, pan rallado, queso tipo Roquefort, 2 cucharadas de cebollines, vino, mantequilla, perejil y sal de ajo en una fuente mediana.

4. Llenar los sombreretes de champiñón con 1 cucharada colmada de la mezcla de huevos. Disponer los sombreretes sobre una bandeja de horno previamente preparada.

5. Cocer por espacio de 8 a 10 minutos. Espolvorear con paprika. Adornar si se quiere.

*Las cantidades indicadas hacen primeros platos para 8 personas*

1º paso: Se hacen huevos duros.

2º paso: Se quitan las cáscaras de los huevos.

4º paso: Se llenan los sombreretes de los champiñones.

*Entradas selectas* • **APERITIVOS**  21

# Empanaditas de queso con espinacas

1 cebolla pequeña
perejil
3 paquetes (850 g) de espinacas picadas congeladas, descongeladas
6 cl de aceite de oliva
2 huevos
450 g de queso feta, escurrido y desmenuzado
1 cucharadita de orégano seco, machucado, o 2 cucharadas de hojas frescas de orégano picadas
Nuez moscada recientemente rallada, al gusto
Sal y pimienta, al gusto
450 g de masa para empanaditas (fillo) congelada, descongelada hasta llegar a temperatura ambiente
50 g de margarina derretida

1. Antes de picar cebollas para ponerlas en la batidora eléctrica, pelarlas y dividirlas en cuatro partes; colocar todo en un recipiente. Pulsar 4 a 7 veces hasta que la cebolla se haya picado finamente. Raspe el recipiente, una vez, durante el proceso de picado. Picar suficiente cebolla como para hacer 75 g. Escurrir la cebolla si hace falta. Poner a un lado.*

2. Picar fino el perejil, colocándolo en 25 cl. Cortar con tijeras de cocina suficiente perejil como para hacer 50 g. Poner a un lado.

3. Para exprimir las espinacas, poner un paquete de espinacas a la vez en un plato extendido, colocando otro encima; encima del lavaplatos apriete los dos platos inclinándolos para exprimir el exceso de líquido de las espinacas. Poner las espinacas a un lado.

4. Precalentar el horno a 190ºC.

5. Calentar el aceite a fuego mediano en un sartén pequeño. Agregar la cebolla; dorar y remover hasta que la cebolla transluzca y dore.

*Para picar la cebolla con cuchillo, pelar la cebolla. Cortar por la mitad pasando por la raíz. Colocarla sobre una tabla de cortar. Para cortar la cebolla en trozos grandes, sostener el cuchillo en forma horizontal. Hacer cortes paralelos a la tabla, hasta llegar casi al extremo de la raíz de la cebolla. Hacer cortes verticales, del grosor que se requiera, a lo largo de la cebolla. Atravesando estos cortes cortar hasta llegar al extremo de la raíz. (Por más cerca que se hagan los cortes uno del otro, más fino se pica la cebolla.) Poner a un lado.

*sigue en la página 24*

1º paso: La cebolla se pica en una batidora.

2º paso: Se pica el perejil con tijeras de cocina.

3º paso: Se estilan las espinacas.

APERITIVOS • *Estilo foráneo*

*Estilo foráneo* • APERITIVOS

*Empanaditas de queso con espinacas, continuación*

6. Batir los huevos en un tazón grande con batidor eléctrico puesto en velocidad semi-alta hasta que queden espumosos y de color limón.

7. Añadir, removiendo la cebolla con el aceite, queso feta, perejil, orégano y espinacas. Aderezar con nuez moscada, sal y pimienta.

8. Sacar la masa de fillo del paquete; colocarla sobre una hoja grande de papel de cocina. Dividir la masa de fillo en tres partes doblándola transversalmente. Usar tijeras para cortar en tres partes a lo largo de las dobleces.

9. Cubrir la masa de fillo con una hoja grande de plástico y un trapo de cocina húmedo y limpio. (La masa de fillo se seca rápidamente si no se cubre.)

10. Colocar a la vez una tira de masa de fillo sobre una superficie plana y untarla con mantequilla derretida inmediatamente con el cepillo. Doblar la tira a lo largo por la mitad. Untarla con mantequilla otra vez. Colocar una cucharadita colmada de relleno de espinacas al final de 1 tira; doblar un extremo formando así un triángulo.

11. Seguir doblando orilla contra orilla, doblando igual que una bandera, procurando mantener los bordes derechos.

12. Untar con mantequilla la parte superior. Repetir el mismo procedimiento hasta que se haya ocupado todo el relleno.

13. Colocar una sola capa de empanaditas, con el lado del cierre hacia abajo, sobre una bandeja de horno. Ponerlas al horno por 20 minutos o hasta que estén ligeramente doradas. Servir calientes.

*Las cantidades indicadas hacen 5 docenas de aperitivos*

8º paso: Se corta la masa de fillo en tres partes.

10º paso: Se dobla un extremo de la masa sobre el relleno.

11º paso: Se sigue doblando a todo lo largo de la tira de masa de fillo.

# Focaccia de cebolla con queso

**1 cebolla roja grande**
**100 g más 3 cucharadas de miel, por partes**
**58 cl de agua tibia (40,5 a 46,1ºC), por partes**
**1 1/2 paquetes de levadura en polvo**
**6 cucharadas de aceite de oliva, por partes**
**50 g de harina de maíz**
**420 g de harina de trigo completas**
**1 1/2 cucharadas de sal gruesa**
**450 a 500 g de harina, por partes**
**25 cl de vinagre de vino tino**
**Harina de maíz adicional**
**90 g de queso parmesano rallado**
**1/2 cucharadita de sal de cebolla**
**Pimienta negra al gusto**

1. Para cortar la cebolla en rodajas, pelar y cortar la cebolla por la mitad pasando por la raíz. Colocar en una tabla para cortar con el lado de la mitad cortada hacia abajo. Cortar en rodajas delgadas en forma vertical pasando por todo el largo de la cebolla. Poner a un lado.

2. Para hacer que la levadura fermente, colocar 3 cucharadas de miel en un cuenco grande. Verter 8 cl de agua sobre la miel. No revolver. Esparcir la levadura sobre el agua. Dejarla en reposo a temperatura de ambiente unos 15 minutos o hasta que aparezcan burbujas.*

3. Añadir a la mezcla de levadura las dos tazas de agua restantes, 3 cucharadas de aceite de oliva, 50 g de harina de maíz y harina de trigo integral; revolver hasta que la mezcla se vea completamente homogénea.

4. Añadir la sal revolviendo con 250 g de harina para todo uso. Revolver, y de la harina que queda, añadir suficiente para que la mezcla se adhiera a los lados del cuenco.

\* Si la levadura no forma burbujas, significa que ya no está activa. Botar la mezcla de la levadura y empezar de nuevo. Siempre debe revisar la fecha de vencimiento que lleva el envoltorio de la levadura. Por otra parte, si se pone demasiado agua caliente se mata la levadura; es mejor usar termómetro.

*sigue en la página 26*

1º paso: Se corta la cebolla.

2º paso: Se hace fermentar la levadura.

3º paso: La mezcla se adhiera a los lados del cuenco.

*Estilo foráneo* • APERITIVOS

*Focaccia de cebolla con queso, continuación*

5. Poner la masa en una superficie espolvoreada con harina. Para amasar junto con la harina restante, doblar la masa por la mitad hacia Ud. y luego empujarla hacia afuera con sus antemanos. Girar la masa un cuarto de una vuelta, y seguir doblando, empujando y girando, hasta que la masa esté lisa y reluciente, por unos 10 minutos.

6. Dividir la masa en dos partes. Colocar cada mitad en un tazón grande, levemente engrasado. Volcar ambos trozos de masa para untar su superficie con manteca. Cubrir ambos trozos con un paño de cocina limpio y dejar la masa en un lugar caliente (30ºC) para que levante hasta que duplique el volumen original. (Introducir 2,5 cm de la punta de dos dedos en la masa. La masa estará a punto si las marcas quedan.)

7. Mientras tanto, unir la cebolla, vinagre y la media taza restante de miel en un tazón mediano. Dejarla reposar durante 1 hora por lo menos, a temperatura ambiente.

8. Untar con manteca dos bandejas de horno para pizza (30 cm) y espolvorearlas con harina de maíz adicional. Estirar la masa y darle la forma de la bandeja para hornear; hacer marcas con la punta de los dedos.

9. Cubrir la masa con plástico untado en manteca; dejar que levante durante 1 hora. La masa aumentará dos veces de volumen.

10. Precalentar el horno hasta (200ºC).

11. Exprimir las cebollas y distribuirlas encima de la masa. Humedecer encima con las 3 cucharadas restantes de aceite de oliva, queso parmesano y sal de cebolla; aderezar con pimienta.

12. Cocinar 25 a 30 minutos hasta que la masa tenga corteza y haya dorado. Servir caliente.

*Las cantidades indicadas hacen 2 panes (de 6 a 8 raciones cada uno)*

5º paso: Se amasa la mezcla.

6º paso: Se prueba la masa una vez que haya aumentado dos veces de volumen.

8º paso: Se estira la masa y se le da la forma de la bandeja de horno.

**APERITIVOS** · *Estilo foráneo*

*Estilo foráneo* • APERITIVOS

# Rollitos de primavera de verduras

6 cl de vino tinto
2 cucharadas de salsa teriyaki
2 cucharadas de salsa inglesa
220 g de zapallitos cortado en cubitos
220 g de zapallo cortado en cubitos
220 g de cogollitos de repollo
220 g de cogollitos de coliflor
55 g de zanahorias cortadas en cubitos
55 g de cebolla roja picada (técnica en la página 22)
50 g de perejil fresco picado (técnica en la página 22)
1/4 cucharadita de pimienta blanca
1/4 cucharadita de sal de ajo
1/8 cucharadita de ají molido
1/8 cucharadita de pimienta negra
1 paquete (450 g) con masa de empanaditas en forma cuadriculada
1 huevo batido
Aceite de maní o de maíz para freír
Salsa agridulce, salsa de mostaza picante o salsa de soja para untar

1. Juntar el vino, la salsa teriyaki y la salsa inglesa en una olla grande a fuego mediano. Añadir los zapallitos, zapallo, brécol, coliflor, zanahorias, cebolla roja, perejil, pimienta blanca, sal de ajo, ají en polvo y pimienta negra. Freír y revolver 5 a 6 minutos hasta que tome sabor y las verduras estén tiernas y no demasiado hechas. No recocer.

2. Sacar del fuego. Inmediatamente trasladar la mezcla de verduras a un cuenco para impedir que sigan cociéndose. Dejar todo en reposo a temperatura ambiente hasta que se enfríe.

3. Colocar unas dos cucharadas de la mezcla de verduras sobre la mitad inferior de una hoja de la masa para empanaditas.

4. Untar con huevo el costado izquierdo y derecho de los bordes de la masa. Doblar el borde inferior para que alcance justo a cubrir el relleno.

5. Hacer un pliegue de 1,3 cm con los bordes a izquierda y derecha; enrollar al estilo de un brazo de reina.

6. Untar con huevo el borde superior para cerrarlo. Hacer lo mismo con la masa restante de empanaditas y relleno de verduras.

7. En una olla grande y pesada calentar 1,3 cm de aceite a fuego mediano hasta que el aceite alcance 185ºC; ajustar el fuego para mantener la temperatura constante. Freír los rollitos, unos pocos a la vez, en aceite caliente durante 2 minutos o hasta que se doren, volteándolos a una vez. Sacar con espumadera; estilar sobre toallitas de papel.

8. Servir calientes con salsas para acompañar.

*Las cantidades indicadas hacen unos 15 aperitivos.*

4º paso: Se dobla el borde inferior de la masa para empanaditas.

5º paso: Se enrolla la masa al estilo de un brazo de reina.

*Estilo foráneo* • APERITIVOS

## Salsa para tacos

360 g de requesón ablandado
115 g de nata cortada
2 cucharaditas ají en polvo
1 1/2 cucharaditas de comino en polvo
1/8 cucharadita de pimiento rojo molido
100 g de salsa picante ensalada verde fresca
120 g queso amarillo rallado
120 g queso blanco tipo mozzarella, rallado
110 g de tomates pera, cortados en cuadraditos
50 g de cebollines picados
50 g de aceitunas negras sin hueso en rodajas
50 g de aceitunas verdes rellenas de pimiento en rodajas
Totopos de maíz y tortillas azules para servir

1. Unir el requesón, nata cortada, ají en polvo, comino y pimiento rojo en polvo en un recipiente grande; mezclar hasta que esté bien unido. Añadir la salsa revolviendo la mezcla.

2. Trasladar la mezcla a un plato de servir de 39 cm sobre verduras.

3. Colocar encima queso amarillo, queso blanco, tomates, cebollines, aceitunas negras y verdes.

4. Servir con totopos de maíz y tortillas azules.

*Las cantidades indicadas dan raciones para 10 personas*

1º paso: Se junta la mezcla del requesón con la salsa.

2º paso: Se traslada la mezcla a un plato de servir sobre verduras.

3º paso: Se distribuye la cubierta por la superficie.

APERITIVOS • *Estilo foráneo*

Estilo foráneo • APERITIVOS    31

# Canapés del suroeste para picar

**175 g de harina para todo uso**
**150 g de cebollines finamente rebanados**
**105 g de harina de maíz enriquecida**
**1 cucharada de azúcar moreno**
**2 cucharaditas de polvos para hornear**
**1 cucharadita de hojas secas de orégano, trituradas**
**1/2 cucharadita de comino en polvo**
**1/4 cucharadita de sal (optativa)**
**25 cl de leche**
**6,5 cl de aceite vegetal**
**1 huevo**
**120 g de queso manchego rallado**
**120 g de ajíes verdes picados, bien escurridos**
**1/4 taza de pimiento morrón picado fino**
**2 tajadas desmenuzadas de tocino cocido y reseco**

1. Precalentar el horno hasta 221ºC. Untar en manteca una fuente de hornear de (27,5 cm x 17,5 cm). Unir la harina, los cebollines, harina de maíz, azúcar moreno, polvos de hornear, orégano, comino y sal en un tazón grande; mezclar bien.

2. Unir leche, aceite y huevo en un tazón pequeño. Añadirlo a la mezcla de harina de maíz; mezclar solamente hasta que se humedezca.

3. Colocar uniformemente en un plato previamente preparado.

4. Juntar el queso, los ajíes, el pimiento morrón y el tocino en un tazón mediano. Distribuirlo uniformemente encima de la mezcla de la harina de maíz.

5. Cocinar 25 a 30 minutos hasta que al meter en el medio un mondadientes de madera éste salga limpio. Dejarlo en reposo 10 minutos a temperatura ambiente para que se enfríe antes de cortarlo.

*Las cantidades indicadas hacen unos 15 canapés*

Nota: También es estupendo servirlo para acompañar el pescado, pollo o carne de cerdo - simplemente dividirlo en 8 pedazos.

1º paso: Se juntan los ingredientes secos.

2º paso: Se unen los ingredientes líquidos con los secos.

4º paso: Distribuir la mezcla de queso encima de la mezcla de harina de maíz.

APERITIVOS · *Hora de picar*

*Hora de picar* • **APERITIVOS** 33

# Soles tostados con queso

**225 g de queso amarillo rallado**
**45 g de queso parmesano rallado**
**115 g de margarina de aceite de girasol ablandada**
**3 cucharadas de agua**
**140 g de harina para todo uso**
**1/4 cucharadita de sal (optativa)**
**160 g de avena rápida sin cocer**
**140 g de granos de semillas de girasol tostadas y saladas**

1. Batir el queso amarillo, queso parmesano, margarina y agua en un tazón grande utilizando batidora eléctrica a velocidad media hasta obtener una masa uniforme. Añadir harina y sal; mezclar bien.

2. Poner a la mezcla la avena y los granos de semillas de girasol, revolviendo hasta que estén bien mezclados.

3. Moldear la masa hasta formar un rollo de 30 cm; envolver firmemente en plástico.

4. Poner a reposar en la nevera durante un mínimo de 4 horas. (Se puede guardar la masa en la nevera por hasta 1 semana.)

5. Precalentar el horno a 200ºC. Untar levemente en manteca las bandejas de hornear. Cortar el rollo en rodajas de 3 mm a 6 mm de grosor; aplastar un poco cada rodaja.

6. Colocar sobre bandejas de hornear previamente preparadas. Cocer durante 8 a 10 minutos hasta que los bordes estén ligeramente dorados. Sacar inmediatamente y colocar en rejillas. Poner en reposo a temperatura ambiente hasta que se enfríen.

*Las cantidades indicadas hacen 4 a 5 docenas de galletas*

2º paso: Se remueve la avena y los granos de semillas de girasol para unir con la mezcla de queso.

3º paso: Se moldea la masa hasta formar un rollo de un largo de 30 cm.

5º paso: Se divide el rollo cortando en rodajas de 3 mm a 6 mm.

APERITIVOS · *Hora de picar*

# Rosetas de maíz en tiempo decosecha

**2 cucharadas de aceite vegetal**
**220 g de granos de maíz para hacer rosetas**
**2 latas (52,5g cada una) de papas pequeñas en latas**
**115 g de frutos secos salados varios o maní**
**60 g de margarina derretida**
**1 cucharadita de eneldo**
**1 cucharadita de salsa inglesa**
**1/2 cucharadita de pimienta con limón**
**1/4 cucharadita de ajo en polvo**
**1/4 cucharadita de sal de cebolla**

1. Calentar el aceite en una olla de 4 litros a todo fuego hasta que esté caliente. Añadir los granos de rosetas de maíz. Tapar la olla; agitar constantemente sobre el fuego hasta que dejen de reventar. Debería haber 2 litros de rosetas. *No añadir ni mantequilla ni sal.*

2. Precalentar el horno hasta 160ºC. Unir las rosetas, papas pequeñas en lata y frutos secos en una bandeja de horno grande. Poner a un lado.

3. En un recipiente pequeño juntar la margarina, eneldo, salsa inglesa, de pimienta con limón, ajo en polvo y sal de cebolla.

4. Verter uniformemente sobre la mezcla de rosetas, revolviendo hasta que estén recubiertas en forma pareja.

5. Cocer 8 a 10 minutos, revolviendo una vez. Reposar a temperatura ambiente hasta que se enfríen. Guardar en recipientes herméticos.

*Las cantidades indicadas hacen 2 1/2 litros*

2º paso: Añadir los frutos secos a la mezcla de rosetas.

4º paso: Verter la mezcla de margarina uniformemente sobre la mezcla de rosetas.

APERITIVOS • *Hora de picar*

*Hora de picar* • **APERITIVOS**   37

# Sorpresas de pavo con queso

**450 g de pavo molido**
**60 g de mezcla para relleno**
**200 g de manzana ácida finamente picada**
**45 g más 2 cucharadas de queso parmesano rallado, por partes**
**15 g de aderezo para aves**
 Sal de ajo al gusto
 Pimienta negra al gusto
**15 g de mantequilla o margarina**
**75 g de cebolla finamente picada** (técnica en la página 22)
**2 huevos**
**25 g de queso ricota**
**120 g de queso mozzarella, cortado en cubitos de 2,5cm.**
**160 g de pan rallado seco**
 Aceite vegetal para freír
 Salsa de arándanos para servir
 Rodajitas retorcidas de naranja*, cáscara de naranja y ramitas de salvia fresca para adornar

*Para hacer las rodajitas retorcidas de naranja, cortar una naranja en rodajas delgadas. Cortar las rodajas de afuera hacia adentro. Retorcer las rodajas en sentido contrario a partir de los cortes.

1 Juntar el pavo, mezcla para relleno, manzana, 2 cucharadas de queso parmesano y aderezo para aves en un tazón grande; aderezar con sal de ajo y pimienta.

2. Calentar la mantequilla en un sartén pequeño a fuego medianamente fuerte. Añadir la cebolla; cocer y remover hasta que la cebolla esté blanda pero no dorada. Añadir a la mezcla del pavo la cebolla junto con la mantequilla, los huevos y el queso ricota; mezclar bien. Si la mezcla parece demasiado seca, añadir un poco de leche.

3. Para cada albondiguita, moldear una pequeña cantidad de la mezcla de pavo alrededor de un cubito de queso mozzarella.

4. Mezclar el pan rallado y las 45 g restantes de queso parmesano en una fuente grande y poco profunda. Envolver las albondiguitas rellenas de queso en la mezcla para que queden bien recubiertas.

5. Calentar de aceite en una cacerola grande y pesada sobre fuego medianamente alto. Cocer las albondiguitas, unas pocas a la vez, hasta que se doren por todos lados, 4 a 5 minutos. Sacar con espumadera; escurrir en toallitas de papel.

6. Servir con salsa de arándanos. Adornar, si se quiere.

*Las cantidades indicadas hacen unas 24 de albondiguitas*

2º paso: Se une la mezcla del pavo.

3º paso: Se moldea la mezcla de pavo alrededor de un cubito de queso mozzarella.

* Adorno: Se hacen las rodajitas retorcidas de naranja.

*Delicias para fiestas* • APERITIVOS

## Alas de pollo picantes con miel

1 pedazo pequeño de raíz de jengibre fresco
1 naranja
1,35 k de alas de pollo
37 cl de salsa picante
150 g de miel
7 cl de salsa de soja
60 g de mostaza francesa
3 cucharadas de aceite vegetal
 Salsa picante adicional
 Ramitas de perejil fresco para adorno

1. Para rallar la raíz de jengibre, sacar la corteza dura exterior con un cuchillo afilado o cortaverduras. Rallar la raíz de jengibre usando un rallador de jengibre o el lado más fino de un rallador en forma de caja. Rallar suficiente raíz de jengibre como para dar 2 cucharadas. Poner a un lado.

2. Para rallar cáscara de naranja, enjuagar la naranja en agua corriente. Rallar la cáscara de naranja usando el lado más fino de un rallador en forma de caja, tener cuidado de sacar sólo la capa exterior de la cáscara sin ningún pedazo del amargo tejido blanco. Rallar bastante cáscara para dar 1/2 cucharadita. Poner a un lado.

3. Sacar y botar las puntas de las alas del pollo. Cortar cada ala por la mitad en la coyuntura.

4. Colocar las alas de pollo en una fuente de hornear de 32,5 cm x 22,5 cm. En un cuenco pequeño unir 37 cl de salsa picante, miel, salsa de soja, mostaza, aceite, jengibre y cáscara de naranja; mezclar bien. Verter encima de las alas del pollo.

5. Marinar, tapado, en el frigorífico por lo menos 6 horas o por la noche.

6. Precalentar el horno hasta 400ºF [204ºC]. Escurrir la marinada; guardarla. Colocar las alas de pollo en una sola capa en una bandeja para brazo de reina de 37,5cm x 25cm forrada de papel aluminio. Verter la marinada guardada uniformemente sobre las alas de pollo. Cocer 40 a 45 minutos hasta que estén doradas. Servir calientes con salsa picante adicional. Adornar si se quiere.

*Las cantidades indicadas hacen unos 34 aperitivos.*

1º paso: Se ralla la raíz de jengibre.

2º paso: Se ralla la cáscara de naranja.

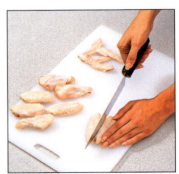
3º paso: Se cortan las alas por la mitad en la coyuntura.

*Delicias para fiestas* • **APERITIVOS**

# Molde de camarones

1 lata (225g) de carne de jaiba
3 sobres de gelatina natural
17 cl de agua
1 lata (300 g) de crema de camarones
1 paquete (225g) queso cremoso, cortado en cubitos
2 latas (75 g cada una) de camarones, escurridos
540 g de arroz cocido
1 cebolla mediana picada (técnica en la página 22)
1 pimiento morrón picado
200 g de mayonesa
5 cl de jugo de limón
2 cucharadas de salsa inglesa
1 cucharada de ajo en polvo
1 cucharadita de pimienta negra
Ensalada verde fresca
Galletas de soda para servir
Rodajas de limón y lima y una ramita de menta fresca para adorno

1. Estilar y botar el líquido de la carne de jaiba. Colocar la carne de jaiba en un recipiente pequeño; desmenuzar en pedacitos con tenedor. Sacar cualquier trozo de caparazón o cartílago. Poner a un lado.

2. Para ablandar la gelatina, espolvorear gelatina sobre el agua en una fuente pequeña. Dejar reposar 1 minuto.

3. Calentar la sopa a fuego mediano en una olla grande; añadir la mezcla de la gelatina y revolver para que se disuelva.

4. Añadir queso cremoso y revolver hasta que se disuelva. Sacar del fuego.

5. Añadir la carne de jaiba, camarones, arroz, cebolla, pimiento morrón, mayonesa, jugo de limón, salsa inglesa, ajo en polvo y pimienta negra; mezclar bien.

6. Para un molde de 6 tazas aplicar con atomizador una leve capa antiadherente para cocer verduras. Verter la mezcla de gelatina al molde preparado y refrigerar hasta que cuaje.

7. Para desmoldar, con los dedos húmedos, levantar la mezcla de gelatina para separarla de la orilla del molde o meter en agua caliente una pequeña espátula metálica o cuchillo puntudo y pasarlo por la orilla de la mezcla de gelatina. (También se puede meter el molde 10 segundos en agua caliente, sólo hasta la orilla.) Invertir el molde sobre un plato forrado de verduras. Sacudir el molde y el plato para soltar la gelatina. Sacar el molde con cuidado. Servir con galletas de soda de su preferencia. Adornar, si se quiere.

*Las cantidades indicadas hacen un molde*

2º paso: Se ablanda la gelatina.

6º paso: Se vierte la mezcla de la gelatina al molde preparado.

7º paso: Se levanta la mezcla de gelatina para separarla de la orilla del molde.

Delicias para fiestas • APERITIVOS   43

# Ostiones à la Schaller

Perejil fresco
450 g de tocino, cortado por la mitad transversalmente
900 g de vieiras de mar pequeños
10 cl de aceite de oliva
10 cl de vermut seco
1 cucharadita de ajo en polvo
1 cucharadita de pimienta negra
1/2 cucharadita de cebolla en polvo
Un poquito de hojas secas de orégano
Ensalada verde fresca
Tiras de cáscara de limón para adorno

1. Después de picar el perejil, colocarlo en una taza de medir. Cortar con tijeras de cocina bastante perejil como para hace 2 cucharadas. Poner a un lado. (Foto en la página 22.)

2. Envolver cada vieira con un trozo de tocino; afirmar con mondadientes de madera, si es necesario. Colocar las vieiras envueltos en una fuente de hornear de 32,5 cm x 22,5 cm].

3. Mezclar en aceite de oliva, vermut, perejil, ajo en polvo, pimienta, cebolla en polvo y orégano en un recipiente pequeño. Verter sobre las vieiras envueltos.

4. Marinar, tapado, en nevera durante por lo menos 4 horas.

5. Sacar los vieiras envueltos de la marinada. Colocar sobre la parrilla de la bandeja del grill. Asar durante 7 a 10 minutos a una distancia de 10 cm del fuego, hasta dorar el tocino. Voltear, tostar por el otro lado por 5 minutos o hasta que los ostiones estén opacos.

6. Sacar los mondadientes de madera. Colocar sobre un plato forrado de verduras. Adornar si se quiere.

*Las cantidades indicadas hacen raciones para 8 personas*

2º paso: Las vieiras se envuelven con tocino.

3º paso: Se vierte la mezcla del aceite de oliva sobre las vieiras envueltos.

5º paso: Se colocan las vieiras envueltos sobre la parrilla de la bandeja del grill.

APERITIVOS • *Delicias para fiestas*

*Delicias para fiestas* • APERITIVOS 45

**48** **APUNTES DE CURSO**

**50** **ENSALADAS Y SOPAS**

**62** **SALSAS**

**74** **PLATOS PRINCIPALES**

Fideos cabellos de ángel con salsa
de ají picante *(página 65)*

# APUNTES DE CURSO

Las recetas de esta sección le señalan cómo hacer suculentos y deliciosos platos de pasta, económicos y nutritivos, que pueden ser servidos en cualquier ocasión. Aunque existen más de 150 variedades de pasta, hacemos mención de las que gozan de mayor popularidad, tales como tallarines fettuccine, conchas, y fideos tipo linguine o macarrones y las hojas de lasaña. Con explicaciones de cada paso y con fotografías que le enseñan cómo hacerlo, Ud. se va a informar de cómo la pasta es magnífica para añadir a las sopas, ensaladas, guisos y platos preparados en el sartén. La pasta es también un estupendo plato principal cuando se le agregan salsas saladas.

## COCCION DE LA PASTA

**Pasta seca:** Por cada 450 g de pasta seca, hierva 4 a 6 litros de agua hasta que alcance su punto de ebullición. Poner 2 cucharaditas de sal si se quiere. Añadir, poco a poco, la pasta, dejando que el agua vuelva a hervir. El agua ayuda a hacer circular la pasta de tal manera que se cocerá uniformemente. Revolver con frecuencia para impedir que la pasta se apelmace. Empezar a comprobar si está hecha después de que haya transcurrido el tiempo mínimo indicado en las instrucciones del paquete. La pasta tiene que estar "al dente"—tierna, firme, pero no blanda. Una vez a punto estilar la pasta lo más pronto posible para evitar que la cocción se exceda. Para mayor éxito, mezclar la pasta con la salsa inmediatamente después de escurrir. Si la salsa no está lista, mezclar la pasta con un poco de mantequilla o aceite para que no se apelmace. Depositar la pasta seca que no se ha utilizado en un lugar frío y seco.

**Pasta fresca:** La pasta hecha en casa toma menos tiempo para su cocción que la pasta seca. Cocer la pasta fresca de la misma manera que la seca, aunque hay que probar si está cocida después de 2 minutos. La pasta fresca se puede conservar varias semanas en la nevera o se puede mantener congelada por hasta un mes. En la sección de recetas se señalan dos técnicas para la preparación básica de pasta fresca, a mano y a máquina.

## EQUIPO

**Máquinas de hacer pasta:** Las máquinas de hacer pasta con rodillos para girar en forma manual son muy útiles para amasar y aplanar la masa de la pasta. Dispositivos para cortar (se incluyen generalmente los de fettucine y cabello de ángel) ayudan a cortar la pasta uniformemente. Las máquinas eléctricas también mezclan la masa, sin embargo esta pasta generalmente carece de la resistencia de la masa trabajada a mano, y las máquinas mismas son más caras.

**Cuchillo de pelar:** Es un cuchillo afilado con una hoja de 7,5 o 10 cm que se usa para pelar y rebanar frutas y verduras y para cortar o picar hierbas.

**Cuchillo funcional:** Es un cuchillo afilado con una hoja delgada 15 a 20 cm de largo. Se usa para el mismo fin que un cuchillo de pelar pero la hoja más larga ofrece mayor fuerza como palanca.

**Cuchillo de cortar:** Es un cuchillo afilado con una hoja ancha de 15 a 25 cm de largo. Se usa para picar y rebanar elementos grandes y gruesos.

## CONSEJOS PARA AHORRAR TIEMPO

* Incorpore en sus planes la preparación de un lote adicional de sopas de pasta, o salsas, favoritas. Poner a congelar en recipientes del congelador, del tamaño de una ración. Descongelar y recalentar en ocasión de una cena de última hora o un almuerzo rápido.

* La lasaña, los tallarines del tipo manicotti y las conchas rellenas son platos que se prestan muy bien para la preparación y congelación para preparar en otro momento. Ensayar con guisos repartidos en raciones para una persona en ocasiones en las cuales hace falta tener comidas rápidas. Calentar en un horno de microondas u horno convencional hasta alcanzar la temperatura para servir.

* Al preparar la comida, añadir pasta adicional al agua hirviendo de tal manera que le sobre. Si quiere, mezcle la pasta sobrante con un poco de aceite de oliva para ayudar a que no se apelmace. Usar pasta natural sobrante como base o para aumentar la cantidad de las ensaladas, sopas, acompañamientos y guisados. Simplemente guarde la pasta sobrante en una bolsa plástica en la nevera hasta por tres días. Refrescar la pasta poniéndola con agua caliente o fría, según cómo piense usarla. También se puede congelar la pasta y luego recalentarla en agua hirviéndola o colocándola en microondas para obtener una textura y sabor a recién cocida.

* Combine carne, aves, pescado y verduras en su plato favorito de pasta y una salsa sencilla para hacer rápidamente una nueva comida.

* Una taza de pasta tipo macarrones dará 2 tazas de pasta cocida.

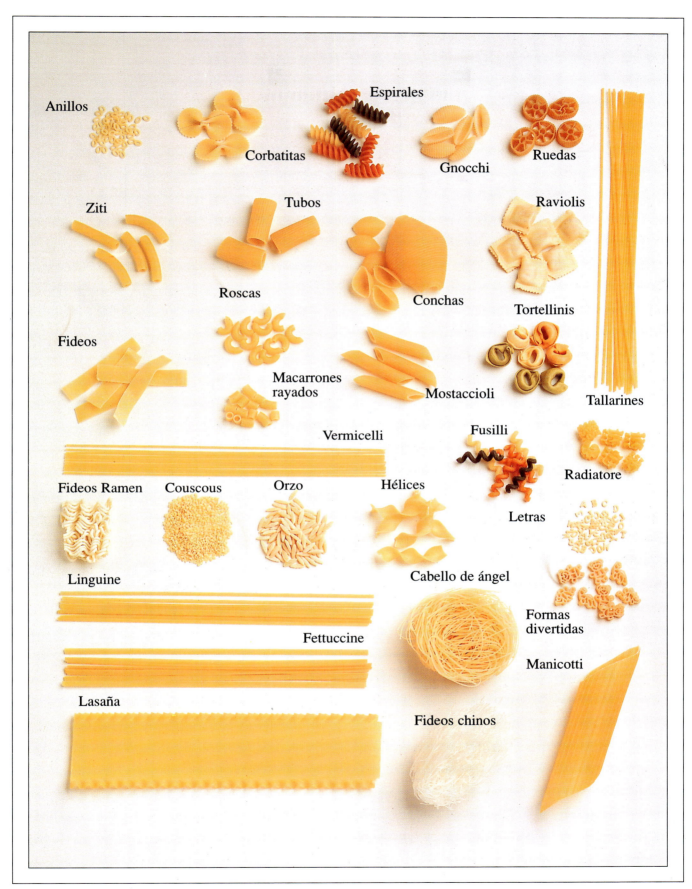

# Pollo tailandés con ensalada de fetuccine

3 mitades de pechuga de pollo deshuesadas y despellejadas (alrededor de 430 g)
180 g de fettuccine
25 cl de salsa picante
60 cl de manteca dura de maní
2 cucharadas de miel
2 cucharadas de jugo de naranja
1 cucharadita de salsa de soja
1/2 cucharadita de jengibre molido
2 cucharadas de aceite vegetal
 Hojas de lechuga o repollo de Saboya (optativo)
40 g de cilantro picado grueso (ver la técnica para cortar el perejil, página 68)
40 g de mitades de maní
115 g de tiras delgadas de pimiento morrón, cortadas por la mitad
 Salsa picante adicional

1. Cortar el pollo en pedazos de 1 pulgada; apartar.

2. Cocer la pasta según las indicaciones del paquete. Escurrir en colador.

3. Mientras se cuece la pasta, juntar 1 taza de salsa picante, manteca de maní, miel, jugo de naranja, salsa de soja y jengibre en una cacerola pequeña. Cocer y revolver a fuego lento hasta que quede todo bien mezclado y sin grumos. Reservar 6 cl de mezcla de salsa picante.

4. Colocar la pasta en una fuente grande. Verter la mezcla de salsa picante restante encima de la pasta; mezclar suavemente para recubrirla.

5. Calentar el aceite en una sartén grande a fuego mediano hasta que esté caliente. Cocer revolviendo el pollo en aceite caliente unos 5 minutos hasta que el pollo esté dorado por fuera y ya no se vea rosado en el medio.

6. Añadir la 1/4 taza de mezcla de salsa picante; mezclar bien.

7. Colocar la pasta sobre una fuente de servir puesta sobre lechugas. Colocar la mezcla de pollo sobre la pasta. Encima poner el cilantro, maní partido y trozos cortados a lo largo de pimiento.

8. Refrigerar hasta que la mezcla se enfríe hasta alcanzar una temperatura ambiente. Servir con salsa picante adicional. Adornar como quiera.

*Las cantidades indicadas hacen platos para 4 personas.*

1º paso: Se cortan las mitades de pechuga de pollo en pedazos de 2,5 cm.

3º paso: Se cuece revolviendo la mezcla de salsa picante.

5º paso: Se corta el pollo para comprobar si está hecho.

*Ensaladas y sopas* • PASTAS

# Mariscos frescos con ensalada de linguine

1 1/2 a 3 docenas de almejas
Sal
4 libras de mejillones/choros
675 g de calamares pequeños
225 g de linguine
Aceite de oliva
5 cl de jugo de limón recién exprimido
2 dientes de ajo molidos
 (técnica en la página 58)
1/4 cucharadita de pimienta
1 cebolla roja, en rebanadas delgadas y separadas en ruedas para adorno
50 g de perejil finamente picado para adorno
 (técnica en la página 68)

1. Descartar cualquier almeja que, después de darle un golpecito con los dedos, se mantenga abierta. Limpiar las almejas con un cepillo duro bajo el agua fría de la llave. Sumerja las almejas 20 minutos en una solución de 70 g de sal y un galón de agua. Estilar y repetir este mismo procedimiento 2 veces más.

2. Descartar cualquier mejillón/choro que se mantenga abierto después de darle un golpecito con los dedos. Para limpiar los mejillones/choros, frotar, bajo el agua fría de la llave, con un cepillo duro. Para desbarbarlos, sacar con los dedos toda pilosidad del caparazón. Sumerja los mejillones/choros 20 minutos en una solución de 70 g de sal y 1 galón de agua. Estilar y repetir 2 veces el mismo procedimiento.

3. Para limpiar cada calamar, sostener el cuerpo del calamar con firmeza con una mano, agarrando la cabeza con la otra; sacar la cabeza girándola suavemente de un lado para otro. (La cabeza y las entrañas del cuerpo deben salir de una sola vez.) Reserve el cuerpo. Cortar los tentáculos de la cabeza; resérvelos. Desechar la cabeza y las entrañas.

4. Agarrar la punta del cartílago delgado y transparente que sobresale del cuerpo sacándolo para eliminarlo. Lavar el calamar bajo el agua fría de la llave. Pelar y descartar la membrana exterior jaspeada que cubre el cuerpo y las aletas. Quitar las aletas laterales; reservarlas. Lavar bien el interior del calamar bajo el agua fría de la llave. Hacer lo mismo con el resto de los calamares.

*sigue en la página 54*

2º paso: Se sacan las barbillas de los mejillones/choros.

3º paso: Se saca la cabeza del calamar.

4º paso: Se depila la membrana exterior del calamar.

*Ensaladas y sopas* • **PASTAS**   53

***Ensalada de mariscos frescos y linguine, continuación***

5. Cortar los calamares en forma transversal para hacer ruedas de 6 mm; picar finos los tentáculos y aletas. (Las ruedas cortadas, aletas y tentáculos que se reservaron son todas partes comestibles.) Secar los trozos utilizando papel de cocina.

6. Para cocer al vapor las almejas y mejillones/choros, poner 1 taza de agua en una olla grande. LLevarla a punto de ebullición a fuego fuerte. Añadir las almejas y mejillones/choros. Tapar la olla; cambiar a fuego lento. Cocer al vapor durante 5 a 7 minutos hasta que se abran las almejas y mejillones/choros. Sacar de la olla con espumadera. Descartar cualquier almeja o mejillón/choro que permanezca cerrado.

7. Mientras tanto, cocer la pasta de acuerdo a las instrucciones en el envoltorio. Colar. Colocar en una fuente grande y mezclar con 2 cucharadas de aceite.

8. Añadir suficiente aceite para que alcance justo a cubrir el fondo. Calentar a fuego medio; añadir los calamares. Cocer revolviendo 2 minutos hasta que los calamares se vuelvan opacos. Colocar los calamares en una fuente grande de vidrio. Añadir la pasta, los mejillones/choros y las almejas.

9. Unir en un recipiente pequeño 1/2 taza de aceite, jugo de limón, ajo, 1/2 cucharadita de sal y pimienta; mezclar bien. Verter sobre la ensalada; revolver suavemente para recubrir.

10. Tapar; refrigerar por lo menos 3 horas. Aderezar con jugo de limón adicional, si se considera necesario. Adornar si se quiere.

*para 6 personas.*

5º paso: Se cortan los calamares en ruedas.

8º paso: Se sacan los calamares cocidos del sartén.

**PASTA** • *Ensaladas y sopas*

# Ensalada de pasta en copas de alcachofa

**5 dientes de ajo pelados
(técnica en la página 64)
10 cl de vino blanco seco
6 alcachofas medianas para
copas
1 limón cortado por la mitad
1,5 l de caldo de pollo
1 cucharada más 1 cucharadita
de aceite de oliva, por
partes
1 bolsita (60 g) de corazones de
alcachofas
225 g de pasta en forma de
hélices o lazos
1/2 cucharadita de hojas secas de
albahaca machacadas
Vinagreta con albahaca
(página 56)**

1. Colocar el ajo y el vino en una olla de 1 litro. Llevar a punto de ebullición a fuego fuerte; cambiar a fuego lento. Hervir a fuego lento durante 10 minutos.

2. Mientras tanto preparar las alcachofas. Con un cuchillo quitar el tallo de las alcachofas con un corte limpio de tal manera que puedan disponerse llanas como una copa. Sacar las hojas exteriores.

3. Cortar 2,5 cm de la parte superior de las alcachofas. Sacar con tijeras las puntas de las hojas restantes. Para prevenir que pierdan su verdor, frotar las puntas con limón.

4. Verter el caldo de pollo en una olla grande de hierro o barro de 6 litros. Dejar que alcance su punto de ebullición a fuego fuerte. Añadir las alcachofas, la mezcla del vino y 1 cucharada de aceite. Cambiar a fuego lento. Cubrir; hervir a fuego lento, de 25 a 30 minutos o hasta que fácilmente se saquen las hojas de la base. Estilar.

5. Cocer los corazones de alcachofas de acuerdo a las indicaciones del envoltorio. Estilar bien. Cortar en rodajas para dar 2 tazas. Apartar.

*sigue en la página 56*

2º paso: Se corta el tallo de la alcachofa.

3º paso: Se sacan con tijeras las puntas de las hojas de las alcachofas.

4º paso: Se comprueba si las alcachofas están listas.

*Ensaladas y sopas* • **PASTAS**

*Ensalada de pasta en copas de alcachofa, continuación*

6. Cocer la pasta de acuerdo a las instrucciones del envoltorio. Colar. Colocar la pasta en una fuente grande. Rociar con la cucharadita restante de aceite y la albahaca.

7. Preparar la vinagreta de albahaca.

8. Añadir a la pasta los corazones de alcachofas y 1 taza de aliño; revolver suavemente para recubrirla.

9. Abrir con cuidado las hojas exteriores de las alcachofas enteras. Sacar las hojas pequeñas del corazón agarrándolas con los dedos, y luego tirando y girando. Sacar la rebaba pilosa de la alcachofa con una cuchara.

10. Llenar con la mezcla de pasta. Cubrir; refrigerar hasta que llegue la hora de servir. Servir con el aliño restante. Adornar como quiera.

*para 6 personas*

## Vinagreta de albahaca

**7 cl de vinagre blanco**
**2 cucharadas de mostaza francesa**
**3 dientes de ajo peladas (técnica en la página 64)**
**120 g de hojas frescas de albahaca picadas gruesas**
**225 g de aceite de oliva**
**Sal y pimienta al gusto**

1. Colocar el vinagre, mostaza y ajo en una batidora o procesador de alimentos. Tapar; procesar encendiendo y apagando hasta que el ajo se haya incorporado totalmente. Añadir la albahaca; seguir pulsando hasta que la mezcla se haya homogeneizado suficientemente.

2. Con el artefacto en marcha, añadir lentamente el aceite. Aliñar al gusto con sal y pimienta.

*37 cl*

9º paso: Se saca la rebaba pilosa de la alcachofa con una cuchara.

10º paso: Se llena el alcachofa con la mezcla de pasta.

Vinagreta de albahaca.
2º paso. Echar el aceite lentamente al procesador de alimentos.

*Ensaladas y sopas* • **PASTAS**   57

# Caldo rápido de carne

1 cebolla grande
2 dientes de ajo
675 g de carne magra picada
1 lata (840 g) de tomates enteros y pelados, sin estilar
1,5 l de agua
6 cubitos de caldo de carne
1/4 cucharadita de pimienta
80 g de orzo sin cocer
300 g de mezcla de arvejas/chícharos, zanahorias y maíz congelados
Pan francés (optativo)

1. Para picar la cebolla, quitar la piel. Cortar la cebolla por la mitad pasando por la raíz usando un cuchillo funcional. Colocar el cuchillo con el filo hacia abajo sobre una tabla. Sosteniendo el cuchillo en forma horizontal, hacer cortes paralelamente con la tabla, casi hasta alcanzar el extremo de la raíz. Luego, corte la cebolla en forma vertical en rodajas delgadas, sosteniendo la cebolla con los dedos para que mantenga su forma. Girar la cebolla y cortar en forma transversal hasta el extremo de la raíz. (Por más cerca que se haga un corte a otro, más fino se pica la cebolla.) Repetir con la mitad restante de la cebolla.

2. Para moler el ajo, sacar las puntas de los dientes de ajo. Aplastar el diente de ajo un poco con el lado plano de la hoja de un cuchillo de cocina; sacar la piel. Picar el ajo con el cuchillo de cocina hasta que el ajo quede en pedacitos uniforme y finos. Reservar.

3. Cocer la carne, la cebolla y el ajo en una olla grande a fuego medio hasta que se dore la carne, revolviendo para separar la carne; dejar que estile la grasa.

4. Poner los tomates con el líquido en una batidora o procesador de alimentos y tapar. Procesar hasta obtener una mezcla uniforme.

5. Añadir los tomates, el agua, los cubitos concentrados de caldo y pimienta a la mezcla de carne. A fuego fuerte, calentar hasta llegar al punto de ebullición. Poner a hervir, sin tapar, a fuego lento, durante 20 minutos.

6. Añadir el orzo y las verduras. Hervir a fuego lento 15 minutos más. Servir con pan francés.

*para 6 personas*

1º paso: Se pica la cebolla.

2º paso: Se aplasta el ajo para sacar la piel.

5º paso: Se revuelve la mezcla de la carne.

# Sopa de zapallitos, tomates y fideos

1,35 kg de zapallitos
17 cl de agua
115 g de mantequilla
460 g de cebollas picadas
   (técnica en la página 58)
920 g de tomates, cortados en ocho partes
1 lata (1,5 l) de caldo de pollo
3 dientes de ajo picados
1 cucharadita de condimento Beau Monde
1 cucharadita de sal
1 cucharadita de pimienta
450 g de fideos de trigo duro
Pan con ajo y mantequilla
   (optativo)

1. Frotar los zapallitos con un cepillo para verduras bajo el agua fría de la llave. Cortar longitudinalmente por la mitad con un cuchillo funcional (Si el zapallito es grande, cortar en 4 tajadas longitudinales.) Cortar cada mitad a lo largo en 4 a 6 trozos. Juntar los trozos con los dedos y cortar transversalmente en pedacitos.

2. Poner los zapallitos y el agua en una olla; tapar. Cocer a fuego medio-alto 10 minutos hasta que se hayan cocido parcialmente, revolviendo dos veces.

3. Calentar la mantequilla en un sartén grande a fuego medio. Agregar las cebollas; cocer y revolver en la mantequilla caliente hasta quedar tiernas.

4. A la mezcla de los zapalitos agregar la mezcla de cebolla, tomates, caldo, ajo, aliño, sal y pimienta; tapar. Hervir a fuego lento 20 a 25 minutos.

5. Mientras tanto, cocer los fideos de acuerdo a las indicaciones del envoltorio. Estilar bien.

6. Agregar los fideos a la sopa; calentarla bien. Servir acompañada de pan con ajo y mantequilla.

*para 8 personas*

1º paso: Se cortan los zapallitos en trocitos.

2º paso: Se añade agua a la olla.

6º paso: Se agregan los fideos a la sopa.

*Ensaladas y sopas* • **PASTAS**   61

# Pasta de espinacas y ajo con salsa de ajo y cebolla

225 g de espinacas frescas
6 huevos, separados
210 g de harina, por partes
1 cucharada de aceite de oliva
6 dientes de ajo grandes, molidos
    (técnica en la página 58)
1/2 cucharadita de sal
Salsa de ajo y cebolla (página 64)
Queso parmesano rallado
    (optativo)

1. Separar las hojas de las espinacas. Lavar en agua fría. Repetirlo varias veces usando agua fría nueva para quitar la arena y el polvo. Secarlas con papel de cocina.

2. Para sacar los tallos de las hojas de las espinacas, doblar cada hoja por la mitad y luego levantar el tallo hacia la parte superior de la hoja. Desechar el tallo.

3. Para escaldar las espinacas, calentar 1 litro de agua levemente salada en una olla de 2 litros a fuego fuerte hasta hervir. Agregar las espinacas inmediatamente. Llevar al punto de ebullición nuevamente; hervir dos o tres minutos hasta que estén tiernas y no demasiado hechas. Sacar las espinacas de la olla estilando el agua, y luego inmediatamente sumergirlas en agua fría para que no se cuezan más. Colocarlas en un colador para estilar. Dejarlas en reposo hasta enfriar lo suficiente como para poder tocarlas con la mano. Exprimir las espinacas con las manos para sacar la humedad sobrante. Picarlas finas con un cuchillo de cocina.

4. Para separar la clara de la yema de los huevos, golpear el huevo suavemente en el medio contra una superficie dura, como el borde de una fuente. Con una mitad de la cáscara en cada mano, pasar la yema varias veces de una mitad a otra. Dejar que la clara caiga a la fuente pasando entre las dos mitades de la cáscara.

5. Cuando toda la clara haya caído a la fuente, colocar la yema en otro recipiente. Pasar la clara a una tercera fuente. Repetir con 3 huevos más. Guardar las claras de huevos sin usar en un envase hermético para ser ocupadas para otro propósito. Refrigerar alrededor de una semana.

6. Colocar 140 g de harina en la tabla. Hacer un hueco en el medio. Batir 2 huevos enteros, con las yemas y el aceite en un recipiente pequeño hasta que quede todo bien mezclado. Verter poco a poco esta mezcla en el agujero de la harina y a la vez mezclar con las puntas de los dedos o un tenedor, hasta formar una bola de masa.

*sigue en la página 64*

1º paso. Se lavan las espinacas.

2º paso. Se sacan los tallos de las espinacas.

4º paso. se separa la yema de la clara.

**PASTAS** • *Salsas*

Salsas • PASTAS  63

*Pasta de espinacas y ajo con salsa de ajo y cebolla, continuación*

7. Agregar las espinacas, el ajo y la sal. Mezclar, incorporando más harina, a medida que haga falta.

8. Colocar la pasta sobre una superficie espolvoreada con harina. Para amasar, doblar la masa por la mitad hacia Ud. y luego empujarla hacia afuera con la palma de la mano. Girar la masa un cuarto de una vuelta y seguir doblando, presionando y girando. Amasar durante 5 minutos o hasta que la masa esté firme y flexible, añadiendo, en caso necesario, más harina para que no se pegue. Cubrir con un envoltorio plástico. Dejar reposar 15 minutos.

9. Sacar el envoltorio de la masa y amasar brevemente tal como se describe en el 8º paso sobre una superficie espolvoreada con un poco de harina. Con el uslero previamente espolvoreado con harina estirar la masa hasta obtener un círculo de 3 mm de espesor. Agarrar el círculo de masa con cuidado con las dos manos. Ponerla a contraluz para revisar si tiene partes donde la masa está demasiado gruesa. Volver a ponerla en la tabla de picar; dejar uniforme cualquier parte excesivamente gruesa. Dejar reposar hasta que la masa se seque al punto de poder moldearla sin que se rompa.

10. Espolvorear con harina el círculo de masa; enrollar con cuidado en el uslero. Sacar el uslero; aplastar el rollo de masa suavemente con la mano y con un cuchillo filudo cortar en tiras de 6 mm de ancho. Desdoblar las tiras cuidadosamente.*

11. Preparar la salsa de ajo y cebolla.

12. Cocer la pasta 1 a 2 minutos en una olla grande de agua salada hirviendo sólo hasta que esté en su justo punto de cocción. Colar; poner en una fuente amplia.

13. Verter la salsa sobre la pasta. Servir con queso. Adornar como quiera.
*para 2 a 4 personas*

* A estas alturas, se puede secar y guardar la fettuccine. Colgar las tiras de fettuccine en un colgador para pasta o en un palo de escoba limpio, cubierto de plástico y sostenido entre dos sillas. Secar por lo menos 3 horas; guardar en un recipiente hermético a temperatura ambiente, por un máximo de 4 días. Para servir, cocer el fettuccine en una olla grande de agua salada hirviendo por 3 a 4 minutos hasta estar justo en su punto de cocción. Colar.

## Salsa de ajo y cebolla

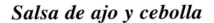

**12 dientes grandes de ajo fresco**
**115 g de mantequilla**
**1 cucharada de aceite de oliva**
**1 libra [450g] de cebollas tipo Vidalia u otro tipo dulce, en rodajas**
**1 cucharada de miel (optativa)**
**6 cl de vino Marsala**

1. Para pelar los dientes de ajo rápidamente, cortar las puntas. Poner los dientes de ajo en agua hirviendo. Hervir 5 a 10 segundos. sacar con espumadera y sumergir en agua fría. Estilar. La piel saldrá de los dientes de ajo con facilidad. Con un cuchillo cocina, picar el ajo para que dé el equivalente de 7 cl.

2. Calentar la mantequilla y el aceite en un sartén grande a fuego medio. Agregar las cebollas y el ajo; tapar y cocer hasta que estén blandas. Añadir la miel; bajar a fuego lento. Cocer, sin tapar, durante 30 minutos, revolviendo de vez en cuando. Añadir el vino; cocer por espacio de 5 a 10 minutos.
*Las cantidades indicadas hacen casi 55 cl*

8º paso. Se trabaja la masa.

9º paso. Se revisa el espesor de la masa.

* Se cuelga la pasta para secar en un colgador de pasta.

# Pasta de cabello de ángel con salsa de ají picante

**280 g de harina**
**1/4 cucharadita de sal**
**3 huevos**
**1 cucharada de leche**
**1 cucharadita de aceite de oliva**
  Salsa de ají picante (página 66)
**45 g de queso parmesano rallado**

1. Colocar la harina, sal, huevos, leche y aceite en un procesador de alimentos; procesar hasta hacer la masa. Moldearla en forma de bola.

2. Poner la masa en una superficie espolvoreada con harina; aplastar un poco. Cortar la masa en 4 pedazos. Envolver 3 pedazos de masa en un envoltorio plástico; reservarlas.

3. Para amasar con máquina de hacer pasta, poner los rodillos de la máquina en la posición más amplia (posición 1).* Pasar la masa sin envoltorio por los rodillos planos girando la manivela. (Es posible que la masa se deshaga un poco al principio pero se mantendrá unida después de arrollar 2 a 3 veces.)

4. Espolvorear con harina la tira de masa; dividir la tira en tres partes. Pasarlas de nuevo por los rodillos. Seguir con el mismo proceso, de 7 a 10 veces, hasta que la masa esté firme y flexible.

5. Para estirar la masa con la máquina, ajustarla en posición 3. Pasar la tira de masa por los rodillos. No doblar la tira en tres partes, repetir en la posición 5 y 6. Dejar reposar la masa, 5 a 10 minutos, hasta que se haya secado un poco.

*Seguir las indicaciones del fabricante en lo que se refiere al método apropiado de enrollar la pasta si son diferentes los ajustes para su funcionamiento. Para hacer pasta a mano, ver Pasta de espinacas y ajo con salsa de ajo y cebolla (página 62).

*pasa a la página 66*

1º paso. Se prepara la masa de la pasta en un procesador de alimentos.

3º paso. Se trabaja la masa de la pasta en una máquina de hacer pasta.

4º paso. Se dobla la masa en tres partes.

*Pasta de cabello de ángel con salsa de chile picante, continuación*

6. Colocar la manivela al rodillo para pasta de cabello de ángel y pasar la masa. \*\* Repetir el mismo proceso de amasar y arrollar con los pedazos de masa reservados.

7. Cocer la pasta en una olla grande de agua salada hirviendo por 1 a 2 minutos hasta que esté justo en su punto, y entonces retirarla del fuego. Estilar en un colador.

8. Preparar la salsa de chile picante.

9. Verter la salsa encima de la pasta y agregar el queso. Revolver bien para que se recubra la pasta con la mezcla.
*Para 4 a 6 personas.*

\*\* Llegando a esta etapa, la pasta de cabello de ángel se puede secar y guardar. Colgar las tiras de pasta en un colgador para pasta o un palo de escoba limpio, cubierto de plástico y sostenido entre 2 sillas.(Técnica en la página 64). O bien, enroscar la pasta en forma de nidos y colocar sobre un paño de cocina limpio. Poner a secar por un mínimo de 3 horas y guardar en un recipiente hermético a temperatura ambiente por un máximo de 4 días. Cocer la pasta en una olla grande de agua salada hirviendo por 3 a 4 minutos justo hasta que esté "al dente". Escurrir en un colador.

## Salsa de chile picante

**2 chiles rojos pequeños**
**6 cucharadas de mantequilla o margarina**
**4 cebollines, rebanadas finas**
**1/2 pimentón rojo mediano, molido**
**3 dientes de ajo, molido (técnica en la página 58)**
**3 cucharadas de perejil fresco (técnica en la página 68)**
**1/2 cucharadita de sal**
**1/8 cucharadita de pimienta negra**

1. Lavar los chiles y secar con papel de cocina. Cortarlos por la mitad con un cuchillo funcional. \*\*\* Sacar las semillas. Luego picar en pequeños pedacitos uniformes con un cuchillo de cocinero.

2. Calentar la mantequilla en una sartén grande a fuego medio-alto y agregar los chiles, el pimento morrón y el ajo. Rehogar, revolviendo por 2 minutos o hasta que reblandezcan las cebollines.

3. Retirar la mezcla del fuego, agregar el perejil, sal y pimienta y revolver.

*Hace alrededor de 37 cl*

\*\*\* Los chiles pueden escocer e irritar la piel; use guantes de goma para trabajar con los chiles y no se toque los ojos. Lavese las manos después de tocar los chiles.

paso 6: Se corta la pasta con una máquina de hacer pasta.

Salsa de chile picante: 1. paso. Se sacan las semillas de los chiles.

Salsas • PASTAS

# Cangrejo con hierbas y pasta

1 diente de ajo
 Perejil fresco
180 g cangrejo
225 g de vermicelli
120 g de aceite de oliva
3 cucharadas de mantequilla o margarina
1 cebolla pequeña, picada
1 zanahoria rallada
40 g de albahaca fresca o 2 cucharaditas de hojas secas de albahaca, machacadas
1 cucharada de jugo de limón
60 g de piñones picadas gruesas (optativo)
1/2 cucharadita de sal

1. Para machacar el ajo, sacar las puntas del diente del ajo. Aplastar el diente del ajo suavemente con el lado plano de un cuchillo de cocina; sacar la piel. Picar con el cuchillo de cocina hasta que el ajo se haya molido. Reservar.

2. Para cortar fino el perejil, colocarlo en una taza de medir. Cortar con tijeras de cocina suficiente perejil para hacer 2 cucharadas. Reservar.

3. Sacar y botar cualquier trozo de caparazón o cartílago del cangrejo. Desmenuzar en pedacitos con tenedor. Reservar.

4. Preparar la pasta de acuerdo a las instrucciones en el paquete. Colar.

5. Calentar el aceite y la mantequilla en un sartén grande a fuego medio-alto. Añadir el ajo, cebolla, y zanahoria y cocer revolviéndolos en la mezcla de aceite caliente hasta que las verduras estén blandas, pero no doradas.

6. Poner a fuego medio. Añadir el perejil, cangrejo, albahaca y jugo de limón y revolverlos. Cocer por 4 minutos, revolviendo constantemente. Agregar los piñones y sal, revolver.

7. Verter la salsa encima del vermicelli en una fuente grande; mezclar suavemente para que se cubra bien con la mezcla. Adornar como quiera.

*para 4 personas*

1º paso: Se machaca el ajo para sacar la piel.

2º paso: Se corta el perejil con tijeras.

3º paso: Se saca cualquier trozo de caparazón o cartílago del cangrejo.

## Pasta con brécol

**1 ramo de brécol**
**450 g de macarones tipo ziti**
**2 cucharadas de aceite de oliva**
**1 diente de ajo molido (técnica en la página 58)**
**90 g de queso rallado tipo mozzarella**
**90 g de queso parmesano rallado**
**45 g de mantequilla**
**50 g de caldo de pollo**
**3 cucharadas de vino blanco**

1. Cortar las hojas de los tallos del brécol. Cortar los extremos de los tallos. Cortar cada extremo de tal manera que mantenga una pequeña parte del tallo, y cortar el brécol en brotes. Pelar los tallos, y luego cortarlos en pedazos de 3 cm.

2. Para cocer el brécol al vapor, hacer hervir 5 cm de agua en un olla grande a fuego fuerte. Meter el brécol en una vaporera metálica y meterla dentro de la olla. El agua no debe estar en contacto con el brécol. Tapar la olla; cocer al vapor por espacio de 10 minutos hasta que el brécol esté blando. Añadir agua en la medida necesaria para impedir que la olla se seque por la evaporación del agua.

3. Cocer la pasta de acuerdo a las instrucciones del paquete. Colar.

4. Calentar el aceite en un sartén grande a fuego medio-alto. Cocer y revolver el ajo en aceite caliente hasta que dore.

5. Añadir el brécol; cocer y revolver 3 a 4 minutos. Agregar queso tipo mozzarella, queso parmesano, mantequilla, caldo y vino; revolver. Poner a fuego lento. Hervir a fuego lento hasta disolver el queso.

6. Verter la salsa sobre el ziti en una fuente grande; mezclar suavemente para recubrirlo. Adornar como quiera.

*para 6 a 8 personas*

1º paso: Se corta el tallo del brécol en pedazos de 3 cm.

2º paso: Se cuece el brécol al vapor.

5º paso: Se revuelve la mezcla de brécol.

**PASTAS** • *Salsas*

Salsas • PASTAS 71

# Fusilli Pizzaiolo

225 g champiñones
1 pimentón rojo grande
1 pimentón verde grande
1 pimentón amarillo grande
3 chalotas grandes
450 g de fusilli o tallarines
60 g de aceite de oliva
10 cebollines picados
1 cebolla grande picada en cubitos
8 dientes de ajo, picados gruesos
60 g de albahaca fresca picada o 2 cucharaditas de hojas secas de albahaca machacadas
2 cucharadas de orégano fresco picado o 1 cucharadita de orégano seco machacado
Una pizca de copos de ají machacado
460 g de tomates en lata o frescos picados (técnica en la página 82)
Sal y pimienta negra al gusto
Ramitos de albahaca fresca y tomates pera en miniatura para adorno

1. Limpiar los champiñones con papel de cocina húmedo. Sacar la parte delgada del tallo y botarla. Rebanar los champiñones con un cuchillo de pelar. Reservar.

2. Enjuagar los pimentones bajo el chorro de agua fría. Para sacar las semillas del pimentón, colocar en su base en una tabla de picar. Sacar los costados cortando 3 o 4 veces a lo largo del pimentón con un cuchillo funcional. (Cortar cerca del tallo, pero sin atravesarlo.) Botar el tallo y las semillas. Sacar todas las semillas que queden. Limpiar el interior del pimentón poniéndolo bajo el chorro de agua fría y luego cortar en trozos de 6 mm. Reservar.

3. Sacar la piel delgada exterior de las chalotas. Sacar la raíz cortando con el cuchillo de cocina. Reservar.

4. Cocer la pasta de acuerdo a las instrucciones del paquete. Colar.

5. Calentar el aceite en un sartén grande a fuego medio-alto. Cocer y revolver los champiñones, pimentones, chalotas, cebollas, ajo, albahaca picada, orégano y ají machacado en aceite caliente hasta que las verduras se doren un poco.

6. Añadir los tomates con el jugo; llevarlo a punto de ebullición. Bajar a fuego lento; hervir a fuego lento, destapado, por espacio de 20 minutos. Condimentar al gusto con sal y pimienta negra.

7. Colocar los fusilli en los platos. Verter la salsa encima de los fusilli. Adornar si quiere.

*para 6 a 8 personas.*

1º paso. Se cortan los champiñones en rebanadas.

2º paso. Se cortan los costados del pimentón.

3º paso. Se saca la piel delgada exterior de la chalota.

Salsas • PASTAS 73

# Carne de vaca a la oriental

**3 tazas de pasta tipo espiral**
**7 cebollines**
**2 a 3 ramas de apio**
**8 champiñones (optativos)**
**570 g de tirabeque congelado**
**450 g de carne picada**
**3 cucharadas de salsa de soja**
**1/4 cucharadita de jengibre molido**
**250 g de salsa de tomate**
**3 tomates frescos, cortados en trozos**
**120 g de queso manchego rallado, por partes**
**1 pimentón verde, cortado en rodajas delgadas**

1. Cocer la pasta de acuerdo a las instrucciones del paquete. Colar. Reservar.

2. Sacar las raíces de los cebollines. Cortar los cebollines en forma diagonal en pedazos de 5 cm.

3. Colocar el apio con el lado plano hacia abajo sobre la tabla de picar. Cortar el apio en forma diagonal en pedazos de 3 cm.

4. Limpiar los champiñones con papel de cocina húmedo. Sacar la parte delgada del tallo y botarla. Cortar los champiñones en rodajas con un cuchillo de pelar. (Técnica en la página 72.)

5. Para descongelar el tirabeque rápidamente, colocarlo en un colador. Enjuagar bajo el chorro de agua caliente hasta que se haya eliminado todos los cristales y se pueda separar fácilmente las vainas. Estilar bien; darle palmaditas con papel de cocina para secarlo.

6. Cocer la carne de vaca, cebollas, salsa de soja y jengibre en un wok a fuego medio-alto hasta que se dore la carne, revolviendo para separar la carne.

7. Trasladar la mezcla hacia los costados del wok. Añadir el apio y los champiñones; sofreír por espacio de 2 minutos. Trasladar la mezcla hacia los costados del wok. Agregar el tirabeque y la salsa de tomate; cocer 4 a 5 minutos, revolviendo constantemente.

8. Agregar la pasta, los tomates y 70 g de queso. Revolver suavemente para combinar todos los ingredientes. Cocer durante 1 minuto. Agregar el pimentón verde; espolvorear por encima la 1/4 taza restante de queso. Bajar a fuego lento; cocer hasta que esté completamente caliente.

*para 4 personas*

2º paso. Se cortan los cebollines en forma diagonal en pedazos de 5 cm.

3º paso. Se corta el apio en forma diagonal en pedazos de 3 cm.

7º paso. Se fríen las verduras y legumbres revolviendo constantemente.

**PASTA** · *Platos principales*

*Platos principales* • PASTA

# Conchas rellenas
## para la cena dominical

**360 g de conchas de pasta extra-grandes**
**285 g de espinacas picadas congeladas**
**2 cucharadas de aceite de oliva**
**3 dientes de ajo fresco pelado** (técnica en la página 64)
**350 g de ternera picada**
**250 g de carne de cerdo picada**
**130 g de perejil finamente picado** (técnica en la página 68)
**130 g de pan rallado**
**2 huevos batidos**
**3 dientes de ajo fresco molido** (técnica en la página 58)
**3 cucharadas de queso parmesano rallado**
**Sal al gusto**
**75 cl de salsa para tallarines**
**Rebanadas de zapallitos salteados (optativas)**

1. Cocer la pasta de acuerdo a las instrucciones del paquete. Colocar en un colador y limpiar en agua fría de agua tibia. Estilar bien.

2. Cocer las espinacas de acuerdo a las instrucciones del paquete. Poner en colador para estilar. Dejar reposar hasta que se enfríen lo suficiente como para poder tomarlas con la mano. Exprimir las espinacas con la mano para sacar la humedad sobrante. Reservar.

3. Calentar el aceite en un sartén grande a fuego medio. Cocer y revolver los dientes de ajo enteros en aceite caliente hasta que el ajos se dore un poco. Botar el ajo.

4. Añadir la ternera y la carne de cerdo al sartén. Cocer hasta que se dore un poco, revolviendo para separar la carne; estilar la grasa. Enfriar un poco.

5. Precalentar el horno hasta 190°C. Untar con manteca un molde para hornear de 30 x 20 cm.

6. Juntar las espinacas, perejil, pan rallado, huevos, ajo molido y queso en una fuente grande; unir bien. Aliñar con sal al gusto. Añadir la mezcla enfriada de la carne; unir bien. Con una cuchara llenar las conchas con la mezcla de carne.

7. Extender alrededor de 1 taza de salsa para tallarines en el fondo del molde preparado. Disponer las conchas en el molde. Verter la salsa restante encima de las conchas. Cubrir de papel aluminio.

8. Hornear 35 a 45 minutos o hasta que se formen burbujas. Servir con zapallitos. Adornar como quiera.

*para 8 a 9 personas*

2º paso. Se exprimen las espinacas con las manos para sacar la humedad sobrante.

4º paso. Sevuelve la carne picada para separar la carne.

6º paso. Se llena las conchas de pasta con la mezcla de carne.

*Platos principales* • **PASTA**

## Pasta con pollo y ajo sin sal

**570 g de mitades de pechuga de pollo deshuesadas**
**120 g de tomates pera frescos**
**450 g de pasta de lacitos**
**225 g de ajo**
**5 1/2 cucharadas de aceite de oliva**
**675 g de champiñones tipo shiitake rebanados**
**115 g de cebollines picados**
**1 cucharadita de copos de ají machacados**
**45 cl de caldo de pollo**
**120 g de cilantro picado, por partes (ver la técnica para picar el perejil, página 68)**

1. Para asar el pollo a la parrilla, calentar una sola capa de carbón en la parrilla a fuego medio. Untar la parrilla con aceite para evitar que el pollo quede pegado. Asar el pollo en una parrilla tapada, por espacio de 6 a 8 minutos hasta que el pollo ya no esté rosado en el medio, dando vuelta el pollo a medio cocer.

2. Refrigerar el pollo asado hasta que se enfríe lo suficiente como para poder tocarlo con la mano. Cortar el pollo en cubitos de 1,5 cm. Reservar.

3. Cortar los tomates por la mitad. Sacar los tallos. Con una cuchara sacar las pepitas. Picar en pequeños pedazos como para llenar 2 tazas. Reservar. (Técnica en la página 82.)

4. Cocer la pasta de acuerdo a las instrucciones del paquete. Colar.

5. Para pelar los dientes de ajo, sacar las puntas. Meterlos en agua hirviendo. Hervir durante 5 a 10 segundos. Sacar con una espumadera; sumergir en agua fría. Estilar. La piel saldrá fácilmente de los dientes de ajo. Picar con un cuchillo de cocina hasta que el ajo se haya picado en pequeños pedazos bien uniformes.

6. Calentar el aceite en un sartén grande a fuego medio-alto. Agregar los tomates, champiñones, cebollines y ají machacado. Cocer y revolver por espacio de 2 minutos.

7. Añadir el caldo; hervir la mezcla a fuego lento para reducir un poco. Agregar el pollo, pasta y la mitad del cilantro; calentar completamente. Adornar con el cilantro restante.

*para 6 a 8 personas*

1º paso. Se asa el pollo.

2º paso. Se corta el pollo en pedazos de 1,5 cm.

6º paso. Se añaden las verduras al sartén.

**PASTA** • *Platos principales*

# Cazuela de langostinos en pasta de cabello de ángel

**450 g de langostinos medianos crudos**
**Perejil**
**2 huevos**
**1 taza de mezcla, una mitad con crema y la otra con leche**
**1 taza de yogur natural**
**120 g de queso suizo rallado**
**30 g de queso feta desmenuzado**
**40 g de albahaca fresca picada o 2 cucharaditas de hojas secas de albahaca machacadas**
**1 cucharadita de hojas secas de orégano machacadas**
**255 g de pasta fresca de cabello de ángel**
**500 g de salsa mejicana no muy picante, espesa y con trozos grandes**
**120 g de queso tipo mozzarela rallado**
**Tirabeque y tomates pera rellenos con requesón para adorno**

1. Para pelar los langostinos, sacar las patas sacándolas con cuidado del caparazón. Soltar el caparazón con los dedos, y luego deslizarlo hacia un extremo del crustáceo para sacarlo.

2. Para sacar la vena del langostino, y con un cuchillo de pelalegumbres o pequeño de cocina hacer un corte breve a lo largo del dorso. Levantar la vena. (Es posible que encuentre más fácil hacer esto bajo el chorro de agua.) Si quiere, se puede omitir este paso.

3. Para picar el perejil, colocar el perejil en una taza de medir. Cortar con tijeras de cocina suficiente perejil como para dar 7 cl. Reservar. (Técnica en la página 68.)

4. Precalentar el horno hasta 180°C. Untar con 1 cucharada de mantequilla un molde para hornear de 30 x 20 cm.

5. Juntar el perejil, los huevos, la mezcla de mitad leche mitad crema, yogur, queso suizo, queso feta, albahaca y orégano en un recipiente mediano; mezclar bien.

6. Extender la mitad de la pasta en el fondo del molde preparado. Cubrir de salsa. Añadir la mitad de los langostinos. Cubrir con la pasta restante. Extender la mezcla de los huevos encima de la pasta y colocar los demás langostinos encima. Espolvorear encima el queso tipo mozzarella.

7. Hornear durante 30 minutos o hasta que aparezcan burbujas. Dejar reposar 10 minutos. Adornar si se quiere.

*para 6 personas*

1º paso. Se saca el caparazón del langostino.

2º paso. Se saca la vena.

3º paso. Se extiende la mezcla de los huevos encima de la pasta.

*Platos principales* • **PASTA**

# Frittata mediterránea con salsa

Salsa de tomate (receta más abajo)
1 tomate mediano
1 cucharada de aceite de oliva
1 cebolla pequeña picada (técnica en la página 58)
1 cucharadita de hojas secas de albahaca, machacadas
1/4 cucharadita de hojas secas de orégano, machacadas
20 g de pasta tipo orzo, cocida
20 g de aceitunas negras deshuesadas, picadas
8 huevos
1/2 cucharadita de sal
1/8 cucharadita de pimienta
2 cucharadas de mantequilla
60 g de queso mozzarella rallada

1. Preparar la salsa de tomate.

2. Cortar los tomates por la mitad. Sacar el tallo. Con una cuchara sacar las pepitas. Picar en pedacitos pequeños. Reservar.

3. Calentar el aceite en un sartén refractario de 25 cm a fuego medio-alto. Freír la cebolla revolviendo hasta que se ablande. Añadir el tomate, la albahaca, y el orégano; freír y revolver durante 3 minutos. Agregar el orzo y las aceitunas; sacar del sartén y reservar.

4. Batir los huevos con la sal y pimienta en un recipiente mediano con batidora eléctrica apuesta en la velocidad más lenta. Añadir y revolver la mezcla del tomate; reservar.

5. Derretir la mantequilla en el mismo sartén a fuego medio. Agregar la mezcla de los huevos; colocar el queso encima. Bajar a fuego lento. Cocer 8 a 10 minutos o hasta que se encuentre firme el fondo y la mayor parte del medio.

6. Poner el sartén en la parrilla a 10 cm del fuego. Hacer a la parrilla 1 a 2 minutos o hasta que se dore por encima. Cortar en trozos; servir con salsa de tomate. Adornar como quiera. Se sirve cortado en trozos triangulares grandes.

*para 4 a 6 personas*

2º paso. Se sacan las pepitas de los tomates.

5º paso. Se asa la frittata á la parrilla hasta quedar casi firme el fondo de la mezcla.

## Salsa de tomate

250 g de salsa de tomate
1 cucharadita de cebolla desecada y picada
1/4 cucharadita de hojas secas de albahaca, machacadas
1/4 cucharadita de hojas secas de orégano, machacadas
1/8 cucharadita de ajo seco molido
1/8 cucharadita de pimienta

1. Juntar todos los ingredientes de la salsa en un recipiente pequeño. Poner a ebullir a fuego fuerte. Reducir a fuego lento. Hervir, sin tapar, a fuego medio-bajo, revolviendo, por 5 minutos. Reservar. Mantener caliente.

*hace alrededor de 25 cl*

*Platos principales* • PASTA

# Spetzque

9 hojas de lasaña
1 cebolla pequeña
900 g de carne picada
135 g de aceitunas negras picadas, estiladas
120 g de tallos y trozos de champiñones, estilados
450 g de salsa para tallarines
Pizca de pimienta
Pizca de hojas secas de orégano, machacadas
Pizca de aliño italiano
120 g de maíz tierno congelado, descongelado
130 g de arvejas/chícharos congeladas, descongeladas
225 g de queso mozzarella rallado

1. Cocer las hojas de lasaña de acuerdo a las instrucciones del paquete. Colar.

2. Para picar la cebolla, sacar la piel. Con un cuchillo funcional, cortar la cebolla por la mitad pasando por la raíz. Colocarla sobre una tabla de picar con el lado del corte hacia abajo. Sostener el cuchillo en forma horizontal y hacer cortes paralelos a la tabla de picar, hasta llegar casi al extremo de la raíz de la cebolla. Luego hacer cortes verticales formando rodajas delgadas, sosteniendo la cebolla con los dedos para mantener su forma. Girar la cebolla y cortar en forma transversal hasta llegar al extremo de la raíz. (Por más cerca que se hagan los cortes uno del otro, más fino se pica la cebolla.) Hacer lo mismo con la otra mitad de la cebolla.

3. Rehogar la carne en un sartén grande a fuego medio-alto hasta que se dore la carne, revolviendo para separar la carne; estilar la grasa.

4. Agregar las aceitunas, champiñones y cebolla. Rehogar, revolviendo de vez en cuando, hasta que se cuezan las verduras. Añadir la salsa para tallarines, pimienta, orégano y aliño italiano. Calentar bien, revolviendo de vez en cuando; reservar.

5. Precalentar el horno a 180°C.

6. Colocar 3 hojas de lasaña en el fondo de una fuente para horno de 32,5 x 22,5 cm. Extender una mitad de la mezcla de carne encima de la lasaña y luego la mitad del maíz y las arvejas/chícharos.

7. Hacer lo mismo en capas, terminando con una capa de lasaña.

8. Hornear la lasaña 25 minutos. Espolvorear con queso; hornear 5 minutos más hasta que aparezcan burbujas. Dejar reposar 10 minutos antes de cortar. Adornar como quiera.

*para 6 personas.*

2º paso. Se pica la cebolla.

4º paso. Se agrega la salsa para tallarines y se revuelve con la mezcla de carne.

6º paso: Se hacen capas de lasaña.

*Platos principales* • PASTA

# CLASE DE COCINA
# VERDURAS

| | | | |
|---|---|---|---|
| **88** | APUNTES DE CURSO | **122** | PASTINACAS |
| **92** | ESPARRAGOS | **124** | ARVEJAS |
| **94** | POROTOS VERDES | **126** | TIRABEQUE |
| **96** | POROTOS/FRIJOLES | **128** | PIMENTONES |
| **98** | BRECOL | **130** | PAPAS |
| **100** | COLES | **134** | CAMOTE |
| **102** | ZANAHORIAS | **136** | ESPINACAS |
| **104** | COLIFLOR | **138** | ZAPALLO/AUYAMA |
| **106** | MAIZ TIERNO | **140** | ZAPALLO DE CASCARA VERDE |
| **110** | BERENJENAS | | |
| **112** | COLINABOS | **142** | TOMATES |
| **115** | CHAMPIÑONES | **144** | ZAPALLITOS ITALIANOS |
| **118** | CEBOLLAS | | |

Colinabos rellenos *(página 112)*

# APUNTES DE CURSO

La sección de productos alimenticios de los supermercados de hoy trae una variedad cada vez más grande de verduras y legumbres—y con razón. Las verduras y legumbres no son solamente nutritivas, sino que pueden ser la parte más sabrosa de una comida. La sección Verduras y legumbres de clase de cocina le presenta docenas de vegetales y le enseña cómo prepararlos. Cada sección de verduras o legumbres incorpora valiosa información acerca de su disponibilidad, compra y almacenamiento.

Desde hace mucho tiempo las verduras y legumbres han cumplido un papel solamente secundario en la mesa. Se comían las verduras y legumbres, no por tener buen sabor, sino porque "le vienen bien". Hoy en día, debido a la producción estacional a nivel mundial y el transporte de carga por vía aérea, se puede comprar una amplia gama de verduras y legumbres a través de todo el año. Cuando se preparan las verduras y legumbres frescas de forma creativa y deliciosa, estas ya no tienen un papel marginal sino que forman parte integral de una comida agradable.

## PREPARACION DE VERDURAS Y LEGUMBRES

La preparación puede significar el éxito o el fracaso de una clase de verdura. Es por esto que es importante saber cómo la cocción afecta la calidad de una verdura cambiando su textura, sabor, color y contenido nutritivo.

## TEXTURA

La mayoría de las verduras y legumbres son duras y fibrosas, lo cual hace que se presten bien para hacer salsas para acompañar o ensaladas. Pero si van a formar parte de un plato principal, hay que ablandarlas para que sean apetitosas.

La cocción ablanda la fibra de las verduras y legumbres y así las pone más tiernas y fáciles de comer. El grado de blandura lo determina como se ha cortado la verdura o legumbre y cuánto tiempo se ha cocido. La mayoría de las verduras y legumbres se encuentran en condiciones óptimas cuando se cuecen hasta estar tiernas pero todavía firmes.

## SABOR

Parte del sabor de las verduras y legumbres se pierde durante la cocción porque los componentes del sabor se filtran con el agua y se evaporan con el vapor. La mejor manera de evitar la pérdida de sabor es cociéndolas con un mínimo necesario de agua.

En el caso de algunas verduras de sabor fuerte como las de la familia del repollo, es recomendable que se disuelva una parte del sabor en el agua o vapor con que se cuecen.

Algunas legumbres recientemente cosechadas, tales como el maíz, las arvejas/chícharos y las zanahorias, tienen un elevado nivel de azúcar que les da una sabor dulce. A medida que maduran o mientras permanecen almacenadas, el azúcar se convierte en almidón, lo cual hace perder su sabor dulce. Es importante utilizar verduras y legumbres frescas, en su época de cosecha, para obtener el mejor sabor.

## COLOR

La cocción realza el color de algunas verduras y legumbres. Si se recuecen, los colores vibrantes pueden volverse grises opacos y verde caqui. Como algunos pigmentos, como los de la remolacha y de la col lombarda se disuelven en agua y otros, como los de las arvejas/chícharos y brécol, se descomponen por el calor, hay que cocer las verduras y legumbres lo más rápidamente posible para que retengan sus colores.

## CONTENIDO NUTRITIVO

Las verduras y legumbres son importantes porque proporcionan una amplia gama de sustancias nutritivas. Representan fuentes importantes de las vitaminas A y C y están repletas de otras vitaminas y minerales imprescindibles. (Ver la Tabla del contenido vitamínico de las verduras y legumbres en la página 94.) Por mayor que sea la cantidad de agua, y por más elevada que esté la temperatura, y más prolongada la cocción, las verduras o legumbres pierden más nutrientes.

## USO DE LA TABLA DE VERDURAS Y LEGUMBRES

Le ofrecemos esta tabla práctica de verduras y legumbres para ayudar a que su cocción no se base en puras suposiciones. Cuando consulte a esta tabla, rogamos tomar en cuenta lo siguiente:

1. El tiempo indicado es para 450 g de verduras o legumbres a menos que se indique lo contrario.

2. El tiempo se da en minutos.

3. El tiempo indicado abarca cocción de diferentes duraciones, de acuerdo a la edad y tamaño de las verduras y legumbres. Están a punto cuando son tiernas, pero todavía firmes.

4. El tiempo para cocer al vapor se inicia cuando el agua empieza a hervir y producir vapor.

5. Cuando se utiliza horno de microondas, algunas verduras y legumbres no necesitan más agua que las gotitas que se les adhieren al lavarse. Si se requiere agua adicional, la tabla le indica la cantidad en una nota a pie de página.

6. Las verduras y legumbres se escaldan para prepararlas para la congelación. El tiempo indicado se inicia en el momento en que se colocan en agua hirviendo. Sumergir las verduras o legumbres inmediatamente después en agua con hielo, luego estilar y secar pasándoles con cuidado papel de cocina antes de congelar.

7. Para hervir, hay que cubrir el fondo de la olla con 2 a 3 cm de agua. Se debe usar más agua para cocer legumbres enteras y espesas tales como la remolacha, los nabos y los colinabos.

8. Hay algunos métodos de cocción que no se recomiendan para determinadas verduras o legumbres, lo cual se señala con la abreviación "NR".

# Tabla para cocción de verduras y legumbres

| VERDURA | AL VAPOR | EN MICROONDAS | ESCALDAR | HERVIR | OTRO |
|---|---|---|---|---|---|
| ALCACHOFAS enteras | 30 a 60 | 4 a 5 cada una | NR | 25 a 40 | NR |
| ALCACHOFAS corazones | 10 a 15 | 6 a 7 | 8 a 12 | 10 a 15 | Sofreír 10 |
| ESPARRAGOS | 8 a 10 | 4 a 6[1] | 2 a 3 | 5 a 12 | Sofreír en trozos 5 |
| POROTOS VERDES | 5 a 15 | 6 a 12[3] | 4 a 5 | 10 a 20 | Sofreír 3 a 4 |
| FRIJOLES | 10 a 20 | 8 a 12[3] | 5 a 10 | 20 a 30 | NR |
| REMOLACHAS | 40 a 60 | 14 a 18[3] | NR | 30 a 60 | Hornear 60 a 180°C |
| BRECOL asar cabeza | 8 a 15 | 6 a 7[1] | 3 a 4 | 5 a 10 | Escaldar, luego en salsa |
| BRECOL cogollitos | 5 a 6 | 4 a 5[1] | 2 a 3 | 4 a 5 | Sofreír 3 a 4 |
| COLES DE BRUSELAS | 6 a 12 | 7 a 8[2] | 4 a 5 | 5 a 10 | Partir por la mitad; sofreír 3 a 4 |
| REPOLLO hornear | 6 a 9 | 10 a 12[2] | NR | 10 a 15 | Escaldar las hojas, en trozos rellenar y |
| REPOLLO rallado | 5 a 8 | 8 a 10[2] | NR | 5 a 10 | Sofreír 3 a 4 |
| ZANAHORIAS enteras | 10 a 15 | 8 a 10[2] | 4 a 5 | 15 a 20 | Hornear 30 a 40 a 180°C |
| ZANAHORIAS rebanadas/cortadas | 4 a 5 | 4 a 7[2] | 3 a 4 | 5 a 10 | Sofreír 3 a 4 |
| COLIFLOR entero | 15 a 20 | 6 a 7 | 4 a 5 | 10 a 15 | Escaldar, luego hornear 20 a 180°C |

[1] Añadir 2 cucharadas de agua por 450 g.
[2] Añadir 1/4 taza de agua por 450 g.
[3] Añadir 1/2 taza de agua por 450 g.

*continúa*

| VERDURA | AL VAPOR | EN MICROONDAS | ESCALDAR | HERVIR | OTRO |
|---|---|---|---|---|---|
| COLIFLOR cogollitos | 6 a 10 | 3 a 4 | 3 a 4 | 5 a 8 | Sofreír 3 a 4 |
| CHOCLO/ ELOTE | 6 a 10 | 3 a 4 cada uno | 3 a 4 | 4 a 7 | Remojar 10; asar a 190°C o hacer al grill 20 a 30 |
| MAIZ en grano | 4 a 6 | 2 por taza | 21/2 a 4 | 3 a 4 | Sofreír 3 a 4 |
| BERENJENA entera | 15 a 20 | 7 a 10 | 10 a 15 | 10 a 15 | Hornear 30 a 200°C |
| BERENJENA picada/rebanada | 5 a 6 | 5 a 6[2] | 3 a 4 | 5 a 10 | Hornear 10 a 15 a 220°C |
| VERDURAS col rizada, remolacha | 4 a 6 | 8 a 10[2] | 4 a 5 | 5 a 8 | Sofreír 2 a 3 |
| COLINABO entero | 30 a 35 | 8 a 12 | NR | 15 a 30 | Hornear 50 a 60 a 180°C |
| CHAMPIÑONES/ CALLAMPAS | 4 a 5 | 3 a 4 | NR[4] | 3 a 4 en caldo o vino | Sofreír o asar a la parrilla 4 a 5 |
| CEBOLLAS enteras | 20 a 25 | 6 a 10 | NR | 20 a 30 | Hornear 60 a |
| CEBOLLAS perla | 15 a 20 | 5 a 7[2] | 2 a 3 | 10 a 20 | Brasear en caldo 15 a 25 |
| CHIRIVIAS cortadas | 8 a 10 | 4 a 6[2] | 3 a 4 | 5 a 10 | Hornear 30 a 160°C |
| ARVEJAS | 3 a 5 | 5 a 7 | 1 a 2 | 8 a 12 | Sofreír 2 a 3 |

[2] Añadir ¼ taza de agua po 450 g.
[3] Añadir ½ taza de agua por 450 g.
[4] Terminar de cocer antes de congelar.

*continúa*

| VERDURA | AL VAPOR | EN MICROONDAS | ESCALDAR | HERVIR | OTRO |
|---|---|---|---|---|---|
| TIRABEQUE | 2 a 3 | 2 a 3 | 1 a 2 | 2 a 3 | Sofreír 2 a 3 |
| PIMENTONES rebanados | 2 a 4 | 2 a 4 | 2 a 3 (enteros, 2 cada uno) | 4 a 5 | Sofreír 2 a 3 |
| PAPAS Camote o papas blancas enteras | 12 a 30 | 6 a 8 | NR[4] | 20 a 30 | Hornear 40 a 60 a 200°C |
| PAPAS cortadas | 10 a 12 | 8 a 10 | NR[4] | 15 a 20 | Hornear 25 a 30 a 200°C |
| ESPINACAS | 5 a 6 | 3 a 4 | 2 a 3 | 2 a 5 | Sofreír 3 |
| ZAPALLO Verano, en tajadas | 5 a 10 | 3 a 6 | 2 a 3 | 5 a 10 | Asar a la parrilla partidos por la mitad 5 |
| ZAPALLO de cáscara verde, partido por la mitad | 15 a 40 | 6 a 10 | NR[4] | 5 a 10 | Hornear 40 a 60 a 190°C |
| ZAPALLO entero | NR | 5 a 6 perforado | NR[4] | 20 a 30 | Hornear 40 a 90 a 180°C |
| TOMATES | 2 a 3 | 3 a 4 | 1 a 2 | NR | Hornear partidos por la mitad 8 a 15 a 230°C |
| NABOS/COLINABOS enteros | 20 a 25 | 9 a 12[2] | NR[4] | 15 a 20 | Hornear 30 a 45 a 180°C |
| NABOS/COLINABOS cortados en daditos | 12 a 15 | 6 a 8[2] | 2 a 3 | 5 a 8 | Sofreír 2 a 3 |
| ZAPALLITOS | 5 a 10 | 3 a 6 | 2 a 3 | 5 a 10 | Asar a la parrilla 5 partidos por la mitad |

[2] Añadir ¼ taza de agua por 450 g.
[4] Terminar de cocer antes de congelar.

*Apuntes de curso* • **VERDURAS**

# Corona de espárragos

**Espárragos:** *En general, en las regiones tropicales de México, América Central y los países de la parte norte de América del Sur los espárragos se cultivan muy poco, sin embargo en los países más al sur, los espárragos se pueden conseguir prácticamente todo el año, aunque en Argentina sólo entre los meses agosto/diciembre. Escoja espárragos firmes, que puedan sostenerse rectos, con el extremo cerrado, y con el botón muy compacto. Los tallos deben estar firmes y no lánguidos. Compre espárragos de tamaño uniforme para tener la seguridad de que todos se van a cocer uniformemente. Evite aquellos que tengan el tallo leñoso y seco. Para ayudar a retener la humedad, coloque los extremos del corte 2,5 cm de agua o envuelva estos extremos en papel de cocina húmedo o un trapo húmedo; colocar en una bolsa plástica, asegurándose de que la otra punta se mantenga seca. Refrigerar por un máximo de 5 días.*

450 g de espárragos frescos
1 cucharada de mantequilla o margarina
1 cucharadita de jugo de limón
6 rebanadas delgadas de salchichón, picado fino
40 g de pan rallado seco con aliño
Tiras de ají para adornar

1. Para preparar los espárragos, comience en un punto donde se pueda romper fácilmente, sacando los extremos duros.

2. Para tener la seguridad de que se van a cocer uniformemente, pelar los extremos de los tallos con un cortaverduras.

3. Para cocer los espárragos al vapor, lavarlos y colocarlos en la rejilla de la vaporera. Colocar la rejilla de la vaporera en una olla grande; añadir 2,5 cm de agua. (El agua no debe estar en contacto con el fondo de la rejilla.) Tapar. Llevar a punto de ebullición a fuego fuerte; cocer los espárragos al vapor durante 5 a 8 minutos hasta que estén tiernos pero firmes. Añadir agua en lo necesario para impedir que la olla se seque.

4. Sacar los espárragos de la rejilla y disponerlos formando una corona sobre una fuente de servir redondo caliente o disponerlos en un molde de vidrio con forma de anillo.

5. Derretir la mantequilla y el jugo de limón en una olla pequeña a fuego medio; verter sobre los espárragos. Ligar el salchichón picado y el pan rallado en un recipiente pequeño; espolvorear encima de los espárragos. Adornar, si se quiere. Servir inmediatamente.

*platos de acompañamiento para 4 personas*

1º paso. Romper para sacar los extremos duros.

2º paso. Pelar los extremos de los tallos con cortaverduras.

4º paso. Disponer los espárragos sobre una fuente de servir.

# Manojos de porotos verdes/vainitas/vainicas

> **Porotos verdes /vainitas/vainicas:** *En general, estas leguminosas se pueden conseguir a través de todo el año en América Latina. Escoja porotos de un verde vivo, firmes y tiernos sin marcas y con vainas bien formadas y delgadas con semillas pequeñas. Compre porotos de tamaño uniforme para tener la seguridad de que todas se van a cocer uniformemente. Evite las que estén machacadas o que sean grandes. Refrigerar, sin lavar, en una bolsa plástica hasta 2 días.*

**225 g de porotos verdes u otro tipo de frijoles verdes pequeñas y tiernas**
**1 zapallo amarillo de unas 4 cm de diámetro**
**1 cucharada de aceite de oliva**
**1 diente de ajo molido**
**1/4 cucharadita de hojas secas de estragón, trituradas**
**Sal y pimienta**
**Un ramito de hierbas frescas y rebanadas de tomatitos para adorno**

1. Colocar las porotos en un colador; limpie bien. Partir cada poroto para sacar el extremo del tallo. Disponer en 8 montoncitos, con unas 10 a 12 porotos por montón.

2. Cortar ocho rebanadas de zapallo de 1,5 cm de grosor; sacar la pulpa con una cuchara hasta llegar a 6 mm de la cáscara.

3. Para hacer los manojos de porotos, pasar los manojos de porotos por los pedazos de zapallo como si cada uno fuera un servilletero.

4. Para cocer al vapor los manojos de porotos, colocar la rejilla de la vaporera en un recipiente grande de hierro o barro o en una olla; agregar 2,5 cm de agua. (El agua no debe estar en contacto con el fondo de la rejilla.) Tapar. Llevar a punto de ebullición a fuego fuerte; cocer los porotos al vapor durante 4 minutos o hasta que se pongan de un color verde vivo y estén tiernas pero firmes. Añadir agua en lo necesario para impedir que se seque la olla.

5. Mientras tanto, calentar el aceite en un sartén pequeño a fuego medio-alto. Rehogar revolviendo el ajo y el estragón hasta que el ajo esté blando pero no dorado. Trasladar los manojos de porotos a una fuente de servir caliente y verter encima el aceite de ajo. Salpimentar al gusto. Adorna si se quiere. Servir inmediatamente.

*platos de acompañamiento para 8 personas.*

1º paso. Se disponen los porotos en montoncitos.

2º paso. Se saca la pulpa de los zapallos amarillos.

3º paso. Se pasa los manojos de porotos por los pedazos de zapallo.

*Porotos verdes* • VERDURAS

# Frijoles frescos en salsa de cebolla

**Frijoles**: *Los frijoles se consiguen prácticamente a través de todo el año en América Latina. Escoja las vainas que estén verdes, brillosos y flexibles; los frijoles deben llenar bien las vainas. Evite vainas que tengan señales de estar secándose. La mitad del peso de los frijoles (la vaina) se desecha. Aunque la cantidad obtenida varía de acuerdo al tamaño del grano, 450 g una vez desgranada da 1 1/2 a 2 tazas de frijoles. Compre frijoles con vainas gordas y la piel verde-blanquecina. refrigerar las vainas en una bolsa plástica perforada hasta 3 días. Ocuparlas lo más pronto posible, pues el sabor es mejor cuando están frescas. Desvainar las frijoles justo antes de usarlas.*

**450-g de frijoles frescos\***
**15 cl de leche**
**1/2 cucharadita de cebollas picadas instantáneas**
**1 cucharada de mantequilla o margarina**
**1 cebolla pequeña, cortada en ruedas**
**75 g de nata agria**
**Sal y pimienta**
**2 cucharaditas de ají rebanado**
**Ají rebanado y ramitos de hierbas adicionales para adornar**

\* O bien, usar un paquete de 285 g de frijoles congelados, descongelados, y omitir los pasos 1 y 2.

1. Para limpiar los granos, abrir las vainas en las suturas presionándolas entre el pulgar y el índice.

2. Sacar los granos; botar las vainas.

3. Colocar los granos en un recipiente pequeño pesada. Añadir la leche y las cebollas picadas. Llevar justo a punto de ebullición a fuego medio-alto; bajar a fuego lento. Hervir a fuego lento, sin tapar, 20 a 25 minutos hasta que los frijoles queden tiernos.

4. Mientras tanto, calentar la mantequilla en un sartén pequeño a fuego medio-alto hasta que se encuentre derretida y se formen burbujas. Rehogar las ruedas de cebolla en la mantequilla caliente hasta que se doren. Ligar la nata agria con los frijoles cocidos. Salpimentar al gusto. Añadir el ají revolviendo suavemente. Ligar las ruedas de cebolla con la mezcla de los frijoles.

5. Trasladar a una fuente para servir caliente. Adornar si se quiere. Servir inmediatamente.

*platos de acompañamiento para 4 personas*

1º paso. Se abren las vainas de los frijoles

2º paso. Se sacan los granos de las vainas.

4º paso. Se ligan las ruedas de cebolla con la mezcla de los frijoles.

Porotos/Frijoles • VERDURAS

# Ruedas de verduras en cabezas de brécol

> **Brécol**: *El brécol se consigue en algunas partes del hemisferio norte de América Latina durante los meses de invierno (octubre a abril) y en el hemisferio sur de abril a noviembre. Elija cabezas que tengan cogollitos bien cerrados y compactos, de un color verde oscuro a verde-morado en tallos tiernos y firmes. Evite las que tengan cogollitos amarillos, hojas marchitas o tallos gruesos y duros. Refrigerar en una bolsa plástica por un máximo de 4 días.*

**1 ramito pequeño de brécol (360 g)**
**1 pimentón rojo**
**3 rebanadas (de un grosor de 6 mm) del medio de una cebolla blanca no muy picante**
**2 cucharadas de mantequilla o margarina**
**1/2 cucharadita de vinagre de vino**
**1/2 cucharadita de hojas secas de romero trituradas**

1. Para preparar el brécol, sacar las hojas de los tallos del brécol. Cortar los extremos duros de los tallos. Dividir el brécol en cabezas usando un cuchillo funcional grande. Pelar los tallos con un cortaverduras.

2. Limpiar el pimentón debajo del agua fría de la llave. Para preparar el pimentón, hacer un corte circular cerca de la parte superior del pimentón con un cuchillo de pelalegumbres. Sacar el tallo y las semillas.

3. Raspar con una cuchara para sacar todas las semillas restantes y la membrana. Limpie el pimentón debajo de la llave de agua fría; estilar bien. Cortar en rodajas delgadas en forma transversal utilizando un cuchillo de cocina.

4. Para cocer el brécol al vapor, colocar la rejilla de la vaporera en una olla grande; agregar 2,5 cm de agua. (El agua no debe estar en contacto con el fondo de la rejilla.) Colocar el brécol en la rejilla. Separar las rodajas de cebolla en ruedas; colocar encima del brécol. Tapar. Llevar a punto de ebullición a fuego fuerte; cocer al vapor durante unos 8 minutos o hasta que el brécol se encuentre tierno pero firme. Añadir agua en lo necesario para impedir que la olla se seque.

5. Destapar; colocar las ruedas de pimentón encima. Tapar; cocer brevemente al vapor hasta que las ruedas de pimentón se pongan de un color más vivo pero todavía retengan su forma. Sacar del fuego; con una espumadera trasladar las verduras a una fuente para servir caliente. Derretir la mantequilla en una olla pequeña a fuego medio; ligar el vinagre y el romero. Rociar uniformemente encima de las verduras. Servir inmediatamente.

*platos de acompañamiento para 4 personas*

1º paso. Se pelan los tallos del brécol con un cortaverduras.

2º paso. Se levanta para sacar el tallo y las semillas del pimentón.

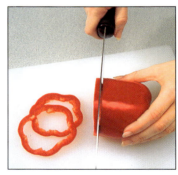

3º paso. Se corta en ruedas en forma transversal.

Brécol • VERDURAS

# Coles de Bruselas cocidos en caldo

> **Coles de Bruselas:** *Las bruselas se producen en los meses de invierno en algunos países latinoamericanos. Elija bruselas bien cerradas de un verde vivo con hojas compactas sin manchas. Evite las que tengan hojas sueltas y cualquier indicio de amarillo. Refrigerar en una bolsa plástica hasta 5 días. Usar lo más pronto posible ya que el sabor se refuerza con el tiempo.*

**450 g de bruselas frescas**
**12 cl de caldo de carne concentrada o 10 cl de agua más 2 cucharaditas de gránulos instantáneos de caldo de carne**
**1 cucharada de mantequilla o margarina, ablandada**
**25 g de queso parmesano recientemente rallado**
**Paprika**

1. Sacar el tallo de cada brusela y arrancar las hojas exteriores o marcadas.

2. Para asegurar de que se cueza rápida y uniformemente, utilizando un pequeño cuchillo de pelalegumbres, cortar una "X" profunda en el tallo de cada col de Bruselas, entrando así al centro de la verdura. Refrescar las bruselas por espacio de 5 minutos en una fuente de agua fría y luego estilar.

3. Utilice una olla lo suficientemente grande para que quepan las bruselas en una sola capa. Verter el caldo en una olla. Colocar las coles con el tallo hacia abajo en el caldo. llevar a punto de ebullición a fuego fuerte. Bajar a fuego medio-bajo. Tapar y hervir a fuego lento por espacio de unos 5 minutos o justo hasta que las bruselas se vuelvan verde vivo y se noten tiernas pero firmes al tomar con tenedor.

4. Destapar; hervir a fuego lento hasta que se haya evaporado casi todo el líquido. Revolver las bruselas cocidas con mantequilla, y luego con queso. Trasladar a una fuente para servir caliente y espolvorear con paprika al gusto. Adornar como quiera. Servir inmediatamente.

*platos de acompañamiento para 4 personas.*

1º paso. Se arrancan las hojas exteriores de las bruselas.

2º paso. Se corta una "X" hacia el centro para que se cueza más rápidamente.

3º paso. Se comprueba si están hechas las bruselas.

Coles • VERDURAS

# Palitos de zanahoria

**Zanahorias**: *Las zanahorias se pueden conseguir durante todo el año en América Latina. Elija zanahorias fuertes, sanas y que se vean bien, con un color anaranjado oscuro. Evite aquellas que se vean flojas, blandas, abiertas, marchitas o que tengan señales de estar rancias. Si conservan sus hojas, su apariencia deberían ser lozana. Para conservarlas, saque las hojas y póngalas a refrigerar en una bolsa plástica, no más de 2 semanas. Las manzanas emiten un gas que produce un sabor amargo en las zanahorias; por lo tanto hay que almacenarlas separadamente. Las zanahorias mustias conservan todavía el sabor y la vitamina A, lo cual las hace que sean buenas para agregarlas en sopas, guisos, caldos y purés.*

225g de zanahorias peladas
1 nabo pequeño pelado*
12 cl de agua
3 cucharadas de mantequilla o margarina, cortada en trozos
1 1/2 cucharaditas de hojas frescas de tomillo fresco o 1/2 cucharadita de hojas secas de tomillo, machacado
1/8 cucharadita de sal
1/8 cucharadita de pimienta negra molida
Hojas de cebollín y flores comestibles, tales como las violetas, para adorno

*O bien, sustituir el nabo por 2 zanahorias más.

1. Para cortar las zanahorias en juliana; cortar la zanahoria a lo largo para que se pueda poner sobre la tabla de picar por el lado plano. Cortarlas en pedazos de 5 cm a lo largo. Poner sobre la mesa de picar 1 trozo de zanahoria por lado llano hacia abajo. Cortarla en pedazos delegados a lo largo con un cuchillo funcional. Juntarlos. Cortar formando trozos de 6 mm de ancho. Hacer lo mismo con los otros pedazos.

2. Para cortar el nabo en juliana, cortarlo a lo largo formando cuatro pedazos. Poner sobre la tabla de picar un trozo de nabo por el lado plano hacia abajo. Con cuchillo funcional, cortar a lo largo en pedazos delgados. Juntar algunos trozos. Cortarlos en pedazos de 6 mm de ancho. Hacer lo mismo con los otros pedazos.

3. Colocar las tiras de zanahoria y nabo en una olla mediana. Añadir agua; tapar. A fuego fuerte, llevar a punto de ebullición; bajar a fuego medio. Hervir con fuego lento, de 5 a 8 minutos hasta que todo esté tierno y no demasiado hecho.

4. Colar los tubérculos. Derretir la mantequilla a fuego medio en la misma olla; revolver para ligar el tomillo, sal y pimienta. Añadir las zanahorias y nabos; revolver con cuidado para que se cubran con la mezcla. Trasladar la mezcla de las zanahorias a una fuente caliente para servir. Adornar si quiere. Servir inmediatamente.

*platos de acompañamiento para 4 personas.*

1º paso. Trozos de zanahoria de 5 cm se cortan en tiras delgadas.

1º paso. Se cortan las zanahorias en tiras de 6 mm de ancho.

2º paso. Se corta el nabo en tiras de 6 mm de ancho.

VERDURAS • *Zanahorias*

*Zanahorias* • VERDURAS

# Bola de nieve con pan rallado encima

**Coliflor:** *En América Latina se cosecha principalmente durante los meses de invierno. Elija aquellos de cabeza bien blanca, con cogollitos bien apretados y duros. Las hojas deben tener color verde vivo. Evite las cabezas que tengan marcas de color café u hojas secas. Refrigerar por un máximo de 4 días su envase original o en una bolsa plástica.*

**1 coliflor de cabeza grande (600 g aproximadamente)**
**4 cucharadas de mantequilla o margarina**
**240 g de pan rallado fresco (unas 2 rebanadas)**
**2 cebollines, finamente picados**
**2 huevos duros, cortados finos**
**2 cucharadas de jugo de limón**
**Perejil, tiras de cáscara de limón y zapallo pequeño para adorno**

1. Para preparar el coliflor, sacar las hojas cortando con un cuchillo a la altura del tallo entre la cabeza y las hojas; sacar y botar las hojas y el tallo.

2. Pasar un cuchillo de pelar alrededor del corazón, cuidando de no separar los cogollitos de la cabeza; sacar y desechar el corazón. Chapuzar.

3. Poner 2,5 cm de agua en una olla grande. Colocar el coliflor en el agua con el lado del tallo hacia abajo; tapar. Llevar a punto de ebullición a fuego fuerte; bajar a fuego lento. Hervir a fuego lento, 10 a 12 minutos, hasta que esté tierno y no demasiado hecho; estilar. Colocar el coliflor en una fuente para horno de 20 x 20cm.

4. Precalentar el horno a 190°C. Derretir mantequilla a fuego medio en un sartén pequeño. Agregar el pan rallado y los cebollines y revolver; rehogar hasta que el pan rallado tome color un poco. Añadir los huevos cortados y el jugo de limón. Presionar el pan rallado con la mano uniformemente encima del coliflor.

5. Hornear 10 minutos o hasta que la mezcla del pan rallado esté crujiente y levemente dorada. Adornar si se quiere. Servir inmediatamente.

*platos de acompañamiento para 6 personas*

1º paso. Se sacan las hojas del coliflor.

2º paso. Se saca el corazón del coliflor.

3º paso. Con la mano se presiona la mezcla de pan rallado uniformemente encima del coliflor.

*Coliflor* • VERDURAS

# Choclos/elotes con mantequilla a la parrilla

**Choclos/elotes:** *Se producen en temporadas de cosecha en todos los países de América Latina. Escoja aquellos que tengan farfolla fresca, húmeda y verde; el choclo/elote debe estar repleto de granos brillosos, gordos y llenos de líquido lechoso, que se revienten fácilmente cuando se les aprieta con la uña. Los granos deben estar bien juntos unos de otros, formando líneas uniformes. Refrigerar inmediatamente envueltas en la farfolla: si se ha sacado la farfolla, guardar en bolsas plásticas por un máximo de 2 días. Se deben usar lo más pronto posible, pues el azúcar del maíz empieza a convertirse en almidón apenas se cosecha.*

**4 choclos/elotes frescos**
**2 cucharadas de mantequilla o margarina, ablandada**
**1/2 cucharadita de aliño seco para parrilladas**
**1/4 cucharadita de sal**
**Tomates redondos pequeños cortados en trocitos y perejil para adornar**

1. Para desenvainar el choclo/elote, botar la farfolla exterior hacia la base. Sacar la farfolla y el tallo, partiéndolos en la base.

2. Con la mano sacar los hilos del choclo/elote.

3. Con un cepillo seco para verduras y legumbres sacar cualquier hilo que quede. Sacar cualquier parte manchada del choclo/elote y lavar en agua fría de la llave.

4. Poner 2,5 cm de agua en una olla o sartén grande. (No ponerle sal, ya que ésta endurecerá el choclo/elote.) Llevar a punto de ebullición a fuego medio-alto. Agregar los choclos/elotes; tapar. Cocer, 4 a 7 minutos, hasta que los granos se noten listos al pincharlos con tenedor.*

5. Con tenazas trasladar los choclos/elotes a una fuente para servir caliente. Mezclar la mantequilla, aliño para parrilladas y sal en un recipiente pequeño hasta quedar cremosa. Servir inmediatamente con los choclos/elotes. Adornar si se quiere.
*platos de acompañamiento para 4 personas*

*El tiempo de cocción depende del tamaño y edad de los choclos/elotes.

1º paso: Se sacan la farfolla exterior.

2º paso. Se arrancan los hilos de los choclos/elotes.

3º paso. Se saca cualquier hilo que quede, con un cepillo seco para verduras y legumbres.

# Salsa de maíz con tomatillo

4 choclos/elotes frescos
2 chiles jalapeños
225g de tomatillos* o tomates
1/2 pimentón rojo o verde, picado, sacar la pulpa y las membranas (técnica en la página 98)**
2 cebollines, picados finos
2 cucharadas de jugo de limón o lima
2 cucharadas de agua
1/2 cucharadita de culantro molido
2 cucharadas de hojas frescas de cilantro picadas
Totopos de maíz
Rodajas de lima, rodajas de ají y hojas frescas de cilantro para adornar

*A pesar de su nombre y aspecto, el tomatillo no es un tipo de tomate. Nativo de México, parece un tomate verde con corteza fina, pero con un sabor como de limón.

**Para variar los colores, use pimentón rojo si está usando tomatillos, y pimentón verde si está usando tomates.

1. Desenvainar el choclo/elote sacando las farfollas y los hilos. (Técnica en la página 106.) Lavar en agua fría de la llave.

2. Sosteniendo la punta de 1 choclo/elote, pararlo sobre el tallo en un sartén grande. Cortar por los lados del choclo/elote con un cuchillo de pelar, sacando los granos sin cortar hacia el choclo/elote.

3. Pasar el lado sin filo de un cuchillo funcional a lo largo de cada choclo/elote, presionando para sacar el resto de los granos y el líquido.

4. Los chiles jalapeños pueden escocer e irritar la piel; usar guantes desechables de plástico cuando trabaja con chiles y no se toque los ojos. Cortar los chiles a lo largo por la mitad. Con un cuchillo de pelar pequeño, sacar las semillas, las membranas y los tallos; desechar. Picar los chiles finos y agregarlos al maíz.

5. Sacar la corteza de los tomatillos. Lavar para sacar el residuo pegajoso; sacar el corazón y picar.

6. Añadir los tomatillos, pimentón rojo o verde, cebollines, jugo de lima, agua y culantro a la mezcla del maíz; tapar. Llevar a punto de ebullición a fuego fuerte; bajar el fuego a medio lento. Hervir a fuego lento por 5 minutos, y revolver después de haberse transcurrido la mitad del tiempo de cocción. Enfriar; agregar el cilantro. Guardar en nevera. Servir con totopos de maíz. Adornar si se quiere.

*hace 3 tazas de salsa*

2º paso. Se corta por los lados del choclo/elote para sacar los granos.

3º paso. Se pasa el cuchillo a lo largo del lado del choclo/elote para sacar el resto de los granos y el líquido.

5º paso. Se saca la corteza de los tomatillos.

# Fettuccine al estilo caponata

> **Berenjenas:** *Se cosechan en meses de invierno en América Latina. Elija berenjenas duras con piel lisa y de color uniforme. Evite las que se noten blandas, arrugadas o que tengan cortes o marcas. Generalmente, por más pequeña que sea la berenjena, más dulce y tierna resulta. Las berenjenas se estropean con facilidad. Tómelas con cuidado y guárdelas a temperatura ambiente por un máximo de 2 días. O bien, refrigérelas poniéndolas dentro una bolsa plástica hasta 4 días. Úselas lo más pronto posible, pues las berenjenas se ponen amargas con el paso del tiempo.*

1 berenjena mediana (alrededor 450 g)
1 1/4 cucharaditas de sal, por partes
3 tomates medianos (alrededor de 450 g)
10 cl de aceite de oliva, por partes
1 pimentón verde pequeño, cortado en tiras, habiéndose sacado la pulpa y las membranas (técnica en la página 98)
1 cebolla mediana, picada gruesa (técnica en la página 115)
2 dientes de ajo, molidos
100 g de aceitunas verdes deshuesadas y partidas por la mitad, y también de pasas
5 cl de vinagre balsámico o vino tinto
2 cucharadas de alcaparras (optativas)
1/4 cucharadita de canela molida y también de pimienta negra
285g de fettuccine fresco de espinacas, caliente, cocido y estilado
Hojas frescas de albahaca para adornar

1. Lavar la berenjena. Para prepararla, quitar el sombrerete y el tallo. Cortar la berenjena en tajadas de 6 mm de grosor con un cuchillo de cocina. Colocar en un colador grande sobre un recipiente; espolvorear con 1 cucharadita de sal. Estilar 1 hora.

2. Para sacar las pepitas de los tomates, cortarlos por la mitad. Sacar los tallos y las pepitas y desecharlos. Picar gruesos los tomates.

3. Colocar la rejilla del horno en la posición más baja. Precalentar el horno a 230°C. Disponer las tajadas de berenjena en una sola capa sobre una bandeja de horno o bandeja para brazo de reina; untar ambos lados levemente con una parte del aceite.

4. Para asar las tajadas de berenjena, hornear 10 minutos o hasta que empiecen a dorarse por debajo. Con tenazas dar vuelta las tajadas; asar unos 5 minutos más o hasta que la parte de encima empiece a dorarse y se ablanden las tajadas; reservar.

5. A fuego medio-alto calentar en un sartén grande el resto del aceite. Rehogar el pimentón revolviendo en el aceite caliente por unos 5 minutos o hasta que el pimentón tome un color verde vivo. Trasladar los trozos de pimentón a un plato; reservar.

6. Agregar la cebolla y el ajo al mismo sartén; rehogar, revolviendo por 5 minutos o hasta que la cebolla se ablande. Agregar los tomates, aceitunas, pasas, vinagre, alcaparras, canela, pimienta negra y la 1/4 cucharadita restante de sal. Cocer hasta que se haya evaporado la mayor parte del líquido.

7. Cortar las tajadas asadas de berenjena en cuatro partes; añadir a la mezcla de tomates. Agregar el pimentón reservado; cocer hasta que esté completamente caliente. Servir encima de fettuccine. Adornar si se quiere.

*hace platos principales para 4 personas o platos de acompañamiento para 8*

Nota: Caponata es un plato siciliano de berenjena que se puede servir frío con aperitivo o sobre lechuga como una ensalada. En este caso se ha convertido en una salsa vegetariana para pasta.

1º paso. Se corta la berenjena en tajadas de 6 mm de grosor.

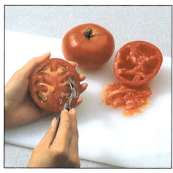

2º paso. Se sacan las pepitas de los tomates.

4º paso. Se da vuelta las tajadas de berenjenas mientras se estén dorando.

*Berenjenas* • VERDURAS 111

# Colinabos rellenos

**Colinabos:** *Los colinabos se cultivan poco en América Latina. Elija los de bulbo pequeño o mediano y liso. Las hojas deben estar enteras y verdes. Evite colinabos que abiertos o con hojas amarillentas. Refrigerar los bulbos en una bolsa plástica por un máximo de 1 semana y las hojas por un máximo de 2 días.*

4 colinabos (cada uno de un diámetro de unas 6,5 cm)
30 g de mantequilla o margarina
25 g de cebolla picada (técnica en la página 115)
1/4 cucharadita de mostaza seca
1/4 cucharadita de carvi
2 rebanadas de pan de centeno entero, desmenuzado para hacer 1 taza de migas de pan
25 g de carne de vaca acecinada
30 g de mayonesa
30 g (1 onza [30 g]) de queso suizo rallado
Hojas de cebollín
Hojas de frambueso para adornar

1. Sacar una hoja del colinabo y picar fino; reservar. Cortar una rodaja de la base de cada colinabo y con cuchillo funcional sacar los tallos; desechar.

2. Pelar cada colinabo verticalmente de arriba hacia abajo con un pelapapas o cuchillo de pelar.

3. Para hacer el hueco en los colinabos, sacar la pulpa con cuchara para melones, dejando un casco de 6 mm de grosor; reservar la pulpa.

4. Llenar una olla grande con agua hasta la mitad. Llevar a punto de ebullición a fuego fuerte; añadir los cascos de colinabo. Hervir unos 15 minutos o hasta que quedar tiernos y no demasiado hechos. Sacar los cascos con espumadera; ponerlos al revés y estilar sobre papel de cocina.

*pasa a la página 114*

1º paso. Con un cuchillo funcional se sacan los tallos de los colinabos.

2º paso. Se pelan los colinabos con un pelapapas.

3º paso. Se hace el hueco en los colinabos utilizando una cuchara para melones.

Colinabos • VERDURAS

*Colinabos rellenos, continuación*

5. Picar la pulpa de colinabos que se habían reservado. Calentar la mantequilla en un sartén pequeño a fuego medio hasta que se derrita y se formen burbujas. Agregar al sartén la pulpa de colinabo picada, cebolla, mostaza y carvi; cocer y revolver hasta que la cebolla esté blanda. Añadir las migas de pan y la carne de vaca acecinada. Sacar del fuego; ligar la hoja de colinabo que se reservó, la mayonesa y el queso.

6. Llenar los cascos de colinabos con la mezcla de las migas de pan. Untar una fuente para horno con el resto de la mezcla. Colocar los colinabos en la fuente.

7. Precalentar el horno a 180°C. Hornear, sin tapar, 20 a 30 minutos hasta que los colinabos estén bien calientes y se noten tiernos al atravesarlos con tenedor. Mientras tanto, sumergir las hojas de cebollín en agua hirviendo a fuego fuerte por 1 minuto. Sacar con tenazas; reservar. Amarrar un pedazo de cebollín alrededor de cada colinabo. Servir inmediatamente con relleno adicional. Adornar si se quiere.
*platos de acompañamiento para 4 personas*

\* Hasta este punto este plato puede prepararse hasta 1 día antes de servirlo. Cubrir con un envoltorio plástico y refrigerar.

Nota: Colinabo significa "nabo de col" y el bulbo tiene un sabor parecido al del tallo del brécol. Las hojas saben a col rizada o espinacas.

5º paso. Se revuelve la mezcla del colinabo.

6º paso. Se llenan los colinabos de la mezcla de migas de pan.

6º paso. Se extiende el resto de la mezcla de las migas de pan en una fuente para horno.

# Sopa exótica de champiñones

**Champiñones/hongos/callampas:** *Se consiguen todo el año en la mayoría de los países latinoamericanos. Elija champiñones firmes y carnosos sin manchas ni golpes. Evite los marchitos o deshidratados; las membranas de los champiñones pequeños no deben estar visibles. Refrigerar, sin lavar, en una bolsa de papel, paquete con ventilación o bolsa plástica perforada, por un máximo de 5 días. Si estuvieran húmedos, envolverlos en papel de cocina antes de guardar. Para mejor sabor, usarlos lo más pronto posible.*

**1 cebolla pequeña**
**90 g de mantequilla o margarina, por partes**
**1 L de agua, por partes**
**3 cucharaditas de gránulos instantáneos de caldo de pollo**
**225g de champiñones exóticos surtidos, tales como cepes, shiitakes, tipo ostra, portobellos, criminis, morels o chanterelles o 8 onzas [225g] de champiñones pequeños**
**1 cucharadita de jugo de limón**
**4 cucharadas de harina**
**1/4 cucharadita de pimienta blanca**
**25 cl de mitad leche mitad crema de leche o de nata espesa Champiñones tipo ostra rosados y hojas pequeñas de espinacas limpias, para adorno**

1. Antes de picar la cebolla, pelarla. Con un cuchillo funcional cortarla por la mitad pasando por la raíz. Poner sobre una tabla de picar una mitad de la cebolla con el corte hacia abajo. Sosteniendo el cuchillo en forma horizontal, hacer cortes paralelos a la tabla de picar, hasta llegar casi al extremo de la raíz de la cebolla. Sostener la cebolla con los dedos con el fin de conservar la forma y hacer cortes verticales en tajadas delgadas. Voltear la cebolla y cortar en sentido contrario hasta llegar al extremo de la raíz. (Por más cerca que se hagan los cortes uno del otro, más fino se pica la cebolla.) Hacer lo mismo con la otra mitad de cebolla.

2. Calentar 30 g de mantequilla en una olla de medio galón a fuego medio-alto hasta que se derrita y se formen burbujas. Rehogar y revolver la cebolla en mantequilla caliente hasta que se ablande. Añadir 72 cl de agua y caldo; tapar. Poner la mezcla a fuego fuerte y llevarla a punto de ebullición; bajar el fuego a medio lento.

3. Al preparar los champiñones, utilizar un cuchillo de pelar, cortar una rodaja delgada de la base del tallo de cada champiñón; desechar la rodaja. Limpiar los sombrerillos de los champiñones pasándoles papel de cocina húmedo.

4. En caso de ocupar champiñones tipo shiitake, chanterelle o morel, trozar los tallos y los sombrerillos; ligar con la mezcla del caldo. Cortar los tallos de los otros tipos de champiñón en rodajas finas y añadirlos a la mezcla del caldo; reservar los sombrerillos. * Hervir la mezcla del caldo a fuego lento por espacio de 10 minutos.

*pasa a la página 116*

1º paso. Se pica la cebolla.

3º paso. Se corta la base del tallo de los champiñones.

3º paso. Se secan los sombrerillos de los champiñones con papel de cocina.

*Champiñones* • VERDURAS

*opa de champiñones exoticos, continuación*

5. Rebanar los sombrerillos de los champiñones reservados. Calentar 2 chucharadas de mantequilla en un sartén mediano a fuego medio-alto hasta que se derrita y se formen burbujas. Cocer y revolver los champiñones un poco en la mantequilla caliente hasta que estén blandos. Con una espumadera transladarlos a la mezcla del caldo.

6. Derretir las 2 chucharadas restantes de mantequilla conel jugo de limón en el mismo sartén. Agregar la narina y la pimienta y revolver, y luego añadir la 1/2 taxa de agua restante y mezclar bien. Agregar a la mezcla del caldo y mezcla con una batidora de rejilla. Cocer, revolviendo constantemente, hasta que la mezcla se espese. Agregar la mezcla de leche con nata.

7. Con un cucharón transladar a 6 soperas.

*Hace aperitivos para 6 personas*

\* En caso de usar champiñones pequeños, rebanarlos longitudinalmente atravesando los sombrerillos y los tallos y luego agregarlos a la mezcla del caldo.

Nota: El champiñon es uno de los alimentos más primitivos que se comen hoy en día. Téchnicamente, pertenece a la familia de los hongos, pero se usa si fuera verdura.

5° paso. Se rebanan los sombrerillos de los champiñones.

5° paso. Se cuecen los champiñones, revolviéndolos en la mantequilla caliente.

**VERDURAS** · *Champiñones*

Champiñones • VERDURAS

# Cebollas a la crema

**Cebollas:** *Se consiguen durante todo el año en América Latina. Elija cebollas duras, bien formadas, y secas. Evite aquellas que tengan manchas como de hollín o que ya estén en brote. Los cebollines tienen que estar duras y tiernas con hojas frescas y tallo mediano. Guardar las cebollas en un lugar frío, oscuro y seco, máximo por un mes, preferentemente colgadas, donde tengan circulación de aire. Las cebollas puestas en nevera pueden emanar olor y afectar el sabor de otros alimentos. Refrigerar los cebollines en una bolsa plástica, máximo 1 semana.*

285 g de cebollas verdes y secas
30 g de mantequilla o margarina
20 g de harina
25 cl con una mitad de leche y otra de nata
1/4 cucharadita de sal
1/4 cucharadita de pimienta negra molida
40 g de pan rallado seco
Rodajas de cebolla roja y hojas de salvia fresca para adornar

1. Antes de pelar fácilmente las cebollas, escaldarlas primero. Para escaldar las cebollas, poner a fuego fuerte un litro de agua en una olla de 2 litros hasta que llegue a su punto de ebullición. Colocar las cebollas en agua hirviendo; hervir 2 minutos. Estilar las cebollas e inmediatamente sumergirlas en una fuente de agua fría para que dejen de cocerse.

2. Sacar el extremo del tallo de 1 cebolla, apretar la cebolla entre el pulgar y el índice para soltar la tela o piel de la cebolla. Sacarlas y desecharlas. Hacer lo mismo con las otras cebollas.

3. Colocar las cebollas peladas en la misma olla con 1,5 cm de agua; tapar. A fuego fuerte, llevar a punto de ebullición y bajar a fuego medio lento. Hervir a fuego lento, 15 a 20 minutos, hasta que se sean blandas al atravesarlas con tenedor. Estilar y reservar.

4. Para hacer la salsa de crema, derretir la mantequilla en una olla pequeña a fuego medio. Ligar la harina usando un batidor manual. Calentar hasta que aparezcan burbujas en la mezcla. Agregar la leche con nata y batir. Cocer hasta que la mezcla se ponga más espesa, batiendo constantemente. Poner sal y pimienta. Añadir las cebollas cocidas y revolver. Cuando estén completamente cubiertas de salsa, trasladar las cebollas cremadas a una fuente caliente para servir. Espolvorear con pan rallado seco. Adornar si se quiere. Servir inmediatamente.

*Hace platos de acompañamiento para 4 personas*

1º paso. Se escaldan las cebollas.

2º paso. Se presionan para soltar la piel.

4º paso. Se bate la salsa de crema.

VERDURAS • *Cebollas*

*Cebollas* • VERDURAS

# Cebollas sin pelar asadas

**4 cebollas amarillas medianas 6,5 cm de diámetro)***
**1 1/2 cucharaditas de hierbas mixtas, tales como hojas secas de tomillo, salvia y estragón, machacadas**
**1 cucharadita de azúcar**
**1/2 cucharadita de sal**
**Pizca de copos machacados de ají**
**60 g de mantequilla o margarina, derretida**
**80 g de pan rallado fresco**
**Ramitos de estragón fresco, tiras de zapallo amarillo, tiras de pimentón rojo y cebollinos para adornar**

*Elija cebollas que tengan la piel intacta.

1. Precalentar el horno a 200°C. Forrar un molde cuadrado con papel aluminio; reservar. Sacar el tallo y los extremos de las raíces de las cebollas.

2. Con el cuchillo de pelar hacer un hueco en forma de cono de 4 x 4cm en la parte superior de cada cebolla. Disponer en el molde preparado las cebollas asentadas sobre la base en el extremo donde estaba la raíz.

3. Ligar hierbas, azúcar, sal y ají en la mantequilla derretida. Agregar el pan rallado; mezclar hasta que la mezcla se vea homogénea. Con una cuchara colocar una cantidad igual de la mezcla en el hueco que se hizo en cada cebolla.

4. Hornear, durante 1 hora aproximadamente, o hasta que las cebollas se aprecien ya preparadas al pincharlas con tenedor. Adornar, si se quiere. Servir inmediatamente.

*hace platos de acompañamiento para 4 personas.*

Recomendación: Las cebollas, que hacen llorar a la gente, contienen una enzima llamada alinase. Cuando esta enzima está expuesta al aire, hace enlace con el sulfuro que estimula los conductos lagrimales. Para minimizar la exposición a esta enzima, enfríe o ponga agua sobre las cebollas antes de cortarlas.

1º paso. Se saca el extremo de la raíz de las cebollas.

2º paso. Con el cuchillo de pelar se hace un hueco en forma de cono en la parte superior de cada cebolla.

3º paso. Se coloca la mezcla del pan rallado dentro de cada cebolla.

Cebollas • VERDURAS 121

# Croquetas de chirivía

**Chirivía:** *Se cultiva poco en América Latina. En algunas partes se conoce como "zanahoria blanca". Elija raíces derechas, pequeñas (12,5 a 25 cm), con piel lisa. Las chirivías grandes pueden tener en centro duro. Evite chirivías marchitas, resecas o aquellas que estén partidas o que tengan manchas de color café. Refrigerar en una bolsa plástica, hasta 10 días máximo.*

**450 g de chirivías frescas**
**60 g de mantequilla o margarina, por partes**
**30 g de cebolla picada (técnica en la página 115)**
**35 g de harina**
**8 cl de leche**
**2 cucharaditas de cebollino cortado**
**Sal y pimienta**
**115 g de migas de pan frescas**
**2 cucharadas de aceite vegetal**

1. Para preparar las chirivías, pelar con un pelapapas. Sacar los extremos y cortar en cubitos de 2cm.

2. Poner 2,5 cm de agua en una olla mediana. Llevarla a punto de ebullición con fuego fuerte; añadir los trozos de chirivía. Tapar; hervir 10 minutos o hasta que las chirivías se noten listas al pincharlas con tenedor. Estilar, y luego colocar en una fuente grande. Moler con un tenedor con un tenedor; reservar.

3. Para hacer la mezcla de chirivías, calentar 2 cucharadas de mantequilla en un sartén pequeño con un fuego medio-alto hasta que se derrita y aparezcan burbujas. Rehogar y revolver la cebolla hasta que se transparente. Añadir la harina y batir con batidor manual; calentar hasta que aparezcan burbujas y adquiera color. Añadir la leche y batir; calentar hasta que se espese. Ligar la mezcla de las cebollas al puré de chirivías junto con el cebollino; salpimentar al gusto.

4. Con la mezcla de las chirivías moldear 4 croquetas. Poner migas de pan sobre un plato. Untar las croquetas en las migas de pan recubriendo uniformemente ambos lados. Presionar firmemente las croquetas para las migas queden bien adheridas. Disponer sobre papel de cera y refrigerar durante 2 horas.

5. En un sartén de 30 cm calentar a fuego medio-alto las 30 g restantes de mantequilla y aceite hasta derretir la mantequilla y que aparezcan burbujas. Añadir las croquetas; rehogar por 5 minutos por cada lado o hasta que se doren. Trasladarlas a una fuente caliente. Adornar como quiera.

*hace platos de acompañamiento para 4 personas*

1º paso. Se cortan las chirivías en trozos de 2 cm.

2º paso. Con el tenedor se hace un puré de chirivías.

4º paso. Se untan las croquetas en migas de pan.

Pastinacas • VERDURAS

# Arvejas (chícharos) con pepinos y eneldo

> **Arvejas/chícharos:** *Se consiguen en temporada de cosecha en la mayoría de los países latinoamericanos. Elija vainas frescas, de color verde claro, anchas, de aspecto terciopelado y tiernas, repletas de arvejas bien desarrolladas. Evite vainas marchitas, amarillas o planas. Refrigerar las vainas, sin lavar, en una bolsa plástica, por 2 días máximo.*

**900 g de arvejas/chícharos frescas***
**1/2 pepino mediano (cortado en forma transversal)**
**30 g de mantequilla o margarina**
**1 cucharadita de eneldo seco**
**Sal y pimienta**
**Eneldo fresco, piña, hojas de salvia y flores usadas para comidas, como pensamientos para adorno**

*O bien, sustituir las arvejas/chícharos frescas por 1 paquete 285 g de arvejas/chícharos congeladas; descongelarlas.

1. Para preparar las arvejas/chícharos, presionar cada vaina entre el pulgar y el índice para abrirla.

2. Sacar las arvejas/chícharos empujándolas con el pulgar, dejándolas caer a un colador; desechar las vainas. Lavar las arvejas/chícharos en agua fría de la llave. Estilar bien; reservar.

3. Pelar el pepino con pelapapas y cortar a lo largo por la mitad con un cuchillo funcional. Raspar los pepinos con una cuchara para sacar las semillas y desecharlas. Cortar el pepino en trozos de un 6 mm.

4. Calentar la mantequilla en un sartén mediano a fuego medio-alto hasta que se derrita y se formen burbujas. Rehogar las arvejas/chícharos y el pepino revolviéndolos en la mantequilla caliente por espacio de 5 minutos o hasta que las hortalizas se encuentren listas y no demasiado hechas.

5. Añadir el eneldo y revolver y salpimentar al gusto. Trasladar a una fuente caliente para servir. Adornar, si se quiere. Servir inmediatamente.

*hace platos de acompañamiento para 4 personas*

1º paso. Se abren las vainas.

2º paso. Se extraen las arvejas/chícharos.

3º paso. Se raspa un pepino para sacar las semillas.

*Arvejas* • VERDURAS

# Tirabeque con ajonjolí

> **Tirabeque:** *Se cultiva poco en América Latina. Elija vainas de color verde vivo que estén duras, frescas, pequeñas y planas con semillas aun verdes. Evite aquellas estén secas a lo largo de la sutura. Refrigerar, sin lavar, en una bolsa plástica, 2 días máximo.*

**225g de tirabeque
1 cucharada de semillas de ajonjolí
2 cucharaditas tanto de aceite de ajonjolí como también de aceite vegetal
2 cebollines, picados en pedacitos de 6 mm
1/2 cucharadita de raíz fresca de jengibre rallada o 1/4 cucharadita de jengibre molido
1 zanahoria mediana, en juliana (técnica en la página 102)
1 cucharadita de salsa de soja**

1. Para sacar los tallos de una manera atractiva del tirabeque, separar con las uñas la punta de cada vaina, levantando las fibras también, si las hay. (Es posible que vainas nuevas y tiernas no tengan fibras.)

2. Con el cuchillo funcional hacer un corte en forma de "V" en el extremo contrario de la vaina.

3. Para tostar las semillas de ajonjolí, calentar un pequeño sartén a fuego medio. Añadir las semillas de ajonjolí; tostar, revolviéndolas por espacio de unos 5 minutos o hasta que se doren. Reservar.

4. Para sofreír, colocar el wok o sartén grande a fuego fuerte. (Comprobar la temperatura colocando una gota de agua en el sartén; si el agua crepita, significa que el sartén está suficientemente caliente.) Agregar los aceites de ajonjolí y vegetal, agitando para untar los lados. Calentar los aceites hasta que estén calientes, unos 30 segundos. Añadir las cebollas, la raíz de jengibre, el tirabeque y la zanahoria; ligar rápidamente y revolver con un utensilio para wok o cuchara, manteniendo las hortalizas en constante movimiento por 4 minutos aproximadamente, o hasta que el tirabeque muestre un color verde vivo y esté listo y no demasiado hecho.

5. Añadir la salsa de soja. Trasladar a una fuente caliente para servir; espolvorear con las semillas de ajonjolí reservadas. Servir inmediatamente.

*hace platos de acompañamiento para 4 personas*

1º paso. Se sacan las fibras de las vainas del tirabeque.

2º paso: Se hace un corte en forma de "V" en la vaina.

4º paso. Se sofríe la mezcla del tirabeque y la zanahoria en el wok.

*Tirabeque* • VERDURAS

# Pimentones partidos rellenos con ratatouille

> **Pimentones**: *Se consiguen todo el año en América Latina y en algunas partes se conoce como "chile dulce". Elija pimentones brillosos y frescos con piel lisa. Los pimentones dan la sensación de ser pesados por el tamaño que tienen. Evite aquellos que tengan partes blandas o arrugadas. Refrigerar en una bolsa plástica, máximo hasta 5 días.*

**3 pimentones grandes (1 rojo, 1 amarillo y 1 verde, o cualquiera combinación)**
**5 cl de aceite de oliva**
**1 berenjena pequeña (340 g), sin pelar, cortado en cubitos de 1,5 cm**
**1 cebolla pequeña, en rodajas delgadas**
**1 diente de ajo, molido**
**1 tomate grande, después de sacar las pepitas, cortarlo grueso (técnica en la página 110)**
**200 g de champiñones frescos rebanados**
**1/2 cucharadita tanto de albahaca seca como también de hojas de orégano, machacadas**
**1/2 cucharadita de sal**
**Pizca de pimienta negra molida**
**Pizca de pimienta de cayena molida**
**1 zapallito dividido en cuatro partes y cortado en trozos de 1,5 cm**
**Rodajas de tomates pera y hojas frescas de albahaca para adornar**

1. Con un cuchillo de cocina, cortar los pimentones (incluyendo los tallos) a lo largo por la mitad.

2. Raspar con una cuchara para sacar las semillas y las membranas, cuidando de cortar a través de la corteza. Lavar las mitades de pimentón en agua fría de la llave; estilar.

3. Para cocer al vapor las mitades de pimentón, colocar la rejilla de la vaporera en una cacerola grande u olla de hierro; agregar 2,5 cm de agua. (El agua no debe estar en contacto con el fondo de la rejilla.) Poner las mitades de pimentón, con el lado del corte hacia arriba, en la rejilla de la vaporera; tapar. Llevar a punto de ebullición; cocer al vapor por 5 minutos o hasta que los pimentones estén listos y no demasiado hechos. Añadir agua, la necesaria, para evitar que se seque la olla. Sumergir las mitades de pimentón en agua con hielo para que dejen de cocerse. Disponer las mitades de pimentón en una fuente para horno de 32,5 x 22,5 cm.

4. Calentar el aceite en un sartén grande a fuego medio. Revolviendo de vez en cuando, rehogar la berenjena y la cebolla en el aceite caliente por espacio de 10 minutos o hasta que se ablanden. Agregar el ajo, tomate, champiñones, albahaca, orégano, sal, pimienta negra molida y pimienta de cayena molida. Llevar a punto de ebullición a fuego medio-alto; bajar a fuego medio lento. Hervir unos 5 minutos, revolviendo de vez en cuando. Agregar los zapallitos y hervir a fuego lento 5 minutos más o hasta que la mezcla se espese un poco.

5. Precalentar el horno a 180°C. Colocar la mezcla uniformemente en las mitades de pimentón.* Hornear 15 minutos o hasta que se calienten bien. Adornar, si se quiere. servir inmediatamente.

*hace platos de acompañamiento para 6 personas*

*\* A estas alturas, las mitades de pimentón pueden refrigerarse, hasta 4 días.*

1º paso. Los pimentones se cortan por la mitad y a lo largo.

2º paso. Con una cuchara se sacan las semillas y la membrana.

3º paso. Se cuecen los pimentones al vapor hasta que estén listos y no demasiado hechos.

*Pimentones* • VERDURAS 129

# Papas rojas gratinadas

> **Papas**: *Se consiguen en todas partes en América Latina. Elija papas duras, lisas, limpias y de buen aspecto. Evite aquellas que tengan marchas, brotes, o marcas verdes. Guardarlas, sin lavar, en un lugar frío, oscuro y seco, máximo 3 semanas. No refrigerar porque el almidón se convertirá en azúcar.*

**900 g de papas rojas**
**20 g de harina**
**60 g de mantequilla o margarina, por partes**
**Sal, pimienta y paprika**
**30 cl de leche**
**Un ramito de tomillo fresco para adornar**

1. Precalentar el horno a 180ºC. Para preparar las papas, fregarlas en agua fría de la llave con un cepillo suave para verduras; lavar bien. Cortar las papas en rebanadas de 6 mm con un cuchillo de cocina. Colocar las rebanadas sobre papel de cera y espolvorear con harina; revolver suavemente para cubrirlas.

2. Untar una fuente redonda de 22,5 cm con una cucharada de mantequilla. Disponer 1/3 de las papas en una fuente; espolvorear con sal, pimienta y paprika al gusto. Salpicar con 1 cucharada de mantequilla. Hacer dos capas iguales.

3. Calentar la leche en una olla pequeña a fuego medio hasta que se caliente. No hervirla. Verter sobre las papas; espolvorear con sal, pimienta y paprika al gusto. Cubrir con tapa o papel de aluminio.

4. Hornear 35 minutos. Destapar; hornear 20 minutos más o hasta que las papas estén tiernas y no demasiado hechas. Adornar, si se quiere. Servir inmediatamente.
*hace platos de acompañamiento para 6 personas*

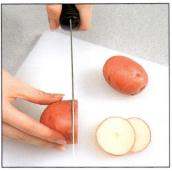

1º paso. Se cortan las papas en rebanadas de 6 mm.

2º paso. Se disponen las papas en capas en una fuente para horno.

3º paso. Se vierte la leche sobre las papas.

Papas • VERDURAS

# Papas suizas

**4 papas grandes (de 150g cada una)***
**60 g de mantequilla o margarina**
**Sal y pimienta**
**Trozos de tomates redondos pequeños y ramitos de romero para adorno**

*Preparar las papas varias horas antes, o máximo 1 día de antelación.

1. Precalentar el horno a 200°C. Para preparar las papas, fregarlas en agua fría de la llave con un cepillo suave para verduras; lavar bien. Atravesar cada papa varias veces con un tenedor. Hornearlas 1 hora o hasta que se noten tiernas al atravesarlas con un tenedor. Enfriar completamente y luego refrigerar.

2. Cuando las papas estén frías, pelarlas con un cuchillo de pelar. Rallar a mano las papas utilizando el lado de cortes más grandes del rallador metálico o bien usando un procesador de alimentos con disco para rallar grueso.

3. Calentar la mantequilla en un sartén de 30 cm, a fuego medio-alto, hasta que se derrita y aparezcan burbujas. Extender las papas ralladas uniformemente en el sartén. (No revolver ni dar vuelta.) Salpimentar al gusto. Cocinar 10 a 12 minutos hasta que se doren.

4. Apagar el fuego; poner una fuente para servir invertida sobre el sartén, luego invertir el sartén para dejar caer las papas sobre la fuente. Adornar si se quiere. Servir inmediatamente.

*hace platos de acompañamiento para 4 personas*

2º paso. Se rallan las papas.

3º paso. Se extienden las papas ralladas uniformemente en el sartén.

4º paso. Se pone una fuente para servir invertida sobre el sartén.

*Papas* • VERDURAS

# Camote y manzanas a la cazuela

> **Camote:** *Se cultivan varios tipos de camote en América Latina. Elija camotes que estén duros, sin manchas y uniformes. Evite los que estén agrietados, que tengan moho o partes blandas. Conservar en un lugar frío y bien ventilado, en papel o en una bolsa plástica perforada, máximo por 1 semana. No refrigerar.*

900 g de camote
60 g de mantequilla, por partes
120 g bien apretada de azúcar negra
1/2 cucharadita de canela molida
1/4 cucharadita de macis o nuez moscada molida
Sal al gusto
2 manzanas verdes para cocer, peladas, habiéndoles quitado el corazón y divididas en cuatro partes
80 g de cereal
Trozos de manzana para adornar

1. Precalentar el horno a 190º C. para preparar los camotes, pelarlos con un pelapapas. Cortar a lo largo por la mitad, y luego cortar en rebanadas de 1,5 cm de grosor.

2. Untar con 1 cucharada de mantequilla una cazuela o fuente para horno de 2 litros. Mezclar azúcar negra, canela, y macis en un recipiente pequeño. Disponer 1/3 de las rebanadas de camote en la cazuela preparada. Espolvorear con sal. Esparcir la mitad de la mezcla del azúcar sobre los camotes y salpicar con 1 cucharada de mantequilla.

3. Cortar cada cuarto de manzana en 4 trozos. Hacer una capa con la mitad de las manzanas encima de los camotes en la cazuela. Repetir las mismas capas. Por último, cubrir con los camotes restantes y 1 cucharada de mantequilla. Cubrir con una tapa o papel de aluminio.

4. Hornear 25 minutos. Destapar; con una cuchara echar sobre los camotes el líquido de la cazuela. Espolvorear con el cereal; hornear 35 minutos más, o hasta que los camotes se noten tiernas al pincharlas con un tenedor. Adornar, si se quiere. Servir inmediatamente.

*hace platos de acompañamiento para 6 personas*

1º paso. Se corta una mitad de camote en rebanadas de 1,5 cm de grosor.

2º paso. Se esparce la mezcla del azúcar sobre los camotes.

4º paso. Con una cuchara se echa el líquido de la cazuela sobre los camotes.

# Zapallo de Neptuno

> **Zapallo:** *Se consiguen varios tipos de zapallo/auyama en toda América Latina. Elija zapallos duros, lisos y de color uniforme, sin protuberancias ni baches. Evite los que estén verdes o tengan pintas. Guardar, sin cortar, en un lugar frío y seco, máximo 3 días; refrigerar por un máximo de una semana.*

**1 zapallo (alrededor de 1,350k**
**225 g de langostinos crudos medianos**
**1 diente de ajo**
**5 cl de aceite de oliva**
**225 g de ostiones**
**110 g de arvejas/chícharos frescas o congeladas**
**40 g de tomates secados al sol en aceite, estilados y cortados***
**1/2 cucharadita de hojas secas de albahaca, machacadas**
**25 g de queso parmesano finamente rallado**
**Hojas frescas de albahaca y flores de estragón para adornar**

*O bien, sustituir 2 tomates pera, habiéndose sacado las pepitas, picadas. (Para sacar las pepitas de los tomates, cortar por la mitad. Sacar las pepitas con una cuchara; desechar.)

1. Precalentar el horno a 190°C. Para asar el zapallo, perforarlo en varios lugares con un tenedor de asa larga, para que pueda salir el vapor.

2. Poner el zapallo en una fuente para hornear forrada con papel aluminio; hornear 20 minutos. Dar vuelta el zapallo; hornear 25 minutos más o hasta que se pueda hundir fácilmente con el dedo.** Cortar inmediatamente por la mitad para que deje de cocer.

3. Mientras tanto, para descascarar los langostinos, sacar las patas tirando suavemente hasta la cáscara salga. Con los dedos soltar la cáscara y luego sacarla. Para sacar la vena de los langostinos, utilice un cuchillo de pelar para hacer una pequeña incisión a lo largo del dorso del langostino. Levante la vena y deséchela. (Puede que encuentre más fácil hacer esto en agua fría de la llave.)

4. Para rebanar el ajo, sacar los extremos del diente de ajo. Aplastar el diente de ajo un poco. Sacar la piel. Cortar en láminas con un cuchillo de pelar.

5. Calentar el aceite a fuego medio-alto fuerte en un sartén grande. Rehogar el ajo revolviendo en aceite caliente hasta que justo empiece a dorarse. Sacar el ajo; desecharlo. Agregar los langostinos, ostiones, arvejas/chícharos, tomates y albahaca. Rehogar, revolviendo 1 a 2 minutos hasta que los langostinos se vuelvan rosados y los ostiones se pongan opacos y reservar.

6. Sacar las semillas del zapallo.

7. Para sacar hilos como de fideos del zapallo, "peine" los hilos de cada mitad de la cáscara con 2 tenedores. Trasladar a una fuente caliente para servir. Encima colocar la mezcla de los mariscos cocidos; mezclar suavemente para cubrir. Espolvorear con queso. Adornar, si se quiere. Servir inmediatamente.

*para 4 personas*

**Zapallos más grandes pueden demorar más en cocerse.

1º paso. Se perfora el zapallo para dejar salir el vapor.

6º paso. Se sacan las semillas del zapallo.

7º paso. Con tenedores se "peina" el zapallo para sacar hilos de la cáscara.

VERDURAS • *Zapallo/auyama*

Zapallo/auyama • VERDURAS 139

# Rodajas de zapallo con chutney

> **Zapallo verde**: *Se consigue en casi toda América Latina. Elija los que tengan su corteza dura y firme. Evite aquellos que tengan señales de blandura, pasadas o machacadas. Guardar, sin cortar, en un lugar oscuro, seco y frío (10° a 13°C), máximo 2 meses. Una vez cortado, refrigerarlo envuelto en plástico, máximo 1 semana.*

**2 zapallos verdes (de 450 g cada uno)**
**30 g de mantequilla o margarina**
**100 g de chutney**
**2 cl de agua**
**Col rizada morada y hojas olorosas de cardenal para adornar***

*Tenga cuidado de usar solamente hojas no-tóxicas.

1. Precalentar el horno a 200°C. Con un cuchillo de cocina, sacar los extremos de arriba y del tallo; cortar el zapallo en forma transversal en rodajas de 2 cm de grosor.

2. Sacar las semillas con una cuchara.

3. Sacar un cuadrado de papel aluminio grueso de 45 cm. Forrar una fuente para horno de 32,5 x 22,5 cm con el papel aluminio. Salpicar el papel aluminio con mantequilla y colocar las rodajas de zapallo sobre la mantequilla, haciendo que las rodajas coincidan en parte. Con una cuchara poner el chutney encima de las rodajas y rociar con agua.

4. Unir en el medio las puntas del papel de aluminio que cubre la fuente haciendo un doblez de cierre ajustado. Apretar los extremos para sellarlo bien.

5. Hornear 20 a 30 minutos hasta que las rodajas de zapallo se noten preparadas al atravesarlas con un tenedor. Trasladarlas con espátula a una fuente caliente para servir. Adornar, si se quiere. Servir inmediatamente.

*hace platos de acompañamiento para 4 personas*

1º paso. Se corta el zapallo en rodajas de 2 cm.

2º paso. Se sacan las semillas con una cuchara.

4º paso. Se dobla el papel aluminio para hacer un cierre ajustado.

**VERDURAS** · *Zapallo de cáscara verde*

*Zapallo cáscara verde* • **VERDURAS**

# Copas de tomate rellenos de Tabbouleh

> **Tomates**: *Se consiguen durante todo el año en América Latina. Elija tomates que tengan buen aspecto y pesados, de un color uniforme. Evite aquellos que estén machacados o que se noten flojos en el medio. Los tomates que maduran en la mata son mejores que los que se cosechan verdes, los cuales muchas veces son tratados con gas etileno para hacer que se pongan rojos. Guardar los tomates maduros a temperatura ambiente por 1 día, o refrigerar, máximo 3 días. Los tomates verdes deben dejarse en un lugar cálido hasta que maduren. Nunca refrigerar los tomates antes de que estén completamente maduros.*

**4 tomates grandes, duros y maduros (225 g cada uno)**
**4 cebollines**
**2 cucharadas de aceite de oliva**
**140 g de trigo centeno**
**20 cl de agua**
**2 cucharadas de jugo de limón**
**1 cucharada de hojas frescas de menta picadas o 1/2 cucharadita de hojas secas de menta machacadas**
 **Sal y pimienta**
 **Cáscara de limón y hojas de menta para adornar**

1. Para preparar las copas de tomate, sacar los tallos. Cortar los tomates por la mitad en forma transversal con un cuchillo de pelar filudo. Con una cuchara soltar cuidadosamente la pulpa de la cáscara. Sacar la pulpa y las pepitas de los tomates y colocarlos en un recipiente madiano, dejando intactos las cáscaras.

2. Invertir los tomates sobre un plato forrado de papel de cocina; estilar 20 minutos. Mientras tanto, picar la pulpa de tomate. Reservar.

3. Sacar las raíces de los cebollines. Limpiar bien los cebollines. Picar las hojas de los cebollines en forma diagonal con un cuchillo funcional; reservar. Cortar diagonalmente la parte blanca de los cebollines, haciendo rodajas finas.

4. Calentar aceite en una olla de 2 litros a fuego medio-alto. Rehogar la parte blanca de los cebollines, revolviéndolas en el aceite caliente a fuego fuerte hasta que se ablanden. Añadir el trigo; rehogar 3 a 5 minutos hasta que se dore un poco.

5. Añadir la pulpa de tomate reservada, agua, jugo de limón y menta a la mezcla del trigo. A fuego fuerte, calentar hasta llegar su punto de ebullición; rebajar a fuego medio lento. Tapar; hervir suavemente a fuego lento, 15 a 20 minutos, hasta que se haya absorbido el líquido.

6. Reservar algunas hojas de cebollín picadas para adorno; ligar con la mezcla del trigo los cebollines restantes. Agregar sal y pimienta al gusto. Con una cuchara trasladar la mezcla a las copas de tomate.*

7. Precalentar el horno a 200°C. Colocar los tomates rellenos en una fuente para horno de 32,5 x 22,5 cm; hornear 15 minutos o hasta que estén bien calientes. Colocar encima las hojas de cebollín reservadas. Adornar, si se quiere. Servir inmediatamente.

*hace platos principales para 4 personas o platos de acompañamiento para 8*

*En este punto se puede tapar las copas de tomate y refrigerarlas por un máximo de 24 horas.

1º paso. Se saca la pulpa y las pepitas de los tomates.

4º paso. Se tuesta el trigo.

6º paso. Con una cuchara se traslada la mezcla del trigo a las cáscaras de los tomates.

Tomates • VERDURAS 143

# Tiritas crujientes de zapallito

> **Zapallitos:** *Se consiguen en algunos países de América Latina, sobre todo en meses de verano. Elija los que estén brillosos, con cáscara verde oscura y pulpa firme. Los zapallitos deberían pesar más por el tamaño que tienen. Evite zapallitos que tengan más de 22 cm de largo o que tengan manchas de color café o amarillas. Refrigerar en una bolsa plástica perforada, máximo 4 días.*

3 zapallitos pequeños (alrededor de 360 g en total)
2 cucharadas de aceite de oliva
1 cucharada de vinagre de vino blanco
2 cucharaditas de hojas de albahaca frescas picadas o 1/2 cucharadita de hojas secas de albahaca, machacadas
1/2 cucharadita de copos de ají machacados
1/4 cucharadita de cilantro molido
Sal y pimienta negra recientemente molida
Hojas de cebollín y zanahoria cortada en juliana (técnica en la página 102) para adornar

1. Para hacer las tiritas de zapallito, con un cuchillo de pelar cortar los dos extremos del zapallito. Con un pelapapas, empezar en el extremo del tallo y cortar tiras largas a lo largo de cada zapallito.

2. Para cocer al vapor las tiras de zapallito, colocar la rejilla de la vaporera en una olla grande; agregar 2,5 cm de agua. (El agua no debe estar en contacto con el fondo de la rejilla.) Colocar las tiras de zapallito en la rejilla de la vaporera; tapar. Llevar a punto de ebullición a fuego fuerte. Al empezar a salir vapor de la olla, comprobar si los zapallitos están hechos. (Tienen que estar tiernos y no demasiado hechos.) Usando espátula o tenazas trasladar los zapallitos a una fuente caliente para servir.

3. Ligar el aceite, vinagre, albahaca, ají y cilantro en una fuente pequeña de vidrio, y batir hasta que esté bien mezclado.

4. Verter la mezcla del aliño sobre las tiras de zapallito y mezclar con cuidado para que se cubran. Salpimentar al gusto. Adorar, si se quiere. Servir inmediatamente o refrigerar, máximo 2 días.

*hace platos de acompañamiento para 4 personas*

1º paso. Con un pelapapas se hacen tiritas de zapallito.

2º paso. Se cuecen al vapor las tiritas de zapallito.

3º paso. Se bate la mezcla del aceite.

VERDURAS • *Zapallitos italianos*

Zapallitos italianos • VERDURAS

# CLASE DE COCINA
# POLLO

**148** APUNTES DE CURSO

**154** ENSALADAS

**162** COMIDAS DE PLATO ÚNICO

**172** PLATOS PREDILECTOS PARA LA FAMILIA

**184** DISTINGUIDOS PLATOS PRINCIPALES

Pollo alla Firenze *(147)*

# APUNTES DE CURSO

Los cocineros aprecian mucho el pollo por su atractivo universal. Económico, versátil y fácil de conseguir, el pollo es el ingrediente ideal para la cocina de todos los días. Además, el pollo es rico en proteínas y bajo en grasa y en colesterol. Por su delicioso sabor es una comida predilecta para quienes apetecen alimentos sanos.

La existencia de una enorme variedad de productos de pollo hacen difícil la elección correcta. El conocimiento de las características de los diferentes tipos de pollo puede ayudar a sacar un máximo de provecho de este ingrediente favorito.

**LO BASICO DEL POLLO**
Los pollos se clasifican por edad y peso. Los pollos nuevos son tiernos y se cuecen rápidamente; los pollos más viejos tienen que cocerse lentamente para queden bien. Para obtener resultados óptimos, es importante saber qué tipo de pollo se debe comprar.

**Pollos para hacer a la parrilla o freír** son pollos nuevos que pesen de 675 g a 2,250 k. Con sólo 7 a 10 semanas de edad, su carne resulta tierna, de sabor delicado y saben mejor a la parrilla, fritos o asados.

**Pollos para asar** pesan de 1,800 a 2,700 k que tienen 16 semanas. Tal como implica su nombre, son ideales para asar y para la cocina de rotisserie.

**Los capones** son gallos nuevos, castrados, que pesan de 2,5 k a 3,5 k. Estas aves, de buen sabor, tienen mayor contenido de grasa y dan más carne que los pollos para asar.

**Las gallinas para guisar** son gallinas criadas de 1 a 1 1/2 años de edad. Pesan de 2 k a 3,150 k y su carne es dura y fibrosa. Estas gallinas se prestan muy bien para caldos, sopas o guisos, ya que su preparación con calor húmedo se vuelven blandas y aumenta su sabor a gallina.

Los supermercados satisfacen una constante demanda de pollos ofreciendo trozos de pollo y otros productos. A continuación señalamos algunos de éstos que gozan de más popularidad:

**Pollos enteros** de todo tipo se pueden conseguir con el cuello y menudos puestos tanto en el interior del pollo como en envoltorio aparte. Para el uso en rellenos, sopas y platos especiales, elija hígado y menudos empaquetados en forma separada.

**Pollos cortados**, generalmente el tipo para hacer a la parrilla o freír, son pollos enteros despedazados que consisten en dos mitades de pechuga, dos muslos, dos alas y dos piernas. También se puede conseguir pollos pequeños para hacer a la parrilla divididos en dos o cuatro partes.

Se pueden conseguir presas de pollo para múltiples usos. Piernas enteras de pollo, son piernas enteras para hacer a parrilla o para freír, incluyendo muslos y piernas. También se consiguen muslos y piernas empaquetados por separado

Alas de pollo gozan de popularidad para uso en recetas para aperitivos. También se consiguen presitas pequeñas que son secciones de alas descoyuntadas.

Pechugas de pollo gozan de popularidad por su naturaleza tierna, de mucha carne y sabor dulce. Se pueden conseguir enteras o partidas en dos. (Nota: Una pechuga entera está compuesta de dos mitades de pechuga. Las recetas que en este libro requieren como ingredientes pechugas enteras, están dadas para prepararlas con ambas mitades de la pechuga.

**El pollo deshuesado** sin piel ha llegado a gozar de mucha popularidad para el atareado cocinero de hoy a causa de sus ventajas de comodidad y de cocción rápida. Las pechugas deshuesadas, también llamadas filetes, junto con cortes de pollo tierno y muslos deshuesados son algunos cortes de pollo sin huesos que se pueden conseguir.

**El pollo molido** es un agregado reciente a la vitrina de pollo; su uso más común es sustituto de poca grasa de la carne molida o de cerdo. El pollo procesado incluye trozos de pollo enlatados, el producto nuevo salchicha de pollo, hamburguesas de pollo y la charcutería y pollo en conserva.

**CONSEJOS PARA HACER LAS COMPRAS**

Una vez que haya decidido el tipo de pollo que quiere comprar, vea estos importantes consejos de cómo revisar y comprar pollo.

• Elija los que tengan un envase seguro, sin romper, y también la fecha estampada de caducidad para su venta, que señala el día final permitido para que se venda el pollo.

• Revise el pollo físicamente antes de comprarlo. La piel debe ser entre color crema y amarillo oscuro; la carne nunca debería tener un color gris o pastoso. Un mal olor puede significar deterioro. Si Ud. se da cuenta de un olor fuerte y desagradable después de abrir un paquete de pollo, déjelo abierto por algunos minutos. A veces sucede oxidación dentro del envase, lo que da un leve olor que no tiene importancia. Si el olor persiste, devuelva el pollo al almacén en el envase original para que le restituyan el dinero.

• La clave de la compra de pollo es saber para qué lo va a usar y luego comprar de acuerdo a sus necesidades. Después de todo, el pollo es a la vez económico y fácil de hacer. Puede ahorrar dinero si compra pollos que se venden enteros, pues los despresa en casa (ver Técnicas para ayudarle con su preparación, páginas 150-153). Ahorre tiempo guardando en el congelador pollo deshuesado sin piel, listo para usar. Guárdelo en raciones individuales, de una sola comida; se descongelan y cuecen rápidamente y así no quedan restos.

• Para estar seguro, en ocasión de comprar pollo, de que ha comprado suficiente cantidad de pollo para satisfacer las necesidades de su familia, observe esta guía: un pollo para hacer a la parrilla o freír (900 g a 1,350 k), despresado, es suficiente para 3 a 5 personas; un pollo para asar (1,350 k a 2,700 k), para 4 a 8 personas. Una pechuga de pollo entera o dos mitades de pechuga de pollo (360 g en total) para 2 personas; 450 g de muslos de pollo o piernas, para unas 2 personas.

• Por regla general, dos pechugas de pollo enteras (360 g cada una) dan unas 2 tazas de pollo cocido cortado; un pollo para hacer a la parrilla- para freír (1,350 k) da unas 2 1/2 tazas de pollo cocido cortado.

**ALMACENAMIENTO APROPIADO DEL POLLO**

El pollo fresco y crudo puede guardarse en su envase original, máximo dos días, en la parte más fría de la nevera. No obstante, debe congelar el pollo inmediatamente si piensa usarlo dentro de dos días después de haberlo comprado. Los pollos, en general, pueden ser congelados sin peligro, por un máximo de dos meses, en su envase original; si piensa congelarlo por más tiempo, vea la posibilidad de conservarlos con doble envoltorios o volver a forrar con papel para congelar, papel de aluminio o un envoltorio plástico. El envase hermético es la clave para congelar exitosamente el pollo.

Cuando se congelan pollos enteros, saque y enjuague los menudos (si los hay) y secar con papel de cocina. Saque del pollo cualquier grasa de sobra. Envolver de manera bien firme, poner una etiqueta colocándole la fecha y congele tanto el pollo como los menudos en forma separada en envoltorios de plástico, papel, o papel aluminio lo suficientemente fuertes para el congelador.

Para obtener los mejores resultados, descongelar el pollo congelado, envuelto, en la nevera. El tiempo de descongelación del pollo congelado varía de acuerdo a cuán bien congelado esté el pollo y si el pollo es entero o despresado. En general una pauta sería permitir 24 horas para descongelar un pollo entero de 2,5 k; dejar unas 5 horas por libra para descongelar presas de pollo; nunca debe descongelar el pollo sobre la encimera de la cocina; esto promueve el desarrollo de bacterias.

**UNA ADVERTENCIA ACERCA DEL MANEJO DEL POLLO**

Al tocar con la mano el pollo crudo, debe mantener limpio todo lo que esté en contacto con él. El pollo crudo debe lavarse y secarse con papel de cocina antes de cocerse; las tablas de picar y los cuchillos tienen que lavarse en agua caliente con jabón después de usarse, y hay que fregar bien las manos antes y después de tocarlo. ¿Por qué? El pollo crudo puede albergar la peligrosa bacteria de la salmonela. Si las bacterias se transfieren a la encimera, utensilios o a las manos, podrían contaminar otros alimentos además del pollo que se está cociendo, causando intoxicación alimenticia. Esto se puede prevenir fácilmente si se maneja y se cocina correctamente.

El pollo siempre debe estar completamente cocido antes de que sea consumido. Nunca debe cocer un pollo parcialmente y guardarlo para terminar de cocerlo más tarde, pues así también se promueve el desarrollo de bacterias.

### ¿ESTA LISTO YA?

Existen varias maneras de determinar si un pollo está bien hecho y listo para comer. Para pollos enteros, si se pone un termómetro en la carne, en la parte más gruesa del muslo, aunque no cerca del hueso ni de la grasa, debería alcanzar 82° a 85°C antes de sacarlo del horno. Si se rellena un pollo entero, colocar el termómetro en el medio de la cavidad del cuerpo; cuando el relleno indica 71°C, es que el pollo está hecho. (Nota: El pollo debe rellenarse justo antes de asarlo; nunca se rellena un pollo por adelantado.) Las pechugas enteras de pollo asadas están hechas cuando indica 77°C en un termómetro para carne.

Para probar presas de pollo con hueso, debería ser posible introducir con facilidad un tenedor en el pollo, y el líquido que sale del pollo debe ser transparente; sin embargo, es posible que, aun estando bien cocido el pollo, la carne y el líquido en la proximidad de los huesos pueden notarse todavía un poco rosados. Las presas de pollo sin hueso están hechas cuando ya no están rosadas en el medio; esto se puede determinar simplemente cortando el pollo con un cuchillo.

### TECNICAS UTILES EN LA PREPARACION

#### Aplanar pechugas crudas de pollo deshuesadas

Coloque una mitad de una pechuga de pollo entre dos hojas de papel de cera. Con el lado plano de un mazo para carne o uslero, golpee el pollo suavemente del centro hacia afuera hasta lograr el espesor deseado.

#### Pelar el pollo crudo

Congelar el pollo hasta que esté firme, pero no duro. (Sin embargo, no vuelva a congelar pollo que se ha descongelado.) Agarrar la piel con un trapo de cocina limpio de algodón y separarla de la carne; desechar la piel. Cuando haya terminado de sacar la piel al pollo, lave el trapo de cocina antes de volverlo a usar.

#### Despresar un pollo entero

1. Colocar el pollo con la pechuga hacia arriba sobre una tabla. Cortar entre el muslo y el cuerpo hasta llegar a la coyuntura de la cadera. Doblar la pierna levemente para sacar la coyuntura del soquete; cortar atravesando la coyuntura del tronco y sacar la pierna. Hacer lo mismo para sacar la otra pierna.

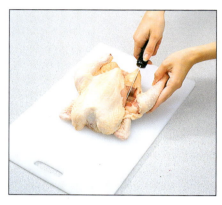

2. Colocar sobre la tabla la pierna con el lado de la piel hacia abajo. Localizar la coyuntura moviendo el muslo hacia atrás y hacia adelante con una mano mientras sostiene la parte inferior de la pierna con la otra. Cortar atravesando la coyuntura de un lado a otro.

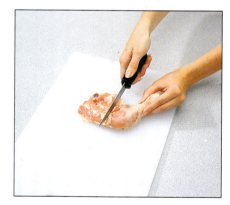

3. Coloque el pollo de costado. Levantar una ala separándola del cuerpo; cortar atravesando la coyuntura del hombro. Dar vuelta el pollo para hacer lo mismo, sacando la otra ala.

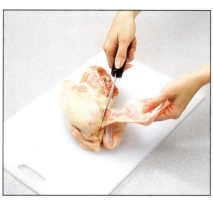

4. trabajando desde la cola hacia el cuello, separar la pechuga de la espina dorsal, haciendo un corte por las costillas pequeñas y pasando a lo largo de la parte externa de la clavícula.

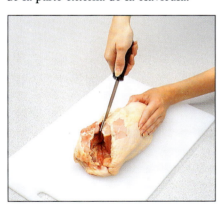

5. Dar vuelta el pollo, y hacer lo mismo por el otro lado. Cortar todo ligamento restante; levantar la pechuga separándola de la espina dorsal.

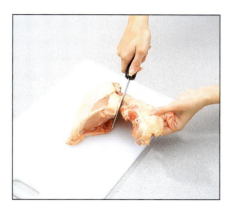

6. Colocar la pechuga, con el lado del pellejo hacia arriba, sobre la tabla. Dividir la pechuga en dos partes cortándola a lo largo de un lado del esternón. Si quiere, puede deshuesar la pechuga entera antes de dividirla (ver Cómo despellejar y deshuesar una pechuga de pollo entera, páginas 152-153, pasos 2-8).

### Dividir un pollo entero por la mitad y en cuartos

1. Disponer el pollo en la tabla por el lado de la pechuga y vuelto hacia abajo, con el extremo del cuello hacia afuera, Trabajando desde el cuello hacia la cola, cortar un lado de la espina a lo largo, cortando lo más cerca posible al hueso. Hacer lo mismo con el otro lado de la espina y extraer la espina dorsal.

2. Sacar el esternón (ver Cómo despellejar y deshuesar una pechuga de pollo entera, páginas 152-153, pasos 2-7).

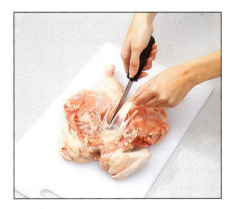

*Apuntes de curso* • POLLO 151

3. Dar vuelta el pollo con el lado del pellejo hacia arriba. Cortar a lo largo por el centro del pollo para dividirlo en dos partes.

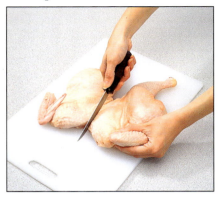

4. Para dividirlo en cuatro partes, cortar el pellejo que separa los muslos de la pechuga.

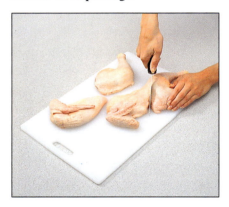

**Despellejar y deshuesar una pechuga entera de pollo**

1. Congelar la pechuga de pollo hasta que esté firme, pero no dura. (Sin embargo, no vuelva a congelar pollo que ya se haya descongelado.) Agarrar el pellejo con un trapo limpio de cocina y deparar de la carne; desechar el pellejo. Cuando termina de despellejar la pechuga del pollo, lave el trapo de cocina antes de usarlo otra vez.

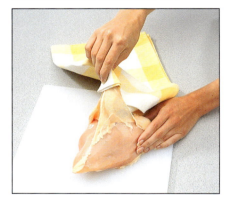

2. Colocar la pechuga sobre la tabla con la carne vuelta hacia abajo. Hacer un pequeño tajo atravesando la membrana y el cartílago en la V del extremo del cuello.

3. Tomar la pechuga dividida, una en cada mano, y con cuidado doblar ambos partes hacia atrás para romper el esternón.

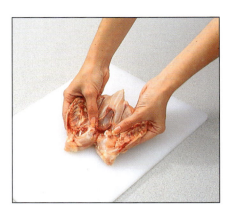

4. Pasar los dedos a lo largo de ambos lados del esternón para soltar el hueso de la quilla; Levantar el hueso para sacarlo.

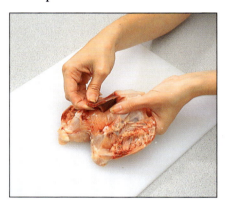

5. Con la punta de un cuchillo filudo cortar ambos lados del cartílago en el extremo del esternón. Sacar el cartílago.

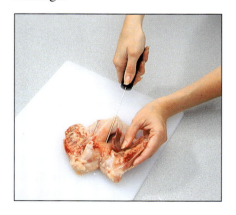

**POLLO** • *Apuntes de curso*

6. Meter la punta del cuchillo debajo del hueso largo de la costilla en un lado de la pechuga. Cortar y raspar para sacar la carne de las costillas, separando los huesos de la carne.

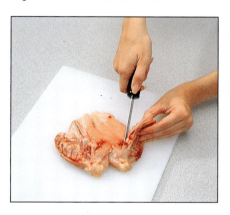

7. Cortar la carne para separarla de la clavícula. Sacar los huesos. Hacer lo mismo para sacar los huesos del otro lado de la pechuga.

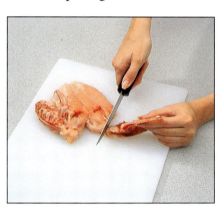

8. Sacar las espoletas de las pechugas de pollo que se han cortado de pollos enteros en su propia cocina. Sacar la carne de la espoleta en el extremo del cuello de la pechuga. Tomar la espoleta y sacarla de la pechuga.

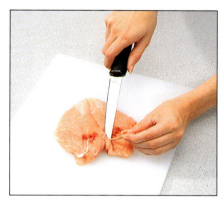

9. Para sacar el tendón de los dos lados de la pechuga, saque suficiente carne de cada tendón para poderlo agarrar (usar papel de cocina para poder tomarlo con más firmeza). Extraer el tendón.

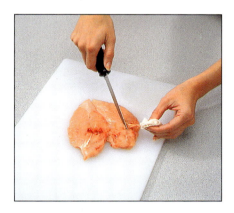

10. Colocar la pechuga sobre la tabla con el lado de la carne hacia arriba. Si quiere, saque trozos de carne tierna del lado más grueso de cada mitad de pechuga y resérvelos para otro fin. En caso necesario, corte cualquier ligazón de tejido suelto que quede. Si así lo quiere, cortar por la mitad la pechuga entera a lo largo.

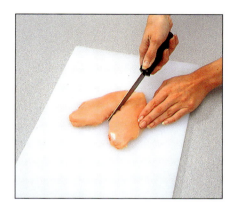

**Desmenuzar en trozos el pollo cocido**
Colocar el pollo cocido deshuesado y despellejado sobre la tabla. Desmenuzar la carne de pollo en trozos largos usando dos tenedores o los dedos.

*Apuntes de curso • POLLO* 153

# Ensalada china de pollo caliente

**8 muslos de pollo deshuesado y despellejado**
**1 tomate grande**
**35 g de maizena**
**4 cl de aceite vegetal**
**1 lata (120 g) de castañas de agua, estiladas y rebanadas**
**1 lata (120 g) de champiñones rebanados, estilados**
**220 g de cebollines picados gruesos**
**220 g de apio cortado en diagonal**
**5 cl de salsa de soja**
**1/8 cucharadita de ajo en polvo**
**400 g de lechuga repollada rallada fina**
**Rodajas de naranja para adornar**
**Arroz cocido caliente**

1. Cortar el pollo sobre la tabla en trocitos del tamaño de un bocado; reservar.

2. Para preparar el tomate, hacer un corte circular con el cuchillo de pelar alrededor del extremo del tallo, con un movimiento como si estuviera aserruchando. Sacar el extremo del tallo. Cortar el tomate por la mitad sobre la tabla; cortar cada mitad en pedazos para comer de un solo bocado. reservar.

3. Colocar la maizena en una fuente llana.

4. Colocar el pollo, una presa a la vez, en la maizena. Cubrir uniformemente, sacudiendo para sacar la maizena excedente; reservar.

5. Poner el wok o sartén grande a fuego fuerte. (Probar la temperatura del sartén o wok dejando caer encima una gota de agua; si el agua chisporrotea, está suficientemente caliente.) Añadir aceite al wok, agitando para se recubran todos los lados. Calentar el aceite hasta que esté caliente, unos 30 segundos.

6. Añadir el pollo al wok; sofreír el pollo con un utensilio para wok o cuchara de madera, manteniendo el pollo en constante movimiento por 3 minutos o hasta que el pollo ya no esté rosado en el medio.

7. Agregar el tomate, castañas de agua, champiñones, cebollines, apio, salsa de soja y ajo en polvo. Cubrir; hervir a fuego lento 5 minutos.

8. Colocar la mezcla del pollo sobre una fuente para servir cubierta con lechuga. Adornar, si quiere. Servir con arroz.

*para 4 personas*

2º paso. Se saca el tallo del tomate.

4º paso. Se cubre el pollo con maizena.

6º paso. Se sofríe el pollo.

Ensaladas • POLLO

# Ensalada de pollo a la laguna

**30 cl de jugo de manzana sin azúcar añadida**
**2 pechugas de pollo enteras (675 g)**
**1 manzana mediana**
**500 g de arroz cocido y enfriado (1 taza sin cocer)**
**200 g de uvas verdes sin pepas, partidas por la mitad**
**100 g de apio picado**
**115 g de almendras en tajadas finas, por partes**
**100 g de castañas de agua picadas**
**200 g de mayonesa**
**1/2 cucharadita de sal aliñado**
**1/4 cucharadita de canela molida**
**Hojas de espinacas**
**Rodajas de manzana para adorno**

1. Para escalfar el pollo, hervir el jugo de manzana a fuego lento en una olla profunda a fuego medio; agregar el pollo. Tapar; hervir a fuego lento unos 30 minutos o hasta que el pollo esté listo. Sacar el pollo de la olla y enfriarlo; desechar el líquido.

2. Cuando el pollo se haya enfriado lo suficiente como para poder tocarlo con la mano, sacar los huesos y el pellejo con cuidado y desecharlos.

3. Picar el pollo sobre la tabla en cubitos. Colocarlo en una fuente grande; reservar.

4. para preparar la manzana, cortar a lo largo en cuatro partes sobre la tabla; sacar el tallo, el corazón y las semillas con un cuchillo de pelar. Picar los cuartos de manzana en trozos de 1,5 cm. Revolver suavemente la manzana con el pollo en la fuente.

5. Revolver cuidadosamente el pollo, manzana, arroz, uvas, apio, 1/2 taza de almendras y castañas de agua; reservar.

6. En un recipiente ligar la mayonesa, sal sazonada y canela.

7. Añadir la mezcla de mayonesa al preparado de pollo; revolver suavemente. Tapar; refrigerar la ensalada de pollo por lo menos 30 minutos.

8. Trasladar la ensalada de pollo con una cuchara a una fuente para servir cubierta con hojas de espinaca. Espolvorear con el 1/4 de taza de almendras restantes. Adornar, si se quiere.

*para 4 a 6 personas*

2º paso. Se sacan los huesos del pollo.

3º paso. Se pica el pollo en cubitos.

4º paso. Se saca el tallo, el corazón y las semillas de la manzana.

Ensaladas • POLLO 157

# Ensalada tropical de piña

**1 papaya**
**2 pechugas de pollo enteras, partidas, despellejadas, deshuesadas (técnica en las páginas 152-153) y cocidas**
**1 rama grande de apio**
**2 latas (255 g cada una) de trozos de piña, estilados**
**100 g de macadamias o maní**
**200 g de mayonesa**
**2 cucharaditas de polvo de curry**
**Ensalada verde**
**Cebollino y naranjas chinas para adorno**

1. Para preparar la papaya, cortarla por la mitad a lo largo de la tabla. Con una cuchara grande, sacar las semillas; desecharlas. Con un pelapapas o cuchillo de pelar quitar la cáscara de la papaya.

2. Picar suficiente papaya para llenar 1 taza. Reservar el resto para otro fin.*

3. Cortar el pollo en una tabla; reservar.

4. Para preparar el apio, cortar sobre la tabla los extremos del tallo y de las hojas del apio. Cortar el apio en diagonal.

5. Mezclar la papaya, pollo, apio, piña y frutos secos en una fuente grande.

6. Ligar la mayonesa y el curry en un recipiente pequeño.

7. Poner la mezcla de la mayonesa con una cuchara encima del preparado de pollo; unir bien. Tapar; refrigerar la ensalada por lo menos 1 hora.

8. Servir la ensalada dispuesta sobre una fuente de servir cubierta de verdura de ensalada. Adornar, si se quiere.

*para 4 personas*

\* Para obtener resultados óptimos, guardar la papaya sobrante firmemente envuelta en la nevera. La papaya cortada debe comerse dentro de dos días.

1º paso. Se saca la cáscara de la papaya.

2º paso. Se pica la papaya.

3º paso. Se pica el pollo en cubitos.

# Ensalada griega con pollo y nueces

7 cl de aceite de oliva extra-virgen
10 cl de jugo de limón
1 cucharada de azúcar morena clara
1 paquete (30 g) de mezcla de aliño para ensalada
300 g de pollo cocido cortado en cubitos
150 g de perejil suelto y fresco, picado
1 cebollín cortado en trozos delgados
120 g de queso feta fresco
Agua fría
2 cucharadas de margarina
1/2 cucharadita de hojas secas machacadas de romero
150 g de nueces partidas
3 tomates maduros pequeños
6 rábanos picados finos
12 aceitunas negras rebanadas
Ensalada verde fresca
Ramitos de romero y rebanadas de rábano para adorno

1. En un jarro de vidrio con tapa que cierre muy hermético, mezclar aceite, jugo de limón, azúcar y mezcla de aliño para ensalada. Tapar; agitar hasta que el aliño esté bien unido.

2. Verter el aliño en una fuente grande. Agregar el pollo, dándolo vuelta para recubrir con el aliño. Agregar el perejil y el cebollín y revolver. Tapar y marinar en la nevera por lo menos 1 hora o por la noche.

3. Sacar el queso feta del paquete; estilar. Colocarlo en un recipiente pequeño; cubrir con agua fría y remojar 5 minutos para sacar el exceso de sal.

4. Mientras tanto, derretir la margarina con 1./2 cucharadita de romero en un sartén pequeño y pesado a fuego lento. Añadir las nueces; rehogar 5 minutos o hasta que las nueces estén levemente tostadas, revolviendo de vez en cuando. Sacar el sartén del fuego; enfriar las nueces.

5. Saca el queso feta del agua; secar con papel de cocina. Desechar el agua. Con los dedos, desmenuzar el queso feta en trozos pequeños. Devolver el queso feta al recipiente y reservar.

6. Para preparar el tomate, con un cuchillo de pelar hacer un corte circular alrededor del extremo del tallo con un movimiento como si estuviera aserruchando. Sacar el extremo del tallo. Una vez que se hayan quitado los tallos de los tomates, cortarlos a lo largo por la mitad sobre una tabla; cortar cada mitad a lo largo en tres o cuatro segmentos.

7. Para servir, agregar el queso feta, las nueces, los rábanos y las aceitunas, revolviendo con la mezcla del pollo; revolver estos ingredientes hasta que se unan bien. Disponer la mezcla del pollo y los tomates sobre platos forrados con ensalada verde. Adornar, si se quiere.

*para 6 personas*

4º paso. Se tuestan las nueces.

5º paso. Se desmenuza el queso feta.

6º paso. Se quita el tallo del tomate.

*Ensaladas* • POLLO  161

# Curry de pollo con manzana

**2 pechugas enteras de pollo, partidas, despellejadas y deshuesadas (técnica en las páginas 152-153)**
**25 cl de jugo de manzana, por partes**
**1/4 cucharadita de sal**
**Pizca de pimienta**
**1 manzana mediana**
**1 cebolla mediana**
**75 g de picatostes**
**45 g de pasas**
**2 ucharaditas de azúcar morena**
**1 ucharadita de polvo de curry**
**3/4 cucharadita de aliño para aves**
**1/8 cucharadita de ajo en polvo**
**2 rodajas de manzana y ramitos de tomillo fresco para adorno**

1. Precalentar el horno a 180°C. Untar levemente con manteca una fuente para horno redonda de 1 litro.

2. Disponer las pechugas de pollo en una sola capa en una fuente preparada.

3. Ligar 6 cl de jugo de manzana, sal y pimienta en un recipiente pequeño. Use toda la mezcla del jugo para untar el pollo.

3º paso. Se unta el pollo con la mezcla del jugo.

4. Para preparar la manzana, cortarla a lo largo en cuatro partes sobre la tabla de picar; sacar el tallo, el corazón y las semillas con una cuchillo de pelar. Cortar los pedazos de manzana en trozos de 2 cm; colocarlos en una fuente grande.

5. Para preparar la cebolla; pelar; cortar por la mitad pasando por la raíz. Colocar la cebolla sobre la tabla de picar, con el lado del corte vuelto hacia abajo. Para picar la cebolla en trozos grandes, sostener el cuchillo en forma horizontal. Hacer cortes paralelos a la tabla de picar, hasta llegar casi al extremo de la raíz de la cebolla. Luego, hacer cortes verticales a lo largo, y finalmente partir en forma transversal hasta llegar al extremo de la raíz. (Por más cerca que se hagan los cortes uno del otro, más fina se pica la cebolla). Mezclar la cebolla picada con las manzanas en la fuente.

4º paso. Se sacan el tallo, el corazón y las semillas de la manzana.

6. Ligar con la mezcla de manzana y cebolla los picatostes, pasas, azúcar morena, curry, aliño para aves y ajo en polvo. Revolver con la 3/4 taza (17 cl) restante de jugo de manzana.

7. Extender la mezcla de los picatostes encima del pollo.

7º paso. Se extiende la mezcla de los picatostes encima del pollo.

8. Tapar con papel de aluminio o una tapa; hornear 45 minutos o hasta que el pollo se vea tierno. Adornar, si se quiere.

*para 4 personas*

# Filice de pollo al ajo

**1 pollo para freír (de 1,350 k), dividido en presas para servir (técnica en las páginas 150-151)**
**40 dientes de ajo (unas 2 cabezas)**
**1 limón**
**12 cl de vino blanco seco**
**6 cl de vermut seco**
**6 cl de aceite de oliva**
**4 ramas de apio, cortadas gruesas**
**2 cucharadas de perejil finamente picado**
**2 cucharaditas de hojas de albahaca secas y machacadas**
**1 cucharadita de hojas de orégano secas y machacadas**
**Pizca de copos de ají machacados**
**Sal y pimienta negra al gusto**

\* El bulbo del ajo entero se llama cabeza.

1. Precalentar el horno a 190°C. Colocar el pollo, con el lado del pellejo hacia arriba, en una sola capa en una fuente llana para horno; reservar.

2. Para pelar cabezas enteras de ajo, sumergir las cabezas en suficiente agua hirviendo en una olla pequeña para cubrirlas por 5 a 10 segundos. Sacar el ajo inmediatamente con espumadera. Sumergir en agua fría; estilar. Pelar y reservar.

3. Para preparar el limón, sostener el limón con una mano. Con la otra mano, quite la parte coloreada de la cáscara utilizando un rallador para cítricos o cuchillo de pelar y echar la ralladura en un recipiente.

4. Para sacar el jugo del limón, cortar el limón por la mitad sobre una tabla; con la punta de un cuchillo sacar las pepas visibles.

5. Utilizando un escariador de cítricos o exprimiendo el limón con fuerza con la mano, juntar el jugo de limón en un pequeño vaso o fuente; sacar cualquiera pepa restante del jugo.

6. Una el ajo, vino, vermut, aceite, apio, perejil, orégano y copos de ají en una fuente mediana; mezclar bien. Rociar la mezcla del ajo encima del pollo. Disponer la ralladura de limón encima y alrededor del pollo en la fuente; verter el jugo de limón encima del pollo. Aliñar con sal y pimienta negra.

7. Tapar la fuente con papel de aluminio. Hornear 40 minutos.

8. Sacar el papel aluminio; hornear 15 minutos o hasta que el pollo esté tierno y el líquido salga transparente. Adornar como quiera.

*para 4 a 6 personas*

2º paso. Se sumerge la cabeza de ajo entera en agua hirviendo.

3º paso. Se saca la ralladura del limón.

5º paso. Se exprime el limón para sacar el jugo.

POLLO • *Comidas de plato único*

Comidas de plato único • POLLO

# Pollo olímpico de Seúl

2 cucharadas de aceite de maní
8 muslos de pollo, despellejados (técnica en la página 150)
10 dientes de ajo
 de vinagre blanco
3 cucharadas de salsa de soja
2 cucharadas de miel
1/4 cucharadita de jengibre molido
1/2 a 1 cucharadita de copos de ají machacados
60 g de fideos chinos de arroz
Tirabeque cocido al vapor
Zapallo amarillo, cortado en diagonal, cocido al vapor

1. Calentar el aceite en un sartén grande a fuego medio-alto. Agregar el pollo, colocándolo en el sartén en una sola capa. Freír 10 minutos o hasta que el pollo se vea uniformemente dorado y ya no esté rosado en el medio, dándolo vuelta una vez.

2. Mientras tanto, para preparar el ajo, sacar las puntas de los dientes y cortarlo sobre la tabla. Aplastar el ajo suavemente bajo la hoja llana del cuchillo; pelarlos.

3. Juntar el ajo en un pequeño montón; picar grueso.

4. Ligar el vinagre, la salsa de soja, la miel y el jengibre en un recipiente; reservar.

5. Cuando el pollo esté dorado, agregar el ajo y los copos de ají al sartén; freír, revolviendo 2 a 3 minutos.

6. Con una cuchara sacar el exceso de grasa del sartén. Añadir la mezcla del vinagre. Tapar; bajar el fuego y hervir a fuego lento 15 minutos o hasta que el esté tierno y el líquido transparente.

7. Mientras tanto, preparar los fideos de arroz; cortar manojos de arroz por la mitad; suavemente separar cada mitad en manojos más pequeños. Calentar 7,5 cm de aceite en el wok o sartén grande a fuego medio-alto hasta que el termómetro para medir los fritos en abundante aceite marque 190°C. Usar tenazas o espumadera para meter los manojo de fideos en el aceite caliente. Freír hasta que los fideos suban a la superficie, 3 a 5 segundos. Sacar los fideos inmediatamente y con espumadera colocarlos sobre papel de cocina; estilar. Hacer lo mismo con los demás manojos; mantenerlos calientes.

8. Destapar el sartén; cocer el pollo 2 minutos o hasta que la salsa se reduzca y se espese. Colocar el pollo sobre platos individuales para servir; con una cuchara echar la salsa encima del pollo. Servir con fideos chinos de arroz, tirabeque y zapallo. Adornar como quiera.

*para 4 personas*

2º paso. Se aplasta el ajo.

3º paso. Se pica el ajo.

7º paso. Se sumergen los fideos en el aceite caliente.

Comidas de plato único • POLLO 167

# Pollo picante

**1 lima mediana**
**12 cl de salsa gruesa, medio picante, para tacos**
**6 cl de mostaza francesa**
**3 pechugas enteras de pollo, partidas, despellejadas y deshuesadas (técnica en las páginas 152-153)**
**30 g de mantequilla**
**Yogur natural**
**Cilantro fresco picado y rodajas de lima para adorno**

1. Para sacar el jugo de la lima, cortarla por la mitad en la tabla de picar; con la punta del cuchillo, sacar todas las semillas visibles.

2. Utilizando un escariador de cítricos o exprimiendo con fuerza con la mano, exprimir el jugo de la lima echándolo a un vaso pequeño o plato; sacar del jugo cualquiera semilla que quede.

3. Ligar el jugo de lima, salsa para tacos y mostaza en una fuente grande. Añadir el pollo, dándolo vuelta para que se recubra con la marinada. Tapar; marinar en la nevera por lo menos 30 minutos.

4. Derretir la mantequilla en un sartén grande a fuego medio hasta que se ponga espumosa.

5. Estilar el pollo, reservando la marinada. Añadir el pollo al sartén en una sola capa. Freír 10 minutos o hasta que el pollo esté levemente dorado por ambos lados.

6. Agregar la marinada reservada al sartén; cocer 5 minutos o hasta que el pollo se vea tierno y glaseado con la marinada.

7. Trasladar el pollo a la fuente para servir; mantenerlo caliente.

8. Hervir la marinada en el sartén a fuego fuerte 1 minuto; verter encima del pollo. Servir con yogur. Adornar si se quiere.

*para 6 personas*

1º paso. Se sacan las semillas de la lima.

2º paso. Se exprime el jugo de la lima.

5º paso. Se dora el pollo.

# Chile del bueno

**12 cl de aceite vegetal**
**2 pechugas de pollo enteras, partidas, despellejadas y deshuesadas (técnica en las páginas 152-153)**
**7 cl de agua**
**30 g de cebolla molida instantánea**
**2 cucharaditas de ajo molido instantáneo**
**1 lata (450 g) de salsa de tomate**
**17 cl de cerveza**
**12 cl de caldo de pollo**
**2 cucharadas de ají en polvo**
**2 cucharaditas de comino molido**
**1 cucharadita de hojas secas y machacadas de orégano**
**1 cucharadita de salsa de soja**
**1 cucharadita de salsa inglesa**
**1/2 cucharadita de sal**
**1/2 cucharadita de paprika**
**1/2 cucharadita de cayena molida**
**1/4 cucharadita de cúrcuma molida**
**1/8 cucharadita de salvia desmenuzada**
**1/8 cucharadita a de hojas secas y machacadas de tomillo**
**1/8 cucharadita de mostaza seca**
**Rebanadas de chile jalapeño para adornar**

1. Calentar el aceite en un sartén grande a fuego medio alto. Añadir el pollo al sartén colocándolo en una sola capa. Freír 10 minutos o hasta que el pollo ya no se vea rosado en el medio, y haya dorado, dándolo vuelta una vez.

2. Mientras tanto, para ablandar la cebolla instantánea y el ajo, ligar el agua, la cebolla y el ajo en un recipiente; dejar reposar 10 minutos.

3. Cuando esté dorado el pollo, sacarlo del sartén y estilar sobre papel de cocina.

4. Cuando el pollo se haya enfriado un poco, cortarlo en cubitos de 6 mm sobre la tabla de picar; reservar.

5. Estilar la grasa del sartén, reservando 2 cucharadas. Calentar la grasa reservada en un sartén a fuego medio. Añadir la cebolla instantánea ablandada y el ajo; rehogar, revolviendo por espacio de 5 minutos o hasta que la cebolla y el ajo doren.

6. Agregar el pollo y los ingredientes restantes a excepción de los chiles jalapeños; revolver bien. Llevar la mezcla de chile a punto de ebullición; bajar el fuego y hervir a fuego lento 20 minutos, revolviendo de vez en cuando, hasta que el chile se ponga un poco más espeso. Adornar, si se quiere.

*hace 1 litro*

2º paso. La cebolla instantánea ablandada y el ajo.

5º paso. Se reservan dos cucharadas de grasa.

# Gazpacho de pollo

**60 g de harina**
**1 1/2 cucharaditas de sal, por partes**
**1/2 cucharadita de paprika**
**1/4 cucharadita de pimienta negra**
**2 pechugas de pollo enteras, partidas**
**(técnica en la página 151)**
**6 cl de aceite vegetal**
**1 tomate mediano, picado**
**1 cebolla mediana, picada (técnica en la página 182)**
**1 pimentón verde mediano, picado (técnica en la página 182)**
**1 pepino pequeño**
**2 dientes de ajo, molidos (técnica en la página 184)**
**60 cl de jugo de tomate**
**75 g de zanahorias picadas finas**
**75 g de apio finamente picado**
**12 cl de vinagre de vino tinto**
**6 cl de aceite de oliva**
**5 cucharaditas de salsa inglesa**
**5 chorrillos de salsa de ají**
**Arroz cocido caliente**

1. Ligar la harina, 1 cucharadita de sal, la paprika, y 1/8 cucharadita de pimienta negra en una fuente llana. Recubrir el pollo, una presa a la vez, en la mezcla de harina, sacudiéndolas para quitarles la harina sobrante.

2. Calentar el aceite vegetal en un sartén grande a fuego medio; agregar el pollo al sartén, formando una sola capa. Freír 10 minutos o hasta que el pollo se vea levemente dorado por ambos lados.

3. Con tenazas o espumadera sacar el pollo y colocarlo sobre bandejas de horno forradas con papel de cocina. Mantener caliente en un horno precalentado a 100ºC.

4. Sacar el aceite del sartén.

5. Colocar el tomate, la cebolla y el pimentón verde en una fuente grande; reservar.

6. Para preparar el pepino, pelar con cuidado con cuchillo de pelar. Cortar el pepino pelado por la mitad en una tabla de picar; sacar las semillas. Picar el pepino; colocarlo en una fuente con la mezcla del tomate y reservar.

7. Ligar con las hortalizas el ajo, jugo de tomate, zanahorias, apio, vinagre, aceite de oliva, salsa inglesa, salsa de ají, 1/2 cucharadita de sal restante y 1/8 cucharadita de pimienta negra.

8. Reservar 1 taza de la mezcla del tomate; tapar y refrigerar.

9. Volver el pollo al sartén. Verter la mezcla restante de tomate sobre el pollo. Tapar; cocer a fuego medio, dándolo vuelta de vez en cuando, 30 minutos o hasta que esté tierno.

10. Disponer el pollo sobre una fuente para servir; con una cuchara echar la salsa encima del pollo. Servir con la mezcla de tomate enfriada y arroz. Adornar, si se quiere.

*para 4 personas*

3º paso. Se traslada el pollo a las bandejas de horno preparadas.

6º paso. Se pela el pepino.

**POLLO** • *Platos predilectos para la familia*

*Platos predilectos para la familia* • POLLO 173

# Barquitos de aguacate con pollo

**3 aguacates grandes y maduros**
**6 cucharadas de jugo de limón**
**17 cl de mayonesa**
**1 1/2 cucharadas de cebolla rallada**
**1/4 cucharadita de sal de apio**
**1/4 cucharadita de ajo en polvo**
**Sal y pimienta al gusto**
**480 g de pollo cocido cortado en cubitos**
**60 g de queso amarillo fuerte rallado**
**Cebollino picado con tijeras para adornar**

1. Para preparar los aguacates, colocarlos en una tabla de picar y meter el cuchillo en el extremo del tallo de cada aguacate; cortar por la mitad a lo largo, hasta llegar al cuesco, dando vuelta el aguacate mientras esté cortando.

2. Sacar la hoja del cuchillo. Girar ambas mitades del aguacate en sentido contrario para separarlas.

3. Enterrar la hoja del cuchillo en el cuesco; girar el cuchillo para sacar el cuesco del aguacate. Rociar cada mitad de aguacate con 1 cucharada de jugo de limón; reservar.

4. Precalentar el horno a 180°C.

5. En una fuente mediana ligar la mayonesa, cebolla, sal de apio, ajo en polvo, sal y pimienta. Agregar el pollo, revolviendo para mezclar bien.

6. Estilar todo jugo de limón sobrante de las mitades de aguacate.

7. Llenar las mitades de aguacate con la mezcla del pollo; espolvorear con queso.

8. Disponer las mitades de aguacate en una sola capa en una fuente para horno. En la misma fuente poner 1,5 cm de agua.

9. Hornear las mitades de aguacates rellenos 15 minutos o hasta que el queso se derrita. Adornar, si se quiere.

*para 6 personas*

1° paso. Se parte el aguacate por la mitad.

2° paso. Se giran las mitades de aguacate para separarlas.

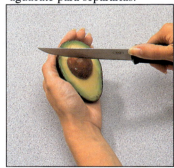

3° paso. Se saca el cuesco del aguacate.

Platos predilectos para la familia • POLLO

# Pollo con eneldo (bajo en calorías)

**Atomizador antiadherente para cocina**
**25 cl de yogur natural**
**75 g de almendras**
**210 g de germen de trigo**
**2 cucharaditas de eneldo seco y machacado**
**1/2 cucharadita de sal**
**1/4 cucharadita de pimienta**
**12 patas de pollo**

1. Precalentar el horno a 180°C.

2. Forrar de papel aluminio una chapa de horno; con el atomizador antiadherente rociar el papel aluminio. Reservar.

3. Poner el yogur en un plato hondo.

4. Procesar las almendras en lotes pequeños apagando y encendiendo el procesador de alimentos hasta que casi todas las almendras estén finamente molidas. Colocar las almendras molidas en una fuente llana; reservar.

5. Ligar el germen de trigo, las almendras, el eneldo, la sal y pimienta en otra fuente llana.

6. Recubrir las patas de pollo, una a la vez, con el yogur, sacudir para quitar el yogur sobrante.

7. Cubrir las patas de pollo con la mezcla del germen de trigo, sacudir para sacar el germen de trigo sobrante.

8. Disponer el pollo en una sola capa sobre la chapa de horno preparada.

9. Hornear 50 minutos o hasta que el pollo se vea y el líquido, transparente. Adornar como quiera.

*para 4 personas*

2º paso. Se prepara la chapa de horno.

6º paso. Se recubren las patas de pollo con el yogur.

7º paso. Se recubren las patas de pollo con la mezcla del germen de trigo.

*Platos predilectos para la familia* • **POLLO**

# Pollo agridulce de la granja

**70 g de harina**
**1 cucharadita de sal**
**1/4 cucharadita de pimienta**
**1 pollo para freír (de 1,575 a 1,800 k), dividido en presas (técnica en las páginas 150-151)**
**120 g de mantequilla o margarina, por partes**
**1 naranja**
**6 cl de jugo de limón**
**6 cl de licor con sabor a naranja**
**6 cl de miel**
**1 cucharada de salsa de soja**
**Zanahorias pequeñas cocidas enteras**
**Rebanadas de naranjas chinas y hojas de lechuga para adornar**

1. Precalentar el horno a 180ºC.

2. Ligar la harina, sal y pimienta en una bolsa plástica grande con cierre.

3. Meter el pollo en la bolsa; sacudir para recubrirlo completamente de la mezcla de harina, sacudiendo para quitar la harina sobrante.

4. En el horno derretir 60 g de mantequilla en una fuente grande para horno.

5. Sacar la fuente del horno; rodar el pollo en la mantequilla para recubrirlo. Disponer el pollo, con el lado del pellejo hacia abajo, en una sola capa en la fuente. Hornear 30 minutos.

6. Mientras tanto, derretir las 60 g restantes de mantequilla en una olla pequeña a fuego medio.

7. Para preparar la naranja, sostenerla con una mano. Con la otra, sacar la parte de color de la cáscara con un rallador para cítricos o pelapapas y juntarlo en una fuente pequeña.

8. Ligar la ralladura de naranja, jugo de limón, licor, miel y salsa de soja con la mantequilla derretida en la olla pequeña; reservar 2 cucharadas de la mezcla de miel.

9. Sacar el pollo del horno; con tenazas dar vuelta las presas.

10. Verter la mezcla restante de la miel encima del pollo. Seguir horneando 30 minutos o hasta que el pollo se vea glaseado y tierno, rociándolo de vez en cuando con la grasa y el jugo que se encuentran en la fuente.

11. Ligar las 2 cucharadas reservadas de la mezcla de miel con la cantidad requerida de zanahorias; servir con el pollo. Adornar si se quiere.

*para 4 personas*

5º paso. Se rueda el pollo en la mantequilla para recubrirlo uniformemente.

7º paso. Se saca la cáscara de la naranja.

9º paso. Se da vuelta las presas de pollo.

*Platos predilectos para la familia* • POLLO 179

# Pechugas de pollo con pacanas

**90 g de mantequilla sin sal**
**6 cl más 2 cucharadas de mostaza francesa, por partes**
**275 g de pacanas partidas**
**4 pechugas de pollo enteras, partidas, despellejadas y deshuesadas (técnica en las páginas 152-153)**
**Pimienta al gusto**
**37 a 50 cl de yogur natural**
**1 taza de aceitunas deshuesadas rebanadas**
**1 paquete (30 g) de aliño para ensalada**
**Porotos verdes frescos y zapallo cocidos al vapor**
**Ramito de menta para adorno**

1. Precalentar el horno a 200°C.

2. Derretir la mantequilla en una olla pequeña a fuego lento; sacar del fuego.

3. Agregar 1/4 taza de mostaza y batir la mezcla; reservar.

4. Para moler las pacanas, procesar las pacanas partidas en lotes pequeños apagando y encendiendo el procesador de alimentos hasta que estén finamente molidas. Colocar las pacanas molidas en una fuente llana; reservar.

5. Aplanar las pechugas de pollo hasta que tengan un grosor de 6 mm. (Técnica en la página 150.) Espolvorear pimienta sobre el pollo.

6. Meter las presas de pollo en la mezcla de la mostaza y luego rodarlas en las pacanas molidas para que se recubran, sacudiendo para sacar las pacanas sobrantes.

7. Disponer el pollo en una sola capa en una bandeja de horno levemente untada con manteca. Hornear 15 minutos o hasta que el pollo se vea dorado y tierno.

8. Mientras tanto, en una olla mediana combinar bien el yogur, las aceitunas, la mezcla del aliño para ensalada y las 2 cucharadas restantes de mostaza; reservar.

9. Sacar el pollo de la bandeja cuando esté hecho, y poner aparte. Añadir la grasa y jugo de la bandeja del horno a la mezcla del yogur en la olla. Hervir la mezcla 2 minutos a fuego lento.

10. Colocar 2 cucharadas de salsa de yogur en cada plato. Colocar una pechuga de pollo encima de la salsa y una cucharada de salsa encima del pollo. Servir con las hortalizas cocidas al vapor y la salsa restante. Adornar, si se quiere.

*para 8 personas*

4º paso. Se muelen las pacanas.

9º paso. Se agrega la grasa y jugo a la mezcla del yogur y se revuelve.

Platos predilectos para la familia • POLLO   181

# Enrollados de pollo al curry

1/2 cebolla mediana
15 g de mantequilla o margarina
180 g de arroz cocido caliente
45 g de pasas
1 cucharada de perejil fresco picado
1 cucharadita de curry
1 cucharadita de azúcar morena
1/2 cucharadita de aliño para aves
Pizca de ajo en polvo
2 pechugas de pollo enteras, partidas, despellejadas y deshuesadas (técnica en las páginas 152-153)
1/2 cucharadita de sal
1/2 cucharadita de pimienta
1 cucharada de aceite vegetal
12 cl de vino blanco seco
1 cucharadita de gránulos instantáneos de caldo de pollo
Cuartos de manzana, rodajas de naranja y ramitos de perejil para adornar

1. Para preparar la cebolla, pelarla; cortar por la mitad pasando por la raíz. Reservar una mitad para otro fin. Colocar la otra mitad de cebolla sobre una tabla de picar con el lado del corte hacia abajo. Para picar la cebolla en trozos grandes, sostener el cuchillo en forma horizontal. Hacer cortes paralelos a la tabla de picar, hasta llegar casi al extremo de la raíz de la cebolla. Luego, hacer cortes verticales a lo largo, y finalmente partir en forma transversal hasta llegar al extremo de la raíz. (Por más cerca que se hagan los cortes uno del otro, más fina se pica la cebolla.)

2. Derretir la mantequilla en un sartén grande a fuego medio hasta que se ponga espumosa. Agregar la cebolla; rehogar, revolviendo unos 3 minutos o hasta que se ablande la cebolla. Sacar del fuego.

3. En el sartén ligar el arroz, pasas, perejil, curry, azúcar morena, aliño para aves y ajo en polvo; mezclar bien y reservar.

4. Aplanar las pechugas de pollo hasta que tengan un grosor de 9 mm. (Técnica en la página 150.) Espolvorear con sal y pimienta.

5. Dividir la mezcla del arroz uniformemente entre las pechugas de pollo; extenderla hasta tener 2,5 cm de bordes.

6. Enrollar cada pechuga de pollo empezando por un lado corto, al estilo de un brazo de reina; asegurar con palillo de madera, cuidando de que todo el relleno se encuentre completamente envuelto.

7. Calentar el aceite en un sartén grande a medio fuego; agregar los enrollados de pollo al sartén, formando una sola capa. Freír 15 minutos o hasta que los enrollados estén dorados por todos lados. Agregar el vino y caldo al sartén; revolver cuidadosamente hasta que los gránulos estén disueltos. Tapar; hervir a fuego lento 30 minutos o hasta que el pollo se vea tierno. Adornar, si se quiere.

*para 4 personas*

Sugerencia para servir: Se puede preparar relleno de arroz adicional y servirlo junto con los enrollados de pollo. Hornear en un recipiente tapado a 180°C hasta que esté bien caliente.

1º paso. Se pica la cebolla.

5º paso. Se extiende la mezcla de arroz sobre las pechugas de pollo.

6º paso. Se enrollan las pechugas de pollo rellenas.

*Platos predilectos para la familia* • **POLLO** 183

# Pollo al coco con chutney fresco

1 lata (470 g) de puré de coco, por partes
2 cucharadas de salsa de soja
2 pechugas enteras de pollo partidas (técnica en la página 151) o 8 muslos de pollo
1/2 limón
1 pedazo pequeño de jengibre fresco (2,5 x 2 cm)
1 diente de ajo
500 g de nectarinas o manzanas picadas
90 g de pasas
50 g completa de azúcar de caña refinada
6 cl de vinagre de cidra
1/2 cucharadita de curry
45 g de coco en escamas

1. Para preparar la marinada de coco, en un recipiente pequeño ligar 17 cl de puré de coco y salsa de soja.

2. Disponer el pollo en una sola capa en una fuente de vidrio para horno de 30 x 17,5 cm. Verter la marinada de coco encima del pollo, volviendo el pollo para recubrirlo con la marinada. Tapar; marinar en la nevera hasta el día siguiente.

3. Mientras tanto, para preparar la mezcla del chutney, con la punta del cuchillo sacar todas las semillas visibles de la mitad de limón.

4. Picar el limón para que dé 45 g; reservar.

5. Pelar el jengibre; picar hasta dejar molido.

6. Para preparar el ajo, sobre una tabla de picar sacar las puntas del diente de ajo. Presionar el diente de ajo con el lado plano de la hoja del cuchillo; sacar la piel. Picar el ajo hasta que esté bien molido.

7. En una olla mediana ligar el limón, jengibre, ajo, nectarinas, pasas, azúcar morena, vinagre y curry; mezclar bien. Llevar al punto de ebullición; hervir 2 minutos, revolviendo de vez en cuando. Enfriar la mezcla del chutney.

8. Añadir las escamas de coco y el puré de coco restante; mezclar bien. Tapar la mezcla del chutney; refrigerar hasta el día siguiente para permitir que se unan los diferentes sabores.

9. Precalentar el horno a 180°C. Hornear el pollo en una fuente con la marinada de coco, por 45 minutos hasta 1 hora o hasta que el pollo se vea tierno, rociando frecuentemente con la marinada de coco.

10. Colocar las presas de pollo en platos individuales para servir. Con una cuchara poner cantidades iguales de la mezcla del chutney junto al pollo. Adornar como quiera.

*para 4 personas*

3º paso. Se sacan las semillas del limón partido.

4º paso. Se pica el limón.

6º paso. Ajo molido.

*Distinguidos platos principales* • **POLLO**  185

# Pollo alla Firenze

**50 cl más 2 cucharadas de jerez seco, por partes**
**3 pechugas de pollo enteras, partidas y deshuesadas (técnica en las páginas 152-153)**
**2 dientes de ajo**
**3 cucharadas de aceite de oliva**
**900 g de hojas frescas de espinacas, lavadas y picadas**
**600 g de champiñones picados gruesos**
**450 g de zanahorias ralladas**
**50 g de cebollines picados**
**Sal y pimienta al gusto**
**37 cl de aliño italiano para ensalada preparado**
**150 g de pan rallado con aliño italiano**
**40 g de queso Romano rallado**
**Espárragos frescos cocidos al vapor**
**Ramitos de perejil para adornar**

1. Echar 2 tazas de jerez en una fuente llana grande. Agregar el pollo, dar vuelta para recubrirlo. Tapar; marinar por 3 horas en la nevera.

2. Picar el ajo hasta que se vea molido. (Técnica en la página 184.) Calentar el aceite en un sartén grande a fuego medio. Añadir el ajo, las espinacas, los champiñones, las zanahorias ralladas, cebollines, sal, pimienta y las 2 cucharadas restantes de jerez. Rehogar, revolviendo 3 a 5 minutos o hasta que las espinacas se vean completamente lacias; enfriar la mezcla de las espinacas.

3. Colocar el aliño en otra fuente llana; reservar. Ligar el pan rallado con el queso Romano en una fuente llana; reservar. Precalentar el horno a 190°C.

4. Sacar el pollo de la marinada; desechar la marinada. Abrir una cavidad para rellenar en ambos lados de la pechuga de pollo en el lugar donde originalmente las presas de pechuga estaban unidas.

5. Rellenar las cavidades del pollo con la mezcla de las espinacas.

6. Asegurar con palillo de madera las cavidades para que la mezcla quede envuelta.

7. Cubrir cada pechuga rellena con aliño y sacudir para sacar el aliño sobrante. Meter cada pechuga en la mezcla del pan rallado; con una cuchara cubrir las presas de pollo con la mezcla.

8. Disponer el pollo, formando una sola capa, en una bandeja de horno de 32,5 x 22,5 cm untada con manteca. Rociar con el aliño restante. Tapar; hornear 15 minutos. Destapar; hornear 10 minutos más o hasta que el pollo se vea tierno. Servir con espárragos. Adornar, si se quiere.

*para 6 personas*

4º paso. Abrir una cavidad para el relleno en la pechuga del pollo.

5º paso. Se rellena la cavidad con la mezcla de espinacas.

6º paso. Se cierran las cavidades con palillo.

# Pollo con frutas y mezcla de mostazas

**12 cl de mostaza francesa**
**12 cl de mostaza alemana1**
**1 cucharada de mostaza china**
**7 cl de miel**
**7 cl de nata líquida**
**2 pechugas enteras de pollo, partidas, despellejadas y deshuesadas (técnica en las páginas 152-153)**
**1/2 cucharadita de sal**
**1/4 cucharadita de pimienta**
**30 g de mantequilla**
**1 melón dulce**
**1 cantalupo**
**4 kiwis**
**6 cl de mayonesa**
**Ramitos de menta para adornar**

1. Ligar las mostazas, miel y nata en una fuente mediana. Con una cuchara echar la mitad de la salsa de mostaza en una fuente de vidrio grande. Reservar el resto en una fuente mediana.

2. Espolvorear el pollo con sal y pimienta; agregarlo a la fuente de vidrio grande con la marinada de mostaza, dándolo vuelta para recubrir con la marinada de mostaza. Tapar; marinar por 30 minutos en la nevera.

3. Calentar la mantequilla en un sartén grande hasta que se convierta espumosa. Sacar el pollo de la marinada de mostaza, sacudiendo para sacar la marinada sobrante; desechar la marinada de mostaza. Agregar el pollo al sartén, formando una sola capa. Freír 10 minutos o hasta que el pollo esté dorado y ya no esté rosado en el medio, délo vuelta una vez.

5. Para preparar bolitas de melón, cortar los melones en forma transversal sobre una tabla de picar. Sacar las pepas con una cuchara; desecharlas. Usando un aparato para hacer bolitas de melón o cuchara medidora de media cucharadita, hacer bolitas de melón sacando de cada melón cantidades iguales de carne melón hasta dar 2 tazas. Para preparar los kiwis, pelarlos con pelapapas o cuchillo de pelar. Cortar los kiwis en rodajas delgadas; reservar.

6. Disponer el pollo, bolitas de melón y kiwis en una fuente para servir; reservar.

7. Echar la salsa de mostaza reservada en una olla pequeña. Agregar la mayonesa y batir. Calentar bien a fuego medio.

8. Rociar parte de la salsa de mostaza encima del pollo. Adornar, si se quiere. Pasar la salsa restante.

*para 4 personas*

2º paso. Se recubre el pollo con la marinada de salsa de mostaza.

4º paso. Se corta el pollo en tiras delgadas.

5º paso. Se hacen bolitas de melón.

*Distinguidos platos principales* • **POLLO**

# Pechugas de pollo salteadas con tomates secados al sol

**Atomizador antiadherente**
**8 a 10 trozos de tomates secados al sol**
**1 huevo batido**
**1 envase (420 g) de queso ricota**
**1 paquete (120 g) de queso mozzarella rallado**
**40 g de queso parmesano o Romano rallado**
**2 cucharadas de perejil fresco picado**
**1/2 cucharadita de ajo en polvo**
**1/4 cucharadita de pimienta**
**4 pechugas de pollo enteras, partidas, despellejadas y deshuesadas (técnica en las páginas 152-153)**
**2 cucharadas de piñones**
**2 cucharadas de pasas de Corinto**
**75 g de mantequilla**
**100 g de chalotas rebanadas**
**25 cl de caldo de pollo**
**12 cl de vino blanco seco**
**Tomates pera picados, ramitos de tomillo fresco y piñones adicionales para adornar**

1. Para picar los tomates, rociar la hoja del cuchillo de cocina con líquido antiadherente. Disponer los tomates en una sola capa sobre la tabla de picar; picar los tomates que sean necesarios para completar 1/3 de taza rociando la hoja del cuchillo con líquido antiadherente para que no se pegue. Cortar los tomates restantes en tiras; reservar.

2. Ligar los tomates picados, huevo, quesos, perejil, ajo en polvo y pimienta en una fuente mediana. Revolver para mezclar bien; reservar.

3. Aplanar las pechugas de pollo hasta que tengan un grosor de 6 mm. (Técnica en la página 150.) Revolver para mezclar bien; reservar.

4. Dividir la mezcla de los quesos en partes iguales entre las pechugas de pollo; untar las pechugas con la mezcla hasta que esté a 2,5 cm de los bordes. Espolvorear los piñones y pasas de Corinto encima de la mezcla de los quesos.

5. Enrollar el pollo, empezando por un lado corto, al estilo de un brazo de reina; envolver el relleno y asegurar con palillo de madera.

6. Derretir la mantequilla en un sartén grande a fuego medio hasta que se ponga espumosa. Agregar el pollo al sartén; freír hasta que dore por todos lados. Sacar el pollo; reservar.

7. Añadir las chalotas y tiras de tomate reservadas a la grasa y jugo en el sartén; rehogar a fuego lento 2 minutos. Agregar el caldo y el vino; cocer 3 minutos.

8. Volver a colocar el pollo en el sartén. Tapar; hervir a fuego lento 15 a 20 minutos o hasta que esté tierno, dándolo vuelta una vez y rociándolo con frecuencia con salsa. Poner el pollo en una fuente para servir; verter la salsa encima del pollo. Adornar, si se quiere.

*para 8 personas*

1º paso. Se pican los tomates.

5º paso. Se enrolla la pechuga de pollo rellenada.

Distinguidos platos principales • **POLLO**

# Pollo relleno con glaseado de manzana

**1 pollo para freír (de 1,575 a 1,800 k)**
**1/2 cucharadita de sal**
**1/4 cucharadita de pimienta**
**2 cucharadas de aceite vegetal**
**1 paquete (180 g) de relleno con sabor a pollo más ingredientes para preparar el conjunto**
**1 manzana grande**
**1/2 cucharadita de ralladura de limón**
**45 g de nueces picados**
**45 g de pasas**
**45 g de apio cortado en rebanadas finas**
**12 cl de gelatina de manzana**
**1 cucharada de jugo de limón**
**1/2 cucharadita de canela molida**
**Hojas de apio y rodajitas de limón retorcidas para adornar**

1. Precalentar el horno a 180°C.

2. Enjuagar el pollo bajo la llave de agua fría; secar con papel de cocina. Espolvorear el interior del pollo con sal y pimienta; untar el exterior con aceite, frotándolo.

3. En una fuente grande preparar la mezcla del relleno de acuerdo a las indicaciones del paquete.

4. Para preparar la manzana, cortar a lo largo en cuartos sobre la tabla de picar; sacar el tallo, el corazón y las pepas con un cuchillo de pelar. Picar los cuartos de manzana en pedazos de 1,5 cm.

5. Agregar al relleno preparado la manzana, ralladura de limón, nueces, pasas y apio; mezclar bien.

6. Meter el relleno, en forma suelta, en la cavidad del cuerpo.

7. Poner el pollo en una bandeja de horno poco profundo. Tapar en forma suelta con papel aluminio; asar el pollo 1 hora.

8. Ligar la gelatina, jugo de limón y canela en una olla pequeña. Hervir a fuego lento 3 minutos, revolviendo con frecuencia, hasta que la gelatina se disuelva y la mezcla esté bien homogénea.

9. Sacar el papel aluminio del pollo; untar con el glaseado de gelatina.

10. Asar el pollo, sin tapar, usando el cepillo para untar frecuentemente con el glaseado de gelatina, por espacio de 30 minutos o hasta que el termómetro, que se coloca en la parte más gruesa del muslo, sin tocar el hueso, alcance a 85°C. Dejar que el pollo repose 15 minutos antes de trincharlo. Adornar, si se quiere.

*para 4 personas*

4° paso. Se saca el tallo, corazón y pepas de la manzana.

6° paso. Se rellena el pollo.

9° paso. Con el cepillo, se unta el pollo con el glaseado de gelatina.

*Distinguidos platos principales* • POLLO

# CLASE DE COCINA
# CHINO

**196** APUNTES DE CURSO

**198** APERITIVOS Y SOPAS

**212** PLATOS PRINCIPALES

**230** ACOMPAÑAMIENTOS

Mechas de carne de cerdo
con 2 cebollas *(página 216)*

# APUNTES DE CURSO

## TECNICAS DE LA COCINA CHINA

La preparación de atractivos y deliciosos platos chinos puede ser una experiencia valiosa, fácil de lograr. Existen algunas mínimas reglas que hay que tener en cuenta para preparar exitosamente la mayoría de las recetas:

1) La preparación y la cocción son dos procedimientos separados. 2) Se deben preparar todos los ingredientes antes de empezar a cocinar. 3) Es fundamental prestar atención al proceso de la cocción porque muchas de estas comidas se cuecen a fuego fuertísimo en cuestión de minutos.

Los chinos han perfeccionado una serie de técnicas de cocina, incluyendo sofreír, freír en aceite abundante, brasear, guisar, cocer al vapor, asar, asar a la parrilla y hacer conservas. Es probable que Ud. conozca todas estas técnicas. Pero para sofreír correctamente, es necesario comprender sus principios básicos.

Sofreír, - método de cocción rápida inventada por los chinos -implica la cocción rápida por un tiempo breve, generalmente por solamente unos minutos, de ingredientes en pequeños pedazos, a fuego muy fuerte, en aceite caliente. Durante la cocción, los ingredientes tienen que mantenerse en constante movimiento, revolviéndolos o sacudiéndolos vigorosamente. Una vez que se haya terminado la cocción, se deben sacar los alimentos inmediatamente del fuego.

Cuando se va a sofreír, todos los ingredientes deben estar bien organizados y preparados antes de que se empiece la cocción. Estos deben medirse, pesarse, limpiarse, picarse, trozarse, ligarse, etcétera. La carne, las aves, el pescado y las hortalizas deben picarse en pedazos de aproximadamente el mismo tamaño para que se cuezan uniformemente. De otra manera, es posible que algún ingrediente termine demasiado pasado de cocción, mientras otros, resulten muy crudos. Se efectúa el sofrito tan rápidamente que, generalmente, una vez que se iniciado la cocción, no queda tiempo para terminar los pasos de preparación.

Es importante la intensidad del calor que se usa para sofreír. En la mayoría de los casos, se requiere fuego fuerte, fácil de controlar. Por este motivo, generalmente un fogón de gas con su fácil control instantáneo del calor, se presta mejor para el sofrito que un fogón eléctrico.

También es de gran importancia el tipo de aceite que se usa. Es fundamental usar un aceite vegetal que se pueda calentar a una temperatura alta sin que empiece a echar humo. El aceite de maní, de maíz, de algodón y de soja son todos buenos para este propósito. Otros tipos de grasa, tales como el aceite de oliva, de ajonjolí, la mantequilla o la manteca no sirven porque se queman a baja temperatura.

Debido a la cantidad de las variables relacionadas con el sofrito, tales como las clases de alimentos, el tipo de calor y del equipo de cocina que se usa, los tiempos de cocción que se dan en esta publicación deben ser usados como guía - y no como definitivos. Por ejemplo, la mayoría de las recetas fueron probadas en un fogón de gas. Puede que varíen un poco los tiempos de cocción que se requieren cuando se usa un wok en un fogón eléctrico o cuando se usa un wok eléctrico.

## LOS INGREDIENTES DE LA COCINA CHINA

Al preparar comidas chinas, Ud. hallará que muchos ingredientes le son conocidos. También puede ser que algunos le sean desconocidos, tales como el vermicelli chino, la salsa de ostra o polvos chinos de cinco especies. Algunos de éstos, en especial los condimentos, puede que se consigan solamente en las tiendas de ultramarinos chinos. Sin embargo, antes de ponerse a buscar alguna apartada tienda especializada, revise el supermercado de su localidad. Hoy en día muchos supermercados tienen una buena selección de ingredientes chinos. Además de mercancía enlatada, embotellada o en paquetes, que ofrecen muchos artículos frescos tales como el repollo chino (napa o bok choy), brotes de soja, hojas de masa para wonton y para empanaditas, queso de soja y fideos finos de huevo al estilo chino. Si revisa las secciones de alimentos congelados, se encontrará todavía más artículos chinos.

El glosario que se presenta a continuación describe muchos alimentos chinos que se usan en las recetas de esta publicación.

## GLOSARIO DE INGREDIENTES CHINOS

**Brotes de bambú**: son los brotes tiernos, de color marfil, del bambú tropical, que se usan aparte como verdura y también para añadir frescura y un toque de dulzura a los platos. Se pueden conseguir en latas - enteros o picados - y deben ser lavados con agua antes de usarse.

**Queso de soja** (también se llama tofú): son frijoles de soja prensados para formar una pastilla blanca como de natillas, que se usa como legumbre y como excelente fuente de proteínas. El queso de soja puede ser usado en muchos tipos de recetas porque absorbe fácilmente el sabor de otros alimentos. Se puede conseguir el queso de soja fresco o enlatado. Si es fresco, sumérjalo en agua y guárdelo en la nevera hasta que llegue el momento de usarlo.

**Salsa de frijoles** (también llamado salsa de frijoles amarillos o salsa de frijoles negros): es un condimento chino hecho de frijoles de soja, harina, vinagre, sal y ajíes picantes.

**Brotes de soja:** pequeños brotes blancos de la mata del frijol de soja, parecido a las arvejas/chícharos que se usan aparte como verdura y también se incluyen en una gran variedad de platos. Se pueden conseguir frescos o enlatados. Antes de utilizar los brotes de soja enlatados hay que lavarlos para eliminar cualquier sabor a metal. Los brotes sin usar, sean enlatados o frescos, deben guardarse sumergidos en agua en la nevera.

**Fideos finos:** (también llamados vermicelli chino de arroz, y fideos transparentes): son fideos duros, secos, blancos hechos de frijoles de soja pulverizados. Tienen poco sabor propio, pero fácilmente absorben los sabores de otros alimentos. Estos fideos se pueden usar en numerosos platos cocidos al vapor, hervidos a fuego lento, fritos en abundante aceite o sofritos. Se consiguen en paquetes o pequeños manojos.

**Repollo chino:** Existen dos tipos de repollo chino que se pueden buscar en los supermercados. Uno se llama bok choy, que tiene tallos blancos y hojas verdes arrugadas. El otro es el repollo tipo napa, que tiene hojas alargadas bien apretadas con nervios anchos y blancos y puntas suaves de color verde claro. Ambos tipos requieren muy poca cocción y a menudo se incluyen en sopas y platos sofritos.

**Aceite de ají** (también lo llaman aceite de ají o aceite de ají picante): es un aceite muy picante, de color rojizo, que se hace de aceite de maní con una infusión de ajíes secos. Utilícelo en cantidades muy pequeñas para dar sabor a los alimentos. Guardar en un lugar frío y oscuro.

**Salsa china de ají:** es una salsa de color rojo brillante, muy picante, hecha de ajíes frescos machacados y sal. Se puede conseguir enlatada o embotellada y debe usarse en cantidades muy pequeñas.

**Cebollino chino** (también lo llaman cebollino de ajo): estas hojas verdes planas, finas y estrechas dan un sabor distintivo a ajo a muchos platos chinos.

**Fideos de huevo,** estilo chino: es una pasta delgada que generalmente se hace de harina, huevo, agua y sal. Los fideos pueden comprarse frescos, congelados o deshidratados. Pueden cocerse en agua hirviendo, brasearse, sofreírse o freírse en abundante aceite; el tiempo y método de cocción varían de acuerdo al tipo de fideos. Consulte las indicaciones precisas en el paquete.

**Polvos chinos de cinco especies:** es una mezcla ya hecha de cinco especies molidas, generalmente semillas de anís, hinojo, clavos de olor, canela y jengibre o pimienta. Tiene un sabor un poco dulce y picante y debe usarse en pequeñas cantidades.

**Jengibre:** (también lo llaman raíz de jengibre): es una raíz nudosa y torcida con corteza color café, y blanca o verde claro por dentro. Tiene un sabor fresco y picante y se usa como condimento básico en muchas recetas chinas. Se puede conseguir el jengibre fresco o enlatado. Se puede guardar semanas en la nevera envuelto en plástico, o meses si se guarda en agua salada o jerez seco. Siempre debe sacar la corteza exterior color café del jengibre fresco antes de usarlo en ninguna receta.

**Champiñones secos:** champiñones deshidratados orientales negros, con sombrerete de un diámetro de 2,5 a 6,5 cm de diámetro. Tienen un sabor fuerte y distintivo y se incluyen en muchos diferentes tipos de recetas. Los champiñones chinos secos deben ser remojados en agua caliente antes de usarse; generalmente se cortan en rebanadas finas antes de combinarlos con otros alimentos. Los champiñones secos se consiguen envueltos en paquetes de celofán.

**Salsa de ostras:** es una salsa espesa, concentrada, de color café que se hace de ostras molidas, salsa de soja y salmuera. Da muy poco sabor a pescado y se usa como condimento para realzar otros sabores. La salsa de ostras se incluye en varias recetas, especialmente en los platos sofritos cantoneses.

**Aceite de ajonjolí:** es un aceite de color ámbar hecho de semillas tostadas de ajonjolí. Tiene un sabor fuerte, como de frutos secos, y es mejor usarlo en cantidades pequeñas. El aceite de ajonjolí suele ser usado para dar sabor, no como aceite para cocinar, debido a que humea a temperatura baja. Se consigue embotellado.

**Granos de pimienta de Szechuán:** es una pimienta de color rojizo-café con un olor fuerte y acre y sabor fuerte y picante de efecto desfasado - es posible que no se note inmediatamente su fuerte sabor. Debe usarse en pequeñas cantidades. Generalmente se venden enteros o machacadas, en pequeños paquetes.

**Hojas de masa para wonton:** es una masa, fabricada comercialmente, que se extienden en láminas delgadas y cortadas en cuadrados de 7,5 a 10 cm. Se pueden conseguir frescas o congeladas.

## Tostadas con langostinos

**12 langostinos grandes, descascarados y sin vena, con las colas intactas**
**1 huevo**
**2 1/2 cucharadas de maizena**
**1/4 cucharadita de sal**
**Pizca de pimienta**
**3 rebanadas de pan de molde blanco, sin corteza y divididas en cuatro partes**
**1 loncha de jamón cocido, cortado en pedazos de 1,5 cm**
**1 yema de huevo duro, cortado en pedazos de 1,5 cm**
**1 cebollín con las hojas, picado fino**
**Aceite vegetal para freír**
**La mitad de un huevo duro y roscas de cebollín (página 206) para adornar**

1. Abrir un tajo profundo por el dorso de cada langostino; aplastar suavemente con los dedos para aplanarlo.

2. Batir el huevo, maizena, sal y pimienta en una fuente grande hasta que se mezclen. Agregar los langostinos; revolver para recubrirlas bien.

3. Colocar 1 langostino, con el lado del corte hacia abajo, sobre cada pedazo de pan; presionar el langostino suavemente con la mano para meterlo en el pan.

4. Con el cepillo untar cada langostino con una pequeña cantidad de la mezcla de huevo.

5. Colocar un pedazo de cada uno del jamón, yema de huevo, y una pequeña 1/4 cucharadita de cebollín encima de cada langostino.

6. Calentar unas 5 cm de aceite en un wok o sartén grande a fuego medio a 190°C. Poner 3 o 4 pedazos de pan a la vez; freír hasta que doren, 1 o 2 minutos por cada lado. Estilar sobre papel de cocina. Adornar, si se quiere.

*hace 1 docena de aperitivos*

1º paso. Se aplana el langostino.

4º paso. Con el cepillo se unta el langostino con la mezcla de huevo.

5º paso. Se coloca la yema sobre el langostino.

Aperitivos y sopas • CHINO

# Empanaditas chinas

280 g de harina
17 cl más 2 cucharadas de agua hirviendo
150 g de repollo napa picado muy fino
225 g de carne magra de cerdo, molida
1 cebollín con las hojas, picado fino
2 cucharadas de castañas de agua picadas finas
1 1/2 cucharadita de salsa de soja
1 1/2 cucharadita de jerez seco
1 1/2 cucharadita de maizena
1/2 cucharadita de aceite de ajonjolí
1/4 cucharadita de azúcar
2 cucharadas de aceite vegetal, por partes
15 cl de caldo de pollo, por partes
Salsa de soja, vinagre y aceite de ají

1. Poner la harina en una fuente grande; hacer un hueco en el medio de la harina. Verter el agua hirviendo; revolver con cuchara de madera hasta que se forme una masa.

2. Colocar la masa sobre una superficie espolvoreada con harina; aplastar un poco. Para trabajar la masa, doblarla por la mitad hacia Ud. y luego empujarla hacia afuera con la palma de la mano. Girar la masa un cuarto de una vuelta y seguir doblando, presionando y girando. Amasar durante 5 minutos o hasta que la masa esté firme y flexible, añadiendo, en caso necesario, más harina para que no se pegue. Cubrir con un envoltorio plástico; dejar reposar 30 minutos.

3. Para el relleno, exprimir el repollo para sacar el máximo de humedad posible; colocar en una fuente grande. Agregar la carne de cerdo, cebollín, castañas de agua, salsa de soja, jerez, maizena, jengibre, aceite de ajonjolí y azúcar; mezclar bien.

4. Sacar el envoltorio de la masa y amasar brevemente (tal como se describe en el 2º paso) sobre una superficie espolvoreada con un poco de harina; dividir en dos pedazos iguales. Cubrir 1 pedazo con un envoltorio plástico o toalla limpia mientras se trabaja con el otro pedazo.

5. Sobre una superficie espolvoreada con harina, usando un uslero espolvoreado con un poco de harina, estirar la masa hasta obtener un grosor de 3 mm.

6. Cortar círculos de 7,5 cm con un molde para hacer galletas redondo o la parte de arriba de una lata vacía limpia.

7. Poner una cucharadita colmada del relleno en el centro de cada círculo de masa.

*sigue en la página 202*

1º paso. Se revuelve la mezcla de la harina para hacer la masa.

2º paso. Se trabaja la masa.

6º paso. Se recortan los círculos de masa.

*Empanaditas chinas, continuación*

8. Para hacer caa empanadita china, humedecer con un poco de agua la orilla de un círculo de masa y doblar por la mitad.

9. Empezando por 1 extremo, rizar la orilla de la masa y a continuación hacer le 4 pliegus y colocar la empanadita firmemente sobre la superfice de trabajo, con el lado de la juntura hacia arriba. Cubrir las empanaditas terminadas con una hoja plástica mientras mldea el resto.

10. Se puede freír las empanaditas immediamente o tapar firmamente y guardar en el refrigerador por un maximo de 4 horas. También se pueden conglar. Para congelar, colocarlas sobre una chapa de horno o bandeja poco profunda y coloar en el congelador por 30 minutos para que se endureczcan un poco. Sacarlas del congelador y meter en una bolsa plástica con cierre, del grosor que se usa para congelador, y congelar por un máximo de 3 meses. (No es necesario descongelar las empanaditas congelados antes de freírlas).

11. Para freír las empanaditas, colocar 1 cucharada de aceite vegetal en un sartén grand a fuego medio. Poner una mitad de las empanaditas en el sartén, con el lado de la juntura hacia arriba y feir hasts que se doren por debajo, por 5 a 6 minutos.

12. Agregar 7 cl de caldo de pollo y cubrir firmemente. Bajar a fuego lento y hervir hasta que se haya absorbido todo el líquido, alrededor de 10 minutos (15 minutos si estuvieran congeladas). Hacer lo mismo con el resto del aceite vegetal, empanaditas y caldo de pollo.

13. Colocar las empanaditas sobre un plato para servir y presentarlas con salsa de soja, vinagre y aceite de chile corno salsas para acompañar.

*Hace alrededor de 3 docenas.*

8° paso. Se moldean las empanaditas.

9° paso. Se hacen lo pliegues.

11° paso. Se doran las empanaditas.

# Enrollados para entremeses

**Salsa agridulce (página 204), optativo**
**225 g de langostinos que se han descascarado y se les ha sacado la vena**
**1 paquete (485 g) de hojas de hojaldre congelado listo para usar o 40 hojas de masa para wonton**
**100 g finos de huevo tipo chino, quebrados en pedazos de 2,5 cm**
**30 g de mantequilla o margarina**
**120 g de carne magra de cerdo sin huesos, picada fina**
**6 champiñones frescos medianos, picados finos**
**6 cebollines con hojas, picadas finas**
**1 huevo duro, picado fino**
**1 1/2 cucharadas de jerez seco**
**1/2 cucharadita de sal**
**1/8 cucharadita de pimienta**
**1 huevo, levemente batido**
**Aceite vegetal para freír**
**Manojo de verduras * para adornar**

*Para hacer el manojo de verduras, cortar una hoja de 15 a 20 cm de un cebollín. Poner en agua salada; dejar reposar por lo menos 15 minutos. Amarrar alrededor de un pequeño manojo de verduras frescas.

1. Preparar la salsa agridulce.

2. Poner en una olla mediana suficiente agua como para cubrir los langostinos. Llevar al punto de ebullición a fuego medio. Agregar los langostinos. Bajar a fuego lento. Hervir a fuego lento 5 a 10 minutos o hasta que los langostinos se retuerzan y se pongan rosados. (No recocer los langostinos porque se pondrán duros.) Estilar y poner a un lado para que se enfríen.

3. Sacar la masa de hojaldre del congelador. Dejarla reposar, sin tapar, a temperatura ambiente hasta que esté lista para usar, unos 20 minutos.

4. Mientras tanto, cocer los fideos de acuerdo a las indicaciones del paquete justo hasta que estén tiernos pero todavía firmes, 2 a 3 minutos. Estilar y lavar bajo el chorro de agua fría; estilar nuevamente. Picar finos los fideos.

5. Calentar la mantequilla en un wok o sartén grande a fuego medio. Agregar la carne de cerdo; sofreír hasta que ya no se vea rosada en el medio, unos 5 minutos.

6. Agregar los champiñones y las cebollas; sofreír 2 minutos.

7. Sacar el wok del fuego. Picar los langostinos finos. Añadir al wok con los fideos, huevo duro, jerez, sal y pimienta; mezclar bien.

8. Si usa masa de hojaldre, abrir con cuidado cada hoja de masa. Si la masa está demasiado blanda, ponerla en el refrigerador algunos minutos para enfriarla. (Para fácil manejo, la masa debe sentirse fría cuando se toca.) Colocar la masa sobre una superficie levemente espolvoreada con harina. Con un rodillo igualmente espolvoreado con harina, estirar y cortar cada hoja para que forme un rectángulo de 37,5 x 30 cm; cortar en 20 cuadrados de 7,5 cm.

*sigue en la página 204*

4º paso. Se pican los fideos.

5º paso. Se sofríe la carne de cerdo.

8º paso. Se recortan los cuadros de masa.

*Enrollados para entremeses, continuación*

9. Colocar 1 cucharada de la mezcla de carne de cerdo atravesando el medio de cada cuadro de masa u hoja de masa para wonton.

10. Con un cepillo, untar los bordes levemente con el huevo batido. Enrollar en forma bien ajustada alrededor del relleno; retorcer los extremos para sellar.

11. Calentar aceite en el wok o sartén grande a 190°C. Poner en el aceite 4 a 6 enrollados a la vez; freír hasta que se vean dorados y crujientes, 3 a 5 minutos. Estilar sobre papel de cocina. Adornar, si se quiere. Servir con salsa agridulce.

*Las cantidades indicadas hacen 40 enrollados*

## Salsa agridulce

**4 cucharaditas de maizena**
**25 cl de agua**
**12 cl de vinagre blanco destilado**
**100 g de azúcar**
**100 g de puré de tomate**

Ligar todos los ingredientes en una olla pequeña. Llevar a punto de ebullición a fuego medio, revolviendo constantemente. Hervir 1 minuto, revolviendo constantemente. Reservar hasta que llegue el momento de usar la salsa o tapar y refrigerar un máximo de 8 horas.

9º paso. Con una cuchara se coloca el relleno sobre la masa.

10º paso. Se enrolla la masa.

11º paso. Se fríen los enrollados.

Aperitivos y sopas • CHINO

# Carne de cerdo a la parrilla

**6 cl de salsa de soja
2 cucharadas de vino tinto seco
1 cucharada de azúcar morena compacta
1 cucharada de miel
2 cucharaditas de colorante alimenticio rojo (optativo)
1/2 cucharadita de canela molida
1 cebollín con hojas, cortado por la mitad
1 diente de ajo
2 filetes enteros de carne de cerdo (de unas 360 g cada uno), que se le ha quitado la grasa
Roscas de cebollín (receta a continuación) para adornar**

1. Ligar la salsa de soja, vino, azúcar, miel, colorante alimenticio, canela, cebollín y ajo en una fuente grande. Agregar la carne; volverla para recubrir completamente. Cubrir y refrigerar 1 hora o hasta el día siguiente, dándole la vuelta a la carne de vez en cuando.

2. Precalentar el horno a 180°C. Estilar la carne, reservando la marinada. Colocar la carne en una parrilla metálica sobre una fuente para horno. Hornear 45 minutos o hasta que ya no se vea posada en el medio, dándole la vuelta y rociándola frecuentemente con la marinada reservada.

3. Sacar la carne del horno; enfriar. Cortar en trozos diagonales. Adornar con roscas de cebollín, si se desea.

*Las cantidades indicadas hacen aperitivos para unas 8 personas*

## Roscas de cebollín

**6 a 8 cebollines medianos con hojas
Agua fría
10 a 12 cubitos de hielo**

1. Sacar los bulbos (la parte blanca) de los cebollines; reservar para otro fin. Cortar los tallos restantes (la parte verde) en pedazos de 10 cm de largo.

2. Con tijeras bien afiladas, cortar cada tallo verde a lo largo en trozos muy delgados hasta llegar casi al inicio del tallo, de manera que cada tallo se componga de 6 a 8 tiras.

3. Llenar una fuente grande, hasta la mitad aproximadamente de agua fría. Meter las cebollines y los cubitos de hielo. Refrigerar hasta que se enrosquen las cebollines, por una hora aproximadamente, y estilar.

*Las cantidades indicadas hacen 6 a 8 roscas*

Roscas de cebollín: 1º paso. Se cortan los cebollines.

Roscas de cebollín: 2º paso: Los cebollines se cortan en tiras.

Roscas de cebollín: 3º paso: Se ponen en agua los cebollines.

Aperitivos y sopas • CHINO

# Sopa de wonton

150 g de repollo picado fino
225 g de carne de cerdo molida
120 g de langostinos descascarados y que se les ha quitado la vena, picados finos
3 cebollines con hojas, picados finos
1 huevo levemente batido
1 1/2 cucharada de maizena
2 cucharaditas de salsa de soja
2 cucharaditas de aceite de ajonjolí, por partes
1 cucharadita de salsa de ostras
48 hojas de masa para wonton (alrededor de 450 g)
1 clara de huevo, levemente batida
340 g de repollo bok choy o napa
1,5 l de caldo de pollo
240 g de carne de cerdo hecha a la parrilla (página 206) cortada en trozos delgados
3 cebollines con hojas, picados finos
Flores comestibles para adornar

1. Para el relleno, exprimir el repollo para sacar la máxima humedad posible. Poner el repollo en una fuente grande. Agregar la carne de cerdo, langostinos, cebollines picados, huevo entero, maizena, salsa de soja, 1 1/2 cucharaditas de aceite de ajonjolí y salsa de ostras; mezclar bien.

2. Para los wonton, trabajar con unas 12 hojas de masa para wonton a la vez, y mantener las demás hojas envueltas en plástico. Colocar sobre la superficie donde está trabajando 1 hoja de masa para wonton con una de sus puntas hacia Ud. Poner 1 cucharadita de relleno en la esquina inferior de la hoja; doblar esta esquina encima del relleno.

3. Untar los bordes de la hoja de masa para wonton con clara de huevo. Juntar las esquinas de los lados, de tal manera que se trasladen un poco; apretar con firmeza entre el pulgar y el índice para sellar. Cubrir los wonton terminados con un envoltorio plástico mientras rellena los demás wonton. (Cocer inmediatamente, refrigerar, máximo 8 horas, o congelar en una bolsa plástica sellable.)

4. Agregar los wonton a una olla grande de agua hirviendo; cocer hasta que el relleno ya no se vea rosado, unos 4 minutos 96 minutos si estaban congelados); estilar. Colocar en una fuente de agua fría para impedir que los wonton queden pegados, unos con otros.

5. Cortar los tallos de bok choy en trozos de 2,5 cm; cortar las hojas por la mitad en forma transversal. Reservar.

6. Poner en una olla grande el caldo de pollo, calentar hasta que llegue a su punto de ebullición. Añadir el bok choy y la 1/2 cucharadita restante de aceite de ajonjolí; hervir a fuego lento 2 minutos. Estilar los wonton; meterlos en el caldo caliente. Añadir las lonjas de carne de cerdo hecha a la parrilla y las cebollines picados. Con cucharón trasladar la sopa a las soperas. Servir inmediatamente. Adornar, si se quiere.

*Las cantidades indicadas hacen platos para 6 personas*

2º paso. Se dobla la hoja de masa para wonton encima del relleno.

3º paso. Se moldean los wonton.

Aperitivos y sopas • CHINO

# Sopa long

**una cabeza pequeña de repollo (120 a 180 g)**
**1 1/2 cucharadas de aceite vegetal**
**225 g de carne magra de cerdo sin huesos, cortada en tiras delgadas**
**1,5 l de caldo de pollo**
**2 cucharadas de salsa de soja**
**1/2 cucharadita de jengibre fresco molido**
**8 cebollines con hojas, cortadas en diagonal en pedazos de 1,5 cm**
**120 g de fideos finos de huevo al estilo chino**

1. Sacar el corazón del repollo; desecharlo.

2. Rallar el repollo.

3. Calentar el aceite en el wok o sartén grande a fuego medio. Agregar el repollo y la carne de cerdo; sofreír hasta que la carne de cerdo ya no se vea rosada en el medio, unos 5 minutos.

4. Añadir el caldo de pollo, la salsa de soja y el jengibre. Llevar al punto de ebullición. Bajar a fuego lento y hervir por 10 minutos, revolviendo de vez en cuando. Agregar las cebollas y revolver.

5. Agregar los fideos.

6. Cocer justo hasta que los fideos se vean tiernos, 2 a 4 minutos.

*Las cantidades indicadas hacen platos para 4 personas*

1º paso. Se saca el corazón del repollo.

5º paso. Se añaden los fideos al wok.

6º paso. Se cuecen los fideos.

Aperitivos y sopas • CHINO

# Carne de vaca con anacardos

**1 pedazo de jengibre fresco (alrededor de 2,5 cm cuadrada)**
**450 g de cuarto trasero de carne de vaca**
**4 cucharadas de aceite vegetal, por partes**
**4 cucharaditas de maizena**
**12 cl de agua**
**4 cucharaditas de salsa de soja**
**1 cucharadita de aceite de ajonjolí**
**1 cucharadita de salsa de ostras**
**1 cucharadita de salsa china de guindilla**
**8 cebollines con hojas, cortados en pedazos de 2,5 cm**
**2 dientes de ajo molidos**
**90 g de anacardos tostados sin sal**
**Rodajas de zanahoria fresca y hojas de tomillo para adornar**

1. Pelar el jengibre y picarlo fino; reservar.

2. Sacar la grasa de la carne; desechar. Cortar la carne atravesando los nervios, en tiras delgadas, cada una de unas 5 cm de largo.

3. Calentar 1 cucharada de aceite vegetal en un wok o sartén grande a fuego fuerte. Añadir 1/2 de la carne; sofreír hasta que se dore, 3 a 5 minutos, Sacar del wok; reservar. Hacer lo mismo con 1 cucharada de aceite vegetal y el resto de la carne.

4. En un recipiente pequeño ligar la maizena, agua, salsa de soja, aceite de ajonjolí, salsa de ostras y salsa de guindilla; mezclar bien.

5. Calentar las dos cucharadas restantes de aceite vegetal en un wok o sartén grande a fuego fuerte. Añadir el jengibre, cebollines, ajo y anacardos; sofreír 1 minuto.

6. Revolver la mezcla de la maizena; verterla en el wok con la carne. Cocer hasta que el líquido hierva y se espese. Adornar, si se quiere.
*Las cantidades indicadas hacen platos para 4 personas*

1º paso. Se pica el jengibre pelado.

2º paso. Se corta la carne.

5º paso. Se añaden los anacardos al wok.

Platos principales • CHINO 213

# Carne de vaca con pimientos

**30 g de champiñones secos**
**Agua**
**1 cucharadita de maizena**
**1 cucharadita de gránulos instantáneos de caldo de carne**
**1 cucharada de salsa de soja**
**1 cucharadita de aceite de ajonjolí**
**450 g de filete de carne de vaca, que se le ha quitado la grasa**
**2 1/2 cucharadas de aceite vegetal**
**1 diente de ajo**
**1/4 cucharadita de polvos chinos de cinco especies**
**2 cebollas pequeñas, cortadas en secciones con forma de cuña**
**1 pimiento verde, rebanado fino**
**1 pimiento morrón, rebanado fino**
**225 g de fideos finos de huevo al estilo chino, cocidos y estilados (optativo)**

1. Colocar los champiñones en una fuente mediana; agregar suficiente agua tibia como para cubrir los champiñones completamente. Dejar reposar 30 minutos; estilar.

2. Exprimir el agua sobrante de los champiñones. Sacar y desechar los tallos. Rebanar los sombreretes en tiras delgadas.

3. Mezclar la maizena, gránulos de caldo, 6 cl de agua adicional, salsa de soja y aceite de ajonjolí, en un recipiente pequeño; mezclar bien. Reservar.

4. Cortar la carne en tiras delgadas, cada una de alrededor de 2,5 cm de largo.

5. Calentar el aceite vegetal en un wok o sartén grande a fuego fuerte. Agregar el ajo y los polvos de cinco especies; sofreír 15 segundos.

6. Añadir la carne al wok; sofreír, unos 5 minutos hasta que dore. Agregar las cebollas; sofreír 2 minutos. Agregar los champiñones y pimientos; sofreír hasta que los pimientos estén tiernos y no demasiado hechos, unos 2 minutos.

7. Revolver la mezcla de la maizena; añadirla al wok. Cocer revolviendo hasta que hierva y se espese el líquido. Servir encima de fideos cocidos calientes.

*Las cantidades indicadas hacen platos para 4 personas*

2º paso. Se sacan los tallos de los champiñones.

4º paso. Se corta la carne.

6º paso. Los champiñones y pimientos se agregan al wok.

Platos principales • CHINO 215

# Carne desmenuzada de cerdo con cebollas

1/2 cucharadita de granos de pimienta de Szechuán
1 cucharadita de maizena
4 cucharaditas de salsa de soja, por partes
4 cucharaditas de jerez seco, por partes
7 1/2 cucharaditas de aceite vegetal, por partes
225 g de carne magra de cerdo sin huesos
2 cucharaditas de vinagre de vino tinto
1/2 cucharadita de azúcar
2 dientes de ajo, molidos
1/2 cebolla amarilla pequeña, cortada en rodajas de 6 mm
8 cebollines con hojas, cortados en pedazos de 5 cm
1/2 cucharadita de aceite de ajonjolí

1. Para la marinada, colocar los granos de pimienta en un sartén pequeño. Calentar a fuego medio-bajo, sacudiendo el sartén con frecuencia, hasta que estén olorosos, unos 2 minutos. Dejar que se enfríen.

2. Triturar los granos de pimienta * con mano y mortero (o colocarlos entre hojas de papel de cocina y triturar con un martillo).

3. Trasladar los granos de pimienta a una fuente mediana. Añadir la maizena, 2 cucharaditas de salsa de soja, 2 cucharaditas de jerez y 1 1/2 cucharaditas de aceite vegetal; mezclar bien.

4. Cortar la carne en lonjas de 3 mm de grosor; dividir en pedazos de 5 x 1,5 cm. Meter en la marinada; revolver para recubrir bien. Tapar y refrigerar 30 minutos, revolviendo de vez en cuando.

5. Ligar las 2 cucharaditas restantes de salsa de soja, 2 cucharaditas de jerez, vinagre y azúcar en un recipiente pequeño; mezclar bien.

6. Calentar las 6 cucharaditas restantes de aceite vegetal en un wok o sartén grande a fuego fuerte. Añadir el ajo y revolver. Agregar la mezcla de la carne; sofreír hasta que no se vea rosada en el medio, unos 2 minutos. Añadir la cebolla amarilla; sofreír 1 minuto. Añadir las cebollines; sofreír 30 segundos.

7. Agregar la mezcla de salsa de soja y vinagre; cocer, revolviendo 30 segundos. Añadir el aceite de ajonjolí y revolver.
*Las cantidades indicadas hacen platos para 2 a 3 personas*

*Los granos de pimienta de Szechuán son más fuertes de lo que parecen. Use guantes de goma o plástico cuando los triture y evite que sus ojos y sus labios tomen contacto con ellos cuando los esté preparando.

2º paso. Se trituran los granos de pimienta.

4º paso. Se mete la carne en la marinada.

6º paso. Se añaden las cebollines al wok.

*Platos principales* • CHINO 217

# Pollo y espárragos con salsa de frijoles negros

**5 cucharaditas de maizena, por partes**
**4 cucharaditas de salsa de soja, por partes**
**1 cucharada de jerez seco**
**1 cucharada de aceite de ajonjolí**
**3 mitades de pechuga de pollo deshuesada y despellejada, cortada en pedazos para comer de un solo bocado**
**1 cucharada de frijoles negros fermentados y salados**
**1 cucharadita de jengibre fresco molido**
**1 diente de ajo molido**
**12 cl de caldo de pollo**
**1 cucharada de salsa de ostras**
**1 cebolla amarilla mediana**
**3 cucharadas de aceite vegetal, por partes**
**450 g de espárragos frescos, arreglados y cortados en diagonal en pedazos de 2,5 cm**
**2 cucharadas de agua**
**Hojas frescas de cilantro para adorno**

1. Ligar 2 cucharaditas de maizena, 2 cucharaditas de salsa de soja, jerez y aceite ajonjolí en una fuente grande; mezclar bien. Agregar el pollo; revolver para recubrir bien. Dejar reposar 30 minutos.

2. Colocar los frijoles en un colador; enjuagar bajo la llave de agua fría. Picar finos los frijoles. Ligar con el jengibre y el ajo; reservar.

3. Ligar las 3 cucharaditas restantes de maizena, las 2 cucharaditas restantes de salsa de soja, el caldo de pollo y la salsa de ostras en un recipiente pequeño; mezclar bien. Reservar.

4. Pelar la cebolla; cortar en 8 secciones en forma de cuña. Separar las secciones y reservar.

5. Calentar 2 cucharadas de aceite vegetal en un wok o sartén grande a fuego fuerte. Añadir la mezcla del pollo; sofreír hasta que el pollo ya no se vea rosado en el medio, unos 3 minutos. Sacar del wok; reservar.

6. En el wok calentar la cucharada restante de aceite vegetal. Agregar la cebolla y los espárragos; sofreír 30 segundos.

7. Agregar el agua; tapar. Cocer, revolviendo de vez en cuando, hasta que los espárragos estén tiernos y no demasiado hechos, unos 2 minutos. Volver a colocar el pollo en el wok.

8. Revolver la mezcla del caldo de pollo; agregarlo al wok junto a la mezcla de los frijoles. Cocer hasta que hierva y se espese la salsa, revolviendo constantemente. Adornar, si se quiere.

*Las cantidades indicadas hacen platos para 3 a 4 personas*

4º paso. Se separan las secciones de cebolla en forma de cuña.

6º paso. Se sofríen la cebolla y los espárragos.

CHINO • *Platos principales*

Platos principales • CHINO

# Pollo con almendras

**2 1/2 cucharadas de maizena, por partes**
**37 cl de agua**
**4 cucharadas de jerez seco, por partes**
**4 cucharaditas de salsa de soja**
**1 cucharadita de gránulos instantáneos de pollo**
**1 clara de huevo**
**1/2 cucharadita de sal**
**4 pechugas enteras de pollo deshuesadas y despellejadas, cortadas en pedazos de 2,5 cm**
**Aceite vegetal para freír**
**90 g de almendras enteras escaldadas**
**1 zanahoria grande, picada fina**
**1 cucharadita de jengibre fresco molido**
**6 cebollines con hojas, picados en pedazos de 2,5 cm**
**3 ramas de apio, cortadas en diagonal en pedazos de 1,5 cm**
**125 g de brotes de bambú rebanados, estilados.**
**8 champiñones frescos, rebanados**
**Fideos fritos (página 234), optativo**
**Palitos de zanahoria y hojas de cilantro fresco para adorno**

1. Ligar 1 1/2 cucharadas de maizena, agua, 2 cucharadas de jerez, salsa de soja y gránulos de caldo en una olla pequeña. Cocer y revolver a fuego medio hasta que hierva y se espese la mezcla, unos 5 minutos; mantenerla caliente.

2. Batir la clara de huevo en una fuente mediana hasta que esté espumosa.

3. Añadir la cucharada restante de maizena, 2 cucharadas de jerez y sal a la clara de huevo; mezclar bien. Agregar los pedazos de pollo; revolver para recubrir bien.

4. En un wok o sartén grande, calentar a fuego fuerte unas 5 cm de aceite hasta llegar a 190°C. Añadir 1/3 de pedazos de pollo, 1 a la vez; freír, 3 a 5 minutos, hasta que estos pedazos ya no se vean rosados en el medio. Estilar los pedazos de pollo sobre papel de cocina. Hacer lo mismo con el pollo restante.

5. Sacar del wok todo el aceite a excepción de 2 cucharadas. Agregar las almendras; sofreír hasta que se doren, unos 2 minutos. Sacar las almendras del wok; reservar.

6. Añadir al wok la zanahoria y el jengibre; sofreír por espacio de 1 minuto. Agregar los cebollines, apio, brotes de bambú y champiñones; sofreír hasta que el apio esté tierno y no demasiado hecho, unos 3 minutos. Agregar la mezcla del pollo, almendras y maizena y revolver; rehogar, revolviendo hasta que esté bien caliente. Servir con fideos fritos y adornar, si se quiere.

*Las cantidades indicadas hacen platos para 4 a 6 personas*

1º paso. Se cuece la salsa.

2º paso. Se bate la clara de huevo.

4º paso. Se fríe el pollo.

## Pollo chow mein

**Fideos fritos (página 234)**
**2 pechugas enteras de pollo**
**225 g de carne magra de cerdo sin huesos**
**3 cucharaditas de maizena, por partes**
**2 1/2 cucharadas de jerez seco, por partes**
**2 cucharadas de salsa de soja, por partes**
**12 cl de agua**
**2 cucharaditas de gránulos instantáneos de caldo de pollo**
**2 cucharadas de aceite vegetal**
**1 pedazo de jengibre fresco (de 2,5 cm cuadrada), pelado y picado fino**
**1 diente de ajo**
**225 g de langostinos descascarados y que se lea ha quitado la vena**
**2 cebollas amarillas medianas, picadas**
**1 pimiento verde o morrón, cortad en rodajas delgadas**
**2 ramas de apio, cortado en diagonal en pedazos de 2,5 cm**
**8 cebollines con hojas, picados**
**120 g de repollo (1/4 de una cabeza pequeña), rallado**

1. Preparar los fideos fritos; reservar.

2. Despellejar y deshuesar las pechugas de pollo.

3. Cortar el pollo y la carne de cerdo en pedazos de 2,5 cm.

4. En una fuente grande ligar 1 cucharadita de maizena, 1 1/2 cucharaditas de jerez y 1 1/2 cucharaditas de salsa de soja. Agregar el pollo y la carne de cerdo; revolver para recubrir bien. Tapar y refrigerar 1 hora.

5. Ligar las 2 cucharaditas restantes de maizena, 2 cucharadas de jerez, 1 1/2 cucharadas de salsa de soja, agua y gránulos de caldo en un recipiente pequeño; reservar.

6. En un wok o sartén grande, calentar el aceite a fuego fuerte. Agregar el jengibre y el ajo; sofreír 1 minuto. Añadir el pollo y la carne de cerdo; sofreír hasta que ya no se vean rosados en el medio, unos 5 minutos. Agregar los langostinos y sofreír hasta que se pongan rosados, unos 3 minutos.

7. Colocar las hortalizas en el wok; sofreír hasta que estén tiernas y no demasiado hechas, 3 a 5 minutos. Agregar la mezcla del caldo con salsa de soja. Cocer y revolver hasta que la salsa hierva y se espese; cocer y revolver un minuto más.

8. Disponer los fideos fritos en una fuente para servir; colocar la mezcla del pollo encima.

*Las cantidades indicadas hacen platos para 6 personas*

2º paso. Se sacan los huesos del pollo.

3º paso. Se corta el pollo y la carne de cerdo.

6º paso. Se sofríe la mezcla de langostinos y pollo.

Platos Principales • CHINO    223

# Fideos lo mein con langostinos

360 g de fideos de huevo o fideos finos de huevo, estilo chino
2 cucharaditas de aceite de ajonjolí
Cebollino chino*
1 1/2 cucharadas de salsa de ostras
1 1/2 cucharadas de salsa de soja
1/2 cucharadita de azúcar
1/4 cucharadita de sal
1/4 cucharadita de pimienta blanca o negra molida
2 cucharadas de aceite vegetal
1 cucharadita de jengibre fresco molido
1 diente de ajo, molido
225 g de langostinos medianos, descascarados y que se les ha sacado la vena
1 cucharada de jerez seco
225 g de brotes de soja

*O bien, por el cebollino chino sustituir 1/4 taza de cebollino local cortado en pedazos de 2,5 cm y 2 cebollincs con hojas, cortadas en pedazos de 2,5 cm.

1. Agregar los fideos al agua hirviendo; cocer de acuerdo a las indicaciones del paquete hasta que estén hechos pero todavía firmes, 2 a 3 minutos.

2. Estilar los fideos; enjuagar bajo la llave de agua fría. Estilar de nuevo.

3. Ligar los fideos y el aceite de ajonjolí en una fuente grande; revolver suavemente para recubrir.

4. Cortar suficiente cebollino en pedazos de 2,5 cm para dar 75 g; reservar.

5. Ligar la salsa de ostras, salsa de soja, azúcar, sal y pimienta en un recipiente pequeño.

6. Calentar el aceite vegetal en un wok o sartén grande a fuego fuerte. Añadir el jengibre y el ajo; sofreír 10 segundos. Agregar los langostinos; sofreír, por un minuto, hasta que los langostinos se tornen rosados. Agregar el cebollino y el jerez; sofreír, unos 15 segundos, hasta que el cebollino afloje. Añadir la 1/2 de los brotes de soja; sofreír por 15 segundos. Agregar los demás brotes de soja; sofreír 15 segundos.

7. Agregar la mezcla de la salsa de ostras y fideos. Cocer y revolver, unos 2 minutos, hasta que esté todo bien caliente.
*Las cantidades indicadas hacen platos para 4 personas*

1º paso. Se agregan los fideos al agua hirviendo.

2º paso. Se enjuagan los fideos preparados.

4º paso. Se pica el cebollino.

# Enrollados de pescado con salsa de cangrejo

**450 g de filetes de lenguado, de 6 a 9 mm de grosor (unas 120 g cada uno)**
**1 cucharada de jerez seco**
**2 cucharaditas de aceite de ajonjolí**
**1 cebollín con hojas, picado fino**
**1 cucharadita de jengibre fresco molido**
**1/2 cucharadita de sal**
**Pizca de pimienta blanca molida**

## Salsa de cangrejo

**1 1/2 cucharadas de maizena**
**2 cucharadas de agua**
**1 cucharada de aceite vegetal**
**1 cucharadita de jengibre fresco molido**
**2 cebollines con hojas, picados finos**
**1 cucharada de jerez seco**
**180 g de carne fresca de cangrejo, desmenuzada**
**31 cl de caldo de pollo**
**6 cl de leche**
**Rodajas de pepino rayado,\* pedazos de limón en forma de cuña y hojas frescas de estragón para adornar**

*Para rayar el pepino, pasar los dientes de un tenedor a lo largo de los lados del pepino antes de cortarlo.

1. Si son grandes los filetes, cortarlos en forma transversal por la mitad (cada pedazo debe medir 12,5 x 15 cm de largo).

2. Ligar 1 cucharada de jerez, el aceite de ajonjolí, cebollín picado, 1 cucharadita de jengibre, sal y pimienta blanca en un recipiente pequeño. Con un cepillo untar cada pedazo de pescado con la mezcla del jerez; dejar reposar 30 minutos.

3. Doblar el pescado en tres; colocar en una fuente refractaria con orilla que pueda caber dentro de una vaporera.

4. Poner el plato sobre la rejilla de la vaporera; tapar la vaporera. Cocer al vapor sobre agua hirviendo hasta que el pescado se ponga opaco y se deshaga fácilmente con un tenedor, 8 a 10 minutos. Mientras tanto, ligar la maizena y el agua en una taza pequeña.

5. Calentar el aceite vegetal en una olla de 2 litros a fuego medio. Añadir 1 cucharadita de jengibre; cocer y revolver 10 segundos. Agregar los cebollines picados, 1 cucharada de jerez y la carne de cangrejo; sofreír 1 minuto. Añadir el caldo de pollo y la leche; llevar al punto de ebullición. Revolver la mezcla de la maizena; agregarlo a la olla. Cocer, revolviendo constantemente, hasta que hierva la salsa y se espese un poco.

6. Con espumadera trasladar el pescado a una fuente para servir; colocar la salsa de cangrejo encima. Adornar, si se quiere.

*Las cantidades indicadas hacen platos para 4 a 6 personas*

2º paso. Con un cepillo se unta el pescado con la mezcla del jerez.

3º paso. Se coloca el pescado en un plato con orilla.

4º paso. Se coloca el pescado en la vaporera.

CHINO • *Platos principales*

Platos principales • CHINO 227

# Queso de soja Ma Po

**1 cucharada de granos de pimienta de Szechuán (optativo)**
**360 a 420 g de queso de soja, estilado**
**17 cl de caldo de pollo**
**1 cucharada de salsa de soja**
**1 cucharada de jerez seco**
**1 1/2 cucharadas de maizena**
**3 cucharadas de agua**
**2 cucharadas de aceite vegetal**
**120 g de carne de cerdo molida**
**2 cucharaditas de jengibre fresco molido**
**2 dientes de ajo, molidos**
**1 cucharada de salsa picante de frijoles**
**2 cebollines con hojas, picados finos**
**1 cucharadita de aceite de ajonjolí**
**Cebollino fresco para adornar**

1. Poner los granos de pimienta de Szechuán en un sartén pequeño y en seco. Calentar, unos dos minutos, a fuego medio-bajo, sacudiendo el sartén con frecuencia, hasta coger aroma. Dejar que se enfríen.

2. Colocar los granos de pimienta\* entre hojas de papel de cocina y triturar con un martillo. Reservar.

3. Cortar el queso de soja en cubitos de 1,5 cm. Reservar.

4. Ligar el caldo de pollo, la salsa de soja y el jerez en un recipiente pequeño; reservar. Ligar la maizena y el agua en una taza pequeña; mezclar bien. Reservar.

5. En un wok o sartén grande calentar el aceite vegetal a fuego fuerte. Agregar la carne; freír, unos 2 minutos, hasta que ya no se vea rosado, revolviendo de vez en cuando. Agregar el jengibre, el ajo y la salsa picante de frijoles,. Sofreír 1 minuto.

6. Agregar la mezcla del caldo de pollo y el queso de soja; hervir a fuego lento, sin tapar, 5 minutos. Agregar los cebollines y revolver. Revolver la mezcla de la maizena; añadirlo al wok. Revolviendo constantemente, cocer hasta que la salsa hierva y se espese un poco. Añadir el aceite de ajonjolí y revolver. Espolvorear con los granos de pimienta molidos y adornar, si se quiere.
*Las cantidades indicadas hacen platos para 3 a 4 personas*

\*Los granos de pimienta de Szechuán son más potentes de lo que parecen. Use guantes de goma o plástico cuando los tritura y no se toque los ojos ni los labios cuando está trabajando con ellos.

1º paso. Se calientan los granos de pimienta.

2º paso. Se trituran los granos de pimienta.

3º paso. Se corta el queso de soja en cubitos.

*Platos principales* • CHINO

# Calabacines al estilo de Shanghai

4 champiñones secos
Agua
1 tomate grande
12 cl de caldo de pollo
2 cucharadas de salsa de tomate
2 cucharaditas de salsa de soja
1 cucharadita de jerez seco
1/4 cucharadita de azúcar
1/8 cucharadita de sal
1 cucharadita de vinagre de vino tinto
1 cucharadita de maizena
2 cucharadas de aceite vegetal, por partes
1 cucharadita de jengibre fresco molido
1 diente de ajo molido
1 cebollín con hojas, finamente picado
450 g de calabacines, cortados en pedazos diagonales de 2,5 cm
1/2 cebolla amarilla pequeña, cortada en pedazos en forma de cuña y separados

1. Poner los champiñones en un recipiente pequeño; agregar suficiente agua tibia para cubrir los champiñones completamente. Dejar reposar 30 minutos. Estilar, reservando 6 cl del líquido. Exprimir para sacar el agua sobrante.

2. Sacar los tallos de los champiñones y desecharlos. Cortar los sombreretes en rebanadas finas.

3. Para aflojar la piel del tomate, sumergirlo en una olla pequeña con agua hirviendo. Dejar reposar 30 a 45 segundos. Enjuagar inmediatamente bajo la llave de agua fría. Pelar el tomate con cuidado.

4. Cortar el tomate por la mitad. Sacar el tallo y las semillas; desechar.

5. Picar grueso el tomate; reservar.

6. Ligar 6 cl de líquido de los champiñones que se reservó, el caldo de pollo, salsa de tomate, salsa de soja, jerez, azúcar, sal y vinagre en un recipiente pequeño; reservar.

7. Ligar la maizena y 1 cucharadas de agua en una taza pequeña; mezclar bien. Reservar.

8. Calentar 1 cucharada de aceite en un wok o sartén grande a fuego medio. Agregar el jengibre y ajo; sofreír 10 segundos. Agregar los champiñones, tomate y cebollín; sofreír 10 segundos. Agregar la mezcla del caldo de pollo, y revolver. Llevar al punto de ebullición. Bajar a fuego lento; hervir a fuego lento 10 minutos, revolviendo de vez en cuando. Sacar del wok; reservar.

9. Añadir la cucharada restante de aceite al wok; calentar a fuego medio-alto. Introducir los calabacines y la cebolla amarilla; sofreír 30 segundos. Agregar 3 cucharadas de agua; tapar. Cocer, revolviendo de vez en cuando, hasta que las hortalizas se encuentren tiernas y no demasiado hechas, 3 a 4 minutos. Revolver la mezcla de la maizena. Agregarla al wok con la mezcla de los champiñones. Cocer y revolver hasta que hierva y se espese la salsa.
*Las cantidades indicadas hacen platos para 4 a 6 personas*

3º paso. Se pela el tomate.

4º paso. Se sacan las semillas del tomate.

# Arroz frito

75 cl de agua
1 1/2 cucharaditas de sal
340 g de arroz de grano largo, sin cocer
4 lonjas de tocino sin cocer, picado
3 huevos
1/8 cucharadita de pimienta
9 cucharaditas de aceite vegetal, por partes
2 cucharaditas de jengibre fresco molido
225 g de carne de cerdo hecha a la parrilla (página 206), cortada en tiras delgadas
225 g de langostinos descascarados sin vena, cocidos y picados gruesos
8 cebollín con hojas, picado fino
1 a 2 cucharadas de salsa de soja
Hojas frescas de perifollo para adorno

1. Ligar el agua y la sal en una olla de 3 litros; tapar. Llevar al punto de ebullición a fuego medio-alto. Añadir el arroz y revolver. Bajar a fuego lento; tapar. Hervir, 15 a 20 minutos a fuego lento hasta que el arroz se vea tierno; estilar.

2. Freír el tocino en un wok o sartén grande a fuego medio, revolviendo frecuentemente, hasta que esté crujiente; estilar.

3. Sacar del wok toda la grasa y jugo del tocino, a excepción de 1 cucharada.

4. Batir los huevos con la pimienta en un recipiente pequeño. Verter 1/3 de la mezcla del huevo en el wok, inclinando un poco el wok para que cubra el fondo.

5. Rehogar, 1 a 2 minutos, hasta que se cuajen los huevos. Sacar del wok.

6. Enrollar la tortilla; cortar en tiras delgadas.

7. Verter 1 1/2 cucharaditas de aceite al wok. Añadir la 1/2 de la mezcla de huevos restante, inclinando el wok para cubrir el fondo. Freír hasta que se cuajen los huevos. Sacar del wok; enrollar y cortar en tiras delgadas. hacer lo mismo con otras 1 1/2 cucharaditas de aceite y los huevos restantes.

8. Calentar a fuego medio-alto las 6 cucharaditas restantes de aceite en el wok. Agregar el jengibre; sofreír 1 minuto. Agregar el arroz; rehogar 5 minutos, revolviendo frecuentemente. Agregar las tiras de tortilla, tocino, carne de cerdo hecha a la parrilla, langostinos, cebollines, y salsa de soja. Cocer y revolver hasta que esté bien caliente. Adornar, si se quiere.

*Las cantidades indicadas hacen platos para 6 a 8 personas*

2º paso. Se fríe el tocino.

4º paso. Se inclina el wok para cubrir el fondo con la mezcla de los huevos.

6º paso. Se corta la tortilla en trozos delgados.

## Fideos fritos

**225 g de fideos de huevo finos al estilo chino**
**Aceite vegetal para freír**

1. Cocer los fideos de acuerdo a las indicaciones del paquete hasta que estén tiernos pero todavía firmes, 2 a 3 minutos; estilar. Enjuagar bajo la llave de agua fría; estilar de nuevo.

2. Colocar varias capas de papel de cocina sobre bandejas o chapas de horno. Extender los fideos sobre las hojas de papel de cocina; dejarlos secar 2 a 3 horas.

3. Calentar unas 5 cm de aceite en un wok o sartén grande a fuego medio a 190°C. Con espumadera o tenazas, sumergir una pequeña cantidad de fideos en el aceite caliente. Freír, unos 30 segundos, hasta que los fideos estén dorados.

4. Estilar los fideos sobre papel de cocina. Hacer lo mismo con los fideos restantes.
*Las cantidades indicadas hacen platos para 4 personas*

3º paso. Se fríen los fideos.

4º paso. Se estilan los fideos fritos.

## Arroz cocido al vapor

**240 g de arroz de grano largo sin cocer**
**50 cl de agua**
**1 cucharada de aceite**
**1 cucharadita de sal**

1. Poner el arroz en el colador; enjuagar bajo la llave de agua fría para eliminar el almidón sobrante. En una olla mediana juntar el arroz, 50 cl de agua, aceite y sal.

2. Cocer a fuego medio-alto hasta que el agua rompa a hervir. Bajar a fuego lento; tapar. Hervir, 15 a 20 minutos a fuego lento hasta que el arroz se vea tierno. Sacar del fuego; dejar reposar 5 minutos. Destapar; revolver el arroz suavemente con un tenedor para que se separen los granos.
*Las cantidades indicadas hacen 720 g de arroz*

2º paso. Se revuelve suavemente el arroz para separar los granos.

CHINO • *Acompañamientos*

# Vermicelli

**225 g de vemicelli chino de arroz o fideos finos de soja**
**Aceite vegetal para freír**

1. Cortar por la mitad un haz de vermicelli. Separar cada mitad cuidadosmente en pequeños manojos.

2. Calentar alrededor de 5 cm de aceite en un wok o sartén grande a fuego medio-alto a 190°C. Con espumaders o tenazas, introducir un pequeño manojo de vermicelli en el aceite caliente.

3. Freír hasta que el vermicelli suba a la superficie, 3 a 5 segundos y sacar inmediatamente.

4. Estilar el vermicelli sobre papel de cocina. Repetir con el vemicelli que queda.

*Para unas 4 personas*

1° paso. Se separa el vermicelli.

2° paso. Se agregar el vermicelli al aceite caliente.

3° paso. Se fríe el vermicelli.

*Acompañamientos* • CHINO

**238** APUNTES DE CURSO

**240** APERITIVOS Y SOPAS

**250** PASTAS

**264** PLATOS PRINCIPALES

**274** GUARNICIONES

Ravioles de cuatro carnes *(página 255)*

# APUNTES DE CURSO

La cocina italiana, desde el conocido plato de tallarines con albóndigas, hasta los más diversos como el tortellini en salsa bechamel y la marinara de mariscos, se ha convertido, en gran parte del mundo, en la cocina predilecta de la última década. De hecho, en Estados Unidos se come más de 4 billones de libras de pasta cada año. Esto da una media de más de 7,6 k por persona. La pasta goza de más popularidad que nunca, y ¡se ofrece en más de 150 formas diferentes!

Pero obviamente la comida italiana es más que solamente pasta. Una verdadera comida italiana se diferencia muchísimo del gran plato único de pasta que muchos de nosotros asociamos con la comida italiana. En Italia, hay una serie de platos, y no el plato único. Antipasto, que traducido en forma literal significa "antes de la pasta", es el plato de los aperitivos y puede servirse caliente como también frío. A veces una sopa sigue o sustituye el antipasto. El próximo plato - I Primi o primer plato - generalmente consiste en pasta. I Secondi, que es el segundo plato, se caracteriza por tener carne, aves o pescado. A veces se combinan los platos de pasta y carne. El plato de la ensalada o Insalata se sirve después de la parte principal de la comida para estimular un apetito flojo. I Dolci, que se traduce como "los dulces", es el postre y generalmente se sirve con un café expreso o capuchino.

Las recetas de esta sección incluyen muchos platos italianos tradicionales y ponen de manifiesto la variedad de esta deliciosa cocina.

## COCCION DE LA PASTA

**Pasta seca:** por cada libra [450 g] de pasta seca, ponga a hervir fuertemente 4 a 6 litros de agua. Agregar 2 cucharaditas de sal, si se quiere. Agregar la pasta poco a poco, dejando que el agua vuelva a hervir. El agua hirviendo ayuda a hacer circular la pasta de tal manera que se cocerá uniformemente. Revolver con frecuencia para impedir que la pasta se apelmace. Empezar a comprobar si está hecha después de 5 minutos de cocción. La pasta que está "al dente" - que quiere decir "al diente" - está tierna, pero conservando su forma. Hay que estilar la pasta apenas esté hecha para detener la cocción y ayudar a que no se exceda la cocción. Para mayor éxito, mezclar la pasta con la salsa inmediatamente después de estilar y servir dentro de pocos minutos. Si la salsa no está lista, mezclar la pasta con un poco de mantequilla o aceite para que no se apelmace. La pastas seca sin cocer se puede guardar casi indefinidamente en un lugar frío y seco.

**Pasta fresca:** La pasta hecha en casa toma menos tiempo para su cocción que la pasta seca. Cocer la pasta fresca de la misma manera que la seca, aunque hay que probar si está cocida después de 2 minutos. Muchas recetas en esta sección le enseñan cómo hacer pasta casera. Es divertido y fácil hacer pasta, pero cuando falta el tiempo, la pasta seca lo puede sustituir perfectamente. Lo importante es que nunca se exceda la cocción de la pasta. La pasta fresca dura varias semanas en el refrigerador o puede congelarse por un máximo de 1 mes.

## EQUIPO

**Tabla de amasar:** Una tabla hecha de mármol o granito se presta bien para usar cuando se estira la masa porque es lisa y se mantiene fría. También se puede usar la encimera espolvoreada con harina o tabla acrílica.

**Máquina de hacer pasta:** Las máquinas de hacer pasta con rodillos para girar en forma manual son muy útiles para amasar y aplanar la masa de la pasta. Dispositivos para cortar (se incluyen generalmente los de fettucine y cabello de ángel) ayudan a cortar la pasta uniformemente. Las máquinas eléctricas también mezclan la masa: sin embargo, esta pasta generalmente carece de la resistencia de la masa trabajada a mano, y las máquinas mismas son caras. También se incluyen en esta publicación los métodos de hacer pasta a mano.

**Rebordeador para masa:** Es una rueda derecha o festoneada con asa que aligera el proceso de cortar la masa o formas de pasta, tales como las ravioles. Se puede sustituir con un cuchillo funcional afilado o cortador de pizza.

## INGREDIENTES ITALIANOS

Generalmente se pueden conseguir estos ingredientes en los abastos italianos. Muchos de ellos se pueden hallar en los supermercados y tiendas especializadas de gourmet.

**Arroz Arborio:** Es un tipo de arroz de grano corto que se cultiva en Italia y tiene el grano grande y gordo con un delicioso sabor a frutos secos. Tradicionalmente se usa el arroz Arborio para los platos de risotto porque su elevado contenido de almidón da una textura cremosa y puede absorber más líquido que el arroz regular o de grano largo.

**Frijoles tipo Cannellini:** Son frijoles italianos blancos y grandes en forma de riñón que se consiguen tanto enlatadas como secas. Los frijoles secos tienen que remojarse en agua por varias horas o de un día para otro para rehidratarlos antes de cocerlos; los frijoles enlatados deben lavarse y estilarse para refrescarlos. Los frijoles tipo Cannellini se usan frecuentemente en sopas italianas tales como el menestrón. Se pueden reemplazar por frijoles blancos.

**Alcaparras:** Son los capullos de una mata nativa del Mediterráneo. Se secan los capullos al sol, luego se conservan en salmuera con vinagre. Antes de usarlas, hay que enjuagar y estilar las alcaparras para sacar la sal sobrante.

**Berenjena:** Es familia del tomate, y en realidad se trata de una fruta, aunque generalmente se le considera una hortaliza. Las berenjenas se consiguen en sus diferentes formas y tamaños y su color puede variar de morado oscuro a marfil cremoso. No obstante, estas variedades tienen un sabor parecido y hay que ponerles sal para eliminar su gusto amargo. Elija berenjenas firmes, sin manchas, con piel lisa y brillosa. Deben dar la sensación de ser pesadas para el tamaño que tienen. Guárdelas en un lugar frío y seco y prepárelas dentro de uno o dos días de haberlas comprado. No las corte por adelantado porque la pulpa se mancha rápidamente.

**Hinojo:** Es una verdura con sabor a anís y forma de bulbo, con tallos como el apio y hojas delicadas. Se puede comer tanto la base como los tallos crudos en ensaladas o salteadas, y las semillas y hojas se pueden usar para aliñar los alimentos.

**Tomates pera italianos:** Es un tomate sabroso que tiene forma de huevo; se consigue en variedades de color rojo como también amarillo. Al igual que otros tomates, se estropean muy fácilmente. Elija tomates firmes, aromáticos y sin manchas. Se los tomates maduros se deben guardar a temperatura ambiente y deben ser ocupados dentro de pocos días. Los tomates enlatados pueden sustituir perfectamente los frescos cuando éstos no son de la temporada.

**Aceite de oliva:** Es un aceite que se extrae de las aceitunas que se maduran en la mata y se usa tanto para las ensaladas como para cocer. Se clasifican los aceites de oliva de acuerdo a su grado de acidez. Los mejores aceites se prensan al frío y exhiben un bajo nivel de acidez. El grado más elevado es el aceite de oliva extra virgen, que exhibe un máximo de 1 por ciento de acidez. El aceite de oliva virgen tiene un nivel de acidez de hasta un 3 1/2 por ciento, y el aceite de oliva puro es una mezcla del aceite de oliva virgen y el de residuo refinado. El aceite de oliva no mejora con la edad; si se expone al aire o al calor se vuelve rancio. Guarde el aceite de oliva en un lugar frío y oscuro por un máximo de 6 meses o refrigerar por un máximo de 1 año. El aceite de oliva se pone turbio cuando se enfría; lleve el aceite de oliva a temperatura ambiente antes de ocuparlo.

**Queso parmesano:** Es un queso duro y seco que se hace de leche de vaca descremada. Este queso es de color amarillo claro por dentro, y tiene un sabor sabroso y fuerte. El queso italiano importado Parmigiano-Reggiano ha sido madurado por lo menos dos años, en tanto el producto doméstico se madura solamente 14 meses. El queso parmesano se usa principalmente para rallar. Aunque se puede conseguir queso ya rallado, no tiene comparación con el recién rallado. Guardar trozos de queso parmesano envueltos en plástico, sin apretar, y refrigerar por un máximo de 1 semana. Refrigerar el queso parmesano recién rallado en un envase hermético por un máximo de 1 semana.

**Piñones:** Estos frutos secos se encuentran dentro de las piñas. los piñones italianos provienen del pino real. Los piñones tienen un sabor suave y delicado y son bien conocidos como ingrediente de la salsa clásica, el pesto italiano. Guárdelos en un envase hermético en el refrigerador por un máximo de 9 meses.

**Prosciutto:** Palabra italiana que significa "jamón", el prosciutto viene aliñado, curado con sal y secado al aire (no ahumado). Aunque a veces se puede conseguir el jamón de Parma importado en algunas partes, se puede sustituir perfectamente con el prosciutto norteamericano. Se suele vender en trozos muy delgados y se come como entrada con rebanadas de melón e higos. También se puede agregar a última hora a los alimentos cocidos, tales como pastas y verduras y legumbres. Envolver bien apretado y refrigerar las lonjas por un máximo de 3 días o congelar por un máximo de 1 mes.

**Radicchio:** Usada principalmente como verdura para ensaladas, esta endivia italiana tiene hojas de color burdeos con nervios blancos y sabor un poco amargo. Elija cabezas frescas sin señales de manchas color café; refrigerar en una bolsa plástica por un máximo de 1 semana. También se preparar a la parrilla, salteada o asada.

**Queso Ricotta:** Es un queso blanco, húmedo, de sabor levemente dulce. Es sabroso, fresco, y un poco fibroso, pero más suave que el requesón. Ricotta, que traducido significa "vuelto a cocer", se hace calentando el suero de otro queso cocido, tal como el mozzarella o el provolone. Se usa el queso Ricotta a menudo en la lasaña y el manicotti. El requesón sirve perfectamente para sustituirlo, pero da un resultado más cremoso. Cuando compre queso, revise la fecha de vencimiento; guárdelo en el refrigerador, envuelto con firmeza.

# Canapés venecianos

**12 rebanadas de pan blanco firme**
**5 cucharadas de mantequilla o margarina, por partes**
**2 cucharadas de harina**
**12 cl de leche**
**90 g de champiñones frescos (alrededor de 9 si son medianos), picados finos**
**6 cucharadas de queso parmesano rallado, por partes**
**2 cucharaditas de pasta de anchoas**
**1/4 cucharadita de sal**
**1/8 cucharadita de pimienta negra**
**Rebanadas de aceitunas verdes y negras, tiras de pimientos morrones y verdes, y filetes de anchoa enrollados para adornar**

1. Precalentar el horno a 180°C. Con un cortador de 5 cm recortar círculos de las rebanadas de pan. derretir 3 cucharadas de mantequilla en una olla pequeña. Untar levemente con mantequilla ambos lados de los círculos de pan. Hornear los círculos de pan en una chapa de horno sin untar con manteca por 5 a 6 minutos cada lado hasta que se doren. Sacar y colocar en una rejilla metálica. Enfriar completamente. Aumentar la temperatura del horno a 220°C.

2. Derretir las 2 cucharadas de mantequilla restantes en la misma olla. Agregar la harina y revolver; cocer, revolviendo a fuego medio hasta que se vea espumosa. Añadir la leche y batir; cocer y revolver 1 minuto a hasta que se espese la salsa y se formen burbujas. (La salsa estará muy espesa.) Poner los champiñones en una fuente grande; añadir y revolver la salsa, 3 cucharadas de queso, pasta de anchoas, sal y pimienta negra hasta que se unan bien.

3. Extender una cucharadita colmada de la mezcla de los champiñones encima de cada tostada redonda; colocar sobre una chapa de horno sin untar con manteca. Espolvorear las 3 cucharadas restantes del queso encima de los canapés, distribuyendo la mezcla en partes iguales. Adornar, si se quiere.

4. Hornear 5 a 7 minutos hasta que se vean dorados encima. Servir calientes.
*Las cantidades indicadas hacen aperitivos para 8 a 10 personas (alrededor de 2 docenas)*

1º paso. Se untan los círculos de pan con mantequilla.

2º paso. Se agrega la salsa a los champiñones.

3º paso. Se distribuye la mezcla de champiñones sobre las tostadas circulares.

**ITALIANO** • *Aperitivos y sopas*

Aperitivos y sopas • ITALIANO

# Antipasto con champiñones marinados

Champiñones marinados según la receta (página 244)
4 cucharaditas de vinagre de vino tinto
1 diente de ajo molido
1/2 cucharadita de hojas de albahaca secas, machacadas
1/2 cucharadita de hojas secas de orégano, machacadas
Pizca grande de pimienta negra molida
6 cl de aceite de oliva
120 g de queso mozzarella, cortado en cubitos de 1,5 cm
120 g de jamón prosciutto o cocido, cortado en tiras delgadas
120 g de queso Provolone, cortado en palitos de 5 cm
1 jarro (285 g) de pimientos tipo pepperoncini, estilados
225 g de salame duro, rebanado delgado
2 jarros (de 180 g) de corazones de alcachofas marinados, estilados
1 lata (180 g) de aceitunas negras deshuesadas, estiladas
Hojas de lechuga (optativas)
Hojas frescas de albahaca y cebollino para adornar

1. Preparar los champiñones marinados; reservar.

2. En un recipiente pequeño ligar el vinagre, ajo, albahaca, orégano y pimienta negra. Añadir el aceite en un chorrillo constante, batiendo hasta que el aceite se haya unido bien. Agregar los cubitos de mozzarella; revolver para recubrirlos.

3. Marinar, tapado, en el refrigerador por un mínimo de 2 horas.

4. Envolver 1/2 de lonjas de prosciutto alrededor de los palitos de Provolone; enrollar por separado los demás palitos.

5. Estilar los cubitos de mozzarella; reservar la marinada.

6. Disponer los cubitos de mozzarella, palitos de Provolone envueltos en prosciutto, enrollados de prosciutto, champiñones marinados, pepperoncini, salame, corazones de alcachofa y aceitunas en una fuente para servir grande, si se quiere, con un lecho de lechuga.

7. Rociar la marinada reservada encima del pepperoncini, corazones de alcachofa y aceitunas. Adornar, si se quiere. Servir con tenedores pequeños o palillo de madera.

*Las cantidades indicadas hacen platos de aperitivos para 6 a 8 personas*

*sigue en la página 244*

2º paso. Se bate el aceite con la mezcla de vinagre.

4º paso. Se envuelve el prosciutto alrededor de los palitos de Provolone.

*ITALIANO • Aperitivos y sopas*

*Antipasto con champiñones marinados, continuación*

## Champiñones marinados

**3 cucharadas de jugo de limón
2 cucharadas de perejil fresco picado
1/2 cucharadita de sal
1/4 cucharadita de hojas de estragón secas, machacadas
Pizca grande de pimienta negra recién molida
12 cl de aceite de oliva
1 diente de ajo
225 g de champiñones frescos pequeños o medianos**

1. Para hacer la marinada, ligar el jugo de limón, perejil, sal, estragón y pimienta en una fuente mediana. Agregar el aceite en un chorrillo lento y constante, batiendo hasta que se encuentre bien mezclado el aceite.

2. Aplastar el ajo suavemente con el lado plano de un cuchillo de cocina o con un mazo.

3. Pinchar el ajo con un pequeño palillo de madera y añadirlo a la marinada.

4. Sacar los tallos de los champiñones; reservar para otro fin. Limpiar los sombreretes de los champiñones con un paño de cocina húmedo.

5. Agregar los champiñones a la marinada y mezclar bien. Marinar, tapado, en un refrigerador o por la noche, revolviendo de vez en cuando.

6. Para servir, sacar y desechar el ajo. Servir los champiñones en una bandeja para antipasto o como guarnición. O bien, añadir los champiñones a una ensalada verde aliñada, usando la marinada de aliño.

*Las cantidades indicadas hacen unas 50 cl.*

Champiñones marinados: 1º paso. Se bate el aceite para unir con la mezcla del jugo de limón.

Champiñones marinados: 2º paso. Se aplasta el ajo.

Champiñones marinados. 4º paso. Se limpian los champiñones.

ITALIANO · *Aperitivos y sopas*

# *Cioppino*

**6 a 8 almejas de concha dura**
**1 litro más 2 cucharadas de agua, por partes**
**25 cl de vino blanco seco**
**2 cebollas, rebanadas finas**
**1 rama de apio, picado**
**3 ramitos de perejil**
**1 hoja de laurel comestible**
**340 g de filetes de perca de mar u otro pescado de mar**
**1 lata (435 g) de tomates enteros pelados, sin estilar**
**1 cucharada de pasta de tomate**
**1 diente de ajo, molido**
**1 cucharadita de hojas secas de orégano, machacadas**
**1 cucharadita de sal**
**1/2 cucharadita de azúcar**
**1/8 cucharadita de pimienta**
**2 tomates maduros grandes**
**2 papas grandes**
**450 g de filetes de hipogloso o abadejo fresco**
**225 g de langostinos medianos frescos**
**2 cucharadas de perejil fresco picado**
**Hojas de apio para adorno**

1. Limpiar las almejas con un cepillo duro bajo la llave de agua fría. Remojar las almejas en una fuente grande de agua fría salada 30 minutos. (Usar 75 g de sal disuelta en 4,5 l de agua.) Sacar las almejas con espumadera; desechar el agua.

2. Volver a enjuagar 2 veces más.

3. Para hacer el caldo de pescado, mezclar 1 litro de agua, el vino, cebollas, apio, ramitos de perejil y hoja de laurel en una olla de 6 litros u olla grande de hierro. Llevar al punto de ebullición a fuego fuerte; bajar a fuego lento. Agregar la perca; destapar y hervir a fuego lento 20 minutos.

4. Colar el caldo de pescado por colador y recoger en una fuente grande. Con espumadera sacar la perca y poner en un plato; reservar. Desechar las cebollas, apio, ramitos de perejil y hoja de laurel.

5. Volver el caldo a la olla; pasar los tomates enlatados y jugo por colador a la olla. Desechar las semillas. Añadir la pasta de tomate, ajo, orégano, sal, azúcar y pimienta y revolver. Hervir a fuego lento, destapado, a fuego medio-bajo 20 minutos.

*sigue en la página 246*

1º paso. Se limpian las almejas con cepillo.

3º paso. Se hierve el caldo de pescado a fuego lento.

4º paso. Se cuela el caldo de pescado.

*Aperitivos y sopas* • ITALIANO

### Cioppino, continuación

6. Mezclar las almejas y las 2 cucharadas restantes de agua en una olla grande. Tapar y cocer a fuego medio 5 a 10 minutos hasta que se abran las almejas; sacar las almejas inmediatamente con tenazas a medida que se abran.

7. Desechar cualquier almeja que no se haya abierto. Lavar las almejas; reservar.

8. Cortar los tomates frescos por la mitad. Sacar los tallo y las semillas; desechar. Picar gruesos los tomates.

9. Pelar las papas; cortar en cubitos de 2 cm. Sacar la piel del hipogloso; cortar en pedazos de 4 x 2,5 cm.

10. Añadir los tomates frescos, las papas y el hipogloso a la mezcla de la sopa en la olla. Llevar a su punto de ebullición a fuego fuerte; bajar el fuego a medio-bajo. Tapar y cocer 12 a 15 minutos hasta que las papas se noten tiernas al pincharlas con tenedor.

11. Descascarar los langostinos bajo la llave de agua fría. Para sacar la vena, hacer una pequeña incisión a lo largo del dorso del langostino; levantar la vena y desecharla. Colocar el langostino en la mezcla de la sopa en la olla.

12. Cocer a fuego medio 1 a 2 minutos justo hasta que los langostinos se vuelvan opacos y estén cocidos.

13. Desmenuzar la perca con tenedor; agregar la perca, almejas reservadas y perejil picado a la sopa. Adornar, si se quiere. Servir inmediatamente.

*Las cantidades indicadas hacen platos para 6 a 8 personas (unas 2,5 l)*

6º paso. Se sacan las almejas abiertas.

8º paso. Se sacan las semillas de los tomates.

11º paso. Se saca la vena del langostino.

ITALIANO • *Aperitivos y sopas*

Aperitivos y sopas • ITALIANO 247

# Menestrón alla Milanese

120 g de porotos verdes
2 calabacines medianos
1 papa grande
225 g de repollo
7 cl de aceite de oliva
3 cucharadas de mantequilla o margarina
2 cebollas medianas, picadas
2 zanahorias medianas, picadas gruesas
3 ramas de apio, picadas gruesas
1 diente de ajo, molido
1 lata (840 g) de tomates pera italianos, sin estilar
87 cl de caldo de carne
37 cl de agua
1/2 cucharadita de sal
1/2 cucharadita de hojas secas de albahaca, machacadas
1/4 cucharadita de hojas secas de romero, machacadas
1/4 cucharadita de pimienta
1 hoja de laurel comestible
1 lata (450 g) de frijoles tipo cannellini
Queso parmesano recién rallado (optativo)

1. Cortar las puntas de los porotos verdes; cortarlos en pedazos de 2,5 cm. Sacar las puntas de los calabacines; cortar en cubitos de 1,5 cm. Pelar la papa; cortar en cubitos de 2 cm. Rallar grueso el repollo.

2. Calentar el aceite y la mantequilla en una olla grande de hierro de 6 litros a fuego medio. Agregar las cebollas; cocer y revolver 6 a 8 minutos hasta que las cebollas se vean blandas y levemente doradas. Agregar las zanahorias y la papa y revolver; cocer y revolver 5 minutos. Añadir el apio y los porotos verdes; cocer y revolver 5 minutos. Agregar los calabacines; cocer y revolver 3 minutos. Agregar el repollo y el ajo; cocer y revolver 1 minuto más.

3. Estilar los tomates, reservando el jugo. Agregar el caldo, agua y jugo reservado a la olla. Picar los tomates gruesos; agregarlos a la olla. Añadir la sal, albahaca, romero, pimienta y hoja de laurel. Llevar a su punto de ebullición a fuego fuerte; bajar a fuego lento. Tapar y hervir a fuego lento 1 1/2 horas, revolviendo de vez en cuando.

4. Lavar y estilar los frijoles y agregarlos a la olla. Destapar y cocer a fuego medio-bajo 30 a 40 minutos más hasta que se espese la sopa, revolviendo de vez en cuando. Sacar la hoja de laurel. Servir con queso.

*Las cantidades indicadas hacen platos para 8 a 10 personas (unas 3 l)*

1º paso. Se ralla el repollo con un cuchillo de cocina.

2º paso. Se cuecen y se revuelven las hortalizas.

4º paso. Se agregan los frijoles estilados a la olla.

Aperitivos y sopas • ITALIANO  249

# Pesto clásico con linguine

**Linguine casera o 340 g de linguine seco sin cocer, caliente, cocido y estilado**
**30 g de mantequilla o margarina**
**6 cl más 1 cucharada de aceite de oliva, por partes**
**2 cucharadas de piñones**
**240 g de hojas frescas (no secas) de albahaca bien compactas, lavadas, estiladas y sin tallos**
**2 dientes de ajo**
**1/4 cucharadita de sal**
**50 g de queso parmesano recién rallado**
**1 1/2 cucharadas de queso Romano recién rallado**
**Hojas frescas de albahaca para adornar**

1. Para preparar el linguine casero, hacer la masa siguiendo los pasos 1 y 2 para el Fettuccine casero (página 252). En el paso 3, extender la masa hasta que forme un círculo de un grosor de 3 mm. En el paso 5, cortar la masa en tiras de 3 mm de ancho. Proceder tal como se señala en el paso 6. Agregar la mantequilla a la pasta cocida y estilada y revolver para recubrir bien.

2. Para tostar los piñones, calentar 1 cucharada de aceite en una olla pequeña o sartén a fuego medio-bajo. Agregar los piñones; rehogar y revolver 30 a 45 minutos hasta que se doren un poco, sacudiendo el sartén u olla constantemente. Sacar con espumadera; estilar sobre papel de cocina.

3. Colocar los piñones tostados, hojas de albahaca, ajo y sal en un procesador de alimentos o batidora. Con el procesador en marcha, agregar el 6 cl de aceite restante en un chorrillo lento sin parar hasta que se homogenice y los piñones se encuentren finamente picados.

4. Trasladar la mezcla de la albahaca a un recipiente pequeño. Agregar los quesos parmesano y Romano y revolver.*

5. En una fuente grande para servir juntar el linguine caliente con mantequilla y la salsa pesto; revolver para mezclar bien. Adornar, si se quiere. servir inmediatamente.

*Las cantidades indicadas hacen platos para 4 personas (alrededor de 17 cl de salsa pesto)*

*A estas alturas, se puede guardar la salsa pesto en un envase hermético; verter sobre el pesto una capa delgada de aceite de oliva y tapar. Refrigerar, máximo 1 semana. Llevar a temperatura ambiente. Proceder tal como se señala en el paso 5.

1º paso. Se corta la masa en tiras.

2º paso. Se tuestan los piñones.

3º paso. Se agrega el aceite con un tubo mientras se está procesando.

**ITALIANO** • *Pastas*

# *Fettuccine clásico de Alfredo*

**Fettuccine casero según la receta (a continuación) o 340 g de fettuccine seco sin cocer**
**90 g de mantequilla sin sal**
**15 cl de crema doble o nata para montar**
**1/2 cucharadita de sal**
**Pizca grande de pimienta blanca molida**
**Pizca grande de nuez moscada molida**
**unas 90 g de queso parmesano recién rallado**
**2 cucharadas de perejil fresco picado**
**Ramito de perejil para adorno**

1. Preparar y cocer el fettuccine casero o cocer el fettuccine seco, 6 a 8 minutos, en una olla grande con agua salada hirviendo, justo hasta que esté "al dente"; sacar del fuego. Estilar bien; volver a colocarlo en la olla seca.

2. Poner la mantequilla y la crema en un sartén grande y fuerte, a fuego medio-bajo. Cocer y revolver hasta que se derrita la mantequilla y se formen burbujas en la mezcla. Cocer y revolver 2 minutos más. Agregar la sal, pimienta y nuez moscada. Sacar del fuego. Poco a poco agregar el queso revolviendo hasta que se homogenice y se vea liso. En caso necesario, volver a calentar brevemente para que el queso quede bien unido. (No dejar que se formen burbujas en la salsa porque el queso formará grumos y se pondrá duro.)

3. Verter la salsa encima del fettuccine en la olla. Revolver con 2 tenedores a fuego lento, 2 a 3 minutos, hasta que la salsa se espese y el fettuccine se esté bien recubierto. Espolvorear con perejil picado. Adornar, si se quiere. Servir inmediatamente.

*Las cantidades indicadas hacen platos para 4 personas*

2º paso. Se agrega el queso a la salsa y se revuelve.

Fettuccine casero: 1º paso. Se añade la mezcla de huevos a la harina, mezclando con tenedor para hacer la masa.

## *Fettuccine casero*

**480 g de harina**
**1/4 cucharadita de sal**
**3 huevos**
**1 cucharada de leche**
**1 cucharadita de aceite de oliva**

1. Ligar la harina y la sal encima de una tabla de amasar, de picar o sobre la encimera; hacer un hueco en el medio. Batir los huevos, la leche y el aceite en un recipiente pequeño hasta que homogenice por completo; progresivamente poner harina en el hueco hecho en el medio de la mezcla, ayudando a la vez con un tenedor o con las puntas de los dedos, para formar una bola de masa.

*sigue en la página 254*

*Fettuccine clásico de Alfredo, continuación*

2. Colocar la masa sobre una superficie espolvoreada con harina; aplastar con delicadeza. Para preparar la masa, doblarla hacia su cuerpo y luego empujar hacia afuera con la palma de la mano. Girar en un cuarto la masa y seguir doblando, presionando y girando del mismo modo. Amasar durante 5 minutos o hasta que la masa se vea firme y flexible, añadiendo, en caso necesario, más harina para que no adhiera. Cubrir con un envoltorio plástico; dejar reposar 15 minutos.

3. Sacar el envoltorio de la masa y amasar brevemente (tal como se describe en el 2º paso) sobre una superficie espolvoreada con harina. Coger el círculo de masa con cuidado con las dos manos. Ponerla a contraluz para revisar si tiene partes de masa demasiado gruesa. Ponerla otra vez en la tabla; dejar uniforme cualquier parte excesivamente gruesa. Dejarla reposo hasta que la masa se haya secado un poco, de tal manera que se pueda manejar sin que se rompa.

4. Espolvorear el círculo con harina y enrollarla sobre el rodillo, no muy ajustada.

5. Sacar el rodillo; aplastar el rollo de masa suavemente con la mano y con un cuchillo afilado cortar en tiras de 6 mm de ancho. Desdoblar las tiras cuidadosamente.*

6. Cocer el fettuccine en una olla grande de agua salda hirviendo, 1 a 2 minutos hasta que esté justo "al dente". Estilar bien.

*Las cantidades indicadas hacen alrededor de 340 g*

*A estas alturas, se puede secar y guardar el fettucine. Colgar las tiras de fettuccine en un colgador para pasta o un palo de escoba limpio, cubierto de plástico y sostenido entre 2 sillas. Secar por lo menos 3 horas; guardar en un recipiente hermético a temperatura ambiente, por un máximo de 4 días. Para servir, cocer el fettuccine en una olla grande con agua salada hirviendo por 3 a 4 minutos hasta que esté justo "al dente". Colar.

Fettuccine casero: 2º paso. Se prepara la masa.

Fettuccine casero: 4º paso. Se enrolla suelta la masa en el rodillo.

Fettuccine casero: 5º paso. Se corta la masa en tiras.

ITALIANO • *Pastas*

# Ravioles con cuatro clases de carne

**Relleno variado de carne (página 256)**
**Salsa de tomates pera (página 256)**
**550 g de harina**
**1/4 cucharadita de sal**
**2 huevos**
**1 cucharada de aceite de oliva**
**15 a 25 cl de agua**
**1 yema de huevo**
**1 cucharadita de leche**
**1 cucharada de perejil fresco picado**
**Queso parmesano recién rallado**
**Ramito de romero para adorno**

1. Preparar el relleno variado de carne y refrigerar.

2. Preparar la salsa de tomates pera; reservar.

3. Para hacer la masa, mezclar harina y sal en una fuente grande. Mezclar 2 huevos, el aceite y 15 cl de agua en un recipiente pequeño; batir bien. Agregar, progresivamente, la mezcla de huevos a la masa y revolver con tenedor. Del 7 cl de agua restante agregar, a cucharadas, lo necesario para formar una masa firme pero flexible.

3º paso. Se agrega la mezcla de huevo a la mezcla y se revuelve con tenedor para hacer la masa.

4. Colocar la masa sobre una superficie espolvoreada con harina; aplastar un poco. Para preparar la masa, doblarla por la mitad hacia su cuerpo, y luego empujarla hacia afuera con la palma de la mano. Girar un cuarto la masa y seguir doblando, presionando y girando otra vez. Amasar durante 5 minutos, o hasta que la masa esté firme y flexible, añadiendo, en caso necesario, más harina para que no adhiera. Cubrir con un envoltorio plástico; dejar en reposo 15 minutos.

4º paso. Se trabaja la masa.

5. Sacar el envoltorio de la masa y amasar brevemente (tal como se describe en el 4º paso) sobre una superficie espolvoreada con harina. Dividir en cuatro pedazos. Con un rodillo espolvoreado con harina, estirar, sobre una superficie igualmente espolvoreada con harina, 1 trozo de masa hasta que tenga un grosor de 2 mm. (Mantener los demás pedazos de masa envueltos en un envoltorio plástico para evitar que se sequen.) Cortar la masa en tiras de 10 cm de ancho. Colocar cucharaditas del relleno de cuatro diferentes clases de carne a una distancia de 5 cm una de la otra, a lo largo de la mitad superior de cada tira.

5º paso. Se coloca el relleno sobre la masa extendida.

6. Batir la yema con la leche en un recipiente pequeño. Con el cepillo untar con la mezcla de huevo y leche la masa por la orilla del lado largo y entre las cucharaditas de relleno.

*sigue en la página 256*

*Ravioles con cuatro clases de carne, continuación*

7. Doblar la masa encima del relleno; ; presionar firmemente entre el relleno y a lo largo de la orilla para cerrar, asegurándose de que se haya sacado todo el aire.

8. Separar los ravioles con un rebordeador festoneado para masa. Hacer lo mismo con los 3 demás pedazos de masa, relleno y mezcla de huevo con leche.

9. Cocer los ravioles, 1/4 a la vez, en una olla grande con agua salada hirviendo, 3 a 5 minutos hasta que estén justo "al dente". Sacar con espumadera; estilar bien. Añadir los ravioles a la salsa reservada. Llevar la salsa y los ravioles al punto de ebullición a fuego medio-alto; bajar el fuego a medio-bajo. Hervir, sin tapar, 6 a 8 minutos hasta que esté todo bien caliente. Espolvorear con perejil y queso. Adornar, si se quiere. Servir inmediatamente.

*Las cantidades indicadas hacen platos para 6 personas*

## Relleno surtido con cuatro clases de carne

**150 g de espinacas frescas**
**2 mitades de pechuga pequeña de pollo, deshuesadas y despellejadas (alrededor de 120 g cada uno), cocidas**
**90 g de prosciutto o jamón cocido**
**45 g de salame duro**
**1 diente de ajo**
**180 g de carne de vaca molida**
**100 g de perejil fresco picado**
**2 huevos**
**1/4 cucharadita de pimienta de Jamaica molida**
**1/4 cucharadita de sal**

1. Para cocer las espinacas al vapor, lavarlas bien en una fuente grande de agua; estilar pero no apretar para secar. Sacar y desechar los tallos. Colocar las espinacas en una olla a fuego medio. Cubrir y cocer al vapor 4 minutos o hasta que estén tiernas, revolviendo de vez en cuando. Dejar reposar hasta que se hayan enfriado lo suficiente para poder tomarlas con la mano; exprimir para secarlas.

2. Moler las espinacas, pollo, prosciutto, salame y ajo; juntar en una fuente mediana con la carne de vaca, perejil, huevos, pimienta de Jamaica y sal. Mezclar bien.

## Salsa de tomates pera

**75 g de mantequilla o margarina**
**1 diente de ajo, molido**
**1 lata (780 g) de tomates pera italiano, sin estilar**
**1 lata (225 g) de salsa de tomate**
**3/4 cucharadita de sal**
**1/2 cucharadita de pimienta de Jamaica molida**
**1/2 cucharadita de hojas secas de albahaca, machacadas**
**1/2 cucharadita de hojas secas de romero, machacadas**
**1/8 cucharadita de pimienta**

1. Calentar la mantequilla en una olla grande a fuego medio hasta que esté derretido y se formen burbujas; freír y revolver el ajo en la mantequilla caliente 30 segundos. Presionar para pasar los tomates y el jugo por colador y colocarlo con la mezcla del ajo; desechar las pepitas. Revolver con la salsa de tomate, sal, pimienta de Jamaica, albahaca, romero y pimienta.

2. Cubrir y hervir a fuego lento 30 minutos. Destapar y hervir 15 minutos más hasta que la salsa se espese, revolviendo de vez en cuando.

7º paso. Se presiona la masa encima del relleno.

8º paso. Se separan los ravioles con un rebordeador para masa.

**ITALIANO** • *Pastas*

Pastas • ITALIANO 257

# Pasta casera de cabello de ángel con salsas de tomate clásicas

**240 g más 2 cucharadas de harina**
**1/4 cucharadita de sal**
**3 huevos**
**1 cucharada de leche**
**1 cucharadita de aceite de oliva**
**Salsa napolitana (página 260)**
**Salsa pizzaiola (página 260)**
**100 g de queso parmesano recién rallado (optativo)**
**Ramitos de mejorana fresca para adorno**

1. Colocar la harina, sal, huevos, leche y aceite en un procesador de alimentos; procesar hasta que se forme la masa. Moldear para formar un bolo.

2. Colocar la masa sobre una superficie espolvoreada con harina; aplastar un poco. Cortar la masa en 4 pedazos. envolver 3 pedazos de masa con un envoltorio plástico; reservar.

3. Para trabajar la masa con máquina de hacer pasta,* poner los rodillos de la máquina en la posición más amplia (posición 1). Pasar la masa sin envoltorio por los rodillos planos girando la manivela. (Es posible que la masa se deshaga un poco al principio pero se mantendrá compacta después de arrollar 2 a 3 veces.)

4. Espolvorear la tira de masa con harina; dividir la tira en 3 partes. Pasarlas de nuevo por los rodillos. Seguir con el mismo proceso, de 7 a 10 veces, hasta que la masa esté firme y flexible.

5. Para estirar la masa con la máquina, ajustarla para que quede en la posición 3. Pasar la tira de masa por los rodillos. No doblar la tira en tres partes, repetir en la posición 5 y 6. Dejar reposar la masa, 5 a 10 minutos, hasta que se haya secado un poco.

*Seguir las indicaciones del fabricante en lo que se refiere al método apropiado de enrollar la pasta, si fueran diferentes los ajustes para su funcionamiento. Para hacer pasta a mano, ver Fettuccine casero (página 252).

*sigue en la página 260*

1º paso. Se procesa la masa.

3º paso. Se trabaja la masa con máquina de hacer pasta.

4º paso. Se dobla la masa en tres partes.

Pastas • ITALIANO 259

*Pasta casera de cabello de ángel con salsas de tomate clásicas, continuación*

6. Poner la manivela en el rodillo para cabello de ángel y pasarle la masa.\*\* Volver a amasar y arrollar con los pedazos de masa reservados.

7. Cocer el cabello de ángel en una olla grande con agua salada 1 a 2 minutos justo hasta que esté "al dente"; sacar del fuego. Estilar bien; repartir la pasta de cabello de ángel entre dos fuentes grandes.

8. Preparar la salsa napolitana y la salsa pizzaiola. Verter la salsa napolitana caliente encima de 1/2 de la pasta de cabello de ángel; revolver hasta que se recubra bien. Verter salsa pizzaiola caliente encima de la pasta de cabello de ángel restante; revolver hasta que se recubra bien. Servir con queso. Adornar, si se quiere.

*Para 4 a 6 personas*

\*\* A estas alturas, se puede secar y guardar la pasta de cabello de ángel. Colgar las tiras de cabello de ángel en un colgador para pasta o un palo de escoba limpio, cubierto de plástico y sostenido entre dos sillas. Secar por lo menos 3 horas; guardar en un recipiente hermético a temperatura ambiente, por un máximo de 4 días. Para servir, cocer el cabello de ángel en una olla grande con agua salada hirviendo por 3 a 4 minutos hasta estar "al dente". Colar bien; proceder de la manera indicada en el 8º paso.

## Salsa napolitana

**2 cucharadas de mantequilla o margarina**
**1 cucharada de aceite de oliva**
**1 lata (780 g) de tomates pera italianos, sin estilar**
**1 cucharadita de hojas secas de albahaca, machacadas**
**1/2 cucharadita de sal**
**1/8 cucharadita de pimienta**
**3 cucharadas de perejil fresco picado**

Calentar la mantequilla y el aceite en una olla de 2 litros a fuego medio. Pasar los tomates y el jugo por el colador, exprimiéndolos, y ponerlos en la mezcla de la mantequilla caliente; desechar las pepitas. Agregar la albahaca, sal y pimienta y revolver. Llevar al punto de ebullición a fuego fuerte; bajar el fuego a medio-bajo. Cocer, sin tapar, 30 a 40 minutos hasta que la salsa se reduzca a 50 cl, revolviendo frecuentemente. Agregar el perejil y revolver.

## Salsa pizzaiola

**1 cucharada de aceite de oliva**
**2 dientes de ajo**
**1 lata (780 g) de tomates pera italianos, sin estilar**
**3/4 cucharadita de hojas secas de mejorana, machacadas**
**1/2 cucharadita de sal**
**1/8 cucharadita de pimienta**
**2 cucharadas de perejil fresco molido**

Calentar el aceite en una olla de 2 litros a fuego medio. Cortar el ajo por la mitad. Rehogar el ajo, revolviendo en el aceite caliente hasta que esté levemente dorado. Sacar y desechar el ajo. Pasar los tomates y el jugo por el colador, apretándolos, y agregarlos al aceite con sabor a ajo; desechar las pepitas. Agregar la mejorana, sal y pimienta y revolver. Llevar a su punto de ebullición a fuego fuerte; bajar el fuego a medio-bajo. Cocer, destapado, 30 a 40 minutos, hasta que la salsa se reduzca a 50 cl, revolviendo frecuentemente. Agregar el perejil y revolver.

6º paso. Se pasa la masa por el rodillo de pasta de ángel.

Salsa napolitana: Se pasan los tomates y el jugo por el colador, apretándolos.

Salsa pizzaiola: Se cuece la salsa.

## Lasaña de espinacas

**450 g de carne de vaca molida**
**120 g de champiñones frescos, rebanados finos**
**1 cebolla mediana, picada**
**1 diente de ajo, molido**
**1 lata (780 g) de tomates pera italianos, sin estilar**
**1 1/4 cucharaditas de sal, por partes**
**3/4 cucharadita de hojas secas de orégano, machacadas**
**3/4 cucharadita de hojas secas de albahaca, machacadas**
**1/4 cucharadita de pimienta, por partes**
**9 hojas de lasaña, sin cocer**
**60 g más 1 cucharada de mantequilla o margarina, por partes**
**35 g de harina**
**1/8 cucharadita de nuez moscada molida**
**50 cl de leche**
**180 g de mozzarella rallada, por partes**
**45 g de queso parmesano rallado, por partes**
**1 paquete (285 g) de espinacas picadas congeladas, descongeladas y exprimidas para secarlas.**

1. Para hacer la salsa de carne, echar la carne desmenuzada en un sartén grande a fuego medio-alto. Rehogar 8 a 10 minutos para que coja color, revolviendo para separar la carne, hasta que pierda su color rosado. Con una cuchara sacar la grasa y desecharla.

2. Agregar los champiñones, cebolla y ajo; cocer a fuego medio 5 minutos o hasta que se ablande la cebolla.

3. Pasar los tomates y el jugo por el colador, exprimiéndolos, y verterlo en la mezcla de la carne; desechar las pepitas.

4. Añadir 3/4 cucharadita de sal, el orégano, la albahaca, y 1/8 cucharadita de pimienta. Llevar a su punto de ebullición a fuego medio; bajar a fuego lento. tapar y hervir a fuego lento 40 minutos, revolviendo de vez en cuando. destapar y hervir a fuego lento 15 a 20 minutos más hasta que se espese la salsa. reservar.

5. Agregar las hojas de lasaña a una olla grande con agua salada hirviendo, 1 a la vez, permitiendo que se ablande la lasaña y quepan en la olla. Cocer 10 minutos o hasta que estén justo "al dente".

6. Colar la lasaña: lavar con agua fría. Colar de nuevo; colgar individualmente por la orilla de la olla para que no queden pegadas las hojas de pasta. Reservar.

*sigue en la página 262*

3º paso. Se pasan los tomates y el jugo por el colador, apretándolos.

5º paso. Se agregan las hojas de lasaña al agua hirviendo.

### Lasaña de espinacas, continuación

7. Para hacer la salsa de queso, derretir 60 g de mantequilla en una olla mediana a fuego medio. Agregar la harina, la 1/2 cucharadita restante de sal, la 1/8 cucharadita de pimienta y la nuez moscada; revolver y cocer hasta que se formen burbujas. Cocer y revolver 1 minuto más. sacar del fuego. Agregar 1 taza de mozzarella y 120 g de queso parmesano y revolver. Seguir revolviendo hasta que se eliminen todos los grumos. Reservar.

8. Precalentar el horno a 180°C. Con papel de cera untar la cucharada restante de mantequilla en el fondo y los lados de una fuente para horno de 30 x 20 cm. Disponer las hojas de lasaña en una sola capa sobre un paño de cocina limpio (no de papel). Secar la lasaña con el paño.

9. Disponer 3 hojas de lasaña en una sola capa, montadas unas sobre otras un poquito, en el fondo de la fuente para horno.

10. Verter encima1 1/2 de la salsa de carne reservada; extenderla uniformemente. Extender 1/2 de la salsa de queso reservada encima de la salsa de carne formado una capa uniforme.

11. Repetir una vez las capas, usando 3 hojas de lasaña y las salsas de carne y luego de queso restantes. Rociar las espinacas encima de la salsa de queso en una capa uniforme; aplastar suavemente. Disponer las 3 hojas de lasaña restantes encima de las espinacas.

12. En una taza mezclar la 1/2 de taza de mozzarella que quede y el 1/4 de taza de queso parmesano. Espolvorear los quesos uniformemente encima de la lasaña hasta cubrir por completo las hojas de lasaña.

13. Hornear 40 minutos o hasta que se dore por encima y se formen burbujas por los lados. Dejar que la lasaña repose 10 minutos antes de servirla. Adornar como quiera.

*Para 6 personas*

8º paso. Se unta la fuente para horno con mantequilla.

10º paso. Se extiende la salsa de queso sobre la salsa de carne.

12º paso. Se espolvorean los quesos encima de la lasaña.

Pastas • ITALIANO 263

# Ternera a la parmesana

4 chuletas de ternera, de un grosor de 1 cm (unas 120 g cada una)
4 cucharadas de aceite de oliva, por partes
1 pimiento morrón pequeño, picado fino
1 cebolla mediana, picada fina
1 rama de apio, picada fina
1 diente de ajo, molido
1 lata (435 g) de tomates pelados enteros, sin estilar y picados finos
25 cl de caldo de pollo
1 cucharada de pasta de tomate
1 cucharada de perejil picado
1 cucharadita de azúcar
3/4 cucharadita de hojas secas de albahaca, machacadas
1/2 cucharadita de sal
1/8 cucharadita de pimienta negra molida
1 huevo
35 g de harina
100 g de pan rallado seco fino
60 g de mantequilla o margarina
180 g de queso mozzarella rallado
60 g de queso parmesano recién rallado
Hojas frescas de albahaca para adorno
Pasta cocida caliente (optativa)

1. Colocar cada chuleta de ternera entre hojas de papel de cera sobre una tabla de madera. Golpear la ternera con un mazo para carne hasta obtener 6 mm de grosor. Secar con papel de cocina y reservar.

2. Para hacer la salsa de tomate, calentar 1 cucharada de aceite en una olla mediana a fuego medio. Freír y revolver el pimiento, la cebolla, perejil y ajo 5 minutos en aceite caliente. Agregar los tomates y el jugo, el caldo, pasta de tomate, perejil, azúcar, albahaca seca, sal y pimienta negra. Tapar y hervir 20 minutos a fuego lento. Destapar y cocer 20 minutos más a fuego medio o hasta que se espese la salsa, revolviendo frecuentemente y reservar.

3. Batir el huevo en un plato hondo; esparcir la harina y el pan rallado en platos separados. Para que se recubran uniformemente ambos lados, meter las chuletas de ternera, primero en la harina y luego en el huevo y finalmente en el pan rallado. Presionar sobre la carne para que el pan rallado se adhiera bien.

4. Calentar la mantequilla y 2 cucharadas de aceite en un sartén grande a fuego medio-alto. Agregar la carne. Rehogar 3 minutos por lado o hasta que coja color.

5. Precalentar el horno a 180°C. Con espátula con ranuras sacar la carne y colocarla sobre una fuente para horno, sin untar, de 32,5 x 22,5 cm. Espolvorear el queso mozzarella uniformemente sobre la carne. Con cuchara echar la salsa de tomate reservada uniformemente sobre el queso. Espolvorear el queso parmesano sobre la salsa de tomate.

6. Rociar encima con una cuchara el aceite restante. Hornear, sin tapar, 25 minutos o hasta que la carne se vea tierna y el queso esté dorado. Adornar, si se quiere. Servir con pasta.

*Para 4 personas*

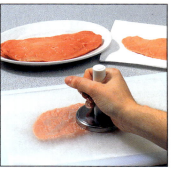

1º paso. Se golpea la carne de ternera hasta obtener un grosor de 6 mm.

3º paso. Se cubre la carne con pan rallado.

5º paso. Se espolvorea el queso encima de la salsa de tomate.

# Pollo clásico a la marsala

30 g de mantequilla sin sal
1 cucharada de aceite vegetal
4 mitades de pechuga de pollo sin piel (alrededor de 560 g en total
4 tajadas de queso mozzarella (30 g cada una]
12 alcaparras, estiladas
4 filetes planos de anchoa, estilados
1 cucharada de perejil fresco picado
1 diente de ajo, molido
3 cucharadas de marsala
15 cl de crema doble o nata para montar
Pizca de sal
Pizca de pimienta
Pasta cocida caliente (optativa)

1. Calentar la mantequilla y el aceite en un sartén grande a fuego medio-alto hasta que se derrita y se ponga espumosa. Agregar el pollo; bajar a fuego medio. Freír, sin tapar, 5 a 6 minutos por lado hasta que el pollo esté tierno y dorado. Con un a espátula con ranuras sacar las presas de pollo y colocarlas sobre la tabla. Colocar encima de cada presa 1 tajada de queso, 3 alcaparras y 1 filete de anchoa.

2. Poner el pollo en el sartén. Espolvorear con perejil. Tapar y rehogar 3 minutos a fuego lento o hasta que el queso se encuentre medio derretido y el jugo del pollo salga transparente. Sacar el pollo con la espátula con ranuras y colocarlo en una fuente para servir caliente; mantenerlo caliente.

3. Agregar ajo a la grasa y el concentrado del pollo que queda en el sartén; rehogar, revolviendo 10 segundos a fuego medio. Agregar la marsala y revolver; cocer y revolver 45 segundos, recogiendo los restos de color café que se encuentran en el sartén.

4. Agregar la crema y revolver. Cocer, revolviendo 3 minutos o hasta que la salsa se espese un poco. Agregar la sal y pimienta y revolver. Con una cuchara echar la salsa encima del pollo. Servir con la pasta. Adornar como quiera.

*Para 4 personas*

1º paso. Se pone queso, alcaparras y anchoas encima del pollo.

2º paso. Se saca el pollo con una espátula con ranuras.

3º paso. Se agrega la marsala a la mezcla del ajo.

*Calamares fritos con salsa tártara, continuación*

7. En un recipiente pequeño batir el huevo con la leche. Agregar los pedazos de calamar; revolver bien para recubrir. Extender el pan rallado en un plato hondo. Añadir los pedazos de calamar y revolver para recubrir bien. Meter los pedazos de calamar en el pan rallado; colocar en un plato o papel de cera. Dejar reposar 10 a 15 minutos antes de freír.

8. Para freír los calamares en abundante aceite, calentar 4 cm de aceite a 230°C en una olla grande. (Advertencia: Los calamares saltan y salpican de aceite cuando se fríen; no se acerque demasiado a la olla.) Ajuste el fuego para mantener la temperatura. Freír 8 a 10 pedazos de calamar a la vez en aceite caliente, 45 a 60 segundos hasta que estén levemente dorados. Sacarlos con espumadera y secar con papel de cocina. Hacer lo mismo con los demás pedazos de calamar.

9. O bien, para freír los calamares con poco aceite, calentar alrededor de 6 mm de aceite en un sartén grande a fuego medio-alto; bajar a fuego medio. Sin echar demasiados a la vez, añadir los pedazos de calamar en una sola capa al aceite caliente. Freír, girándolos una vez con 2 tenedores, 1 minuto por lado o hasta que estén levemente dorados. Sacar con espumadera; secar sobre papel de cocina. Hacer lo mismo con los calamares restantes. (Este método usa menos aceite pero requiere más trabajo.)

10. Servir caliente con salsa tártara y secciones de limón cortadas en lonchas. Adornar como quiera.

*Para 2 a 3 personas*

## Salsa tártara

**1 cebollín
1 cucharada de alcaparras secas
1 pepinillo dulce o en vinagre al eneldo
2 cucharadas de perejil fresco picado
300 g de mayonesa**

1. Picar fino el cebollín. Moler las alcaparras y el pepinillo.

2. Agregar el cebollín, alcaparras, pepinillo y perejil a la mayonesa y revolver suavemente para mezclar. Tapar y refrigerar hasta que llegue la hora de servir la salsa.

*Hace alrededor de 32 cl*

7º paso. Se recubren los calamares con el pan rallado.

8º paso. Se fríen los calamares en abundante aceite.

9º paso. Cuando se fríe con poco aceite, se vuelven los calamares usando tenedores.

# Pizza casera

1/2 cucharada de levadura seca
1 cucharadita de azúcar, por partes
12 cl de agua tibia (40° a 45°C)
250 g de harina, por partes
3/4 cucharadita de sal, por partes
2 cucharadas de aceite de oliva, por partes
1 lata (435 g) de tomates enteros pelados, sin estilar
1 cebolla mediana, picada
1 diente de ajo, molido
2 cucharadas de pasta de tomate
1 cucharadita de hojas secas de orégano, machacadas
1/2 cucharadita de hojas secas de albahaca, machacadas
1/8 cucharadita de pimienta negra molida
1/2 pimiento morrón pequeño, sin pulpa ni semillas
1/2 pimiento verde pequeño, sin pulpa ni semillas
4 champiñones medianos frescos
1 lata (60 g) de filetes planos de anchoa
195 g de queso mozzarella rallado
45 g de queso parmesano recién rallado
50 g de aceitunas negras deshuesadas, partidas por la mitad

1. Para hacer que la levadura fermente, esparcirla junto con 1/2 cucharadita de azúcar sobre agua tibia en un recipiente pequeño; revolver hasta que se disuelva la levadura. Dejarla en reposo 5 minutos o hasta que aparezcan burbujas.*

2. En una fuente mediana colocar 210 g de harina y 1/4 cucharadita de sal; agregar la mezcla de la levadura y revolver junto con 1 cucharada de aceite hasta que se forme una masa lisa y suave. Poner la masa en una superficie espolvoreada con harina y aplasta la masa un poco.

3. Para trabajar la masa, doblarla por la mitad hacia su cuerpo, y luego empujarla hacia afuera con la palma de la mano. Girar un cuarto la masa y seguir doblando, presionando y girando del mismo modo. Seguir amasando, utilizando lo necesario del 1/4 de taza de harina que quede para hacer una masa firme y flexible.

4. Moldear la masa para formar una bola y colocarla en una fuente grande untada con manteca. Volcar la masa para untar toda su superficie con manteca. Cubrir la fuente con un paño de cocina limpio y dejar la masa, 30 a 45 minutos, en un lugar caliente hasta que la masa duplique su volumen original.

5. Introducir la punta de dos dedos alrededor de 1,5 cm en la masa. Si la marca de los dedos quedan, la masa estará a punto.

\* Si la levadura no forma burbujas, significa que ya no está activa. Siempre debe revisarse la fecha de vencimiento que lleva el envoltorio de levadura. Por otra parte, si se pone agua demasiado caliente se mata la levadura; es mejor usar termómetro.

*sigue en la página 272*

1º paso. Se hace fermentar la levadura.

3º paso. Se trabaja la masa.

5º paso. Se introduce la punta de los dedos en la masa para comprobar si está a punto.

*Pizza casera, continuación*

6. Para hacer la salsa, picar los tomates finos; reservar el jugo. Calentar la cucharada restante de aceite en una olla mediana a fuego medio. Añadir la cebolla; rehogar 5 minutos o hasta que se ablande. Añadir el ajo; freír 30 segundos más. Agregar los tomates y el jugo, pasta de tomates, orégano, albahaca, 1/2 cucharadita restante de azúcar, 1/2 cucharadita de sal y pimienta negra. Llevar a su punto de ebullición a fuego fuerte; bajar el fuego a medio-bajo. Hervir 10 a 15 minutos a fuego lento, sin tapar, hasta que la salsa se espese, revolviendo de vez en cuando; verter en un recipiente pequeño; enfriar.

7. Golpear la masa para aplastarla. Amasar brevemente (de la manera que se describe en el paso 3) sobre una superficie espolvoreada con harina para distribuir las burbujas de aire; dejar la masa en reposo 5 minutos más. Sobre una superficie espolvoreada con harina, aplastar la masa formando un círculo. Estirar la masa, empezando en el medio y pasando con el rodillo hacia las orillas, hasta formar un círculo de 25 cm. Poner el círculo en un molde para pizza de 30 cm, untada con manteca. Estirar y moldear la masa hasta que alcance a tocar las orillas del molde. Tapar y dejar 15 minutos en reposo.

8. Precalentar el horno a 230°C. Picar los pimientos en pedazos de 2 cm. Cortar los tallos de los champiñones y limpiarlos con un paño húmedo de cocina (técnica en la página 244) y rebanar en trozos delgados. Estilar las anchoas. Mezclar los quesos mozzarella y parmesano en un recipiente pequeño.

9. Extender la salsa uniformemente encima de la masa de pizza. Espolvorear con 2/3 de los quesos. Disponer los pimientos, champiñones, anchoas y aceitunas encima de los quesos.

10. Espolvorear los quesos restantes encima de la pizza. Hornear 20 minutos o hasta que la masa se vea dorada. Para servir, cortar en trozos.

*Para 4 a 6 personas*

7º paso. Se extiende la masa.

9º paso. Se extiende la salsa encima de la masa.

**ITALIANO** • *Platos principales*

*Platos principales* • **ITALIANO**

# Ñoquis de espinacas

**2 paquetes (285 g cada uno) de espinacas picadas congeladas**
**90 g de queso ricotta**
**2 huevos**
**60 g de queso parmesano recién rallado, por partes**
**140 g más 2 cucharadas de harina, por partes**
**1/2 cucharadita de sal**
**1/8 cucharadita de pimienta**
**1/8 cucharadita de nuez moscada**
**3 cucharadas de mantequilla o margarina, derretida**

1. Preparar las espinacas de acuerdo a las indicaciones que se leen en el paquete. Estilar bien y enfriar. Exprimir las espinacas para secarlas; colocarlas en una fuente mediana. Añadir el queso ricotta y revolver. Agregar los huevos y mezclar bien. Añadir 30 g de queso parmesano, 3 cucharadas de harina, sal, pimienta y nuez moscada; mezclar bien. Tapar y refrigerar 1 hora.

2. Extender la taza de harina restante en una bandeja de horno. Coger una cucharada colmada de espinacas y poner la mano encima presionando el contenido de la cuchara para formar ñoquis ovalados; ponerlos sobre la harina. Hacer lo mismo con el resto de la mezcla de espinacas.

3. Rodar los ñoquis un poco en la harina para recubrirlos uniformemente; desechar la harina que sobre. Poner 8 a 12 ñoquis en una olla grande con agua salada hirviendo; bajar a medio fuego.

4. Cocer por 5 minutos los ñoquis, sin tapar, o hasta que se noten poco hinchados y al tocarlos. Sacarlos del agua con espumadera y secarlos sobre papel de cocina. Trasladarlos inmediatamente a una fuente refractaria llana previamente untada con manteca. Calentar otra vez el agua hasta que hierva. Hacer lo mismo con los ñoquis que queden en lotes de a 8 a de a 12. Disponer los ñoquis en una sola capa en la fuente.

5. Precalentar la parrilla. Con una cuchara echar mantequilla encima de los ñoquis y espolvorear con 30 g restante de queso parmesano. Asar los ñoquis 2 a 3 minutos a 12,5 cm de la llama hasta que se derrita el queso y se dore un poco. Servir inmediatamente. Adornar como quiera.
*Para 4 a 6 personas (unos 24 ñoquis)*

2º paso. Se moldean los ñoquis.

3º paso. Se hierven los ñoquis recubiertos de harina.

4º paso. Con espumadera se trasladan los ñoquis a papel de cocina.

# Risotto alla Milanese

1/4 cucharadita de hebras de azafrán
87 cl a 1 l de caldo de pollo, por partes
7 cucharadas de mantequilla o margarina, por partes
1 cebolla grande, picada
350 g de arroz Arborio o de grano corto
12 cl de vino blanco seco
1/2 cucharadita de sal
Pizca de pimienta
20 g de queso parmesano recién rallado
Perejil fresco picado, un ramito de perejil fresco y rodajas de tomate para adornar

1. Machacar el azafrán en mortero hasta obtener un polvo. Trasladarlo a un recipiente pequeño.

2. Llevar el caldo a su punto de ebullición en una olla a fuego medio; bajar a fuego lento. Añadir 12 cl de caldo al azafrán para disolverlo; reservar. Mantener caliente el caldo restante.

3. Calentar 6 cucharadas de mantequilla en un sartén grande y pesado o una olla de 2 1/2 litros a fuego medio hasta que se derrita y se formen burbujas. Rehogar la cebolla, revolviendo 5 minutos en la mantequilla caliente hasta que se ablande. Agregar el arroz; freír, revolviendo 2 minutos. Añadir el vino, la sal y la pimienta. Cocer, 3 a 5 minutos, sin tapar, a fuego medio-alto hasta que el vino se haya evaporado, revolviendo de vez en cuando.

4. Medir 12 cl de caldo caliente, añadirlo al arroz y revolver. Bajar el fuego a medio-bajo y mantener hirviendo el arroz durante los pasos 4 y 5. Cocer, revolviendo hasta que se haya absorbido el caldo. Hacer lo mismo, agregando 12 cl de caldo 3 veces más, cociendo y revolviendo hasta que se absorba el caldo.

5. Poner el caldo con sabor a azafrán en el arroz y cocer hasta que se absorba. Seguir agregando el resto de caldo, 12 cl a la vez, seguir cociendo hasta que el arroz se encuentre tierno pero entero y la mezcla tenga una consistencia un tanto cremosa. (Es posible que no sea necesario agregar todo el caldo. El tiempo de cocción total del arroz será de unos 20 minutos.)

6. Sacar el risotto del fuego. Añadir la cucharada restante de mantequilla y queso y revolver. Adornar, si se quiere. Servir inmediatamente.

*Para 6 a 8 personas*

1º paso. Se machacan las hebras de azafrán.

3º paso. Se añade el arroz a la mezcla de la cebolla.

4º paso. Se añade el caldo al arroz hasta que se haya absorbido.

# Polenta clásica

1,5 l de agua
2 cucharaditas de sal
2 tazas de harina de maíz amarilla
6 cl de aceite vegetal

1. A fuego medio-alto llevar el agua y la sal a su punto de ebullición en una olla grande y pesada. Revolver el agua vigorosamente y agregar la harina de maíz en un chorro ténue pero constante (no permitir que se formen grumos). Bajar a fuego lento.

2. Cocer la polenta, sin tapar, 40 a 60 minutos, hasta que esté muy espesa, revolviendo con frecuencia. Si en el medio de la mezcla, para comprobar el grado de cocción, se introduce una cuchara y si ésta se sostiene firme en la mezcla, es signo que la polenta está lista. En este punto se puede servir la polenta.*

3. Para hacer polenta frita, rociar una bandeja de horno con atomizador antiadherente. Extender la mezcla de polenta uniformemente en la bandeja. Tapar y dejar en reposo a temperatura ambiente por un mínimo de 6 horas o hasta que esté completamente fría y firme.

4. Desmoldear la polenta, volcándola sobre una tabla de picar. Cortar la polenta en forma transversal en tiras de 3 cm de ancho. Cortar las tiras en pedazos de 5 a 7,5 cm de largo.

5. Calentar el aceite a fuego medio-alto en un sartén grande y pesado; bajar a fuego medio. Freír los pedazos de polenta 4 a 5 minutos hasta que se encuentren dorados por todos lados, girándolas cuando se necesite. Adornar como quiera.

*Para 6 a 8 personas*

*La polenta es componente importante de la cocina del norte de Italia. La preparación básica que se hace aquí se puede servir de dos maneras. La polenta caliente, recién hecha, que se prepara hasta el 2º paso, puede mezclarse con 75 g de mantequilla y 30 g de queso parmesano rallado y servirse como plato de entrada. O bien, para plato principal verterla en una fuente grande y poner encima salsa napolitana (página 260) o la salsa para tallarines que más le guste. La polenta frita, cuya preparación se detalla aquí, se presta para servirse como aperitivo o guarnición con carne.

1º paso. Se añade la harina de maíz al agua hirviendo y se revuelve.

3º paso. Se extiende la polenta en una bandeja de horno.

5º paso. Se fríe la polenta.

# CLASE DE COCINA MEXICANA

**282** APUNTES DE CURSO

**286** APERITIVOS

**294** TORTILLAS

**308** PLATOS PRINCIPALES

**326** PARA ACOMPAÑAR

**332** LO BASICO

Langostinos al horno con mantequilla de chile y ajo *(página 324)*

# APUNTES DE CURSO

Los tacos, burritos y enchiladas, que otrora fueran clasificados como alimentos exóticos, en nuestros días son tan conocidos como la pizza, el quiche y los rollitos de primavera. Estos platos mejicanos, debido a sus ricos condimentos, diversas y tentadoras combinaciones de llamativos colores, han pasado a ser fácilmente parte de nuestros menús.

La cocina mejicana es más diversa de lo que el aficionado a los tacos pudiera pensar. Basada en componentes tales como maíz, tomates, chiles y frijoles, esta cocina se ha destacado a través de los siglos, con una tradición culinaria y cultural autóctonas, en una geografía y clima propios. Con la introducción de técnicas culinarias españolas y de la fauna doméstica peninsular, la cocina mejicana, lejos de ser opacada, se enriqueció más todavía.

Las recetas de esta sección se eligieron para ilustrar la variedad de esta extraordinaria cocina; los platos varían de sutiles a picantes, de sencillos a complejos, de rústicos a sofisticados. Con ingredientes y técnicas de cocina auténticos, y una presentación con instrucciones claras y fotografías que ilustrarán cómo se deben preparar; estos platos tienen el éxito asegurado, aun en manos de un principiante.

## EQUIPO
La cocina mexicana necesita muy poco equipo especializado, aunque algunos de éstos requieren una descripción.

**Pasapurés para frijoles**: Este utensilio consiste en un bloque de madera o disco perforado de metal con asa, y es muy útil para revolver y moler los frijoles refritos. En caso necesario, se puede sustituir con un pasapurés de papas.

**Mano y mortero**: Se usa para moler especies, hierbas y frutos secos y enteros, convirtiéndolos en polvo. Se hace de mármol, porcelana o cerámica de gres.

**Molinillo eléctrico de especies o café**: Es un aparato pequeño que muele eficaz y rápidamente especies enteras. Se puede usar para preparar chile en polvo fresco a partir de chiles secos enteros. También se usa para moler semillas y frutos secos en el polvo fino que se requieren para preparar algunas salsas, función que no la efectúa tan bien ni la batidora ni el procesador de alimentos.

**Prensa para tortillas**: Esta prensa consiste en dos discos metálicos (generalmente de un diámetro de 15 cm) con una bisagra por un lado y la manivela de la prensa por el otro. Se puede conseguir en tiendas especializadas de utensilios de cocina y abastos mexicanos. Para efectos de rapidez y exactitud es imprescindible tener una prensa para tortillas si piensa hacer tortillas de maíz con regularidad. Sin embargo, puede improvisar aplastando la masa con el fondo de un sartén pesado o plato.

## INGREDIENTES MEXICANOS
Estos ingredientes se pueden conseguir en abastos mexicanos, supermercados o tiendas especializadas de comidas, particularmente, latinoamericanas, caribeñas y hasta las orientales.

**Achiote**: Semillas pequeñas y duras de color carmesí que se usan principalmente en la cocina de origen maya del Yucatán. Las semillas dan un color amarillo oscuro y un sabor suave pero distintivo. Se remojan para ablandarlas o se muelen para hacer un polvo fino antes de usarse.

**Chayote**: Es una calabaza con forma de pera, de color verde claro, y de piel blanda, con un sabor delicioso y suave. Generalmente se puede conseguir el chayote en los meses de invierno y se puede comer crudo, salteado u horneado. Guardar en una bolsa plástica en el refrigerador por un máximo de un mes.

**Chiles**: Ver las descripciones en las páginas 283-284.

**Cilantro** (también lo llaman culantro): Es una hierba acre con hojas verdes delicadas, parecido en aspecto, aunque no en sabor, al perejil de hoja plana. Se usa mucho en la cocina mexicana, y no tiene sucedáneo. Guárdelo en el refrigerador por un máximo de una semana, poner sus tallos en un vaso de agua; cubrir las hojas con una bolsa plástica.

**Jícama**: Un tubérculo de piel delgada de color canela y pulpa firme y blanca de sabor un poco dulce. Tiene la forma de un nabo grande y se usa generalmente en las ensaladas o se come como tapas refrescantes. Se tiene que pelar antes de usarse. Guárdela en el refrigerador un máximo de cinco días.

**Masa harina**: Es una harina preparada especialmente para hacer las tortillas de maíz, tamales y otras masas en base al maíz.

**Chocolate mexicano:** Es una mezcla de chocolate, almendras, azúcar y a veces canela y vainilla, molidos todos juntos y moldeado en tabletas octagonales. Se usa para hacer postres, bebidas espumosas de chocolate, y, en pequeñas cantidades, para enriquecer el sabor de algunas salsas de mole.

**Cebollas**: En la cocina mexicana se usan cebollas blancas picantes y son necesarias para equilibrar el sabor y para la autenticidad. Las cebollas amarillas son demasiado suaves y al cocerse dan un indeseable sabor dulce.

**Queso chihuahua:** Es un queso sabroso medio blando de color cremoso y sabor suave que se presta bien para ser derretido. Se puede sustituir con un queso amarillo suave.

**Tomatillo** (también lo llaman tomate verde): Una fruta pequeña, dura y verde con cáscara fina que hay que sacar antes de usar la fruta. Los tomatillos tienen un sabor ácido distintivo y se usan en muchas salsas cocidas. Se consiguen frescos o enlatados (muchas veces con el nombre de tomatillo entero). No hay nada que los pueda sustituir.

**Tortillas**: Son el puntal de la cocina mexicana. Estos panes delgados y planos se hacen de maíz o harina de trigo. No hay nada que se pueda comparar con el sabor y la textura de tortillas recién hechas, pero se necesita cierta práctica y habilidad para poder prepararlas en casa (ver recetas en las páginas 333 y 334). Las tortillas se consiguen fácilmente en los supermercados y se pueden sustituir con tortillas hechas en casa. Las de maíz generalmente tienen un tamaño de 12,5 a 15 cm de diámetro; las tortillas de harina de trigo se ofrecen en muchos tamaños diferentes, desde 17,5 x 30 cm de diámetro.

## LOS CHILES

El tema de los chiles puede resultar muy poco claro tanto para principiantes como para cocineros experimentados. En México existen más de 100 variedades de chiles, cada uno con características únicas. Se usan tanto frescos como secos y cualquiera de éstas pueden darse tanto enteras como molidas. Incluso se puede encontrar el mismo chile con diferentes nombres según su región de origen. Los chiles varían en lo picante desde los muy suaves hasta los incendiarios, y dentro de una misma clase pueden variar en cuanto al grado de picante que poseen.

Debido al interés cada vez mayor que suscita la comida mexicana, los chiles mexicanos se pueden conseguir ahora en algunas tiendas de comidas especializadas y supermercados. Sin embargo, no se podrán conseguir todos los tipos de chiles en todas partes y en cualquier momento. A continuación le describimos las variedades más comunes para darle una idea de las características individuales de chiles. Una vez que sepa esto, Ud podrá sustituir un chile por otro de características semejantes. Puede que cambie un poco el carácter del plato, pero siempre será delicioso y agradable.

**Advertencia:** Lo picante de los chiles viene de las semillas, las venas (las delgadas membranas interiores a las cuales están pegadas las semillas) y las partes con mayor proximidad a las venas. Para preparar alimentos menos picantes se sacan y se desechan las venas y las semillas. Los aceites de las semillas y venas pueden irritar mucho la piel y causar quemaduras dolorosas en las manos, ojos y labios. No se toque la cara cuando esté usando las manos en la preparación de los chiles, y láveselas bien en agua tibia con jabón después de tocar los chiles con las manos. Si tiene piel especialmente sensible o si en ocasión debe para tocar varios chiles, use guantes de goma.

### Chiles frescos

Los chiles frescos se pueden guardar varias semanas refrigerados en una bolsa plástica forrada con papel de cocina. (El papel de cocina absorbe cualquiera humedad.) Al comprar chiles frescos, elija los que tengan piel sana, sin manchas.

**El anaheim:** Es un chile verde claro que tiene un sabor suave un poco picante. Son de 10 a 15 cm de largo, 4 cm de ancho, y tienen punta redondeada. Los anaheim también se venden enlatados. Para lograr un sabor más picante, se pueden sustituir los chiles poblanos.

**El jalapeño:** Es un chile pequeño, de color verde oscuro, de 5 a 7,5 cm de largo y alrededor de 2 cm de ancho, con extremo ralo, o a veces en punta. Su sabor varía de picante a muy picante. También se venden enlatados o conservados en vinagre. Se pueden sustituir con los serranos u otros chiles pequeños, picantes y frescos.

De izquierda a derecha: chiles Anaheim, Jalapeño, Poblano y Serrano.

**El poblano:** Es un chile grande de color verde muy oscuro, de forma triangular con punta. Generalmente los poblanos tienen de 9 a 12,5 cm. Su sabor varía de suave a bastante picante. Si se busca un sabor más suave, los anaheim los puede sustituir.

**El serrano:** Es un chile de color verde medio, muy pequeño, de sabor muy picante. Generalmente varía de 2,5 a 4 cm de largo y alrededor de 9 mm de ancho con punta. También se pueden conseguir los serranos conservados en vinagre. Estos se pueden sustituir con jalapeños o cualquier otro chile fresco, pequeño y picante.

**Chiles secos**
Generalmente se venden los chiles rojos (maduros) secos en paquetes de celofán de diferente peso. Pueden guardarse indefinidamente en un envase herméticamente tapado en un lugar frío, oscuro y seco.

**El ancho:** Es un chile bastante grande, de forma triangular, un poco más pequeño que el mulato. Tiene piel arrugada, de color rojizo-café medio, a oscuro. Los anchos son sabrosos, y los hay suaves y medio picantes.

**El chipotle:** Es un chile jalapeño ahumado y secado. Tiene la piel arrugada, café, y un sabor a ahumado, muy picante. También éstos se pueden conseguir enlatados en salsa de adobo.

De izquierda a derecha: los chiles Pasilla, Pequín, Mulato, De árbol y Ancho.

**De árbol**: Es un chile muy pequeño, delgado, con forma casi de aguja, con piel lisa de color rojo vivo y sabor muy picante.

**Mulato**: Es un chile de forma triangular, muy grande, que tiene la piel arrugada, de color negruzco-café. Su sabor es fuerte, acre y medio picante.

**Pasilla**: Es un chile largo, delgado de tamaño medio con piel negruzca-café. Tiene un sabor acre, que va de suave a bastante picante. (A las variedades del tipo pasilla a veces se les llama "chiles negros".)

**El pequín (también se escribe piquín):** Es un chile muy pequeño con forma ovalada. Tiene piel un poco arrugada, de color rojizo-anaranjado. Utilice los chiles pequines con cuidado, ya que su sabor es muy, pero muy picante.

## TECNICAS DE PREPARACION UTILES

**Preparación de chiles frescos a la parrilla:** Utilizando tenazas para sostener el chile, póngalo directamente en la llama de un quemador de gas; asarlo, dándole vuelta en lo necesario hasta que el chile se encuentre uniformemente chamuscado y con ampollas. Inmediatamente coloque el chile asado en una bolsa plástica, y cerrar la bolsa. Hacer lo mismo con los demás chiles. Para asar al grill, coloque los chiles sobre la rejilla del grill, previamente forrada con papel aluminio; áselos a una distancia de 5 a 7,5 cm del calor hasta que se encuentren uniformemente con ampollas y chamuscados, dándoles la vuelta cuando sea necesario. Coloque los chiles asados en una bolsa plástica y cerrar la bolsa.

Deje los chiles en reposo 20 minutos en la bolsa plástica cerrada. Pele cada chile bajo la llave de agua fría, frotando y sacando la piel chamuscada. Abra el chile a lo largo utilizando tijeras o un cuchillo.

Con cuidado saque y deseche las semillas y las venas. Lave bien los chiles, estile y séquelos con papel de cocina.

**Para tostar chiles secos**: Caliente una plancha sin untar o sartén pesado a fuego medio; coloque los chiles sobre la plancha en una sola

capa. Asarlos 1 a 3 minutos hasta que cambien un poco de color (pero no

los queme) y se pongan olorosos (pero no al punto de emitir un olor fuerte), presionarlos con espátula y volverlos de vez en cuando. Si va a

tostar un gran número de chiles secos, póngalos 3 a 5 minutos en una sola capa sobre una chapa en horno a 180°C hasta que los chiles se noten calientes y al tocarlos estén olorosos. Cuando los chiles se hayan enfriado suficientemente para poder tomarlos con la mano, pero todavía que estén flexibles, ábralos a lo largo con tijeras; saque con cuidado las semillas y venas. Sólo en caso que la receta así lo especifica, lave y frote los chiles bajo la llave de agua fría.

**Para asar tomates a la parrilla:** Coloque los tomates enteros en la rejilla del grill forrada con papel aluminio. Asar los tomates 15 a 20 minutos a una distancia de 10 cm del

calor hasta que se encuentren con ampollas uniformemente por todos lados y de color café oscuro (no negro) por fuera y blandos por todas partes, girarlos tantas veces sea necesario. Use el tomate entero; no quitar ni la piel ni la semilla, o pulpa.

**Para ablandar y calentar las tortillas**: Amontone las tortillas y cubra con papel aluminio. Calentar 10 minutos en un horno de 180°C, hasta que las tortillas estén calientes. O bien, calentarlas en un horno de microondas. Amontonar las tortillas y

envolverlas en un envoltorio plástico; calentar 1/2 a 1 minuto en ALTO en el microondas, girándolas un 1/4 mientras se están calentando.

*Apuntes de curso* • MEXICANO

# Trozos de chorizo con queso

**Salsa roja y verde (receta a continuación) (optativa)**
**225 g de chorizo**
**120 g de queso amarillo suave, rallado**
**120 g de queso estilo mozzarella, rallado**
**3 tortillas de harina de trigo (de 25 cm de diámetro)**

1. Preparar la salsa roja y verde.

2. Sacar y desechar la piel del chorizo. Calentar un sartén mediano a fuego fuerte hasta que esté caliente. Bajar a fuego medio. Desmenuzar el chorizo y echarlo al sartén. Rehogar 6 a 8 minutos para que tome color, revolver para separar la carne. Sacar con espumadera; estilar sobre papel de cocina.

3. Precalentar el horno a 230°C. Mezclar los quesos en una fuente.

4. Poner las tortillas sobre chapas de horno. Repartir el chorizo uniformemente entre las tortillas, dejando 1,5 cm de la orilla de las tortillas sin cubrir. Espolvorear la mezcla del queso encima.

5. Hornear 8 a 10 minutos hasta que las orillas estén crujientes y doradas y el queso tenga burbujas y se haya derretido.

6. Trasladar a los platos para servir; cortar cada tortilla en 6 trozos. Rociar salsa roja y verde sobre los pedazos, si quiere.

*Para 6 a 8 personas*

## Salsa roja y verde

**1 pimiento morrón pequeño**
**50 g de cilantro picado grueso**
**3 cebollines, picados finos**
**2 chiles jalapeños frescos, sin semillas, molidos**
**2 cucharadas de jugo de lima fresco**
**1 diente de ajo, molido**
**1/4 cucharadita de sal**

Cortar el pimiento a lo largo por la mitad; sacar y desechar las semillas y venas. Cortar las mitades a lo largo en rajas delgadas para luego cortarlas por la mitad en forma transversal. Mezclar todos los ingredientes en una fuente. Dejar reposar, tapado, a temperatura ambiente 1 a 2 horas para que combinen los diferentes sabores.

*Hace 240 g*

2º paso. Se quita la piel del chorizo.

2º paso. El chorizo coge color.

4º paso. Se espolvorea la mezcla de los quesos encima de una tortilla.

**MEXICANO** • *Aperitivos*

Aperitivos • MEXICANO

# Nachos olé

**340 g de frijoles refritos (página 332) o frijoles refritos enlatados**
**6 docenas de totopos de maíz (página 335) o nachos en paquete**
**180 g de queso estilo mozzarella rallado**
**180 g de queso manchego rallado**
**1 tomate grande**
**100 g de chiles jalapeños rebanados finos**

1. Preparar los frijoles refritos.

2. Preparar los totopos de maíz.

3. Precalentar el horno a 200°C. Ligar los quesos en un recipiente pequeño. Recalentar los frijoles, en caso necesario.

4. Cortar el tomate transversalmente por la mitad. Exprimir suavemente cada mitad para sacar y desechar las pepitas. Picar el tomate.

5. Colocar 1 cucharadita de frijoles en cada totopo de maíz.

6. Disponer los totopos en una sola capa montados los unos un poco sobre los otros en 2 a 3 chapas de horno o platos refractarios grandes.

7. Untar los totopos uniformemente con tomate y chiles; espolvorear con la mezcla del queso.

8. Hornear 5 a 8 minutos hasta que el queso tenga burbujas y se derrita.

*Para 4 a 6 personas*

4º paso. Se exprime una mitad del tomate para sacar las pepitas.

5º paso. Se unta la mezcla de frijoles sobre los totopos.

7º paso. Se espolvorean los totopos con la mezcla de quesos.

## Guacamole clásico

4 cucharadas de cebolla blanca, picada fina, por partes
1 1/2 cucharadas de cilantro picado grueso, por partes
1 o 2 chiles serranos o jalapeños frescos, sin semillas, picados finos
1/4 cucharadita de ajo picado fino (optativo)
2 aguacates grandes, maduros y blandos
1 tomate mediano muy maduro
Agua hirviendo
1 a 2 cucharaditas de jugo fresco de lima
1/4 cucharadita de sal
Totopos de maíz (página 335) o nachos en paquete
Chiles y un ramito de cilantro para adorno

1. Poner las 2 cucharadas de cebolla, 1 cucharada de cilantro, los chiles y el ajo en un mortero grande. Moler con la mano del mortero hasta que esté casi como crema. (En caso necesario, la mezcla puede procesarse en batidora, pero se pondrá más acuosa de lo requerido.)

2. Cortar los aguacates a lo largo por la mitad; sacar y desechar los cuescos. Con una cuchara sacar la pulpa de los aguacates de las cáscaras y colocarla en una fuente. Agregar la mezcla de los chiles. Moler fino con una cuchara de madera, pasapurés para frijoles o pasapurés de papas, dejando el aguacate con algunos pedacitos sin moler.

3. Para sacar la piel del tomate, poner el tomate 30 a 45 segundos en una olla pequeña de agua hirviendo. Lavar inmediatamente bajo la llave del agua fría. Pelar el tomate; cortar por la mitad en forma transversal. Exprimir con cuidado cada mitad para sacar las pepitas y luego desecharlas. Picar el tomate.

4. Añadir el tomate, jugo de lima, sal y las 2 cucharadas que quedan de cebolla y 1/2 cucharada de cilantro a la mezcla del aguacate; mezclar bien; servir inmediatamente o cubrir y refrigerar, máximo 4 horas. Servir con totopos de maíz. Adornar si se quiere.
*Hace aproximadamente 480 g*

2º paso. Se saca la pulpa de las cáscaras de los aguacates.

3º paso. Se exprime con cuidado una mitad de tomate para sacar las pepitas.

4º paso. Se agrega tomate a la mezcla de aguacate.

Aperitivos • MEXICANO

# Gazpacho

**6 tomates grandes, muy maduros (unas 1,3 k), por partes**
**37 cl de jugo de tomate**
**1 diente de ajo pequeño**
**2 cucharadas de jugo de lima fresco**
**2 cucharadas de aceite de oliva**
**1 cucharada de vinagre de vino blanco**
**1 cucharadita de azúcar**
**1/2 a 1 cucharadita de sal**
**1/2 cucharadita de hojas secas de orégano, machacadas**
**6 cebollines, picadas en pedazos delgados**
**40 g de apio picado fino**
**40 g de pepino, sin pepas, picado fino, sin pelar**
**1 o 2 chile jalapeños frescos, sin pepas, molidos**
**Picatostes al ajo (receta a continuación) o picatostes de paquete**
**150 g de aguacate picado**
**1 pimiento morrón o verde, sin pepas, picado**
**2 cucharadas de cilantro**
**Secciones de lima (optativas)**
**Nata cortada (optativa)**

1. Sacar las semillas y picar fino el tomate. (Técnica en la página 288.) Reservar.

2. Picar grueso los 5 tomates que quedan y procesar la mitad de ellos, 17 cl de jugo de tomate y el ajo en una batidora hasta que homogenice. Pasar por colador a una fuente grande; desechar las pepitas. Hacer lo mismo con los demás tomates picados gruesos y 17 cl de jugo de tomate.

3. Batir el jugo de lima, aceite, vinagre, azúcar, sal y orégano en la mezcla del tomate. Añadir los tomates picados finos, las cebollas, el apio, el pepino y los chiles. Tapar; refrigerar por lo menos 4 horas o un máximo de 24 horas.

4. Preparar los picatostes al ajo.

5. Revolver la sopa y repartirla con cucharón a las soperas previamente enfriadas. Agregar al gusto los picatostes, el aguacate, el pimiento, el cilantro, las secciones de lima y la nata cortada.

*Para 2 personas*

2º paso. Se pasan los tomates por el colador.

3º paso. Se bate el jugo de lima para ligarlo a la mezcla de los tomates.

## Picatostes al ajo

**5 rebanadas de pan blanco firme**
**2 cucharadas de aceite de oliva**
**1 diente de ajo, molido**
**1/4 cucharadita de paprika**

1. Precalentar el horno a 150°C. Quitar la corteza del pan y cortar en cubitos de 1,5 cm.

2. Calentar el aceite en un sartén a fuego medio. Añadir el ajo y la paprika y revolver. Agregar el pan; cocer por un minuto, revolviendo justo hasta que el pan esté cubierto de aceite.

3. Extender el pan sobre una chapa de horno y hornear 20 a 25 minutos hasta que se dore y se note crujiente. Enfriar.

*Hace unas 100 g*

Aperitivos • MEXICANO

# Flautas con relleno de pollo

3 mitades de pechuga de pollo (unas 675 g)
1 lata (120 g) de chiles verdes picados, estilados
12 cl de agua
1/8 cucharadita de sal (optativo)
1/2 cucharadita de comino molido
Salsa de tomate fresca (página 300)
25 cl de guacamole clásico (página 290) o guacamole que viene ya preparado
12 tortillas de maíz (de 15 cm de diámetro)
Aceite vegetal
875 g de lechuga repollada rallada
120 g de queso estilo mozzarella, rallado
115 g de nata cortada
Secciones de tomate y ramitos de cilantro para adornar

1. En un sartén mediano juntar el pollo, los chiles, el agua, la sal y el comino. Llevar a punto de ebullición a fuego medio-alto. Bajar a fuego lento, tapar y hervir a fuego lento hasta que el pollo esté tierno. Sacar el pollo y dejarlo en reposo hasta que se haya enfriado lo suficiente para poder tocarlo con la mano. Estilar los chiles y reservar.

2. Preparar la salsa fresca de tomates y el guacamole clásico.

3. Sacar y desechar los huesos y la piel del pollo. Con los dedos, desmenuzar la carne del pollo en pedacitos largos y delgados. Calentar los tortillas de maíz. (Técnica en la página 285.)

4. Para cada flauta, montar 2 tortillas, una encima de otra, de tal manera que la mitad de una tortilla coincida con la mitad de la otra. Con una cuchara echar 1/8 de la mezcla de pollo, de un lado a otro, en una línea que pase por el centro de la tortilla. Colocar encima 1/8 de los chiles reservados, y enrollar la tortilla lo más apretada posible.

5. Precalentar el horno a 120°C. En un sartén profundo y pesado, calentar a fuego medio-alto 2,5 cm de aceite a 190°C. Ajustar el fuego para mantener una temperatura constante. Forrar la chapa con papel de cocina.

6. Freír las flautas en el aceite, 1 o 2 a la vez, manteniéndolas cerradas con tenazas durante los primeros 30 segundos para evitar que las flautas se desarmen. Freír 2 minutos o hasta que estén crujientes y doradas por todos lados, dándoles la vuelta de vez en cuando. Estilar sobre papel de cocina. Mantenerlas calientes sobre una chapa de horno preparada.

7. Para servir, poner 2 a 3 flautas sobre cada plato forrado con lechuga. Encima de cada uno coloque un poco del queso, guacamole y nata cortada. Adornar, si se quiere. Servir con salsa fresca de tomate.

*Para 4 a 6 personas*

1º paso. Se añade el agua al sartén.

4º paso. Se moldean las flautas.

6º paso. Se fríen las flautas.

Tortillas • MEXICANO 295

# Tostadas de pollo

**480 g de frijoles refritos (página 332) o frijoles refritos enlatados**
**Salsa de tomate fresca (página 300)**
**Aliño de lima con comino (receta a continuación)**
**4 tortillas de harina de trigo (de 25 cm de diámetro) o 8 tortillas de maíz (de un diámetro de 15 cm)**
**Aceite vegetal**
**750 g de pollo cocido desmenuzado**
**875 g de lechuga repollada rallada**
**1 zanahoria pequeña, rallada**
**120 g de queso amarillo suave rallado, por partes**
**1 aguacate grande y maduro pero firme, pelado, sin cuesco y cortado en rebanadas**
**115 g de nata cortada**

1. Preparar los frijoles refritos, moliéndolos un poco.

2. Preparar la salsa de tomate fresca y el aliño de lima con comino.

3. Precalentar el horno a 120°C. En un sartén profundo, grande y pesado, calentar a fuego medio 2,5 cm de aceite a 190°C, y luego ajustar el fuego para mantener la temperatura constante. Forrar una chapa de horno con papel de cocina.

4. Freír las tortillas en el aceite, 1 a la vez, por un minuto o hasta que se noten crujientes y levemente dorados, dándoles la vuelta una vez. Estilar sobre papel de cocina. Mantenerlas calientes en el horno en una chapa previamente preparada.

5. Recalentar los frijoles en caso necesario. Juntar el pollo, la lechuga y la zanahoria en una fuente grande. Añadir el aliño y revolver suavemente para mezclar.

6. Para servir, poner 1 tortilla de harina de trigo o 2 de maíz en cada plato. Encima poner frijoles, dejando un margen de 1,5 cm de cada tortilla. Espolvorear 90 g de queso uniformemente encima de las tostadas. encima colocar la mezcla de pollo y aguacate. Adornar con el queso que queda. Servir con salsa fresca de tomate y nata cortada.

*Para 4 personas*

## Aliño de lima con comino

**2 cucharadas de jugo fresco de lima**
**1/4 cucharadita de ralladura de lima**
**1/4 cucharadita de sal**
**1/4 cucharadita de comino molido**
**5 cl de aceite vegetal**

Ligar el jugo de lima, ralladura de lima, sal y comino en un recipiente pequeño. poco a poco agregar el aceite, batiendo constantemente, hasta que se homogenice bien. Guardar en el refrigerador.

*Hace alrededor de 7 cl*

4º paso. Se fríe la tortilla.

6º paso. Se espolvorea el queso encima de la tostada.

Aliño de lima con comino: Se bate el aceite con la mezcla del jugo de lima.

# Chimichangas de carne

**Salsa de tomate fresca (página 300)**
**180 g de chorizo**
**450 g de carne de vaca molida**
**75 g de cebolla blanca picada fina**
**1 diente de ajo molido**
**1/2 cucharadita de comino molido**
**1 lata (225 g) de salsa de tomate**
**60 g de aceitunas negras maduras deshuesadas y rebanadas**
**12 tortillas de harina (de 20 cm de diámetro)**
**120 g de queso tipo mozzarella rallado**
**Aceite vegetal**
**25 cl de nata cortada**
**Ramitos de cilantro y rábanos para adornar**

1. Preparar la salsa de tomate fresca.

2. Sacar y desechar la piel del chorizo. Calentar un sartén grande a fuego fuerte. Luego bajar a fuego medio, desmenuzar el chorizo y agregarlo al sartén. Deje que coja color 6 a 8 minutos, revolviendo para separar la carne.

3. Desmenuzar la carne y ponerla en el sartén que coja color a fuego medio-alto 6 a 8 minutos, revolviendo para separar la carne. Añadir la cebolla, ajo y comino y rehogar revolviendo 4 minutos o hasta reblandecer la cebolla. Sacar la grasa con una cuchara y desecharla.

4. Agregar la salsa de tomate. Llevar a punto de ebullición a fuego fuerte. Bajar a fuego lento, tapar y seguir hirviendo a fuego lento por 15 minutos. Destapar el sartén y aumentar a fuego medio. Cocer, revolviendo por 5 minutos o hasta que se haya evaporado la mayor parte del líquido y la carne esté jugosa y recubierta de salsa. Agregar las aceitunas y revolver.

5. Si las tortillas no son recién hechas, ablandar y calentarlas. (Técnica en la página 285.)

6. Poner 50 g de la mezcla de la carne en la mitad inferior de 1 tortilla, y extenderla, dejando 4 cm de la tortilla sin cubrir por el borde inferior y a los lados. Espolvorear con una cucharada medio colmada de queso.

*sigue en la página 300*

2º paso. Se saca la piel del chorizo.

3º paso. Con una cuchara se saca la grasa del sartén.

4º paso. Se cuece la mezcla de la carne hasta que se haya evaporado la mayor parte del líquido.

Tortillas • MEXICANO 299

***Chimichangas de carne, continuación***

7. Moldear las chimichangas doblando la orilla inferior de cada tortilla hacia arriba, cubriendo el relleno. Doblar las orillas laterales hacia adentro y luego enrollar para así dejar el relleno completamente encerrado. Afirmar por arriba con palillos de madera.

8. Repetir los pasos 6 y 7 con los demás tortillas, la mezcla de carne y el queso para así hacer 11 chimichangas más.

9. Precalentar el horno a 120°C. En un sartén profundo y pesado calentar a fuego medio-alto 2,5 cm de aceite a 190°C. Ajustar el calor para mantener la temperatura constante. Forrar chapas de horno con papel de cocina.

10. Freír 2 a 3 chimichangas a la vez por 2 a 3 minutos en el aceite hasta que se doren por todos lados, girándolas de vez en cuando. Sacarlas con tenazas y estilar sobre papel de cocina. Mantenerlas calientes en el horno sobre las chapas previamente preparadas.

11. Sacar los palillos antes de servir; servir con nata cortada y salsa de tomate fresca. Adornar, si se quiere.

*Para 6 personas*

## Salsa de tomate fresca

**1 tomate mediano, picado fino**
**60 g de cilantro picado grueso**
**2 cucharadas de cebolla blanca picada fina**
**1 chile jalapeño fresco, sin semillas, picado fino**
**1 cucharada de jugo de lima fresco**

Ligar todos los ingredientes en un recipiente pequeño; mezclar bien. Dejar reposar 1 a 2 horas, tapado, a temperatura ambiente para que se mezclen los sabores.

*Hace alrededor de 17 cl*

7º paso. Se moldean las chimichangas.

10º paso. Se fríen las chimichangas.

# Enchiladas de carne

**Salsa de chiles rojos (página 302)**
**685 g de carne magra de vaca de cuarto delantero, sin huesos**
**1/2 cucharadita de sal**
**2 cucharadas de aceite vegetal**
**75 g de cebolla blanca picada fina**
**17 cl de caldo de carne**
**42 g de pasas**
**1 diente de ajo, molido**
**1/2 cucharadita de clavos de olor, molidos**
**1/4 cucharadita de semillas de anís, machacadas**
**12 tortillas de maíz (de 15 cm de diámetro)**
**120 g de queso amarillo suave rallado**
**175 g de nata cortada**
**75 g de aceitunas negras maduras deshuesadas y rebanadas**
**Un ramito de albahaca y una sección de tomate para adorno**

1. Preparar la salsa de chiles rojos.

2. Con un cuchillo funcional cortar la carne a lo largo en tiras de 2,5 cm. Luego cortarla en forma transversal a intervalos de 2,5 cm formando así cubitos de 2,5 cm.

3. Espolvorear la carne con sal. En un sartén grande, rehogar en aceite caliente por 10 a 12 minutos a fuego medio-alto una mitad de la carne, dándola vuelta frecuentemente, y luego, con una espumadera, trasladarla a un plato; hacer lo mismo con la carne que quede.

4. Bajar a fuego medio. Añadir la cebolla y rehogar, revolviendo por 4 minutos o hasta que se reblandezca la cebolla. Volver a colocar la carne en el sartén y agregar el caldo, las pasas, el ajo, los clavos de olor, las semillas de anís, y 6 cl de salsa de chiles rojos. Llevar a su punto de ebullición, a fuego medio, y luego bajar a fuego lento. Tapar y hervir 1 1/2 a 2 horas hasta que la carne esté muy tierna. Con dos tenedores, desmenuzar la carne formando pedazos pequeños en el sartén. Sacar del fuego.

5. Precalentar el horno a 190°C. En un sartén mediano, calentar la salsa de chiles rojos, a fuego medio, y una vez que esté caliente, sacarla del fuego.

6. Meter, por algunos segundos o hasta que afloje, 1 tortilla en la salsa usando tenazas . Sacar y estilar la salsa sobrante.
*sigue en la página 302*

3º paso. Con espumadera se saca la carne del sartén.

4º paso. Se desmenuza la carne.

6º paso. Se introduce una tortilla en la salsa.

*Tortillas* • MEXICANO

*Enchiladas de carne, continuación*

7. Colocar unas 3 cucharadas de relleno a lo largo de una línea que pase por el centro de la tortilla. Enrollar y colocar en una fuente para horno de 32,5 x 22,5 cm. Hacer lo mismo con las demás tortillas, salsa y relleno de carne. Verter la salsa que queda encima de las enchiladas.

8. Espolvorear el queso encima y hornear 25 minutos o hasta que se formen burbujas y se haya derretido el queso. Para servir, con una cuchara poner la nata cortada por el medio de las enchiladas, y distribuir las aceitunas encima. Adornar, si se quiere.

*Para 4 a 6 personas*

## Salsa de chiles rojos

**90 g de chiles anchos secos (alrededor de 5), tostados, lavados, y despepitados y desvenados (técnica en la página 285)**
**62 cl de agua hirviendo**
**2 cucharadas de aceite vegetal**
**2 cucharadas de pasta de tomate**
**1 diente de ajo molido**
**1/2 cucharadita de sal**
**1/2 cucharadita de hojas secas de orégano, machacadas**
**1/4 cucharadita de comino molido**
**1/4 cucharadita de cilantro molido**

1. Colocar los chiles en una fuente medina y cubrir con agua hirviendo. Dejar en reposo 1 hora.

2. Colocar los chiles junto con el agua de remojo en la licuadora y procesar hasta que no tenga grumos.

3. Echar en una olla de 2 litros, agregar los demás ingredientes y batir para mezclar. Llevar todo a un fuego medio-alto y luego bajar a fuego lento. Tapar y hervir por, 10 minutos, a fuego muy lento, revolviendo de vez en cuando.

*Hace alrededor de 62 cl*

**Nota:** Se puede refrigerar la salsa, tapada, máximo de 3 días o congelarla, máximo 1 mes.

7º paso. Se moldea una enchilada.

Salsa de chiles rojos: 1º paso. Se cubren los chiles con agua hirviendo.

Salsa de chiles rojos: 3º paso. Se agregan los demás ingredientes, batiendo para unir con la mezcla de chiles.

Tortillas • MEXICANO

## Tacos picantes de carne

**450 g de carne magra de vaca de cuarto delantero, sin huesos**
**Aceite vegetal**
**1 a 2 cucharaditas de polvos de chile**
**1 diente de ajo molido**
**1/2 cucharadita de sal**
**1/2 cucharadita de comino molido**
**1 lata (435 g) de tomates enteros pelados, sin estilar, picados**
**12 tortillas de maíz (de un diámetro de 15 cm)***
**120 g de queso amarillo suave rallado**
**400 a 600 g de lechuga repollada**
**1 tomate grande fresco, despepitado y picado (técnica en la página 288)**
**Cilantro para adornar**

*O bien, sustituir tacos de paquete por las tortillas de maíz. Omitir los pasos 4 y 5. Calentar los tacos de acuerdo a las indicaciones del paquete.

1. En un sartén grande, rehogar la carne por 10 a 12 minutos a fuego medio-alto para que dore en 2 cucharadas de aceite caliente, revolviendo frecuentemente. Bajar a fuego lento. Agregar los polvos de chile, ajo, sal y comino. Rehogar y revolver 30 segundos.

2. Añadir los tomates sin estilar y dejar que el conjunto alcance su punto de ebullición a fuego fuerte. Luego bajar a fuego lento, tapar y hervir, entre 1 1/2 y 2 horas, a fuego lento hasta que la carne se note muy tierna.

3. Con 2 tenedores, desmenuzar la carne en pedazos pequeños en el sartén. Aumentar a fuego medio y cocer, sin tapar, 10 a 15 minutos, hasta que se haya evaporado la mayor parte del líquido y la carne esté jugosa y recubierta de salsa. Mantenerla caliente.

4. Calentar, a fuego medio-alto, en 10 a 12,5 cm de aceite en freidora u olla profunda a 190°C, ajustando el fuego para mantener una temperatura constante.

5. Para preparar los tacos, poner 1 tortilla en el cesto de freír tacos ** y, cuidadosamente, cerrar. Freír la tortilla 1/2 a 1 minuto hasta que esté crujiente y dorada. Abrir el cesto y sacar el taco; estilar sobre papel de cocina y hacer lo mismo con las demás tortillas.

6. Colocar la carne, el queso, la lechuga y el tomate en cada taco. Adornar, si se quiere.

*Para 6 personas*

**Los cestos de freír tacos se consiguen a veces en los grandes supermercados y ferreterías.

1º paso. Se rehoga la carne para que dore.

3º paso. Se cuece la carne hasta que se haya evaporado la mayor parte del líquido.

5º paso. Se moldea la tortilla para hacer un taco.

# Burritos de carne de cerdo

**480 g de frijoles refritos (página 332) o frijoles refritos enlatados**
**1 asado sin huesos de cuarto trasero de cerdo (unas 1,1 k)**
**150 g de cebolla blanca picada**
**1 zanahoria, rebanada**
**1 diente de ajo, molido**
**1/2 cucharadita de sal**
**1/2 cucharadita de comino molido**
**1/2 cucharadita de semillas de cilantro, levemente machacadas**
**Agua**
**Salsa de tomate fresca (página 300)**
**12 tortillas de harina (de un diámetro de 20 cm)**
**2 aguacates medianos, maduros y firmes, pelados, sin cuesco y picados**
**120 g de queso tipo mozzarella**
**Palitos de zanahoria, rebanadas de aguacate y un ramito de cilantro para adornar**

1. Preparar los frijoles refritos.

2. Poner la carne de cerdo, cebolla blanca, zanahoria rebanada, ajo, sal, comino y semillas de cilantro en una olla de hierro de 5 litros. Agregar agua, justo que cubra la carne de cerdo. llevar a su punto de ebullición. Bajar a fuego lento. Tapar y hervir a fuego lento 2 a 2 1/2 horas hasta que la carne de cerdo se note tierna.

3. Preparar la salsa de tomate fresca.

4. Precalentar el horno a 180°C. Sacar la carne de la olla y reservar. Pasar el líquido de la olla por un cedazo forrado con estopilla, y reservar 12 cl del líquido.

5. Colocar la carne de cerdo sobre la rejilla de la fuente para asar. Asar 40 a 45 minutos hasta que dore bien, girándola una vez. Dejar en reposo hasta que se haya enfriado suficientemente para poderla tocar con la mano.

6. Limpiar la carne y desechar la grasa exterior. Con 2 tenedores, desmenuzar la carne de cerdo en pedazos pequeños. En un sartén mediano juntar la carne de cerdo y el líquido que se reservó de la olla. Calentar 5 minutos a fuego medio o hasta que la carne esté caliente y jugosa. Revolver frecuentemente.

7. Ablandar y calentar las tortillas. (Técnica en la página 285.) Recalentar los frijoles, en caso necesario.

8. Colocar unas 2 1/2 cucharadas de frijoles en la mitad inferior de 1 tortilla y extender la mezcla un poco. Hacer capas con la carne de cerdo, la salsa, el aguacate picado y el queso.

9. Para formar un burrito, doblar la orilla derecha de una tortilla haciendo el doblez hacia arriba para que cubra el relleno. Doblar la orilla inferior sobre el relleno, y luego enrollar no muy ajustado, dejando abierto el extremo izquierdo del burrito. Adornar, si se quiere.

*Para 6 personas*

2º paso. Se agrega agua hasta cubrir la carne de cerdo.

6º paso. Se desmenuza la carne.

9º paso. Se forma un burrito.

# Pollo picante a la parrilla

**75 g de mantequilla con chile (receta a continuación)**
**6 mitades de pechuga de pollo deshuesadas (alrededor de 180 g cada uno)**
**Ramitos de cilantro para adornar**
**Ensalada de jícamas con pepino (página 326) (optativa)**
**Tortillas de harina de trigo (optativas)**

1. Preparar la mantequilla con chile y cortarla en trozos de un grosor de 3 mm. Soltar la piel en un extremo de cada presa de pollo e introducir 1 trozo de mantequilla con chile debajo de la piel de cada una.

2. Precalentar el grill. Colocar las presas de pollo, con el lado de la piel hacia abajo, sobre la rejilla engrasada de la parrilla; esparcir encima algunos trocitos de mantequilla que queden. Poner el pollo a la parrilla, a 15 cm del fuego, 10 minutos o hasta que se dore por encima. Darles la vuelta a las presas y esparcir encima otros trocitos de mantequilla que queden. Poner, 10 minutos, a la parrilla o hasta que dore y el jugo se ponga transparente.

3. Para servir, poner mantequilla con chile encima, si así se desea, servir con ensalada de jícama y pepino y tortillas.

## Mantequilla con chile

**1 chile ancho seco, tostado, despepitado, desvenado y lavado (técnica en la página 285)**
**25 cl de agua hirviendo**
**115 g de mantequilla, ablandada**
**1 diente de ajo**
**1/4 cucharadita de hojas secas de orégano, machacadas**

1. Colocar el chile en un recipiente pequeño y cubrir con agua hirviendo. Dejar reposar 1 hora.

2. Colocar el chile y 1 1/2 cucharadas del agua de remojo en la licuadora y procesar hasta que se note cremoso. Enfriar completamente. Desechar el resto del agua de remojo.

3. Batir la mantequilla en un recipiente pequeño con batidora eléctrica hasta que haga pico. Agregar el ajo y el orégano y batir. Poco a poco agregar la mezcla del chile y batir. Tapar y refrigerar por 30 minutos o hasta que esté firme. Con una cuchara poner mantequilla en sobre un envoltorio plástico y enrollar hacia adelante y hacia atrás para formar un enrollado liso de 2,5 cm de grosor. Refrigerar hasta quedar firme.

*Hace alrededor de 150 g*

1º paso. Se introduce la mantequilla con chile debajo de la piel del pollo.

2º paso. Se esparce mantequilla con chile encima del pollo.

Mantequilla con chile: 3º paso: Se hace un rollo con la mezcla de mantequilla.

Platos principales • MEXICANOS

# Mole de pollo

3 chiles pasilla secos, tostados, despepitados, desvenados y lavados (técnica en la página 285)
3 chiles mulatos secos, tostados, despepitados, desvenados y lavados (técnica en la página 285)
37 cl de agua hirviendo
50 g de semillas de sésamo
3 clavos de olor enteros
1 trozo de canela en rama (alrededor de 2,5 cm)
1/4 cucharadita de semillas enteras de cilantro
1/8 cucharadita de semillas de anís enteras
6 cl de aceite vegetal
50 g de almendras enteras escalfadas
50 g de pasas
6 piernas enteras de pollo, incluyendo los muslos (unas 1,3 k)
1/4 cucharadita de sal
75 g de cebolla blanca, picada gruesa
2 dientes de ajo
1 cucharada de pasta de tomate
45 g de chocolate mexicano
25 cl de caldo de pollo
Secciones de tomate y ramitos de cilantro para adornar
Arroz verde (página 330) (optativo)

1. Poner los chiles pasilla y mulatos en una fuente mediana y cubrir de agua hirviendo. Dejar en reposo 1 hora.

2. Revolviendo frecuentemente, tostar las semillas de sésamo en un sartén seco y pesado 2 minutos a fuego medio o hasta que se doren. Sacar del sartén.

3. Juntar los clavos de olor, la canela en rama, las semillas de cilantro y las semillas de anís en el mismo sartén. Revolviendo frecuentemente, tostar 20 a 30 segundos a fuego medio hasta que empiecen a dorar y se tornen aromáticas. Sacar del sartén.

4. Calentar el aceite a fuego medio en un sartén de 30 cm. Cuando esté caliente añadir las almendras y rehogarlas, revolviendo 2 a 3 minutos hasta que doren. Sacar con espumadera y estilar en papel de cocina.

5. Añadir las pasas. Rehogar, revolviendo 30 segundos, o hasta que se hinchen. Sacarlas con espumadera.

6. Espolvorear con sal las presas de pollo. Freír a fuego medio en el mismo sartén por 10 minutos o hasta que doren, girándolas una vez. Trasladar a un plato y sacar del sartén todo el aceite a excepción de 2 cucharadas.

*sigue en la página 312*

1º paso. Se cubren los chiles con agua hirviendo.

2º paso. Se tuestan las semillas de sésamo.

4º paso. Dorar las almendras.

### Mole de pollo, continuación

7. Poner las pasas en la licuadora, procesándolas hasta que estén molidas y finas. Picar gruesas las almendras y añadirlas a la licuadora, procesándolas también hasta estar molidas finas. Finalmente agregar la cebolla y el ajo a la licuadora y molerlos finamente.

8. Procesar 2 cucharadas de semillas de sésamo apagando y encendiendo un molinillo eléctrico para especies hasta convertirlas en un polvo fino, y agregar a la mezcla en la licuadora.

9. Procesar la mezcla de clavos de olor en el molinillo hasta convertirla en un polvo fino también y añadirlo a la mezcla en la licuadora.

10. Añadir a la licuadora los chiles, 8 cl del agua de remojo y la pasta de tomate y procesar hasta que la mezcla quede sin grumos. Si resulta demasiado espesa, añadir, una cucharadita a la vez, justo el agua suficiente para permitir girar el cuchillo de la licuadora. Desechar el resto del agua de remojo.

11. Con un cuchillo afilado picar grueso el chocolate.

12. Recalentar el aceite en un sartén a medio fuego. Luego, una vez caliente el aceite, bajar a fuego medio-bajo y agregar la mezcla de chiles y rehogar, revolviendo 5 minutos. Agregar el chocolate y seguir calentando y revolviendo por dos minutos más o hasta que se derrita. Agregar el caldo poco a poco, cocer y revolver por 5 minutos.

13. Volver a colocar el pollo en el sartén. Bajar a fuego lento, tapar y hervir a fuego lento por 45 minutos o hasta que el pollo se vea tierno y el jugo transparente; girar el pollo de vez en cuando. Cuando esté a punto de servirse, espolvorear las semillas de sésamo que queden encima del pollo. Servir con arroz verde.

*Para 6 personas*

7º paso. Se añade la cebolla a la mezcla de pasas.

10º paso. Se procesa la mezcla de chiles.

12º paso. Se cuece la salsa de mole.

# Chiles rellenos

**Salsa de tomate (página 314)**
**8 chiles poblanos o anaheim frescos**
**Relleno de picadillo (página 314)**
**Aceite vegetal**
**50 g de harina**
**5 huevos, separada la yema de la clara**
**1/4 cucharadita de crémor tártaro**
**1/4 cucharadita de sal**
**Aceitunas verdes rellenos de pimiento para adornar**

1. Preparar la salsa de tomate.

2. Asar, pelar, despepitar y desvenar los chiles, dejando intactos los tallos y cuidando de no romperlos. (Técnica en las páginas 284-285.)

3. Preparar el relleno del picadillo.

4. Usando una cuchara, rellenar cada chile con 35 g de relleno de picadillo; presionando los chiles firmemente entre las manos para sacar el aire y para cerrarlos.

5. Precalentar el horno a 120°C. Calentar 2,5 cm de aceite en un sartén hondo y pesado, a fuego medio-alto a 190°C, y ajustar el fuego para mantener la temperatura constante. Forrar una chapa de horno con papel de cocina.

6. Rodar cada chile en harina para recubrir levemente y sacar la harina. Reservar el resto de la harina, alrededor de 35 g.

7. Con batidora eléctrica puesta en alta velocidad, batir las claras de los huevos, el crémor tártaro y la sal en una fuente grande hasta que monte y haga pico suave. Con la batidora a media velocidad, batir las yemas en una fuente de tamaño mediano hasta que se forme una crema homogénea. Suavemente mezclar 1/4 de las claras de huevo con la mezcla de yemas y luego, cuidadosamente, añadir las claras que queden hasta que se mezclen.

8. Para recubrir cada chile con pasta de huevo para rebozar, tomarlo del tallo, apoyando la base del chile con el tenedor. Introducir en la pasta para rebozar para recubrirlo, dejando caer lo sobrante.

*sigue en la página 314*

4º paso. Con una cuchara se rellenan los chiles.

6º paso. Se rueda un chile en la harina.

8º paso. Se recubre un chile con rebozo de huevo.

*Platos principales* • MEXICANO

*Chiles rellenos, continuación*

9. Introducir el chile inmediatamente en el aceite caliente. Freír 4 minutos o hasta que se dore, de color amarillo oscuro, girándolo una vez. Sacarlos con una espátula con ranuras y estilar sobre papel de cocina. Mantenerlos calientes en el horno.

10. Recalentar la salsa de tomate a fuego medio. Con una cuchara trasladar la salsa a los platos y disponer los chiles encima. Adornar, si se quiere.
Para 4 personas

## Salsa de tomate

**675 g de tomates, pelados y despepitados (técnica en la página 290)**
**1 cebolla mediana blanca, picada**
**1 diente de ajo picado**
**2 cucharadas de aceite vegetal**
**37 cl de caldo de pollo**
**1/2 cucharadita de hojas secas de tomillo, machacadas**
**1/4 cucharadita de sal**

1. Colocar los tomates, la cebolla y el ajo en la licuadora y procesar hasta que esté sin grumos.

2. Calentar el aceite en un sartén profundo y grande a medio fuego. Cuando esté caliente, añadir la mezcla de tomates, cocer y revolver por 5 minutos.

3. Añadir al sartén el caldo, el tomillo y la sal y llevar a su punto de ebullición a fuego fuerte. Bajar el fuego a medio-bajo. Cocer, revolviendo 10 a 15 minutos hasta que la salsa se haya espesado. Sacar del fuego y reservar.
*Hace alrededor de 50 cl*

## Relleno del picadillo

**1 cucharada de aceite vegetal**
**40 g de almendras cortadas en láminas finas**
**350 g de carne de vaca molida**
**40 g de cebolla blanca finamente picada**
**1 tomate grande, pelado, despepitado, y picado fino (técnica en la página 290)**
**1 cucharada de pasta de tomate**
**1 diente de ajo, molido**
**2 cucharadas de pasas**
**2 cucharadas de aceitunas rellenas con pimiento, rebanadas finas**
**1 cucharada de vinagre de sidra**
**1 cucharadita de azúcar negra**
**1/4 cucharadita de sal**
**1/4 cucharadita de canela molida**
**1/8 cucharadita de comino molido**
**1/8 cucharadita de clavos de olor molidos**

1. Calentar el aceite en un sartén a fuego medio. Añadir las almendras, cocer y revolver 2 a 3 minutos hasta que se doren. Sacar y estilar sobre papel de cocina.

2. Desmenuzar la carne y colocar 5 minutos en el sartén hasta que dore, revolviendo frecuentemente. Añadir la cebolla, rehogar revolviendo 4 minutos o hasta que reblandezca. Añadir el tomate, la pasta de tomate y el ajo, y cocer revolviendo por 2 minutos. Añadir los demás ingredientes a excepción de las almendras. Tapar y hervir 15 minutos a fuego lento.

3. Destapar el sartén y cocer 3 minutos a fuego medio-bajo hasta que se haya evaporado la mayor parte del líquido. Sacar la grasa de encima y desecharla. Añadir las almendras y revolver. Dejar reposar hasta que se haya enfriado lo suficiente para poderlo tocar con la mano.

*Hace unas 400 g*

9º paso. Se fríen los chiles.

Relleno del picadillo: 1º paso. Se tuestan las almendras.

Relleno del picadillo: 2º paso. Se revuelven las especies con la mezcla de carne molida.

*Platos principales* • MEXICANO

# Fajitas

2 filetes de falda (de alrededor de 450 g cada uno)
2 dientes de ajo, por partes
3 cucharadas de aceite vegetal, por partes
2 cucharadas más 1 a 2 cucharaditas de jugo de lima fresco, por partes
Pizca de pimienta negra molida
80 g de cebolla blanca molida
2 tomates grandes, depepitados, picados finos (técnica en la página 290)
2 pimientos verdes pequeños, asados, pelados, depepitados, desvenados y picados finos (técnica en las páginas 284-285)
2 cucharadas de cilantro molido
1 chile serrano fresco, molido
Frijoles refritos (página 332) (optativos)
Tortillas de harina de trigo (de un diámetro de 20 cm) (optativas)

1. Poner los filetes entre pedazos de envoltorio plástico y golpear con el lado plano de un mazo para carne hasta que tenga un grosor de 6 mm. Cortar cada filete a la mitad en forma transversal.

2. Golpear 1 diente de ajo con el mazo para carne para que se deshaga en pedazos. En una fuente de vidrio para horno no muy profunda ligar el ajo, 2 cucharadas de aceite, 2 cucharadas de jugo de lima y pimienta negra. Añadir los filetes, girándolos para recubrirlos con la marinada. Marinar por 30 minutos en el refrigerador.

3. Moler el diente de ajo restante. En un sartén mediano, rehogar la cebolla y el ajo por 3 a 4 minutos a fuego medio, con una cucharada de aceite que quede, hasta que la cebolla ablande. Quitar del fuego.

4. Agregar los tomates, los pimientos, el cilantro y el chile y revolver, aliñando al gusto con el resto del jugo de lima. Dejar en reposo, tapado, a temperatura ambiente.

5. Preparar el carbón para la parrilla.* Sacar los filetes de la marinada y secar con papel de cocina. Desechar la marinada. Hacer a la parrilla por 3 minutos a 15 cm del calor si los quiere poco hechos, o hasta que se consiga el grado de cocción requerido, girándolo una vez.

6. Recalentar los frijoles, si es necesario. Si no están recién hechas, ablandar y calentar las tortillas. (Técnica en la página 285.)

7. Servir los filetes con salsa de tomate, frijoles refritos y tortillas.

*Para 4 personas*

*Se pueden preparar los filetes en una plancha o sartén grande untado con un poco de aceite y bien aliñado. Calentar a fuego medio hasta que esté muy caliente y luego hacer los filetes, colocados sobre la plancha en una sola capa, 3 minutos si los quiere poco hechos o hasta que se consiga el grado de cocción requerido, girándolos una vez.

1º paso. Se golpea la carne hasta que tenga un grosor de 6 mm.

4º paso. Se revuelve el cilantro y la salsa de tomate.

MEXICANO · *Platos principales*

*Platos principales* • MEXICANOS

# Chili

**2 cucharadas de aceite vegetal**
**900 g de carne delantero molido fino para chili o regular**
**600 g de cebollas picadas finas**
**1 o 2 chiles de árbol secos**
**2 dientes de ajo molidos**
**1 cucharadita de comino molido**
**1/4 a 1 cucharadita de sal**
**1/4 cucharadita de clavos de olor molidos**
**1 lata (840 g) de tomates enteros pelados, sin estilar, picados gruesos**
**12 cl de jugo de naranja fresco**
**12 cl de tequila o agua**
**60 g de pasta de tomate**
**1 cucharada de ralladura de naranja**
**Secciones de lima y ramitos de cilantro para adornar**

1. En un sartén profundo de 30 cm calentar el aceite a fuego medio-alto. Cuando esté caliente desmenuzar la carne y ponerla en el sartén, 6 a 8 minutos, para que dore, revolviendo para separar la carne. Bajar a fuego medio. Añadir las cebollas y rehogar 5 minutos hasta que reblandezcan.

2. En mano y mortero machacar los chiles hasta que formen copos finos. Añadir al sartén los chiles, el ajo, el comino, la sal y los clavos de olor, y rehogar, revolviendo por 30 segundos.

3. Añadir los tomates, jugo de naranja, tequila, pasta de tomate y ralladura de naranja y revolver, llevando todo a su punto de ebullición a fuego fuerte. Bajar a fuego lento, tapar y hervir 1 1/2 horas a fuego lento, revolviendo de vez en cuando.

4. Destapar el sartén y cocer el chili 10 a 15 minutos a fuego medio-bajo hasta que se haya espesado un poco, revolviendo frecuentemente. Trasladar a soperas con un cucharón. Adornar, si se quiere.

*Para 6 a 8 personas*

1º paso. Dorar la carne.

2º paso. Se machacan los chiles con mano y mortero.

3º paso. Se revuelve la ralladura de naranja junto con la mezcla de tomates.

# Cerdo a la parrilla marinado con chiles

**3 cucharadas de chiles pasilla secos, molidos y despepitados**
**1 cucharadita de sal gruesa o kosher**
**1/2 cucharadita de comino molido**
**2 cucharadas de aceite vegetal**
**1 cucharada de jugo de lima fresco**
**3 dientes de ajo, molido**
**900 g de filete de cerdo o chuletas de lomo de cerdo gruesas sin hueso, eliminada la grasa**
**Lechuga romana (optativa)**
**Rábanos para adornar**

1. Mezclar los chiles, la sal, y el comino en un recipiente pequeño. Agregar el aceite y el jugo de lima para hacer una pasta sin grumos, y añadir el ajo.

2. Hacer un corte para abrir la carne cortando a lo largo pero atravesando sólo alrededor de 2/3 de su grosor, de tal manera que la carne permanezca en un solo pedazo. Ponerla plana.

3. Cortar el filete en forma transversal en 8 pedazos iguales. En el caso de chuletas, no cortarlas en pedazos.

4. Colocar la carne entre pedazos de envoltorio plástico y golpear con el lado plano de un mazo para carne hasta que tenga un grosor de 6 mm.

5. Untar la pasta de los chiles sobre ambos lados de los pedazos de carne, recubriéndolos uniformemente. Colocar en una fuente poco profunda de vidrio para horno. Marinar por 2 a 3 horas, tapada en el refrigerador.

6. Preparar el carbón para la parrilla o precalentar el grill eléctrico. Hacer la carne al grill o a la parrilla a 15 cm del calor, 8 a 10 minutos para la parrilla o 6 a 7 minutos para el grill eléctrico, dándole la vuelta una vez. Servir sobre un plato forrado de lechuga. Adornar, si se quiere.

*Para 6 a 8 personas*

2º paso. Se abre la carne de cerdo para asar.

3º paso. Se corta la carne en 8 pedazos iguales.

4º paso. Se golpea la carne hasta que tenga un grosor de 6 mm.

*Platos principales* • MEXICANOS

# Huachinango (pargo) en salsa de chiles y tomates

6 filetes de pargo (de 225 a 285 g cada uno
1/4 cucharadita de sal
1/8 cucharadita de pimienta
45 g de harina
6 cl de aceite de oliva
3 dientes de ajo, rebanados
2 cebollas blancas medianas, cortadas a lo largo en rodajas finas
675 g de tomates pera frescos, pelados, despepitados, y picados finos (técnica en la página 290)
12 cl de jugo de tomate
6 cl de jugo de lima fresco
40 g de aceitunas verdes rellenos de pimiento, rebanados
1 o 2 chiles jalapeños conservados en vinagre, despepitados, picados finos
1 cucharada de alcaparras estiladas
1 hoja de laurel comestible
Hojas frescas de laurel comestible y rodajas de lima para adorno
Papas nuevas cocidas y divididas en cuatro partes, con eneldo fresco (optativo)

1. Salpimentar el pescado y luego recubrirlo con harina por ambos lados, sacudiéndolo para sacar la harina sobrante.

2. Calentar el aceite a fuego medio en un sartén de 30 cm. Añadir el ajo y rehogar, revolviéndolo 2 a 3 minutos hasta que se dore. Sacar el ajo con espumadera y desecharlo.

3. Poner los filetes en una sola capa en el sartén sin llenarlo demasiado. Freír a fuego medio por 4 minutos o hasta que los filetes estén dorados, dándolos vuelta una vez. Sacar y colocar en un plato. Hacer lo mismo con los demás filetes.

4. Añadir las cebollas. Rehogar, revolviendo por 4 minutos o hasta que reblandezcan las cebollas. Añadir los tomates, el jugo de tomate, el jugo de lima, las aceitunas, los chiles, las alcaparras y la hoja de laurel, y revolver. Llevar el conjunto a su punto de ebullición a fuego fuerte. Bajar a fuego lento, tapar y hervir 15 minutos a fuego lento.

5. Añadir al sartén el jugo acumulado de los filetes en el plato. Aumentar a fuego medio-alto. Cocer por 2 a 3 minutos, sin tapar, hasta que se espese, revolviendo frecuentemente. Sacar y desechar la hoja de laurel.

6. Volver a colocar los filetes en el sartén. Bajar a fuego lento, tapar y hervir 3 a 5 minutos hasta que los filetes se deshagan fácilmente al probarlos con el tenedor. Adornar, si se quiere. Servir con papas.

*Para 6 personas*

1º paso. Se recubre el pescado de harina.

2º paso. Se saca el ajo del sartén.

4º paso. Se revuelven juntos los demás ingredientes de la salsa.

Platos principales • MEXICANO

# Langostinos al horno con mantequilla de chiles y ajo

**700 g de langostinos medianos crudos sin pelar**
**115 g de mantequilla**
**6 cl de aceite vegetal**
**8 dientes de ajo, picados finos**
**1 a 3 chiles de árbol secos, desmenuzados gruesos\***
**1 cucharada de jugo de lima fresco**
**1/4 cucharadita de sal**
**Hojas de cebollín, rebanadas finas, para adornar**

\* Para obtener un sabor más suave, despepitar todos, o algunos chiles.

1. Precalentar el horno a 200°C. Descascarar y desvenar los langostinos dejando las colas pegadas. Lavar y estilar bien.

2. Calentar la mantequilla y el aceite en un sartén pequeño a fuego medio hasta que la mantequilla se derrita y se ponga espumosa. Añadir el ajo, los chiles, el jugo de lima y la sal. Cocer y revolver 1 minuto y luego sacar del fuego.

3. Disponer los langostinos en una capa uniforme en una fuente de 2 litros para gratinado o fuente para horno. Echar la mantequilla caliente encima de los langostinos.

4. Hornear los langostinos 10 a 12 minutos hasta que se pongan opacos y de color rosado, revolviendo una vez. No recocer porque los langostinos se pondrán secos y duros. Adornar, si se quiere.

*Para 4 personas*

1º paso. Se descascaran los langostinos.

2º paso. Se añaden los aliños a la mantequilla derretida.

3º paso. Se vierte la mezcla de mantequilla encima de los langostinos.

# Ensalada de jícama y pepino

**1 jícama (de 570 a 675 g)\***
**1 pepino pequeño, sin pelar**
**75 g de cebolla roja suave cortada en láminas muy finas**
**2 cucharadas de jugo de lima fresco**
**1/2 cucharadita de ralladura de lima**
**1 diente de ajo, molido**
**1/4 cucharadita de sal**
**1/8 cucharadita de chile de árbol seco y desmenuzado**
**3 cucharadas de aceite vegetal**
**Hojas de lechuga**
**Láminas finas de cebolla roja y secciones de lima para adornar**

\*O bien, sustituir aguaturmas. Cortar las aguaturmas peladas a lo largo a la mitad; cortar las mitades en forma transversal en trozos delgados.

1. Pelar la jícama y cortar a lo largo en 8 secciones, y luego cortar las secciones en forma transversal formando rodajas de un grosor de 3 mm.

2. Cortar el pepino a lo largo a la mitad, y luego sacar y desechar las semillas. Cortar las mitades en forma transversal en rodajas de un grosor de 3 mm.

3. En una fuente grande juntar la jícama, pepino y cebolla y revolver suavemente para mezclar.

4. En un recipiente pequeño ligar el jugo de lima, la ralladura de lima, el ajo, la sal y el chile. Añadir el aceite poco a poco, batiendo constantemente, hasta que el aliño se encuentre homogéneo.

5. Vaciar el aliño encima de la ensalada y revolver suavemente para recubrir. Tapar y refrigerar 1 a 2 horas para combinar los diferentes sabores.

6. Servir la ensalada en una ensaladera forrada con lechuga. Adornar, si se quiere.

*Para 6 personas*

1º paso. Se corta la jícama en forma transversal formando rodajas de 3 mm de grosor.

2º paso. Se sacan las semillas de una mitad de pepino.

5º paso. Se vacía el aliño encima de la ensalada.

MEXICANO • *Para acompañar*

# Ensalada briosa de calabacines y garbanzos

3 calabacines medianos (de alrededor de 180 g cada uno)
1/2 cucharadita de sal
5 cucharadas de vinagre blanco
1 diente de ajo, molido
1/4 tomillo, machacadas
12 cl de aceite de oliva
150 g de garbanzos enlatados, estilados
75 g de aceitunas negras deshuesadas y rebanados
3 cebollines molidos
1 chile chipotle enlatado en salsa de adobo, estilado, despepitado y molido
1 aguacate maduro, sin cuesco, pelado, cortado en cubitos de 1,5 cm
40 g de queso feta desmenuzado o 3 cucharadas de queso romano rallado
1 lechuga romana, sin tallo y separada en hojas
Rodajas de tomates y ramitos de cilantro para adornar

1. Cortar los calabacines a lo largo a la mitad y luego cortar en forma transversal en rodajas de un grosor de 6 mm. Poner los pedazos en una fuente de tamaño mediano y espolvorear con sal. Revolver para mezclar. Disponer los calabacines en varias capas de papel de cocina y dejar en reposo 30 minutos a temperatura ambiente para que estilen.

2. Ligar el vinagre, el ajo, y el tomillo en una fuente grande. Añadir el aceite poco a poco, batiendo constantemente hasta que el aliño se homogenice.

3. Secar los calabacines con papel y introducirlos en el aliño. Añadir los garbanzos, las aceitunas y las cebollas y revolver suavemente para recubrir. Tapar y refrigerar un mínimo de 30 minutos o un máximo de 4 horas, revolviendo de vez en cuando.

4. Añadir el chile a la ensalada justo antes de servir. revolver suavemente para mezclar y luego agregar el aguacate y el queso, revolviendo de nuevo con delicadeza.

5. Servir la ensalada en un plato o fuente poco profunda forrado con lechuga. Adornar, si se quiere.

*Para 4 a 6 personas*

1º paso. Se estilan los calabacines sobre papel de cocina.

2º paso. Se bate el aceite con el vinagre.

4º paso. Se añade el aguacate y el queso a la ensalada.

*Para acompañar* • MEXICANO

# Frijoles refritos

**225 g de frijoles rojos, rosados o pintos**
**1,1 l de agua fría**
**75 g más 1 cucharada de manteca vegetal o aceite vegetal, por partes**
**1 cebolla blanca pequeña, rebanada**
**1 1/2 cucharaditas de sal**
**1 cebolla blanca pequeña, picada fina**
**1 pequeño diente de ajo, molido**

1. Lavar bien los frijoles en cedazo bajo la llave de agua fría, sacando todo elemento extraño o frijoles manchados.

2. En una olla de 3 litros colocar los frijoles, el agua, 1 cucharada de manteca vegetal y la cebolla rebanada. Llevar todo, a fuego fuerte, a su punto de ebullición, y bajar a fuego lento. Tapar y hervir, 1 1/2 horas, a fuego lento o justo hasta que los frijoles se noten tiernos, pero no blandos.

3. Añadir sal, tapar y hervir 30 a 45 minutos a fuego muy lento hasta que los frijoles estén muy blandos. No estilar.

4. Calentar 75 g de manteca que queda en un sartén grande y pesado a fuego fuerte. Una vez que esté muy caliente, agregar la cebolla y el ajo, todo picado. Bajar a fuego medio, cocer y revolver por 4 minutos o hasta que la cebolla ablande.

5. Aumentar a fuego fuerte y agregar 1/2 taza de frijoles sin estilar. Cocer y revolver, moliendo los frijoles con un pasapurés para frijoles o de papas.

6. A medida que los frijoles empiecen a secarse, añadir otra taza de frijoles sin estilar. Cocer y revolver, moliendo los frijoles con un pasapurés para frijoles o de papas. Repetir haciendo lo mismo hasta que se hayan ocupado todas los frijoles y todo el líquido de cocción y la mezcla se haya convertido en un puré no muy fino. Ajustar el fuego, lo necesario para evitar que los frijoles se peguen y se quemen. El tiempo de cocción total será de unos 20 minutos.

7. Los frijoles se pueden servir como guarnición o como ingrediente en otra receta.

*Hace unas 480 g*

\*El sabor resulta mejor si se preparan los frijoles hasta que estén a punto para luego refrigerarlos, tapados, hasta el día siguiente, antes de proseguir con el resto de la receta.

1º paso. Se lavan los frijoles.

5º paso. Se muelen los frijoles.

6º paso. Se agrega el líquido de la cocción a los frijoles molidos.

# Tortillas de harina de trigo

**280 g de harina**
**1/2 cucharadita de sal**
**60 g de manteca vegetal**
**12 cl de agua tibia**

1. En una fuente de tamaño mediano juntar la harina y la sal y luego mezclar la manteca deshaciéndola con los dedos hasta que la mezcla tenga una textura fina y homogénea. Añadir el agua y revolver hasta que la masa se espese.

2. En una superficie espolvoreada con harina trabajar la masa por 2 a 3 minutos hasta que se note lisa y flexible. Envolver con un envoltorio plástico y dejar en reposo 30 minutos a temperatura ambiente.

2º paso. Se trabaja la masa.

3. Trabajar la masa unas cuantas veces. Para tortillas de 25 cm dividir la masa en 8 partes iguales, o 12 partes para tortillas de 20 cm. Moldear los pedazos en bolas y cubrir con un envoltorio plástico para que no se sequen.

4. Con un rodillo, sobre una superficie espolvoreada con harina, estirar cada bola de masa, girándolo frecuentemente, hasta formar un círculo de 20 o 25 cm. Amontonar las tortillas entre hojas de papel de cera.

4º paso. Se estira la masa hasta formar un círculo.

5. A fuego medio, calentar una plancha o sartén pesado sin manteca hasta que chisporrotee una gota de agua al caer sobre la superficie. Cuidadosamente colocar 1 tortilla sobre la plancha y calentar 20 a 30 segundos hasta que se noten burbujas en la parte de arriba y manchas color café abajo. Si la tortilla se hincha mientras se está calentando el segundo lado, presionarla suavemente con una espátula. Retirar la tortilla y colocarla sobre papel aluminio.

5º paso. Se aplasta la tortilla en una parte hinchada.

6. Hacer las tortillas que quedan tal como se indica en el 5º paso. Si la plancha se sobrecalienta, bajar el fuego para que no se queme la tortilla. Amontonar las tortillas preparadas y cubrir con papel aluminio hasta que todas estén listas. Ocuparlas inmediatamente o envolver en papel aluminio y mantenerlas calientes por un máximo de 30 minutos en un horno a 120°C. Las tortillas están óptimas cuando frescas, pero se pueden envolver en papel aluminio y refrigerar por un máximo de 3 días o congelar por un máximo de 2 semanas. Antes de usarlas, volverlas a calentar por 10 minutos en el horno a 180°C.

*Hace 8 tortillas de 25 cm o 12 de 20 cm*

# Tortillas de maíz

**280 g de masa harina (harina de maíz)**
**25 a 31 cl de agua tibia**
**Totopos de maíz (página 335)**

1. Cortar 2 cuadrados de 17,5 cm de una bolsa plástica fuerte. Juntar la masa harina con 25 cl de agua en una fuente de tamaño mediano. Agregar el agua que queda, 1 cucharada a la vez, hasta formar una masa firme y lisa.

2. Para probar la consistencia de la masa, con un pedazo de masa formar una bolita de 4,5 cm; aplastarla un poco y colocarla sobre uno de los pedazos de plástico en la plancha inferior de una prensa para tortillas, a una pequeña distancia del asa de tal manera que no esté bien centrada.* Cubrir con el otro pedazo de plástico y presionar firmemente con la parte superior de la prensa formando una tortilla de 15 cm. Sacar el pedazo de plástico superior y volcar la tortilla sobre su mano para luego sacar el segundo pedazo de plástico. Si las orillas están rotas o irregulares, significa que la masa está demasiado seca: agréguele más agua, 1 a 2 cucharadas a la vez, hasta que la masa salga de la prensa con las orillas lisas. Si la tortilla queda pegada al plástico, significa que la masa está demasiado húmeda, y hay que agregar la masa harina, 1 cucharada a la vez, hasta que la masa ya no quede pegada cuando se prensa.

3. Cuando la masa tenga la consistencia correcta, divídala en 12 partes iguales para tortillas de 15 cm o 24 partes para tortillas de 10 cm. Moldear los pedazos de masa en bolas y cubrirlas con un envoltorio plástico para evitar que se sequen.

4. Hacer las tortillas con la prensa, tal como se señala en el 2º paso, amontonándolas entre hojas de envoltorio plástico o papel de cera.

1º paso. Se agrega el agua a la masa, 1 cucharada a la vez.

2º paso. Se aplasta la masa en la prensa para tortillas.

2º paso. Se prueba la textura de la masa prensada.

5. Calentar una plancha o sartén pesado sin manteca, a fuego medio-alto, hasta que chisporrotee una gota de agua al caer sobre la superficie. Cuidadosamente colocar una tortilla sobre la plancha y calentar 30 segundos, o hasta que empiecen a secarse las orillas. Darle la vuelta a la tortilla y calentar 45 segundos a 1 minuto más hasta que se note seca y esté salpicada con pequeñas manchas color café. Volver a darle la vuelta a la tortilla y calentar el primer lado 15 a 20 segundos más hasta que se note seca y dorado. Durante la última etapa de cocción, es posible que la tortilla se hinche; no la aplaste. Retirar la tortilla y colocar sobre un paño de cocina; se notará un poco rígida, pero se pondrá más flexible mientras repose.

6. Hacer las tortillas que quedan tal como se indica en el 5º paso. Si la plancha se sobrecalienta, bajar el fuego para que no se queme la tortilla. Amontonar las tortillas preparadas y mantenerlas envueltas en un paño de cocina hasta que todas estén listas. Ocuparlas inmediatamente o envolver en papel aluminio y mantenerlas calientes por un máximo de 30 minutos en un horno a 120°C. Las tortillas están óptimas cuando frescas, pero se pueden envolver en papel aluminio y refrigerar por un máximo de 3 días o congelarse por un máximo de 2 semanas. Antes de usarlas, volverlas a calentar por 10 minutos en el horno a 180°C.
*Hace 12 tortillas de 15 cm o 24 de 10 cm*

*Es mejor usar una prensa para tortillas, pero en caso necesario puede prensarlas con el fondo de un plato llano o sartén pesado.

## *Totopos de maíz*

**12 tortillas de maíz (de un diámetro de 15 cm), preferentemente hechas el día anterior**
**Aceite vegetal**
**1/2 a 1 cucharadita de sal**

1. Si las tortillas están frescas, dejar las en reposo por 1 a 2 horas, sin tapar, en una sola capa sobre una rejilla de alambre para que se sequen un poco.

2. Amontonar 6 tortillas y cortar atravesando todo el montón, partiéndolas en 6 o 8 trozos iguales. Hacer lo mismo con los demás tortillas.

3. En un sartén grande, pesado y profundo, calentar 1,5 cm de aceite a fuego medio-alto a 190°C, ajustando el fuego para mantener la temperatura constante.

4. Freír los trozos de tortilla en una sola capa por 1 minuto o hasta que estén crujientes, dándolos vuelta de vez en cuando. Sacarlos con una espumadera y estilar sobre papel de cocina. Hacer lo mismo hasta que se hayan frito todo los totopos. Espolvorearlos con sal.
Hace 6 a 8 docenas de totopos

**Nota:** Los totopos de maíz se sirven con salsa como tapa, se usan como la base de los nachos y como cucharas con el guacamole, otras salsas o frijoles refritos. Están óptimos cuando se comen frescos, pero se pueden guardar en un lugar frío por 2 o 3 días en un envase bien cerrado. Volverlos a calentar por algunos minutos en el horno a 180°C antes de servirlos.

5º paso. Se hace la tortilla.

Totopos de maíz: 2º paso. Se cortan las tortillas para hacer totopos de maíz.

Totopos de maíz: 4º paso. Se fríen los totopos de maíz.

*Lo básico* • MEXICANO

# CLASE DE COCINA
## GALLETAS DE CHOCOLATE Y BROWNIES

**338** **APUNTES DE CURSO**

**340** **EN UN ABRIR Y CERRAR DE OJOS**

**348** **PEDACITOS DE CHOCOLATE POR CANTIDADES**

**358** **PLATOS PREDILECTOS PARA LA FAMILIA**

**378** **BROWNIES**

**386** **SUPER-ESPECIAL**

Galletas sin hornear para una ocasión muy especial *(página 360)*

# APUNTES DE CURSO

Hoy por hoy, las galletas con exquisito chocolate son una combinación insuperable para hacer la boca agua. En esta sección le enseñamos las técnicas básicas de preparación y cocción de deliciosas galletas de chocolate y brownies (bizcochos norteamericanos de chocolate y nueces). Para quienes quieran perfeccionar su habilidad en confección de galletas, también hemos incorporado, para toques especiales, instrucciones fáciles de seguir, tales como galletas de espiral, de figuritas y de tablero de ajedrez.

### TIPOS DE GALLETA
Las galletas se pueden clasificar según cinco categorías básicas: galletas en barra, galletas hechas a medida, las refrigeradas, las preparadas con rodillo y las moldeadas. Estas diferentes clases de galleta se determinan por la consistencia de la masa y por la forma de las galletas.

**Galletas en barra:** Siempre utilice una bandeja de horno del tamaño especificado en la receta. Si usa un tamaño diferente, influirá en la textura de las galletas; una bandeja más pequeña dará una textura más de torta y una bandeja más grande dará una textura más seca.

**Galletas hechas a medida**: Galletas uniformes en tamaño y forma terminarán de hacerse al mismo tiempo. Para facilitar la formación de estas galletas de tamaño uniforme, utilice una paleta para helados que tenga un dispositivo para aflojar. Generalmente este dispositivo lleva un número, el cual indica cuántas cucharadas se pueden hacer con un litro de helado. El número más apropiado para las galletas es una paleta #80 o #90. Esta da aproximadamente una cucharadita de masa por galleta.

**Galletas refrigeradas**: Siempre hay que formar la masa en rollos antes de refrigerar. Es más fácil moldear la masa si la coloca encima de un pedazo de papel de cera o envoltorio plástico. Antes de refrigerar, envolver los rollos firmemente con un envoltorio plástico, porque de otra manera el aire puede resecar la masa.

Cuando trocee los rollos de masa presione suavemente con un cuchillo afilado y haga un movimiento hacia atrás y hacia adelante como de serrucho; esto ayuda a que las galletas conserven su forma bien redondeada. Si hace gira el rollo mientras corta, evite también que éste se aplaste por un lado.

**Galletas preparadas con rodillo:** Refrigere la masa de las galletas antes de pasarle rodillo, para que de esta manera sea más fácil de manejar. Saque del refrigerador solamente la masa que sea necesario para trabajar de una vez. Guardar los pedazos sobrantes y volver a aplastarlos con el rodillo todos a la vez evitando que la masa endurezca.

**Galletas moldeadas:** Estas galletas pueden ser moldeadas simplemente con la mano para formar bolitas o medias lunas o para pasarlas por una prensa galletera para crear formas más complejas.

Si la receta requiere una prensa para galletas, no moldee las galletas a mano a menos que la receta diga que así se puede hacer. Se hizo masa de una consistencia determinada para que se trabajara con una prensa galletera.

Si al utilizar una prensa las primeras galletas no salen bien, simplemente vuelva a colocar la masa dentro de la prensa.

### TIPOS DE CHOCOLATE
**Chocolate sin azúcar:** También se le dice chocolate amargo o chocolate de taza. Se trata de un chocolate puro sin azúcar ni aromatizantes agregados. Se usa para cocinar y en Estados Unidos se consigue en paquetes de cuadraditos de 30 g envueltos en forma individual.

**Chocolate amargo:** Este es un chocolate puro con un poco de azúcar añadido. Generalmente se consigue en barras. En caso de no poder conseguirlo, sustituir con mitad chocolate sin azúcar y mitad chocolate semidulce.

**Chocolate semidulce:** Se trata de chocolate puro mezclado con algo de azúcar y manteca de cacao adicional. Se vende de diferentes formas, incluyendo cuadraditos, barras, pedacitos y trozos.

**Chocolate con leche:** Es chocolate puro con azúcar, manteca de cacao adicional y sólidos lácteos. Se puede conseguir de diferentes formas - barras, en pedacitos, en forma de estrellitas, etc.

**Chocolate dulce de taza:** Este es un chocolate puro mezclado con manteca de cacao adicional y azúcar. Se consigue en barras.

**Chocolate blanco:** Se considera que no es chocolate de verdad pues se le ha quitado toda o una gran parte de la manteca de cacao y se ha sustituido con otra grasa vegetal. Se puede obtener el chocolate blanco en pedacitos o en barras.

**Cacao sin azúcar:** Se fabrica por medio de la extracción de la mayor parte de la manteca de cacao del chocolate puro, moliendo los sólidos del chocolate que queda para formar un polvo. Como se ha eliminado la mayor parte de la manteca de cacao, es de bajo contenido graso.

### DIRECTRICES GENERALES
Para no tener que trabajar en base a suposiciones cuando hace galletas, observe las siguientes técnicas:

- Lea la receta antes de empezar.
- En caso necesario, saque mantequilla, margarina y queso de nata del refrigerador con antelación para ablandar.
- Antes de iniciar la preparación de la masa, tueste y pique los frutos secos, pele y trocee la fruta, y derrita el chocolate.

- Mida todos los ingredientes con precisión. Mézclelos según lo indique la receta.
- Para preparar galletas en barra o brownies, utilice una bandeja de horno del tamaño especificado en la receta, y prepare las bandejas según las indicaciones de la receta. Ajuste las rejillas del horno y precaliéntelo. Utilizando un termómetro para horno, compruebe que la temperatura sea la requerida.
- Siga las indicaciones y tiempos de cocción señalados en la receta. Para comprobar cuándo están hechas, utilice el método recomendado en la receta.

### MEDICION DE LOS INGREDIENTES

**Ingredientes secos:** Para ingredientes secos siempre se deben usar cucharas y tazas de medidas estándar. Llene la cuchara o taza correspondiente hasta que rebose y luego nivelarla con una espátula metálica.

Use utensilios de medir ingredientes secos para medir la harina, la azúcar morena, la azúcar granulada, manteca de cacahuete, pedacitos de chocolate, nata cortada, yogur, frutos secos, frutas desecadas, coco, frutas frescas picadas, conservas y mermeladas.

Al medir la harina, no ajustada, trasládela con una cuchara a una taza de medir y luego nivelarla. No golpee, ni siquiera suavemente, la taza de medir, pues si lo hace se comprime la harina.

Al medir la azúcar morena, compactar la azúcar presionándola en la taza de medir. Al volcar la taza debe conservar su forma.

**Ingredientes líquidos:** Utilice una taza de medir estándar de vidrio o plástico (taza de medir para líquidos) con pico. Colocar la taza sobre una superficie plana y llenarla hasta la marca que corresponda. Compruebe la medida mirando, a la misma altura.

Al medir líquidos pegajosos, tales como la miel y la melaza, unte con manteca la taza de medir o rocíela con atomizador antiadherente para que sea más fácil sacar el líquido después.

### HORNEAR

Las chapas de horno de uso más fácil son las que no tengan borde o que tengan un máximo de dos lados cortos. Permiten que circule el calor fácilmente cuando están en el horno y facilitan un dorado uniforme.

Para hornear y dorar las galletas uniformemente, coloque solamente una chapa a la vez en el centro del horno. Si las galletas se doran en forma desigual, gire la chapa de adelante hacia atrás una vez transcurrida la mitad del tiempo de cocción.

Cuando prepara más de una bandeja de galletas a la vez, cambie su posición en el horno, colocando arriba la bandeja de abajo, una vez transcurrida la mitad del tiempo de cocción.

Para resultados óptimos, use manteca o un atomizador antiadherente para untar las chapas de horno, o bien simplemente forre las bandejas con pergamino. Esto elimina la necesidad de limpiar, hace más uniformemente las galletas y permite que puedan permanecer en el papel en vez de colocarse en rejillas para que se enfríen.

Permita que se enfríen las chapas de horno entre cada lote de galletas, ya que la masa se extiende si se coloca sobre una bandeja caliente.

Para evitar que se exceda el tiempo de cocción de las galletas, revíselas cuando haya transcurrido el tiempo mínimo para su cocción. Si se necesitara más tiempo, vigílelas con cuidado para asegurarse de que no se quemen. Generalmente es mejor que a las galletas les falte más tiempo en el horno, y no que se exceda el tiempo de cocción.

Muchas galletas deben sacarse de las chapas de horno inmediatamente al retirarlas del horno y colocarse en una sola capa en rejillas de alambre para enfriar. Puede que las galletas frágiles necesiten enfriarse un poco sobre la chapa de horno antes de trasladarlas a rejillas de alambre para que terminen de enfriarse. Las galletas en barra y las brownies pueden enfriarse y guardarse en la misma bandeja en la cual se metieron al horno.

### ALMACENAMIENTO

Generalmente, la masa cruda para galletas se puede refrigerar por un máximo de seis semanas. Para mayor comodidad, coloque en la masa etiquetas con información para su cocción.

Las galletas deben guardarse a temperatura ambiente con las blandas separadas de las duras para evitar que se produzcan cambios de textura y de sabor. Guardar las galletas blandas en envases herméticos. Si empiezan a secarse, agregue al envase un pedazo de manzana o pan para ayudar a que retengan la humedad. Si las galletas duras se humedecen, caliéntelas, sin adornar, en el horno a 150°C por 3 a 5 minutos.

Guarde la galletas con glaseado pegadizo, adornos frágiles o alcorza en una sola capa entre hojas de papel de cera. Las galletas en barra y las brownies pueden guardarse en sus propias bandejas de horno. Cúbralos con papel aluminio o envoltorio plástico una vez que se hayan enfriado.

Por regla general, las galletas duras se pueden congelar mejor que las que sean blandas y húmedas. Las galletas en barra muy dulces y con mucha mantequilla son excepciones a esta regla, pues resultan muy bien después de haberse congelado. Las galletas ya hechas pueden congelarse en envases herméticos o bolsas para congelador por un máximo de tres meses. Las galletas en base a merengue no resultan bien después de congelarse y las galletas con baño de chocolate pueden perder su color al congelarse. Descongele las galletas y brownies sin envolverse, a temperatura ambiente.

# Galletas de chocolate rápidas

**1 paquete (500 g) de mezcla para torta de chocolate**
**7 cl de agua**
**60 g de mantequilla o margarina, ablandada**
**1 huevo grande**
**1 taza de pedacitos grandes de vainilla para hornear**
**160 g de nueces picadas gruesas**

1. Precalentar el horno a 180°C. Untar levemente con manteca las chapas de horno.

2. Ligar la mezcla para torta, agua, mantequilla y huevo en una fuente grande. Batir con batidora eléctrica a baja velocidad hasta humedecer la mezcla, raspando una vez las paredes de la fuente. Aumentar la velocidad a media; batir por un minuto, raspando una vez las paredes de la fuente. (La masa es espesa.) Añadir los pedacitos de vainilla y las nueces con una cuchara hasta que se homogenice bien.

3. Dejar caer cucharaditas de masa sobre chapas de horno previamente preparadas, con una separación, una de otra, de 5 cm, (para galletas más pequeñas) o de 7,5 cm, (para galletas más grandes).

4. Hornear 10 a 12 minutos o hasta que cuajen. Dejarlas reposar 1 minuto en las chapas de horno. Con una espátula sacar las galletas y colocarlas sobre una rejilla para que se enfríen completamente.

5. Guardar en un recipiente hermético a temperatura ambiente o congelar por un máximo de 3 meses.

*Hace unas 2 docenas de galletas grandes o 4 docenas de galletas pequeñas*

Tiempo de preparación: 15 minutos

1º paso. Se unta levemente la chapa de horno con manteca.

3º paso. Se colocan cucharaditas de masa sobre una chapa de horno.

4º paso. Se trasladan las galletas a una rejilla.

*En un abrir y cerrar de ojos* • GALLETAS DE CHOCOLATE Y BROWNIES

# Galletas con pedacitos de chocolate y manteca de cacahuete

**225 g de manteca de cacahuete lisa o con pedacitos de cacahuete**
**190 g de azúcar morena clara bien compacta**
**1 huevo grande**
**125 g chocolate con leche en pedacitos**
**Azúcar granulada**

1. Precalentar el horno a 180°C.

2. Ligar la manteca de cacahuete, la azúcar morena y el huevo en una fuente mediana con una cuchara de madera hasta que esté homogéneo. Añadir los pedacitos de chocolate y mezclar bien.

3. Moldear cucharadas colmadas de masa en bolitas de 4 cm. Colocar las bolitas a una distancia de 5 cm una de otra en chapas de horno sin engrasar.

4. Introducir un tenedor de mesa en azúcar granulada y presionar en cruz sobre cada bolita, aplastándolas de tal manera que tengan un grosor de 1,5 cm.

5. Hornear 12 minutos o hasta que se cuajen. Dejar las galletas en reposo por 2 minutos sobre las chapas de horno. Con una espátula trasladarlas a rejillas de alambre y enfriar bien.

6. Guardarla en un envase hermético a temperatura ambiente o congelar por un máximo de 3 meses.

*Hace alrededor de 2 docenas de galletas*

Tiempo de preparación: 10 minutos

3º paso. Se moldea la masa en bolitas de 4 cm.

4º paso. Con tenedor se aplastan las galletas haciendo marcas en forma de cruz.

5º paso. Se trasladan las galletas a rejillas de alambre.

*En un abrir y cerrar de ojos* • **GALLETAS DE CHOCOLATE Y BROWNIES**

# Macarrones con pedacitos de chocolate

**275 g de hojuelas de coco**
**100 g de pedacitos pequeños de chocolate semidulce**
**15 cl de leche condensada azucarada**
**1 cucharadita de vainilla**

1. Precalentar el horno a 190°C. Untar con manteca las chapas de horno y reservarlas.

2. Ligar el coco, pedacitos de chocolate, leche y vainilla en una fuente mediana; revolver con una cuchara de madera hasta que se homogenice.

3. Dejar caer cucharaditas colmadas de masa a una distancia de 5 cm una de otra sobre chapas de horno previamente preparadas.

4. Aplastar la masa suavemente con el revés de una cuchara para aplanar un poco.

5. Hornear 10 a 12 minutos o hasta que estén levemente dorados. Dejar reposar por 1 minuto sobre las chapas de horno. Trasladar las galletas con una espátula a rejillas de alambre para que se enfríen bien.

6. Guardar en un envase herméticamente cerrado a temperatura ambiente. Estas galletas no resultan bien si se congelan.

*Hace unas 3 1/2 docenas de galletas*

Tiempo de preparación: 10 minutos

1º paso. Se rocía la chapa de horno con atomizador antiadherente.

3º paso. Se colocan cucharaditas colmadas de masa sobre una chapa de horno.

4º paso. Se aplasta la masa para aplanar un poco.

# Galletas de mantequilla con pedacitos de chocolate

**115 g de mantequilla, *  
    ablandada**  
**100 g de azúcar**  
**1 cucharadita de vainilla**  
**140 g de harina**  
**1/4 cucharadita de sal**  
**90 g de pedacitos pequeños de  
    chocolate semidulce**

*Para el mejor sabor, no sustituya la mantequilla por margarina

1. Precalentar el horno a 190°C.

2. En una fuente grande, con batidora eléctrica a velocidad media, batir la mantequilla y la azúcar hasta que la mezcla monte y se note liviana, raspando los lados de la fuente de vez en cuando. Agregar la vainilla y batir. Luego añadir la harina y la sal y batir a velocidad lenta, raspando los lados de la fuente nuevamente una vez. Agregar y revolver con una cuchara de madera los pedacitos de chocolate.

3. Dividir la masa en dos partes. Presionar cada mitad, moldear para que quepa bien en una bandeja de horno redondo de 20 cm sin engrasar.

4. Hornear por 12 minutos o hasta que dore por la orilla. Rayar la masa con un cuchillo afilado, cuidando de no traspasarla completamente. Cortar en 8 pedazos por bandeja.

5. Dejar que las bandejas reposen 10 minutos sobre rejillas, para que se enfríen bien. Dividir en trozos.

6. Guardar firmemente tapadas a temperatura ambiente o congelar por un máximo de 3 meses.

*Hace 16 galletas*

3º paso. Se presiona la masa, moldeándola según la forma de la bandeja.

4º paso. Se raya para marcar los trozos.

5º paso. Se parte en trozos.

*Pedacitos de chocolate por cantidades* • GALLETAS DE CHOCOLATE Y BROWNIES

# Galletas de plátano con pedacitos de chocolate

1 plátano mediano maduro
175 g de harina
1 cucharadita de polvos de hornear
1/2 cucharadita de sal
75 g de mantequilla o margarina, ablandada
65 g de azúcar granulada
65 g de azúcar morena clara bien compacta
1 huevo grande
1 cucharadita de vainilla
160 g de pedacitos de chocolate con leche
80 g de nueces picadas gruesas (optativas)

1. Precalentar el horno a 190°C. Untar las chapas de horno levemente con manteca.

2. Pelar el plátano y colocarlo en un recipiente pequeño. Con un tenedor moler bastante plátano como para dar 200 g y reservar.

3. Colocar la harina, polvos de hornear y sal en una fuente pequeña y revolver para mezclar.

4. Con una batidora eléctrica a velocidad media batir la mantequilla, la azúcar granulada y la azúcar morena en una fuente grande hasta que monte y se note liviana, raspando una vez los lados de la fuente. Añadir la mezcla de la harina y batir a baja velocidad hasta que homogenice bien, raspando los lados de la fuente una vez nuevamente.

5. Agregar los pedacitos de chocolate y las nueces y revolver con una cuchara de madera para mezclar. (La masa es suave).

6. En chapas de horno previamente preparadas, depositar cucharaditas colmadas de masa a una distancia de 5 cm una de la otra.

7. Hornear por 9 a 11 minutos o hasta que doren por las orillas. Dejar que reposen por 2 minutos en las chapas de horno. Con una espátula trasladar las galletas a rejillas de alambre para que se enfríen bien.

8. Guardar firmemente tapadas a temperatura ambiente. Estas galletas no se prestan para congelar.

*Hace unas 3 docenas de galletas*

2º paso. Se muele el plátano con un tenedor.

4º paso. se agrega la mezcla de la harina a la mezcla de la mantequilla.

6º paso. Se depositan cucharaditas colmadas de masa sobre una chapa de horno.

*Pedacitos de chocolate por cantidades* • GALLETAS DE CHOCOLATE Y BROWNIES 353

# Galletas gigantes con pedacitos de chocolate, especiales para niños

**300 g de harina**
**1 cucharadita de bicarbonato**
**3/4 cucharadita de sal**
**225 g de mantequilla o margarina, ablandada**
**150 g de azúcar granulada**
**145 g de azúcar morena compacta**
**2 huevos grandes**
**1 cucharadita de vainilla**
**1 paquete (360 g) de pequeños dulces de chocolate semidulce**
**240 g de pedacitos de chocolate con sabor a manteca de cacahuete**

1. Precalentar el horno a 190°C.

2. Colocar la harina, el bicarbonato y la sal en una fuente mediana y revolver para mezclar.

3. Con una batidora eléctrica a velocidad media batir la mantequilla, la azúcar granulada y la azúcar morena en una fuente grande hasta que monte y se note liviana, raspando una vez los lados de la fuente. Añadir los huevos y la vainilla, y batir para mezclar, raspando nuevamente los lados de la fuente. Agregar la mezcla de la harina y batir a baja velocidad hasta que homogenice bien, raspando los lados de la fuente una vez más.

4. Agregar los dulces y pedacitos de chocolate y revolver con una cuchara de madera.

5. En chapas de horno sin engrasar, depositar cucharadas colmadas de masa a una distancia de 7,5 cm una de la otra.

6. Hornear por 10 a 12 minutos o hasta que se doren por las orillas. Dejar que reposen por 2 minutos en las chapas de horno. Con una espátula trasladar las galletas a rejillas de alambre para que se enfríen bien.

7. Guardar firmemente tapadas a temperatura ambiente o congelar por un máximo de 3 meses.
   *Hace unas 3 docenas de galletas gigantes*

3º paso. Se raspan los lados de la fuente.

5º paso. Se depositan cucharadas colmadas de masa sobre una chapa de horno.

6º paso. Se trasladan las galletas a una rejilla.

*Pedacitos de chocolate por cantidades* • GALLETAS DE CHOCOLATE Y BROWNIES

# Galletas con pedacitos de chocolate, naranja y nueces

70 g de harina
1/4 cucharadita de bicarbonato
1/4 cucharadita de sal
115 g de mantequilla o margarina, ablandada
195 g de azúcar morena compacta
1 huevo grande
1 cucharada de ralladura de naranja
300 g de avena rápida o avena tradicional
160 g de pedacitos de chocolate semidulce
80 g de nueces picadas gruesas

1. Precalentar el horno a 190°C. Untar las chapas de horno levemente con manteca y reservar.

2. Colocar la harina, el bicarbonato y la sal en un recipiente pequeño y revolver para mezclar.

3. Con una batidora eléctrica a velocidad media batir la mantequilla y la azúcar en una fuente grande hasta que monte y se note liviana, raspando una vez los lados de la fuente. Añadir el huevo y la ralladura de naranja, y batir para mezclar, raspando otra vez los lados de la fuente. Agregar la mezcla de la harina y batir a baja velocidad, raspando los lados de la fuente una vez más.

4. Agregar la avena y revolver con una cuchara de madera y luego añadir y revolver los pedacitos de chocolate y las nueces.

5. En chapas de horno previamente preparadas, depositar cucharaditas de masa a una distancia de 5 cm una de la otra.

6. Hornear por 10 a 12 minutos o hasta que se doren. Dejar que las galletas reposen por 2 minutos en las chapas de horno. Con una espátula trasladarlas a rejillas de alambre para que se enfríen bien.

7. Guardar firmemente tapadas a temperatura ambiente o congelar por un máximo de 3 meses.

*Hace unas 3 docenas de galletas*

1º paso. Se unta una chapa de horno levemente con manteca.

5º paso. Se depositan cucharaditas de masa sobre una chapa de horno.

6º paso. Se trasladan las galletas a una rejilla de alambre.

*Pedacitos de chocolate por cantidades* • **GALLETAS DE CHOCOLATE Y BROWNIES**

# Galletas de manteca de cacahuete con doble baño de chocolate

**175 g de harina**
**1/2 cucharadita de polvos de hornear**
**1/2 cucharadita de bicarbonato**
**1/2 cucharadita de sal**
**115 g de mantequilla o margarina, ablandada**
**Azúcar granulada**
**100 g de azúcar morena clara compacta**
**115 g de manteca de cacahuete lisa o con pedacitos de cacahuete**
**1 huevo grande**
**1 cucharadita de vainilla**
**230 g de pedacitos de chocolate semidulce**
**3 cucharaditas de manteca, por partes**
**230 g de pedacitos de chocolate con leche**

1. Precalentar el horno a 180°C. Colocar en una fuente la harina, los polvos de hornear, el bicarbonato y la sal, y revolver.

2. Con una batidora eléctrica a velocidad media, batir la mantequilla, 100 g de azúcar granulada y azúcar morena en una fuente grande hasta que monte y se note liviana, raspando los lados de la fuente una vez. Agregar la manteca de cacahuete, el huevo y la vainilla, y batir, raspando los lados de la fuente nuevamente. Agregar la harina poco a poco y revolver con una cuchara de madera hasta que esté bien homogéneo.

3. Moldear cucharadas colmadas de la masa en bolitas de 4 cm y colocarlas a una distancia de 5 cm la una de la otra sobre chapas de horno sin engrasar. (Si la masa está demasiado blanda para poder moldear las bolitas, refrigerar por 30 minutos.)

4. Introducir un tenedor de mesa en azúcar granulada y presionarlo en forma de cruz sobre cada bolita, aplastándolas de tal manera que tengan un grosor de 1,5 cm.

5. Hornear 12 minutos o hasta que se cuajen. Dejar reposar sobre chapas de horno por 2 minutos. Con una espátula trasladar las galletas a una rejilla y dejar que se enfríen bien.

6. derretir pedacitos de chocolate semidulce y 1 1/2 cucharaditas de manteca en la parte superior de un baño de María sobre agua caliente pero no hirviendo. Introducir un extremo de cada galleta en el chocolate hasta que cubra una tercera parte, y colocar la galleta sobre papel de cera. Dejar reposar hasta que cuaje el chocolate, unos 30 minutos.

7. Derretir los pedacitos de chocolate con leche con 1 1/2 cucharaditas de manteca en la parte superior de un baño de María sobre agua caliente pero no hirviendo. Introducir el otro extremo de cada galleta en el chocolate hasta que cubra una tercera parte, y colocar la galleta sobre papel de cera. Dejar reposar hasta que cuaje el chocolate, unos 30 minutos.

8. Guardar las galletas entre hojas de papel de cera a temperatura ambiente fría o congelar por un máximo de 3 meses.

*Hace alrededor de 2 docenas de galletas de 7,5 cm*

4º paso. Se presiona la masa con un tenedor para dejar una marca en forma de líneas entrecruzadas.

7º paso. Se introduce una galleta en el chocolate derretido hasta cubrir una tercera parte

*Platos predilectos para la familia* • GALLETAS DE CHOCOLATE Y BROWNIES 359

# Galletas sin horno para una ocasión especial

**Base hecha de masa**
115 g de mantequilla o margarina
60 g de azúcar granulada
35 g de cacao en polvo sin azúcar
1 huevo grande
1/4 cucharadita de sal
230 g de migas de galletas de soda (unas 18 galletas)
115 g de hojuelas de coco
90 g de pacanas picadas
**Relleno**
75 g de mantequilla o margarina, ablandada
1 paquete (90 g) de queso de nata, ablandado
1 cucharadita de vainilla
100 g de azúcar glas
**Glaseado**
Barra de 60 g de chocolate negro dulce o chocolate amargo, partida en pedazos de 1,5 cm
15 g de mantequilla o margarina

1. Forrar una bandeja de horno cuadrada de 22,5 cm con papel aluminio, con el lado brilloso hacia arriba, que sobresalga 5 cm por los lados. (El papel aluminio sobresaliente permite levantar la galleta para sacarla de la bandeja, lo cual hace más fácil cortarla.) o bien, untar la bandeja levemente con manteca. reservar.

2. Para la base, juntar 115 g de mantequilla, la azúcar granulada, el cacao, el huevo y la sal en una olla mediana. Cocer a fuego medio, revolviendo constantemente, hasta que se espese la mezcla, unos 2 minutos.

3. Retirar del fuego y agregar las migas de las galletas de soda, el coco y las pacanas. Presionar para que quede uniformemente en la bandeja preparada.

4. Para el relleno, batir, con batidora eléctrica a velocidad media, 75 g de mantequilla, el queso de nata y la vainilla en un recipiente pequeño hasta que se homogenice, raspando los lados del recipiente una vez. Poco a poco añadir y batir la azúcar glas hasta mezclarla. Extender sobre la pasta y refrigerar por 30 minutos.

5. Para el glaseado, juntar la barra de chocolate y 1 cucharadita de mantequilla en una pequeña bolsa plástica sellable para congelador. Sellar la bolsa y colocar en el microondas en ALTO por 50 segundos. Darle la vuelta a la bolsa y colocar nuevamente en el horno de microondas en ALTO por 40 a 50 segundos o hasta que se derrita. Amasar la bolsa hasta que se note lisa la barra de chocolate. (Técnica en la página 374.)

6. Quitar una esquina muy pequeña de la bolsa y rociar un chorrillo de chocolate encima del relleno. Refrigerar hasta que se endurezca, alrededor de 20 minutos.

7. Sacar las barras de la bandeja, cogiendo el papel aluminio. Cortar en cuadrados de 4 cm. Guardar firmemente tapados en el refrigerador.

*Hace 25 cuadrados*

4º paso. Se extiende el relleno encima de la pasta.

6º paso. Se rocía el chorrillo de chocolate encima del relleno.

*Platos predilectos para la familia* • GALLETAS DE CHOCOLATE Y BROWNIES

# Cuadraditos de torta de queso con coco

**75 g de mantequilla o margarina, ablandada**
**65 g de azúcar morena clara compacta**
**140 g más 1 cucharada de harina, por partes**
**80 g de pacanas picadas (optativas)**
**160 g de pedacitos de chocolate semidulce**
**1 paquete (225 g) de queso de nata, ablandado**
**60 g de azúcar granulada**
**1 huevo grande**
**1 cucharadita de vainilla**
**1 cucharada de azúcar glas**
**1 cucharada de cacao en polvo sin azúcar**

1. Precalentar el horno a 180°C. Untar con manteca una bandeja de horno cuadrada de 20 cm y reservar.

2. Con una batidora eléctrica a velocidad media, batir la mantequilla y la azúcar morena en una fuente grande hasta que monte y se note liviana, raspando los lados de la fuente una vez. Agregar 1 taza de harina y batir a baja velocidad, raspando los lados de la fuente nuevamente. Agregar las pacanas y revolver con una cuchara de madera. (La mezcla es quebradiza.) Presionar dentro del molde preparado.

3. Hornear por 15 minutos.

4. Poner los pedacitos de chocolate en una taza de medir de vidrio y colocar en el microondas en ALTO por espacio de 2 1/2 a 3 minutos o hasta que se derritan, revolviendo después de 2 minutos.

5. Con una batidora eléctrica a velocidad media, batir el queso de nata y la azúcar granulada en una fuente mediana hasta que monte y se note liviana, raspando los lados de la fuente una vez. Agregar la taza de harina que queda, el huevo y la vainilla y batir a baja velocidad hasta que se homogenice. Añadir poco a poco el chocolate derretido y mezclar bien.

6. Vaciar la mezcla del queso de nata encima del cascarón parcialmente hecho y volver a colocar en el horno. Hornear por 15 minutos o hasta que cuaje.

7. Sacar la bandeja del horno y colocar sobre una rejilla de alambre para que se enfríe bien. Juntar en una taza la azúcar glas y el cacao. Poner esta mezcla en un cedazo fino y espolvorear encima de los brownies si así lo quiere. Cortar los brownies en cuadraditos de 5 cm.

8. Guardar firmemente tapado en el refrigerador o congelar por un máximo de 3 meses.

*Hace 16 cuadraditos*

2º paso. Se raspan los lados de la fuente.

4º paso. Se remueven los pedacitos de chocolates derretidos.

6º paso. Se vacía la mezcla del queso de nata encima del cascarón.

*Platos predilectos para la familia* • GALLETAS DE CHOCOLATE Y BROWNIES

# Barras con azúcar quemada, chocolate y pacanas

**450 g de mantequilla ablandada, por partes**
**100 g de azúcar granulada**
**1 huevo grande**
**385 g de harina**
**130 g de azúcar morena compacta**
**7 cl de jarabe líquido de maíz**
**390 g de pacanas picadas gruesas**
**160 g de pedacitos de chocolate semidulces**

1. Precalentar el horno a 190°C. Untar con manteca una bandeja de horno y reservar.

2. Con una batidora eléctrica a velocidad media, batir 225 g de mantequilla y la azúcar granulada en una fuente grande hasta que monte y se note liviana, raspando los lados de la fuente una vez. Agregar el huevo y batir, y luego añadir la harina. Batir a baja velocidad, raspando los lados de la fuente otra vez. Extender la masa de tal manera que llene la bandeja previamente preparada.

3. Hornear por 20 minutos o hasta que se dore.

4. Mientras las barras están en el horno, prepare la azúcar quemada para echar encima. En una olla pesada mediana ligar 225 g de mantequilla, la azúcar morena y el jarabe de maíz. Calentar a fuego medio hasta que hierva la mezcla, revolviendo frecuentemente. Hervir suavemente por 2 minutos, sin revolver. Rápidamente agregar las pacanas y revolver, y luego vaciar la azúcar quemada uniformemente encima de la masa en la bandeja. Volver a colocarla al horno y hornear por 20 minutos o hasta que se dore bien y aparezcan burbujas.

5. Inmediatamente espolvorear los pedacitos de chocolate encima de la azúcar quemada caliente, y con una espátula presionar suavemente para que queden bien pegados a la azúcar. Con una espátula delgada o cuchillo separar la azúcar de las orillas de la bandeja.

6. Sacar la bandeja a una rejilla y enfriar completamente,. Cortar en barras de 7,5 x 4 cm.

7. Guardar firmemente tapado a temperatura ambiente o congelar por un máximo de 3 meses.

*Hace 40 barras*

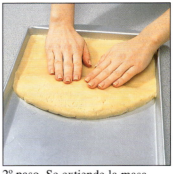

2º paso. Se extiende la masa para llenar el molde.

4º paso. Se agregan las pacanas a la mezcla caliente.

5º paso. Se presionan los pedacitos de chocolate para que queden bien pegados a la azúcar.

*Platos predilectos para la familia* • GALLETAS DE CHOCOLATE Y BROWNIES

# Macarrones de chocolate

2 huevos grandes
360 g de chocolate de taza semidulce o pedacitos de chocolate
1 lata (225 g) de pasta de almendras
70 g de azúcar glas
2 cucharadas de harina
Azúcar glas para adornar

1. Precalentar el horno a 150°C Forrar chapas de horno con papel apergaminado y reservar.

2. Para separar la clara de la yema de los huevos, golpear el huevo suavemente en el medio contra una superficie dura, como el borde de una fuente. Con una mitad de la cáscara en cada mano, pasar la yema varias veces de una mitad a otra> Dejar que la clara caiga a la fuente pasando entre las dos mitades de la cáscara. Cuando toda la clara haya caído a la fuente, colocar la yema en otro recipiente. Pasar la clara a una tercer fuente. Repetir con el huevo que queda. Guardar las yemas sin usar, sumergidos en agua, en un envase hermético. Refrigerar por un máximo de 3 días.

3. Derretir el chocolate a fuego lento en una olla pequeña y pesada, revolviendo constantemente, y reservar.

4. Con una batidora eléctrica a velocidad media, batir la pasta de almendras, las claras de huevo y la azúcar por un minuto en una fuente grande, raspando los lados de la fuente una vez. Agregar el chocolate y batir hasta que la mezcla esté bien homogénea. Añadir la harina batiendo a baja velocidad, y raspar nuevamente los lados de la fuente.

5. Con una cuchara trasladar la masa a una manga con boquilla de rizo. Con la manga poner espirales de 4 cm a una distancia de 2,5 cm uno del otro sobre chapas de horno previamente preparadas. Formar todas las galletas de una vez: se endurece la masa si se deja reposar.

6. Hornear 20 minutos o hasta que cuajen. Cuidadosamente trasladar el papel apergaminado a la encimera de la cocina para que se enfríen las galletas.

7. Sacar las galletas del pergamino. Poner azúcar glas en un cedazo fino y espolvorearla encima de las galletas si así las quiere.

8. Guardar firmemente tapadas a temperatura ambiente o congelar por un máximo de 3 meses.

*Hace unas 3 docenas de galletas*

2º paso. Se separa la clara de la yema.

5º paso. Usando manga, se coloca la masa sobre una chapa de horno.

7º paso. Se sacan las galletas del papel.

# Galletas austríacas de chocolate y azúcar glas

**60 g de chocolate sin azúcar, picado grueso**
**315 g de harina**
**1/4 cucharadita de sal**
**225 g de mantequilla o margarina, ablandada**
**180 g de azúcar granulada**
**1 huevo grande**
**1 cucharadita de extracto de almendras**
**70 g de azúcar glas**
**1 cucharadita de canela molida**

1. Precalentar el horno a 200°C.

2. Derretir el chocolate en una olla pequeña y pesada a fuego lento, revolviendo constantemente. Reservar.

3. Ligar la harina y la sal en un recipiente pequeño; revolver para mezclar.

4. Con una batidora eléctrica a velocidad media, batir la mantequilla y la azúcar granulada en una fuente grande, hasta que monte y se note liviana la mezcla raspando los lados de la fuente una vez. Agregar el huevo y el extracto de almendras y batir, raspando nuevamente los lados de la fuente. Añadir el chocolate y batir. Poco a poco agregar la mezcla de la harina y mezclar con una cuchara de madera. (La masa estará firme.)

5. Poner la placa apropiada en el cortador de galletas (o cambiar las placas por otras de formas diferentes después del primer lote). Llenar la prensa con la masa y colocar sobre una chapa de horno sin grasa los pedazos de masa cortada a una distancia de 2,5 cm uno del otro.

6. Hornear por 7 minutos o hasta que cuajen.

7. Ligar la azúcar glas y la canela en un recipiente pequeño. Trasladar esta mezcla a un cedazo fino y espolvorear sobre las galletas calientes cuando están todavía en las chapas de horno. Con una espátula trasladar las galletas a rejillas de alambre para que se enfríen bien.

8. Guardar firmemente tapadas a temperatura ambiente. Estas galletas no resultan buenas después de congelarse.

*Hace 4 a 5 docenas de galletas*

4º paso. Se agrega la harina al rebozo y se revuelve.

5º paso. Con la prensa se colocan las galletas sobre la chapa de horno.

7º paso. Se espolvorea la mezcla de canela con azúcar encima de las galletas

*Platos predilectos para la familia* • GALLETAS DE CHOCOLATE Y BROWNIES

# Galletas austriacas de dos tonos

30 g de chocolate sin azúcar, picado grueso
315 g de harina
1/4 cucharadita de sal
225 g de mantequilla o margarina, ablandada
200 g de azúcar
1 huevo grande
1 cucharadita de vainilla

1. Derretir el chocolate en una olla pequeña y pesada a fuego lento, revolviendo constantemente. Reservar.

2. Poner la harina y la sal en una fuente y revolver.

3. Con una batidora eléctrica a velocidad media, batir la harina y la azúcar en una fuente grande, raspando los lados de la fuente una vez. Agregar el huevo y la vainilla, y batir, raspando los lados de la fuente otra vez. Añadir poco a poco la mezcla de la harina y batir a baja velocidad, raspando nuevamente los lados de la fuente.

4. Sacar y reservar aparte 2 tazas de la masa. Batir el chocolate con la masa en la fuente hasta que esté sin grumos. Aplastar las masas de chocolate y de vainilla formando discos, y envolver en un envoltorio de plástico y refrigerar por 20 minutos, o hasta que las masas estén fáciles de manejar.

5. Precalentar el horno a 200°C. Desenvolver la masa de vainilla y estirarla entre 2 hojas de papel de cera hasta obtener un grosor de 1,5 cm. Cortar en rectángulos de 12,5 x 10 cm.

6. Desenvolver la masa del chocolate y colocarla sobre una hoja de papel de cera. Utilizando papel de cera para sostener la masa, rodarla hacia adelante y hacia atrás hasta formar un palo de alrededor de 2,5 cm de diámetro. Cortar en palos más cortos, de 12,5 cm de largo.

7. Poner un rollo de masa de chocolate en el medio de un rectángulo de vainilla. Envolver la masa de vainilla alrededor del rollo de chocolate y meterla en la prensa de galletas con cortador en forma de estrella.

8. Colocar los pedazos de masa cortados sobre chapas de horno frías y sin grasa, a una distancia de 4 cm uno del otro (Técnica en la página 368.)

9. Hornear por 10 minutos o justo hasta que cuajen. Con espátula trasladar las galletas a rejillas de alambre para que se enfríen bien.

10. Guardar firmemente tapadas a temperatura ambiente o congelar por un máximo de 3 meses.
*Hace alrededor de 4 docenas de galletas*

5°.paso. Se estira la masa de vainilla.

6º paso. Se moldea la masa de chocolate en forma de rollo.

7º paso. Se moldea la masa de vainilla alrededor del rollo de chocolate.

*Platos predilectos para la familia* • **GALLETAS DE CHOCOLATE Y BROWNIES**

# Galletas en blanco y negro

385 g más 2 cucharadas de harina, por partes
1 cucharadita de polvos de hornear
3/4 cucharadita de sal
225 g de mantequilla o margarita, ablandada
150 g de azúcar granulada
150 g de azúcar morena compacta
2 huevos grandes
1 cucharadita de vainilla
35 g de cacao en polvo sin azúcar
120 g de chocolate blanco, dividido en pedazos de 1,5 cm
Dulces varios para adorno (optativos)
120 g de pedacitos de chocolate semidulce

1. En un recipiente pequeño ligar 385 g de harina, los polvos de hornear y la sal y revolver para mezclar.

2. Con una batidora eléctrica, batir a velocidad media la mantequilla, la azúcar granulada y la azúcar morena en una fuente grande hasta que monte y se note liviana, rozando una vez los lados de la fuente. Agregar los huevos, uno a la vez, y batir, rozando los lados de la fuente después de cada uno. Añadir la vainilla y, poco a poco, la mezcla de la harina. Batir a velocidad baja, y raspar los lados de la fuente una vez más.

3. Sacar una mitad de la masa de la fuente y reservar. Para hacer la masa de chocolate, batir el cacao con el resto de la masa hasta que se homogenice bien. Preparar la masa de vainilla batiendo 2 cucharadas de harina con la masa reservada.

4. Aplastar cada pedazo de masa formando un disco, envolver en plástico y refrigerar alrededor de 1 1/2 horas o hasta que se ponga firme. (La masa puede refrigerarse por un máximo de 3 días antes de hornear.)

5. Precalentar el horno a 190°C.

6. Trabajar con un tipo de masa a la vez: desenvolverla y colocarla sobre una superficie espolvoreada con harina. Estirar la masa con rodillo hasta obtener una masa de 6 mm de grosor, utilizando un rodillo espolvoreado con bastante harina.

*sigue en la página 374*

3º paso. Se mezcla la masa de chocolate.

4º paso. Se envuelve con plástico la masa aplastada.

6º paso. Se estira la masa de chocolate.

*Platos predilectos para la familia* • **GALLETAS DE CHOCOLATE Y BROWNIES** 373

*Galletas en blanco y negro, continuación*

7. Con cortadores para galletas, cortar la masa según las figuras deseadas y colocar sobre chapas de horno sin grasa a una distancia de 2,5 cm una de la otra.

8. Hornear por 9 a 11 minutos o hasta que cuajen, y luego dejar reposar sobre chapas de horno por 2 minutos. Con una espátula trasladar las galletas a una rejilla de alambre para que se enfríen bien.

9. Para rociar con chorrillo de chocolate blanco, colocar los pedazos de chocolate en una pequeña bolsa plástica que pueda cerrar para congelador y sellarla. Colocar en el microondas y poner en MEDIO (50% de potencia) por 2 minutos. Luego darle la vuelta a la bolsa y poner el microondas en MEDIO (50% de potencia) por 2 a 3 minutos o hasta que se derrita. Amasar el chocolate en la bolsa hasta que esté sin grumos.

10. Cortar una pequeña esquina de la bolsa y decorar o dejar caer un chorrillo del chocolate blanco sobre las galletas de chocolate. Adornar como quiera con dulces varios. Dejar en reposo hasta que cuaje el chocolate blanco, unos 30 minutos.

11. Para rociar con chorrillo de chocolate, colocar los pedacitos de chocolate en una pequeña bolsa plástica que pueda sellarse; ponerla en el refrigerador y sellar la bolsa. Colocar en el microondas y poner en ALTO por 1 minuto. Luego darle la vuelta a la bolsa y poner el microondas en ALTO por 1 a 2 minutos o hasta que se derrita. Amasar el chocolate en la bolsa hasta que esté sin grumos.

12. Cortar una pequeña esquina de la bolsa y decorar o dejar caer un chorrillo del chocolate blanco sobre las galletas de vainilla. Adornar como quiera con dulces varios. Dejar en reposo hasta que cuaje el chocolate, unos 40 minutos.

13. Guardar fuertemente tapadas a temperatura ambiente o congelar por un máximo de 3 meses.

*Hace 3 a 4 docenas de galletas*

**Sándwiches blancos y negros:** Recortar ambos tipos de masa con el mismo cortador. Poner una delgada capa de fondant sobre el lado plano de la galleta de chocolate y luego poner la galleta de vainilla encima del fondant. Rociar los dos lados de la galleta con chocolate blanco o chocolate derretidos.

7º paso. Se recorta la masa.

9º paso. Se sobar el chocolate blanco en una bolsa plástica.

Sándwiches blancos y negros: Se hacen las galletas tipo sándwich.

# Sándwiches de helado tradicionales

**60 g de chocolate semidulce, picado grueso**
**210 g de harina**
**1/4 cucharadita de polvos de hornear**
**1/4 cucharadita de sal**
**115 g de mantequilla o margarina, ablandada**
**100 g de azúcar**
**1 huevo grande**
**1 cucharadita de vainilla**
**Helado de vainilla o de menta con pedacitos de chocolate, ablandado***

*Se puede ablandar un litro de helado en el microondas puesto en ALTO por unos 20 segundos.

1. Poner el chocolate en un vasito para medir de tamaño de 1 taza. Colocar en el microondas puesto en ALTO por 3 a 4 minutos o hasta que se derrita el chocolate, y revolver después de 2 minutos. Reservar.

2. Colocar la harina, los polvos de hornear y la sal en un recipiente pequeño y revolver para mezclar.

3. Con una batidora eléctrica a velocidad media, batir la mantequilla y la azúcar en una fuente grande hasta que se note liviana y monte, rozando una vez los lados de la fuente.

4. Añadir el huevo y la vainilla y batir, rozando una vez los lados de la fuente. Poco a poco agregar el chocolate y batir. Añadir la mezcla de la harina y mezclar con una cuchara de madera.

5. Moldear la masa, formando 2 discos y envolver con plástico y refrigerar, por lo menos 2 horas, hasta que esté firme. (La masa se puede guardar en el refrigerador por un máximo de 3 días antes de hornear.)

6. Precalentar el horno a 180°C. Untar con manteca la chapa de horno y reservar.

7. Desenvolver 1 pedazo de la masa. Colocar entre 2 hojas de papel de cera y estirar con el rodillo hasta que tenga un grosor de 3 a 6 mm.

*sigue en la página 376*

1º paso. Se revuelve el chocolate derretido.

5º paso. Se envuelve con una hoja plástica la masa aplastada.

7º paso. Se aplasta la masa entre dos hojas de papel de cera.

*Platos predilectos para la familia* • GALLETAS DE CHOCOLATE Y BROWNIES

*Sándwiches de helado tradicionales, continuación*

8. Sacar la hoja superior de papel de cera y volcar la masa sobre la chapa de horno previamente preparada.

9. Con un cuchillo de pelar, cortar la masa en rectángulos de 7,5 x 5 cm, cuidando de pasar por la masa hasta llegar a la chapa de horno. Sacar los pedacitos de masa sobrantes de las orillas, agregarla al segundo disco de masa y seguir estirando y cortando hasta que se haya ocupado toda la masa. Agujerear cada rectángulo con un tenedor de mesa, si así lo desea.

10. Hornear por 10 minutos o hasta que cuajen. Dejar las galletas en reposo sobre la chapa de horno por 1 minuto y luego, estando las galletas todavía calientes, cortar donde anteriormente pasó el cuchillo. Con una espátula trasladar las galletas a rejillas de metal para que se enfríen bien.

11. Extender el helado ablandado sobre el lado plano de la mitad de las galletas, y colocar las demás galletas encima.

12. Servir inmediatamente o envolver con una hoja plástica y congelar por un máximo de 1 mes.

*Hace unos 8 sándwiches de helado*

8º paso. Se retira la hoja de papel encerado.

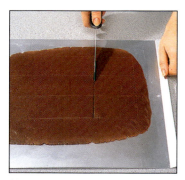

9º paso. Se corta la masa en rectángulos.

11º paso. Se extiende el helado sobre las galletas.

**GALLETAS DE CHOCOLATE Y BROWNIES** • *Platos predilectos para la familia*

*Platos predilectos para la familia* • **GALLETAS DE CHOCOLATE Y BROWNIES**

# Brownies con trozos de chocolate blanco

**120 g de chocolate sin azúcar, picado grueso**
**115 g de mantequilla o margarina**
**2 huevos grandes**
**260 g de azúcar granulada**
**1 cucharadita de vainilla**
**70 g de harina**
**1/2 cucharadita de sal**
**180 g de chocolate blanco de taza, cortado en trozos de 6 mm**
**90 g de nueces picadas gruesas (optativas)**
**Azúcar glas para adornar**

1. Precalentar el horno a 180°C. Untar con manteca una bandeja de horno cuadrada de 20 cm y reservar.

2. En una olla pequeña y pesada calentar a fuego lento el chocolate sin azúcar y la mantequilla, revolviendo constantemente y reservar.

3. Con una batidora eléctrica a velocidad media, batir los huevos por 30 segundos en una fuente grande. Poco a poco agregar la azúcar granulada, batiendo a velocidad media por unos 4 minutos hasta que se espese y tenga un color limón.

4. Agregar la mezcla del chocolate y la vainilla y batir. Luego añadir la harina y la sal y batir a velocidad baja hasta que se mezcle bien. Agregar los trozos de chocolate blanco y las nueces y revolver con una cuchara de madera. Extender la masa uniformemente en la bandeja de horno preparada.

5. Hornear por 30 minutos o hasta que las orillas empiecen a separarse de la bandeja y cuaje por el medio.

6. Trasladar la bandeja a una rejilla y enfriar bien. Cortar en cuadrados de 5 cm. Colocar azúcar glas en un cedazo fino y espolvorear sobre los brownies, si así lo desea.

7. Guardar firmemente tapados a temperatura ambiente o congelar por un máximo de 3 meses.

*Hace 16 brownies*

3º paso. La masa batida hasta que tenga un color limón.

4º paso. Se añaden los pedazos de chocolate blanco.

6º paso. Se espolvorea azúcar glas sobre los brownies.

# Brownies con pedacitos de chocolate y menta

180 g de azúcar granulada
115 g de mantequilla o margarina
2 cucharadas de agua
160 g de pedacitos de chocolate semidulce o pedacitos pequeños de chocolate
1 1/2 cucharaditas de vainilla
160 g de harina
1/2 cucharadita de bicarbonato
1/2 cucharadita de sal
2 huevos grandes
160 g de pedacitos de chocolate con sabor a menta
Azúcar glas para adornar

1. Precalentar el horno a 180°C. Untar con manteca una bandeja de horno cuadrada de 22,5 cm y reservar.

2. En una fuente mediana que sirva para microondas, juntar la azúcar, la mantequilla y el agua. Colocar en el microondas puesto en ALTO, y dejar allí por 2 1/2 a 3 minutos o hasta que se derrita la mantequilla. Agregar los pedacitos de chocolate semidulce y revolver suavemente hasta que se derrita el chocolate y la mezcla se homogenice bien. Añadir la vainilla y dejar la mezcla en reposo por 5 minutos para que se enfríe.

3. Colocar la harina, el bicarbonato y la sal en un recipiente pequeño y revolver para mezclarlo.

4. Con una cuchara de madera, batir los huevos, 1 a la vez, con la mezcla del chocolate. Agregar la harina y mezclar bien. Agregar los pedacitos de chocolate con sabor a menta y revolver. Extender la masa uniformemente en la bandeja previamente preparada.

5. Hornear por 25 minutos para obtener brownies de consistencia blanda como de dulce de azúcar, o por 30 a 35 minutos para brownies con consistencia de bizcocho.

6. Trasladar la bandeja de horno a una rejilla para que se enfríen bien, y luego cortar en cuadrados de 5,5 cm. Poner azúcar glas en un cedazo fino y espolvorearla encima de los brownies, si así lo desea.

7. Guardar firmemente tapados a temperatura ambiente o congelar por un máximo de 3 meses.

*Hace 16 brownies*

2º paso. Se revuelven los pedacitos de chocolate con la mezcla de la mantequilla derretida.

4º paso. Agregar los huevos, uno a la vez, batiéndolo con la mezcla.

6º paso. Se espolvorea la azúcar glas encima de los brownies.

*Brownies* • GALLETAS DE CHOCOLATE Y BROWNIES

# Brownies de azúcar terciada con mantequilla

160 g de pedacitos de chocolate con sabor a azúcar terciada con mantequilla
140 g de harina
1/2 cucharadita de polvos de hornear
1/4 cucharadita de sal
60 g de mantequilla o margarina, ablandada
100 g de azúcar morena clara, compacta
2 huevos grandes
1/2 cucharadita de vainilla
160 g de pedacitos de chocolate semidulce
1 cucharada de cacao en polvo sin azúcar para adornar

1. Precalentar el horno a 180°C. Untar levemente con manteca una bandeja de horno cuadrada de 22,5 cm y reservar.

2. En una olla pequeña y pesada derretir a fuego lento los pedacitos de chocolate con sabor a azúcar terciada con mantequilla, revolviendo constantemente. Reservar.

3. Ligar la harina, los polvos de hornear, y la sal en un recipiente pequeño y revolver para mezclar.

4. Con una batidora eléctrica, batir a velocidad media la mantequilla y la azúcar en una fuente grande hasta que monte y se note liviana, rozando una vez los lados de la fuente. Agregar los huevos, uno a la vez, y batir, rozando los lados de la fuente después de cada uno. Añadir la vainilla y, batir y luego los pedacitos de chocolate con sabor a azúcar terciada con mantequilla, y seguir batiendo. Agregar la mezcla de la harina y batir a velocidad baja hasta que se homogenice, rozando los lados de la fuente una vez más. Extender la masa uniformemente para llenar la bandeja previamente preparada.

5. Hornear, de 20 a 25 minutos, o hasta que dore y cuaje en el medio. Sacar la bandeja del horno e inmediatamente espolvorear los pedacitos de chocolate en una sola capa encima del brownie. Dejar en reposo unos 4 minutos hasta que se derrita el chocolate. Con una espátula delgada, extender el chocolate uniformemente encima del brownie. Hacer formas de remolino con el chocolate, si así se desea.

6. Colocar la bandeja sobre una rejilla para que se enfríe por completo.

7. Para adornar, poner pequeñas tiras de cartón encima del chocolate. Colocar el cacao en un cedazo fino y espolvorear encima del brownie. Sacar el cartón cuidadosamente y cortar el brownie en cuadrados de 5,5 cm.

8. Guardar firmemente tapados a temperatura ambiente o congelar por un máximo de 3 meses.

*Hace 16 brownies*

2º paso. Se derriten y se revuelven los pedacitos de chocolate con sabor a azúcar terciada con mantequilla.

4º paso. Se rozan los lados de la fuente.

5º paso. Se extienden los pedacitos de chocolate encima del brownie caliente.

*Brownies* • GALLETAS DE CHOCOLATE Y BROWNIES

# Brownies a la irlandesa

**140 g de harina**
**1/2 cucharadita de polvos de hornear**
**1/4 cucharadita de sal**
**120 g de chocolate semidulce de taza, picado grueso**
**115 g de mantequilla o margarina**
**100 g de azúcar**
**2 huevos grandes**
**7 cl de licor de whisky irlandés con nata**
**Fondant irlandés de crema (receta a continuación)**

1. Precalentar el horno a 180°C. Untar con manteca una bandeja de horno cuadrada de 20 cm y reservar. Ligar la harina, los polvos de hornear y la sal en un recipiente pequeño y revolver para mezclar.

2. En una olla mediana pesada derretir a fuego lento el chocolate y la mantequilla, revolviendo constantemente. Agregar la azúcar y revolver. Luego añadir los huevos, batiendo uno a la vez con la mezcla con un batidor manual. Agregar el licor y volver a batir, y a continuación la harina y batir con la mezcla del chocolate justo hasta que homogenice. Extender la masa en la bandeja de horno previamente preparada.

3. Hornear por 22 a 25 minutos o hasta que cuaje en el medio. Trasladar la bandeja a una rejilla y enfriar completamente antes de poner el fondant.

4. Preparar el fondant irlandés de crema y extender encima del brownie una vez que éste se haya enfriado. Refrigerar por lo menos 1 hora o hasta que cuaje el fondant. Cortar en cuadrados de 5 cm.

5. Guardar firmemente tapado en el refrigerador. Estos brownies no resultan bien si se congelan.
*Hace 16 brownies*

2º paso. Se baten los huevos con la mezcla, uno a la vez.

Fondant irlandés de crema: 1º paso. Se pasa la azúcar glas por cedazo.

## Fondant irlandés de crema

**Azúcar glas**
**60 g de queso de nata, ablandado**
**30 g de mantequilla o margarina, ablandada**
**2 cucharadas de licor de whisky irlandés con crema**

1. Pasar la azúcar glas por el chino o cedazo fino dejándolo caer sobre papel de cera. Con una cuchara trasladar la azúcar cuidadosamente a tazas de medir hasta tener 200 g.

2. Con una batidora eléctrica a velocidad media, batir el queso de nata y la mantequilla en un recipiente pequeño hasta que esté sin grumos, rozando los lados de la fuente una vez. Agregar el licor y batir. Poco a poco añadir la azúcar glas y batir hasta que esté sin grumos.
*Hace alrededor de 150 g*

*Brownies* • GALLETAS DE CHOCOLATE Y BROWNIES

# Barras de tablero de ajedrez

75 g de avellanas
120 g de chocolate amargo o semidulce, partido
315 g de harina
1/2 cucharadita de polvos de hornear
1/4 cucharadita de sal
175 g de mantequilla o margarina, ablandada
150 g de azúcar
2 huevos grandes, por partes
1 cucharadita de vainilla

1. Precalentar el horno a 180°C. Para pelar las avellanas, extenderlas en una sola capa sobre una bandeja de horno. Hornear por 10 a 12 minutos hasta que estén tostadas y la piel empiece a salirse en pedacitos, y dejar que se enfríen un poco. Envolver las avellanas en un paño grueso de cocina y frotar las avellanas con el paño para sacar la mayor parte posible de la piel.

2. Colocar las avellanas en el procesador de alimentos y procesar encendiendo y apagando hasta que se encuentren finamente picadas, pero sin formar una pasta.

3. Derretir el chocolate en un recipiente pequeño colocado en una fuente de agua muy caliente, y revolver dos veces. Esto demorará unos 10 minutos.

4. Juntar la harina, los polvos de hornear y la sal en una fuente mediana y revolver para mezclar.

5. Con una batidora eléctrica, batir a velocidad media la mantequilla y la azúcar en una fuente grande hasta que monte y se note liviana, rozando una vez los lados de la fuente. Agregar 1 huevo y la vainilla y batir, rozando los lados de la fuente otra vez. Añadir poco a poco la mezcla de la harina y batir a velocidad baja, rozando de vez en cuando los lados de la fuente.

6. Sacar 160 g de masa y reservar. Añadir el chocolate y las avellanas al resto de la masa y revolver con una cuchara de madera. Envolver ambos pedazos de masa con hojas de plástico y refrigerar por 20 minutos.

7. Desenvolver la masa de chocolate y colocar sobre una superficie espolvoreada con harina. Extenderla con un rodillo espolvoreado con harina hasta obtener un grosor de 8 mm. Cortar la masa en ocho tiras de 10 x 2 cm. Juntar los pedazos sobrantes y volver a estirar con el rodillo cuantas veces sea necesario, hasta que se haya cortado en tiras toda la masa. Repetir el mismo proceso con la masa de vainilla.

*sigue en la página 388*

1º paso. Se frotan las avellanas para quitarles la piel.

6º paso. Se hace la masa de chocolate.

7º paso. Se corta la masa en tiras.

**GALLETAS DE CHOCOLATE Y BROWNIES** • *Super-especial*

*Super-especial* • **GALLETAS DE CHOCOLATE Y BROWNIES**

### Barras de tablero de ajedrez, continuación

8. Para armar las barras, en un plato hondo pequeño batir con tenedor el huevo que queda hasta que se ponga espumoso. Colocar 1 tira de masa de chocolate sobre una hoja plástica. Untar el borde con huevo batido. Luego colocar 1 tira de la masa de vainilla junta a la de chocolate, y untar el borde con huevo batido. Hacer lo mismo con 1 tira más de chocolate y 1 de vainilla para formar la capa inferior. Untar con huevo por encima.

9. Preparar una segunda capa colocando tiras encima de la primera, alternando masa de vainilla encima de la de chocolate y masa de chocolate encima de la de vainilla. Untar con huevo el borde de cada tira y por encima de la capa superior. Terminar colocando una tercera capa completando así una barra en forma de tablero de ajedrez. Repetir todo el proceso con las demás tiras de masa hasta completar una segunda barra de tablero de ajedrez. Cubrir con una hoja plástica y refrigerar por 1 hora o hasta que esté lo bastante firme como para poderla cortar.

10. Precalentar el horno a 180°C. Untar chapas de horno con manteca.

11. Desenvolver la barra de tablero de ajedrez y cortar en forma transversal con un cuchillo largo y afilado formando rebanadas de un grosor de 6 mm. Colocarlas a una distancia de 5 cm la una de la otra sobre chapas de horno preparadas.

12. Hornear por 10 a 12 minutos o hasta que cuajen. Enfriar las galletas por 2 minutos sobre las chapas de horno. Con una espátula trasladar las galletas a rejillas y enfriar bien.

13. Guardar firmemente tapadas a temperatura ambiente o congelar por un máximo de 3 meses.

*Hace 2 docenas de galletas*

8º paso. Se hace la primera capa del tablero de ajedrez.

9º paso. Se unta con huevo batido la orillas de una tira.

11º paso. Se corta el tablero de ajedrez en rebanadas de un grosor de 6 mm.

# *Barras de merengue a la vienesa*

**90 g de almendras cortadas en láminas finas**
**3 huevos grandes**
**140 g de mantequilla o margarina, ablandada**
**260 g de azúcar, por partes**
**1/4 cucharadita de sal**
**315 g de harina**
**375 g de mermelada de frambuesas, sin pepas**
**230 g de pedacitos pequeños de chocolate semidulce**

1. Precalentar el horno a 180°C. Para tostar las almendras, extenderlas sobre una chapa de horno y hornear por 8 a 10 minutos o hasta que se doren, revolviendo frecuentemente. Sacar las almendras de la bandeja y dejar que se enfríen.

2. Para separar la clara de la yema de los huevos, golpear el huevo suavemente en el medio contra una superficie dura, como el borde de una fuente. Con una mitad de la cáscara en cada mano, pasar la yema varias veces de una mitad a otra. Dejar que la clara caiga a la fuente pasando entre las dos mitades de la cáscara. Cuando toda la clara haya caído a la fuente, colocar la yema en otro recipiente. (Para poder alcanzar el volumen apropiado al batirse, las claras no deben contener nada de la yema.) Trasladar la clara a una tercera fuente. Repetir con los demás huevos.

3. Guardar una yema, cubierta con agua, en un recipiente hermético para ser ocupada para otro propósito. Refrigerar por un máximo de 3 días.

4. Precalentar el horno a 180°C.

5. Con una batidora eléctrica, batir a velocidad media la mantequilla y 100 g de azúcar en una fuente grande hasta que monte y se note liviana, rozando una vez los lados de la fuente. Agregar 2 yemas y la sal, y, poco a poco, la harina. Batir a velocidad baja, rozando una vez más los lados de la fuente.

6. Con los dedos untados con mantequilla, moldear la masa para que quepa uniformemente en una bandeja de horno sin engrasar de 37,5 x 25 cm

*sigue en la página 390*

1º paso. Se tuestan las almendras.

2º paso. Se separa un huevo.

6º paso. Se moldea la masa para que quepa en la bandeja.

*Super-especial* • **GALLETAS DE CHOCOLATE Y BROWNIES**

### *Barras de merengue a la vienesa, continuación*

7. Hornear por 22 a 25 minutos o hasta que esté levemente dorada. Sacar del horno e inmediatamente extender la mermelada encima. Espolvorear uniformemente con pedacitos de chocolate.

8. Para hacer el merengue para cubrir, con batidora eléctrica a velocidad alta batir las claras de huevo en una fuente grande limpia hasta que hagan pico firme. (Después de retirar la batidora de la mezcla de las claras, deben quedar picos firmes en la superficie y la mezcla no se debe mover al inclinar la fuente.)

9. Con una espátula de goma, incorporar las almendras suavemente a la mezcla, metiendo la espátula al fondo de la fuente, pasándola rozando por los lados y luego doblar la mezcla que se ha recogido levantándola para que quede encima de la mezcla. Repetir hasta que se hayan incorporado las almendras uniformemente al merengue.

10. Con una cuchara colocar el merengue encima de la mezcla del chocolate y extenderlo uniformemente con una espátula pequeña.

11. Colocar la bandeja al horno nuevamente y hornear por 20 minutos hasta que esté bien dorada la mezcla. Trasladar la bandeja a una rejilla y enfriar por completo. Cortar en barras de 5 x 6,5 cm.

12. Guardar tapado, pero sin apretar, a temperatura ambiente. Estas galletas no resultan bien después de congelarse.

*Hace 28 barras*

8º paso. Las claras batidas hasta hacer pico firme.

9º paso. Se incorporan las almendras.

10º paso. Se extiende el merengue encima de la base.

*Super-especial* • GALLETAS DE CHOCOLATE Y BROWNIES

# Espirales de chocolate con canela y nueces

**210 g de harina**
**1/4 cucharadita de sal**
**75 g de mantequilla o margarina, ablandada**
**160 g de azúcar, por partes**
**1 huevo grande**
**160 g de pedacitos pequeños de chocolate semidulce**
**130 g de nueces picadas muy finas**
**2 cucharaditas de canela molida**
**3 cucharadas de mantequilla o margarina, derretida**

1. Colocar la harina y la sal en un recipiente pequeño y revolver para mezclar. Con una batidora eléctrica a velocidad media, batir la mantequilla ablandada y 100 g de azúcar en una fuente grande hasta que monte y se note liviana, rozando una vez los lados de la fuente. Añadir el huevo y batir para mezclar. Poco a poco agregar la mezcla de la harina y revolver con cuchara de madera para ligar. La masa se pondrá dura. (En caso necesario, sobar la masa hasta formar una masa concisa que no se pegue al borde de la fuente.)

2. Con el rodillo estirar la masa entre 2 hojas de papel de cera formando un rectángulo de 30 x 25 cm. Sacar el papel de cera de encima del rectángulo. (Técnicas en las páginas 375 y 376.)

3. Juntar los pedacitos de chocolate, las nueces, 60 g de azúcar y la canela en una fuente mediana. Echar encima de la mezcla la mantequilla derretida caliente y mezclar bien. (El chocolate se derretirá en parte.) Con una cuchara colocar la mezcla encima de la masa y extenderla uniformemente con una espátula pequeña, dejando en los lados largos un margen de 1,5 cm sin cubrir.

4. Utilizando como guía la hoja inferior de papel de cera y empezando por el lado largo, enrollar la masa al estilo de un brazo de reina, sacando el papel de cera a medida que vaya enrollando. Envolver con una hoja plástica y refrigerar por 30 minutos a 1 hora.

5. Precalentar el horno a 180°C. Untar chapas de horno levemente con manteca y desenrollar la masa. Usando seda dental o hilo grueso, cortar la masa en tajadas de 1,5 cm de grosor.* Meter el hilo debajo del rollo, levantar los dos extremos, cruzarlos en el medio y tirar suavemente los extremos del hilos para cortar cada tajada. Poner las tajadas a una distancia de 5 cm la una de la otra sobre chapas de horno previamente preparadas.

6. Hornear por 14 minutos o hasta que estén levemente doradas por las orillas. Con una espátula trasladar las galletas a rejillas de alambre y dejar que se enfríen.

7. Guardar firmemente tapadas a temperatura ambiente o congelar por un máximo de 3 meses.
*Hace unas 2 docenas de galletas*

*Si se refrigera la masa por más de una hora, cortarla con un cuchillo afilado y delgado.

4º paso. Se enrolla la masa al estilo de un brazo de reina.

5º paso. Con seda dental se corta la masa en tajadas de 1,5 cm.

*Super-especial* • **GALLETAS DE CHOCOLATE Y BROWNIES**

# Galletas con ventanilla de albaricoque

**120 g de chocolate amargo, quebrado en pedazos**
**420 g de harina**
**1/2 cucharadita de bicarbonato**
**1/2 cucharadita de sal**
**150 g de mantequilla o margarina, ablandada**
**160 g de azúcar**
**2 huevos grandes**
**2 cucharaditas de vainilla**
**Conserva de albaricoque**

1. Derretir el chocolate en un recipiente pequeño colocado en una fuente de agua muy caliente, revolviendo dos veces. Esto tarda unos 10 minutos.

2. Juntar la harina, el bicarbonato y la sal en una fuente mediana y revolver para ligar.

3. Con una batidora eléctrica, batir a velocidad media la mantequilla y la azúcar en una fuente grande hasta que monte y se note liviana, rozando una vez los lados de la fuente. Agregar los huevos, uno a la vez, y batir, rozando los lados de la fuente después de cada uno. Añadir la vainilla y el chocolate y batir. A continuación agregar, poco a poco, la mezcla de la harina y batir a velocidad baja, rozando una vez más los lados de la fuente.

4. Dividir la masa en dos bolas redondas y aplastarlas formando dos discos. Envolver en plástico y refrigerar por 2 horas o hasta que esté firme.

5. Precalentar el horno a 180°C. Desenvolver la masa y sobre una superficie espolvoreada con harina estirarla con rodillo enharinado hasta obtener un grosor de 3 a 6 mm. Recortar la masa con un cortador redondo de 6,5 cm. En el medio de la mitad de estos círculos cortar un círculo más pequeño, de 2,5 cm. Sacar los pedazos de masa sobrante de alrededor y dentro de los círculos y reservar. Colocar los círculos sobre chapas de horno sin engrasar. Volver a estirar y recortar la masa que se forma de los pedazos sobrantes.

6. Hornear las galletas por 9 a 10 minutos o hasta que cuajen. Dejarlos en reposo sobre las chapas de horno por 2 minutos. Con una espátula trasladarlas a una rejilla de alambre para que se enfríen por completo.

7. Para armar las galletas, untar unas 1 1/2 cucharaditas de conserva sobre el lado plano de las galletas circulares, y colocar encima las galletas con ventanilla, formando sándwiches.

8. Guardar fuertemente tapadas a temperatura ambiente. Estas galletas no resultan bien después de congelarse.

*Hace unas 18 galletas*

1º paso. Se derrite el chocolate en un recipiente colocado en agua muy caliente.

5º paso. Se recortan círculos más pequeños en el centro de las galletas.

7º paso. Se arman las galletas.

# Galletas de puntilla de chocolate

**75 g de almendras molidas**
**115 g de mantequilla**
**100 g de azúcar**
**45 g de harina**
**2 cucharadas de crema doble**
**1/4 cucharadita de sal**
**120 g de chocolate oscuro dulce o chocolate amargo, quebrado en pedazos**

1. Precalentar el horno a 190°C. Untar bien con manteca las chapas de horno.

2. Extender las almendras molidas sobre la chapa de horno y hornear por 5 minutos o hasta que estén doradas y olorosas.

3. Juntar la mantequilla, la azúcar, la harina, la crema y la sal en una olla pesada mediana. Añadir las almendras y cocer a fuego medio, revolviendo constantemente por unos 5 minutos o hasta que se derrita la mantequilla y se formen pequeñas burbujas alrededor de los lados de la olla. Sacar del fuego y revolver bien.

4. Depositar cucharaditas colmadas de masa a una distancia de 15 cm la una de la otra sobre las chapas de horno previamente preparadas. (Hacer solamente 4 galletas por chapa.)

5. Hornear por 6 a 8 minutos o hasta que las galletas estén doradas por las orillas. Dejar que reposen por 2 minutos sobre la chapa de horno y con una espátula trasladar las galletas a una rejilla de alambre * para que se enfríen.

6. En una olla pequeña y pesada derretir el chocolate a fuego lento, revolviendo constantemente. Inclinar la olla para juntar todo el chocolate en un extremo e introducir cada galleta en el chocolate, girando la galleta lentamente de tal manera que tenga toda la orilla con un toque de chocolate.

7. Dejar que las galletas reposen sobre papel de cera hasta que cuaje el chocolate.

8. Guardar firmemente tapado a temperatura de ambiente. No congelar.

*Hace unas 2 1/2 docenas de galletas*

* Para hacer galletas en forma de taco, equilibrar una cuchara de madera entre dos latas de la misma altura. trabajando rápidamente mientras las galletas estén todavía calientes, colgar las galletas sobre el asa de la cuchara de tal manera que queden colgado ambos lados formando una figura como de taco. Enfriar completamente e introducir ambas orillas de las galletas en el chocolate.

4º paso. Se colocan cucharaditas de masa sobre la chapa de horno.

6º paso. Se introduce la orilla de una galleta en el chocolate derretido.

Galletas en forma de taco: se forma la figura.

**GALLETAS DE CHOCOLATE Y BROWNIES** • *Super-especial*

*Super-especial* • **GALLETAS DE CHOCOLATE Y BROWNIES**

# CLASE DE COCINA
# TORTAS

**404** APUNTES DE CURSO

**406** CLÁSICAS

**414** LA COLECCIÓN DE CHOCOLATE

**428** LLENAS DE FRUTA

**436** POPURRÍ

Torta Selva Negra *(página 417)*

# APUNTES DE CURSO

No hay nada mejor que el seductor aroma y exquisito sabor de una torta hecha en casa. Sea para preparar un delicado pastel de ángel o para un exquisito pastel de chocolate, las bases de preparación siguen siendo, en su mayoría, las mismas. La siguiente información sobre aspectos básicos de preparación de tortas le permitirá que la próxima ocasión que necesite presentar una torta ¡se gane los mejores elogios!

## LO FUNDAMENTAL DE LA PREPARACIÓN DE LAS TORTAS

Se puede clasificar las tortas según dos categorías, según el ingrediente que las hace levantar. Las tortas de mantequilla dependen principalmente del polvo de hornear para subir, en cambio los bizcochos dependen del aire que queda atrapado en los huevos cuando se baten.

Ciertas recetas para tortas especifican la harina para tortas, la cual contiene menos proteína que la harina corriente y da una torta más suave. A causa de su delicadeza, muchas veces hay que pasar la harina para tortas por el chino antes de medirla y agregarla a la mezcla de la torta.

### Tortas de mantequilla

Las tortas de mantequilla incluyen los batidos de grasa y las tortas amarillas, blancas, de especias y de varias capas de chocolate. Estas tortas usan mantequilla, manteca o aceite para darles humedad y peso y leudan con polvo de hornear y/o bicarbonato. Ablande la mantequilla primero para que se mezcle fácilmente con la azúcar.

### Bizcochos

Estas tortas alcanzan su volumen por medio de huevos batidos en vez de agentes para leudar como el polvo de hornear. Los bizcochos no tienen mantequilla, aceite, ni manteca. Los pasteles de ángel gozan de más popularidad y en efecto no contienen grasa ya que usan solamente claras de huevo, y no yemas. Los bizcochos amarillos se preparan con huevos enteros. Los batidos también se ciernen con huevos batidos, pero no son bizcochos de verdad porque contienen aceite vegetal.

Cuando prepare bizcochos, asegúrese de batir los huevos hasta alcanzar un nivel correcto: no hay que batir ni mucho, ni demasiado poco. Maneje con cuidado el huevo batido al juntarlo con los otros ingredientes porque de otra manera pueden perder aire y volumen.

### PREPARACION DE LOS MOLDES

Siempre debe utilizar moldes, exactamente, del mismo tamaño que se especifica en la receta. Si el molde es demasiado grande, puede que la torta no suba bien o no dore uniformemente. Si el molde es demasiado pequeño, la torta se hundirá en el medio y tendrá una textura demasiado pesada; también es posible que la masa sobresalga del molde mientras se está cociendo.

En el caso de tortas de mantequilla, utilice moldes de metal brillosos o de los que tengan un acabado antiadherente. Unte los moldes con manteca y espolvoréelos con harina antes de preparar la masa, para así poder hornear inmediatamente la torta.

Utilice un cepillo para repostería, papel de cocina o papel de cera para untar los moldes con una delgada capa uniforme de manteca y espolvorée con harina. Agite o incline el molde y dándole unos golpecitos para quitar la harina sobrante.

Si quiere forrar los moldes con papel de cera, hay que invertirlos y colocar encima una hoja de papel de cera. Presionar alrededor de las orillas del molde para así doblar el papel de acuerdo a la forma del molde. Cortar el papel donde se dobló, formando un círculo. Untar el molde con manteca y afirmar el papel sobre el fondo del molde engrasado. Si la cocina está muy caliente, es mejor refrigerar los moldes preparados hasta que llegue el momento de meter la masa.

Generalmente los bizcochos se hornean en moldes con chimenea. La chimenea del medio ayuda a que el calor circule mientras esté en el horno y también apoya la delicada estructura de la torta. En el caso de bizcochos, no engrase los moldes. Si el molde no se ha untado de grasa, permite que la masa se adhiera a las orillas a medida que suba.

## HORNEAR

Coloque el(los) molde(s) en el medio de un horno recalentado. Puede que sea necesario colocar más abajo las rejillas del horno para hacer tortas en moldes chimenea. Si se usan dos rejillas, dispóngalas de tal manera que dividan el horno en tres partes y luego ordene los moldes en forma escalonada de tal manera que no estén uno directamente encima del otro. No abra la puerta durante la primera mitad del tiempo en el horno. La temperatura del horno tiene que ser constante para que la torta suba bien.

Una torta de mantequilla está hecha cuando empieza a separarse de las orillas del molde, la superficie vuelve a su forma original cuando se le toca levemente y un probador de tortas o palillo de madera sale limpio y seco después pinchar la torta por el medio. Un bizcocho está hecho cuando se nota levemente dorado y la superficie vuelve a su forma original cuando se le toca levemente.

## ENFRIAR

Después de sacar tortas de mantequilla del horno, deje reposar en sus moldes sobre rejillas metálicas por 10 minutos, o según lo que indique la receta. Pasar un cuchillo alrededor de la orilla de la torta para soltarla del molde. Coloque una rejilla metálica, con la superficie superior hacia abajo, sobre el molde. Darle la vuelta a la rejilla y el molde juntos y la torta debe caer sobre la rejilla. Si no afloja, dé unos golpecitos sobre el fondo del molde y entonces la torta debería salir fácilmente. Sacar el molde. En caso de haber utilizado un forro de papel, sáquelo de la torta. Coloque una segunda rejilla metálica encima de la torta y vuelque la torta nuevamente de tal manera que ésta pueda enfriar con la superficie superior hacia arriba. Sacar la rejilla superior.

Inmediatamente después de sacar del horno, un bizcocho que se haya horneado en molde chimenea debe invertirse, colocando el molde sobre una botella o embudo resistente al calor. Si se enfría con el lado superior hacia arriba, la masa bajará. No saque un bizcocho del molde hasta que se haya enfriado por completo.

## ALCORZAR

Antes de alcorzar, asegúrese de que la torta se haya enfriado bien. Sacar con el cepillos migas sueltas que queden en la superficie. Para mantener limpio el plato de la torta, coloque pequeñas tiras de papel de cera debajo de las orillas de la torta y sacarlas después de haber alcorzado la torta.

Conseguirá resultado más profesional si primero coloca sobre la torta una capa de alcorza aclarada con leche como base para que ayude a sellar las migas que queden. Deje que se seque esta base por algunos minutos antes de bañar con la capa final de alcorza. Para resultados óptimos, utilice una espátula metálica plana para aplicar la alcorza. Ponga un montón de fondant en el medio de la torta y extenderlo sobre la superficie empujándolo hacia los lados con la espátula. Tenga cuidado de que la espátula esté siempre en contacto con una superficie con fondant, porque una vez que toque la superficie de la torta, se mezclarán migas con el fondant. Para alcorzar los lados, trabaje de arriba hacia abajo, asegurándose siempre de que la espátula toque solamente el fondant.

## ALMACENAR

Las tortas de una sola capa deben guardarse en sus moldes, firmemente tapadas. Guarde tortas de dos o tres capas en una lata para guardar pasteles o bajo una fuente grande invertida. Si la torta tiene baño de crema o fondant, introduzca la manga de una cucharita debajo de la orilla de la tapa para que no cierre completamente, lo cual produce una acumulación de humedad.

Tortas que tengan baño de nata montada o relleno de nata deben guardarse en el refrigerador. Las tortas sin alcorza se pueden congelar por un máximo de cuatro meses con tal que estén bien envueltos en plástico. Descongélelas en sus envoltorios a temperatura ambiente. Las tortas con alcorza deben congelarse sin envoltorio hasta que se endurezca el fondant y luego envolverse y sellarse. Congélelas por un máximo de dos meses. Para descongelar, saque el envoltorio y descongele a temperatura ambiente o en el refrigerador. Las tortas que tengan rellenos de frutas o las de natillas, no resultan bien después de congelarse porque se humedecen al descongelarse.

# Batido

5 huevos
1/2 cucharadita de crémor tártaro
315 g de harina
300 g de azúcar
1 cucharada de polvo de hornear
1 cucharadita de sal
17 cl de agua
12 cl de aceite vegetal
1 cucharadita de vainilla
1 cucharadita de extracto de almendra
Fresas, kiwis, manzanas tropicales, naranjas y nata montada para adorno

1. Precalentar el horno a 160°C.

2. Para separar la yema de clara de huevos, golpear suavemente en el medio del huevo contra una superficie dura, como el borde de una fuente. Con una mitad de la cáscara en cada mano, pasar la yema varias veces de una mitad a otra. Dejar que la clara caiga, a través de las dos mitades de la cáscara del huevo, a una fuente mediana.

3. Cuando toda la clara haya caído a la fuente, colocar la yema en otro recipiente. Pasar la clara a una tercera fuente. Repetir así con los 4 huevos que quedan. (Para que puedan dar el volumen apropiado al batirse, las claras no deben tener nada de yema.)

4. Agregar el crémor tártaro a las claras. Batir con batidora eléctrica a velocidad alta hasta que monte y haga pico firme. Cuando se alcanza esta etapa, la mezcla no se desliza al inclinar la fuente. Reservar.

5. Cernir los ingredientes secos a una fuente grande. Hacer un hueco en la mezcla de la harina.

6. Agregar las yemas de huevos y ligar con agua, aceite y condimentos.

7. Con una espátula de goma, incorporar las claras a la mezcla de yemas, metiendo la espátula cuidadosamente al fondo de la fuente, pasándola rozando por los lados y luego doblar la mezcla que se ha recogido levantándola para que quede encima de la mezcla. Repetir hasta que se hayan incorporado las claras uniformemente a la mezcla. Verter en un molde chimenea de 25 cm sin engrasar.

8. Hornear por 55 minutos y luego aumentar la temperatura del horno a 180°C. Seguir horneando por 10 minutos o hasta que la torta vuelva a su lugar cuando se hunde con el dedo.

9. Invertir el molde y colocarlo encima de una botella limpia vacía. Dejar que la torta se enfríe completamente en el molde. Adornar, si se quiere.

*Hace una torta de 25 cm con forma de anillo*

2º paso. Se separa la yema de la clara.

5º paso. Se ciernen juntos los ingredientes secos.

7º paso. Se incorpora cuidadosamente la mezcla de las claras.

# Torta de zanahoria

**120 g de zanahorias**
**200 g de azúcar granulada**
**195 g de azúcar morena bien compacta**
**25 cl de aceite vegetal**
**100 g de queso ricota**
**3 huevos**
**280 g de harina**
**2 cucharaditas de polvo de hornear**
**2 cucharaditas de bicarbonato**
**1 cucharadita de sal**
**2 cucharaditas de canela molida**
**1/2 cucharadita de nuez moscada molida**
**30 a 50 g de pasas**
**75 g de piña picada**
**80 g de nueces picadas**
**Crema de queso de nata para cubrir (página 410)**
**Pasas y nueces picadas adicionales par adornar**

*En caso de utilizar piña enlatada, utilice piña estilada sin azúcar.

1. Precalentar el horno a 180°C. Unte un molde de 25 cm levemente con manteca.

2. Añadir 2 a 3 cucharaditas de harina al molde y golpear suavemente el lado del molde para recubrir el fondo, los lados y el cono central uniformemente con harina. Invertir el molde y dar unos golpecitos en el fondo para quitar la harina sobrante.

3. Sacar los dos extremos de las zanahorias y desecharlas, y luego pelar las zanahorias. Rallar utilizando el disco para rallar del procesador de alimentos o usar un rallador manual, hasta que dé 2 tazas. reservar.

4. Con la batidora eléctrica a velocidad media, en una fuente grande batir juntos las azúcares, el aceite y el queso ricota hasta que se mezclen bien.

5. Agregar los huevos, 1 a la vez, batiendo bien después de cada uno.

6. Cernir la harina, el polvo de hornear, el bicarbonato, la sal, la canela y la nuez moscada y mezclar.

7. Sacar 2 cucharadas de la mezcla de la harina y mezclar con las pasas en una fuente pequeña para impedir que las pasas vayan al fondo de la masa.

8. Poco a poco añadir la mezcla de la harina a la mezcla de la azúcar. Mezclar hasta que se vea bien homogénea.

9. Añadir las pasas a la masa junto con las zanahorias, la piña y las nueces y mezclar bien.

*sigue en la página 410*

1º paso. Se unta con manteca un molde chimenea.

3º paso. Se rallan las zanahorias.

9º paso. Se añaden a la masa las pasas, las zanahorias, la piña y las nueces.

**TORTAS · Clásicas**

### Torta de zanahoria, continuación

10. Verter la masa en el molde previamente preparado y extenderla uniformemente hasta los bordes.

11. Hornear por 1 hora o hasta que cuando se introduce un palillo de madera en el medio y salga limpio.

12. Enfriar dentro del molde sobre una rejilla metálica por 10 minutos. Soltar la orilla de la torta con un cuchillo o espátula metálica flexible. Usando guantes de cocina o paño para sacar cosas calientes del horno, coloque una rejilla de enfriar encima de la torta en el molde. Darle la vuelta a la torta con el molde de tal manera que la rejilla quede abajo. Sacudir la torta suavemente para soltarla del molde, sacar el molde y enfriar por completo.

13. Preparar el baño de queso de nata y extenderla sobre la torta justo antes de servirla. Adornar, si se quiere.
*Hace una torta de 25 cm con forma de anillo*

### Crema de queso de nata para cubrir

**2 cucharadas de mantequilla, ablandada**
**120 g de queso de nata ablandado**
**50 g de queso ricota**
**1 cucharadita de vainilla**
**125 g de azúcar glas**

1. En una fuente grande, con batidora eléctrica a velocidad media, batir juntos la mantequilla, el queso de nata, el queso ricota y la vainilla hasta que se mezclen bien.

2. Añadir la azúcar glas y batir hasta que esté liso y cremoso. En caso necesario agregar azúcar glas adicional hasta lograr la consistencia requerida.

10º paso. Se vierte la mezcla al molde.

11º paso. Se prueba la torta para ver si está hecha, utilizando un palillo de madera.

Crema de queso de nata para cubrir: 1º paso. Se baten juntos la mantequilla, el queso de nata, el queso ricota y la vainilla.

# Torta de crema de Boston

**115 g de manteca**
**100 g de azúcar granulada**
**1 huevo**
**1 cucharadita de vainilla**
**175 g de harina**
**1 1/2 cucharaditas de polvo de hornear**
**1/2 cucharadita de sal**
**17 cl de leche**
**Relleno de natillas (página 412)**
**Glaseado de chocolate (página 412)**

1. Precalentar el horno a 180°C. Untar con manteca y harina un molde redondo de 22,5 cm para torta. (Técnica en la página 422.)

2. Con la batidora eléctrica a velocidad media, batir juntos la manteca y la azúcar en una fuente grande hasta que se hayan mezclado bien. Ligar con el huevo y la vainilla. Ligar los ingredientes secos y añadirlos alternando con la leche, batiendo bien después de cada vez. Verter en el molde preparado.

3. Hornear por 35 minutos o hasta que al introducir en el medio un palillo de madera éste salga limpio. Enfriar la torta en el molde por 10 minutos. Soltar la orilla de la torta con un cuchillo o espátula metálica flexible. Usando guantes de cocina o paño para sacar cosas calientes del horno, coloque una rejilla de enfriar encima de la torta en el molde. Darle la vuelta a la torta con el molde de tal manera que la rejilla quede abajo. Sacudir la torta suavemente para soltarla del molde, sacar el molde y enfriar por completo.

4. Con una regla medir la altura de la torta. A la mitad, colocar palillo de madera a una distancia de 5 cm el uno del otro.

5. Para partir horizontalmente la torta por la mitad, ponga un hilo de 37,5 a 45 cm por el lado de afuera de la torta y tirar los extremos del hilos de tal manera que los extremos se acerquen uno al otro y el hilo atraviese la torta. siguiendo una línea por encima de los palillos.

6. Preparar el relleno de natillas y reservar. Preparar el glaseado de chocolate y reservar también.

7. Para armar la torta, coloque la mitad inferior, con el lado del corte hacia arriba, sobre el plato y sacar las migas sueltas con las manos o un cepillo de repostería. (Técnica en la página 422.) Untar esta capa inferior con el relleno de natillas.

*sigue en la página 412*

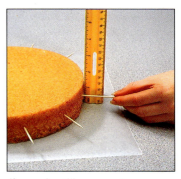

4º paso. Se utiliza una regla para medir la altura de la capa de la torta.

5º paso. Se parte la torta por la mitad.

7º paso. Se unta la capa inferior con el relleno de natillas.

*Torta de crema de Boston, continuación*

8. Colocar la capa superior de la torta encima. Untar la superficie con el glaseado de chocolate. Refrigerar hasta que cuaje bien el glaseado. Guardar en el refrigerador.

*Hace una torta de 22,5 cm*

## Relleno de natillas

**65 g de azúcar granulada
2 cucharadas de maizena
1/4 cucharadita de sal
37 cl de leche
2 yemas, levemente batidas
2 cucharaditas de vainilla**

1. Ligar la azúcar granulada, la maizena y la sal en una olla de 2 litros. Añadir la leche paulatinamente.

2. Cocer a fuego medio, revolviendo constantemente, hasta que espese la mezcla y llegue a punto de ebullición. Hervir por espacio de 1 minuto, revolviendo constantemente.

3. Poco a poco añadir pequeñas cantidades de la mezcla caliente a las yemas, revolviendo constantemente. Mezclar bien.

4. Volver a verter la mezcla de las yemas en la mezcla caliente de la olla. Volver a llevar a punto de ebullición y hervir por 1 minuto, revolviendo constantemente. (No recocer.)

5. Retirar la olla del fuego, agregar la vainilla y revolver. Enfriar hasta que tener una temperatura ambiente, y refrigerar.

## Glaseado de chocolate

**60 g de chocolate de taza
3 cucharadas de mantequilla
140 g de azúcar glas
3/4 cucharadita de vainilla
1 a 2 cucharadas de agua caliente**

1. Ligar el chocolate y la mantequilla en una olla mediana y revolver a fuego lento hasta que se derritan. Retirar del fuego.

2. Añadir la azúcar glas y la vainilla. Añadir el agua, de a una cucharadita, hasta que el glaseado adquiera la consistencia deseada. Enfriar un poco.

Relleno de natillas: 2º paso. Se cuece hasta que la mezcla se espese.

Relleno de natillas: 3º paso. A las yemas se añade una pequeña cantidad de la mezcla caliente.

Glaseado de chocolate: 1º paso. Se derriten el chocolate y la mantequilla.

Clásicas · TORTAS 413

# Brazo de reina elegante de chocolate

**420 g de azúcar glas cernida, por partes**
**5 cucharadas de harina cernida**
**1/2 cucharadita de sal**
**5 cucharadas de cacao en polvo sin azúcar**
**6 huevos**
**1/4 cucharadita de crémor tártaro**
**1 1/4 cucharaditas de vainilla**
**1 cucharada de agua**
**30 g de chocolate de taza**
**12 malvaviscos (gomitas/bombones) grandes o 100 g de los pequeñitos**
**240 g de nata para montar**
**2 cucharadas de azúcar granulada**
**3 a 4 cucharadas de nata líquida**
**45 g de pacanas picadas**

1. Precalentar el horno a 190°C. Untar con un poco de manteca una bandeja de horno para brazo de reina de 37,5 x 25 x 2,5 cm y forrarla con papel de cera.

2. Cernir juntos, tres veces, 250 g de azúcar glas, la harina, la sal y el cacao y reservar.

3. Para separar la yema de la clara de los huevos, golpear el huevo suavemente en el medio contra una superficie dura, como el borde de una fuente. Con una mitad de la cáscara en cada mano, pasar la yema con cuidado varias veces de una mitad a otra. Dejar que la clara caiga a una fuente mediana pasando entre las dos mitades de la cáscara.

4. Cuando toda la clara haya caído a la fuente, colocar la yema en otro recipiente. Pasar la clara a una tercera fuente. Repetir con los 5 huevos que quedan. (Para que puedan dar el volumen apropiado al batirse, las claras no deben tener nada de yema.)

5. Batir con batidora eléctrica a velocidad alta hasta que se pongan espumosas. Agregar el crémor tártaro y batir hasta que la mezcla monte y haga pico firme. (Técnica en la página 420.) Reservar.

6. Con la batidora eléctrica a velocidad alta batir las yemas en otra fuente grande diferente hasta que se pongan espesas y de color limón.

7. Añadir con cuidado la vainilla y el agua. Agregar los ingredientes secos y batir a velocidad media hasta que se homogenice bien. Con una espátula de goma, incorporar las claras a la mezcla de yemas, metiendo la espátula cuidadosamente al fondo de la fuente y rozándola por los lados, y luego doblar la mezcla que se ha recogido, levantar para que quede encima de la mezcla. Repetir así hasta que se hayan incorporado las claras uniformemente a la mezcla.

8. Verter la masa en un molde preparado.

*sigue en la página 416*

1º paso. Se forra la bandeja con papel de cera.

3º paso. Se separan la yema de la clara.

6º paso. Se baten las yemas hasta que se vean espesas y de color limón.

*La colección de chocolate* • **TORTAS** 415

### Brazo de reina elegante de chocolate, continuación

9. Hornear por espacio de 15 a 20 minutos o hasta que salga limpio un palillo cuando se introduce en el medio de la torta. Mientras tanto, espolvorée un poco de azúcar glas adicional sobre un paño de cocina limpio.

10. Con una espátula, separar las orillas de la torta caliente de las orillas del molde e invertir sobre el paño previamente preparado. Retirar el molde y sacar el papel cuidadosamente.

11. Enrollar la torta con cuidado, empezando por un lado corto, doblando la torta y luego afirmándola con el paño.

12. Seguir enrollando la torta, utilizando el paño como ayuda.

13. Dejar que la torta se enfríe por completo dentro del paño, sobre una rejilla metálica.

14. Mientras tanto, saque el chocolate del envoltorio y colocarlo en una olla pequeña y pesada a fuego muy lento, y revolver constantemente justo hasta que el chocolate se note derretido. (O bien, colocar el chocolate todavía en su envoltorio en una fuente pequeña que sirva para microondas y dejar en el horno de microondas en ALTO (100% de la potencia) por espacio de 1 a 2 minutos o hasta que esté casi derretido, revolviendo después de cada minuto. Revolver hasta que esté sin grumos. Poner a un lado para que se enfríe.

15. En caso de usar malvaviscos (gomitas/bombones) grandes, cortarlos en pedazos más pequeños con tijeras o un cuchillo. (Para que no se peguen, meta las tijeras o el cuchillo de vez en cuando en una pequeña cantidad de maizena antes de cortarlos.)

16. Con la batidora eléctrica en velocidad alta, en un recipiente pequeño aparte batir la nata para montar hasta que se espese. Poco a poco agregar la azúcar granulada, batiendo hasta que monte y haga pico suave. Con una espátula de goma, incorporar los malvaviscos (gomitas/bombones), metiendo la espátula cuidadosamente al fondo de la fuente, rozándola por los lados y luego doblar la mezcla que se ha recogido levantándola para que quede encima de la mezcla. Repetir hasta que se hayan incorporado los malvaviscos (gomitas/bombones) uniformemente a la mezcla.

17. Desenrollar la torta y sacar el paño de cocina.

18. Untar la torta con la mezcla de la nata montada y volver a enrollarla.

19. En un recipiente pequeño ligar el chocolate enfriado y 170 g que quedan de azúcar glas. Agregar la nata líquida y revolver, 1 cucharada a la vez, hasta que el fondant tenga consistencia adecuada para untar. Untar encima del rollo de torta. Espolvorear la torta con las pacanas y refrigerar.

*Hace un brazo de reina*

11º paso. Se enrolla la torta.

18º paso. Se vuelve a enrollar la torta después de untarla con la mezcla de la nata montada.

19º paso. Se unta el rollo de torta con el fondant.

# Torta selva negra

**250 g más 2 cucharadas de harina**
**400 g de azúcar granulada**
**105 g de cacao sin azúcar**
**1 1/2 cucharaditas de polvo de hornear**
**3/4 cucharadita de sal**
**3 huevos**
**25 cl de leche**
**12 cl de aceite vegetal**
**1 cucharada de vainilla**
**Dulce de cerezas para adorno (página 418)**
**Crema de nata montada (página 418)**

1. Precalentar el horno a 180°C. Untar con un poco de manteca y harina dos moldes redondos de 22,5cm para torta. (Técnica en la página 422.) Forrar el fondo de los moldes con papel de cera.

2. En una fuente grande ligar la harina, la azúcar granulada, el cacao, el polvo de hornear, el bicarbonato y la sal. Añadir los huevos, la leche, el aceite y la vainilla y batir con batidora eléctrica a velocidad media hasta que se homogenice bien. Verter uniformemente en los moldes previamente preparados.

3. Hornear por 35 minutos o hasta que salga limpio un palillo que se introduce en el medio de la torta. Enfriar las capas sobre rejillas metálicas por 10 minutos. Soltar la orilla de la torta con un cuchillo o espátula metálica flexible. Usando guantes de cocina o paño para sacar cosas calientes del horno, coloque una rejilla de enfriar encima de la torta en el molde. Darle la vuelta a la torta con el molde de tal manera que la rejilla quede abajo. Sacudir la torta suavemente para soltarla del molde y luego sacar el molde. Hacer lo mismo con la capa restante de torta. Invertir las capas de tal manera que se enfríen con el lado superior hacia arriba. Enfriar por completo.

4. Mientras la torta está en el horno, preparar el dulce de cerezas y reservar para que se enfríe.

5. Con una regla medir la altura de cada capa de la torta. A la mitad, colocar palillos de madera a una distancia de 5 cm el uno del otro.

6. Con un cuchillo dentado largo, partir cada capa de la torta horizontalmente por la mitad, siguiendo la línea marcada por los palillos.

7. Romper uno de los pedazos partidos en migas y apartar.

8. Preparar la crema de nata montada y reservar 340 g para adornar la torta.
*sigue en la página 418*

1º paso. Se forra el fondo de los moldes con papel de cera.

5º paso. Se mide la altura de una capa de tarta.

6º paso. Se parte por la mitad una capa de tarta.

*La colección de chocolate* • **TORTAS**

*Torta selva negra, continuación*

9. Con las manos o con un cepillo para repostería sacar las migas sueltas suavemente de la superficie de encima y de los lados de cada capa de la torta. (Técnica en la página 422.)

10. Para armar la torta, colocar una capa de torta sobre un plato y untar con 1 taza de crema de nata montada; poner encima 180 g de dulce de cerezas. Colocar la segunda capa encima y repetir las capas de crema y dulce. Terminar con la tercera capa de torta.

11. Cubrir los lados de la torta con la crema restante y colocar las migas reservadas encima de la crema, presionándolas suavemente para que queden pegadas.

12. Con una cuchara pasar la crema reservada a una manga con boquilla en forma de estrella y manguee de arriba a abajo alrededor de las orillas de la torta. Colocar el resto de la crema encima de la torta y guardar la torta en el refrigerador.

*Hace una torta de 3 capas*

## Dulce de cerezas para adorno

**2 latas (500 g cada una) de cerezas agrias deshuesadas, sin estilar**
**200 g de azúcar granulada**
**35 g de maizena**
**1 cucharadita de vainilla**

Estilar las cerezas, reservando 21 cl de jugo. Ligar este jugo reservado, las cerezas, la azúcar granulada y la maizena en una olla de 2 litros. Cocer a fuego lento hasta que se espese, revolviendo constantemente. Añadir 1 cucharadita de vainilla y revolver. Enfriar y reservar.

## Crema de nata montada

**720 g de nata para montar**
**45 g de azúcar glas**

Enfriar bien una fuente grande y los batidores. En la fuente fría ligar la nata para montar enfriada y la azúcar glas. Con la batidora eléctrica a alta velocidad batir hasta que monte y haga pico firme. Para ver cuándo está lista, sacar los batidores de la nata montada: si está lista deben quedar picos firmes sobre la superficie.

11º paso. Se presionan las migas reservadas para que adhieran a los lados de la torta.

12º paso. Se manguea la crema alrededor de las orillas de la torta.

La colección de chocolate • TORTAS

# Pastel de ángel con chocolate

**300 g de azúcar granulada, por partes**
**100 g de harina de bizcocho, cernida**
**35 g de cacao sin azúcar**
**1/4 cucharadita de sal**
**12 claras de huevo**
**1 1/2 cucharaditas de crémor tártaro**
**1 1/2 cucharaditas de vainilla**
**Azúcar glas y margaritas de azúcar\* para adorno**

\*Para hacer las margaritas de azúcar, añadir 1 a 2 cucharaditas de leche poco a poco a una pequeña cantidad de azúcar glas, mezclando hasta que se homogenice bien (el fondant debería tener una consistencia un poco dura). Colorear con colorante alimenticio, si se quiere. Con una cuchara meterlo en una manga con boquilla para adornos con forma de estrella y manguee encima de la torta.

1. Precalentar el horno a 190•C.

2. Cernir juntos, dos veces, 160 g de azúcar granulada, la harina, el cacao y la sal y reservar.

3. En una fuente grande batir las claras de huevo con batidora eléctrica a velocidad media hasta que la mezcla se vea espumosa.

4. Añadir el crémor tártaro y batir a alta velocidad hasta que monte y haga pico suave.

5. Paulatinamente agregar la restante de azúcar granulada, de a 2 cucharadas, batiendo hasta que monte y haga pico firme. Aquí, deben quedar picos duros sobre la superficie, y la mezcla no debe deslizarse cuando se inclina la fuente. Añadir cuidadosamente la vainilla.

6. Cernir alrededor de 35 g de la mezcla de cacao encima de la mezcla de claras.

7. Mezclar la mezcla del cacao suavemente con la masa. (Técnica en la página 406.) Hacer lo mismo con el resto de la mezcla del cacao. Verter en un molde chimenea de 25 cm sin engrasar.

8. Hornear 35 a 40 minutos o hasta que la torta vuelva a su lugar cuando se presiona suavemente con el dedo.

9. Invertir el molde y colocar encima de una botella refractaria limpia. Dejar que la torta se enfríe por completo antes de sacarlo del molde.

10. Darle la vuelta a la torta, y disponerla con la superficie superior hacia arriba sobre un plato. Espolvorear levemente con azúcar glas, si se quiere.

11. Adornar con margaritas de azúcar, si se quiere.

*Hace una torta de 25cm*

5º paso. Se prueba si la mezcla de las claras hace pico firme.

9º paso. Se invierte el molde para dejar que se enfríe el molde.

\*Se manguean las margaritas de azúcar.

*La colección de chocolate* • **TORTAS** 421

# Torta de postre con techo

**225 g de mantequilla, ablandada**
**400 g de azúcar granulada**
**4 huevos**
**420 g de harina**
**2 cucharaditas de polvo de hornear**
**25 cl de leche**
**1 cucharadita de vainilla**
**1 cucharadita de aromatizante de mantequilla**
**3 cucharaditas de cacao en polvo sin azúcar**
**Relleno de manteca de cacahuete (página 424)**
**Crema de chocolate (página 424)**
**50 g de chocolate blanco para adornar**

1. Precalentar el horno a 180•C. Untar con un poco de manteca tres moldes redondos de 20 o 22,5cm para torta.

2. Agregar 2 a 3 cucharaditas de harina a cada molde. Golpear suavemente el lado de los moldes para que se recubran uniformemente con harina el fondo y los lados. Invertir el molde y golpear el fondo suavemente para sacar la harina sobrante.

3. Juntar la mantequilla y la azúcar granulada en una fuente grande y batir con batidora eléctrica a alta velocidad hasta que monte y se ponga cremosa.

4. Añadir los huevos, 1 a la vez, batiendo bien después de cada uno.

5. En una fuente mediana juntar la harina y el polvo de hornear y agregar a la mezcla de la mantequilla, alternando con la leche y batiendo bien cada vez que se añaden más ingredientes. Agregar la vainilla y aromatizante de mantequilla y mezclar suavemente.

6. Verter 1/3 de la masa en cada uno de dos moldes previamente preparados.

7. Ligar el cacao con la mantequilla restante y verter en el molde que queda.

8. Hornear por 30 minutos o hasta que salga limpio un palillo que se introduce en el medio de la torta.

9. Enfriar las capas de torta dentro de sus moldes sobre rejillas metálicas durante 10 minutos. Soltar la orilla de la torta con un cuchillo o espátula metálica flexible. Usando guantes de cocina o paño para sacar cosas calientes del horno, coloque una rejilla de enfriar encima de la torta en el molde. Darle la vuelta a la torta con el molde de tal manera que la rejilla quede abajo. Sacudir la torta suavemente para soltarla del molde y luego sacar el molde. Hacer lo mismo con las capas restantes de torta. Invertir las capas de tal manera que se enfríen con el lado superior hacia arriba. Enfriar por completo.

10. Con las manos o con un cepillo para repostería sacar cuidadosamente las migas sueltas de la superficie superior y los lados de las capas de torta.

2º paso. Se espolvorea el molde con harina.

6º paso. Se vierte la masa en dos de los moldes.

10º paso. Se sacan las migas de las capas de torta.

*La colección de chocolate* • **TORTAS** 423

*Torta de postre con techo, continuación*

11. Preparar el relleno de cacahuete y la crema de chocolate. para armar la torta, colocar una capa amarilla en un plato y untar con una mitad del relleno de cacahuete.

12. Cubrir con la capa de torta de chocolate y untarla con el relleno que queda.

13. Colocar encima la capa amarilla restante de torta y untarla con crema de chocolate.

14. Desenvolver el chocolate blanco y colocarlo en una pequeña olla pesada. Calentar a fuego muy lento, revolviendo constantemente, justo hasta que se derrita el chocolate. (O bien, colocar el chocolate todavía en su envoltorio en una fuente que sirva para microondas. Dejar en el microondas puesto en ALTO (100% de potencia) por 1 a 2 minutos o hasta que el chocolate se encuentre casi derretido, revolviendo después de cada minuto. Revolver hasta que no se vean grumos, y enfriar un poco.

15. Con una cuchara meter el chocolate blanco en una manga con boquilla fina para escribir y decorar sobre la torta. Hace una torta de 3 capas

## Relleno de cacahuete

**115 g de mantequilla, ablandada**
**120g de queso de nata, ablandado**
**280 g de azúcar glas**
**180 g de manteca de cacahuete con pedacitos**
**1 cucharadita de vainilla**
**1 cucharadita de aromatizante de mantequilla**
**60 g de cacahuetes picados finos**
**1 a 2 cucharadas de leche (optativa)**

1. Con la batidora eléctrica a velocidad media batir juntos la mantequilla y el queso de nata en una fuente mediana hasta que la mezcla se ponga cremosa.

2. Poco a poco agregar la azúcar glas y batir hasta que monte.

3. Agregar la manteca de cacahuete, la vainilla y el aromatizante de mantequilla y mezclar suavemente. Añadir los cacahuetes y revolver. Agregar más leche, si se quiere para lograr la consistencia deseada.

## Crema de chocolate

**60 g de chocolate de taza**
**120 g de queso de nata, ablandado**
**60 g de mantequilla, ablandada**
**3 cucharadas de nata para montar**
**1 cucharada de jugo de limón**
**1 cucharadita de vainilla**
**280 g de azúcar glas**

1. Derretir el chocolate (ver el paso 14 para las indicaciones). Poner a un lado para que se enfríe.

2. Con la batidora eléctrica a velocidad media batir juntos la mantequilla y el queso de nata en una fuente mediana hasta que la mezcla se ponga cremosa. Agregar la nata para montar y batir. Añadir el chocolate, el jugo de limón y la vainilla y mezclar suavemente.

3. Poco a poco agregar la azúcar glas y batir hasta que monte.

12º paso. Se unta con el resto del relleno de cacahuete.

15º paso. Se manguea el chocolate blanco encima de la torta.

Crema de chocolate: 3º paso. Se añade la azúcar glas y se bate.

# Torta de chocolate con nata cortada

**12 cl de agua hirviendo**
**70 g de cacao en polvo sin azúcar**
**150 g de mantequilla o margarina, ablandada**
**140 g de azúcar granulada**
**2 huevos**
**1 cucharadita de vainilla**
**330 g de harina de bizcocho, cernida**
**1 1/2 cucharaditas de bicarbonato**
**1/2 cucharadita de sal**
**240 g**
**de nata cortada**
**Relleno de cacao con frutos secos (página 426)**
**Crema con cacao (página 426)**
**25 g de chocolate de taza para adorno**
**Fresas con baño de chocolate (página 426) y hojas de menta fresca para adorno**

1. Precalentar el horno a 180•C. Untar con un poco de manteca dos moldes redondos de 22,5cm para torta.

2. Agregar 2 a 3 cucharaditas de harina a cada molde. Golpear suavemente el lado de los moldes para que se recubran uniformemente con harina el fondo y los lados. Invertir el molde y golpear el fondo suavemente para sacar la harina sobrante.

3. Poco a poco agregar el agua hirviendo al cacao en un recipiente pequeño, revolver hasta que se homogenice bien y enfriar un poco.

4. Mientras tanto, con la batidora eléctrica a alta velocidad batir la mantequilla con la azúcar granulada en una fuente grande hasta que se homogenice bien.

5. Añadir los huevos, 1 a la vez, batiendo bien después de cada uno. Agregar la vainilla y mezclar suavemente.

6. En una fuente mediana ligar la harina, el bicarbonato y la sal. Agregar a la mezcla de la mantequilla alternando con la nata cortada y batiendo bien cada vez que se añaden más ingredientes.

7. Agregar la mezcla del cacao a la masa y batir hasta que se homogenice bien.

8. Verter la masa uniformemente en los moldes previamente preparados.

9. Hornear por 35 minutos o hasta que salga limpio un palillo que se introduce en el medio de la torta. Enfriar las capas de torta dentro de sus moldes sobre rejillas metálicas durante 10 minutos. Soltar la orilla de la torta con un cuchillo o espátula metálica flexible. Usando guantes de cocina o paño para sacar cosas calientes del horno, coloque una rejilla de enfriar encima de la torta en el molde. Darle la vuelta a la torta con el molde de tal manera que la rejilla quede abajo. Sacudir la torta suavemente para soltarla del molde y luego sacar el molde. Hacer lo mismo con la capa restante de torta. Invertir las capas de tal manera que se enfríen con el lado superior hacia arriba. Enfriar por completo.

*sigue en la página 426*

2º paso. Se espolvorea el molde con harina.

5º paso. Se agregan los huevos.

7º paso. Se añade la mezcla del cacao a la masa.

*La colección de chocolate • TORTAS*

*Torta de chocolate con nata cortada, continuación*

10. Con las manos o con un cepillo para repostería sacar cuidadosamente las migas sueltas de la superficie superior y los lados de las capas de torta. (Técnica en la página 422.)

11. Preparar el relleno de cacao con frutos secos y la crema de cacao. Para armar la torta, ponga una capa de torta sobre un plato y untar con el relleno de cacao con frutos secos.

12. Poner encima la segunda capa de torta y cubrir con la crema de cacao.

13. Rallar el chocolate y espolvorear encima de la torta.

14. Preparar las fresas con baño de chocolate y colocarlas encima de la torta. Rodear con hojas de menta, si se quiere.

*Hace una torta de 2 capas*

## Relleno de cacao con frutos secos

**100 g de crema de cacao (receta a continuación)**
**45 g de cabello de ángel (coco rallado) (optativo)**
**45 g de frutos secos picados, tostados**

Juntar los ingredientes en un recipiente pequeño y mezclar hasta que se homogenice bien.

## Crema de cacao

**630 g de azúcar glas**
**70 g de cacao en polvo sin azúcar**
**115 g de mantequilla o margarina, ablandada**
**5 cucharadas de mitad leche mitad nata o leche sola**
**1 cucharadita de vainilla**

1. En una fuente mediana ligar la azúcar glas y el cacao y reservar.

2. Con la batidora eléctrica a velocidad media, batir la mantequilla en una fuente grande hasta que se vea cremosa.

3. Añadir una 1/2 de la mezcla del cacao y batir hasta que monta. Agregar la leche con nata y la vainilla y mezclar suavemente.

4. Poco a poco agregar la mezcla restante de cacao y batir hasta que la crema tenga una consistencia apropiada para poderla untar.

## Fresas con baño de chocolate

**90 g de pedacitos de chocolate semidulce**
**1 cucharadita de manteca**
**10 a 12 fresas frescas, limpias**

1. Colocar los pedacitos de chocolate y la manteca en un recipiente pequeño que sirva para microondas. Dejar en el microondas en ALTO (100% de potencia), revolviendo tras cada minuto, por 1 1/2 a 3 minutos o hasta que no se noten grumos al revolverlo. (O bien, colocarlo en la parte superior de un baño de María y calentar sobre agua caliente pero no hirviendo hasta que el chocolate no tenga grumos cuando se revuelve.)

2. Sumergir las fresas en el chocolate y luego colocarlas sobre una bandeja de horno forrada con papel de cera o una chapa de horno para galletas. Dejar reposar hasta que cuaje el chocolate.

11º paso. Se unta la capa de tarta con el relleno de cacao con frutos secos.

13º paso. Se ralla el chocolate.

Fresas con baño de chocolate: 2º paso. Se sumergen las fresas en el chocolate.

*La colección de chocolate* • TORTAS

# Torta streusel de manzana

**60 g más 3 cucharadas de mantequilla, por partes**
**100 g de azúcar morena, compacta**
**1 cucharadita de canela molida**
**1/4 cucharadita de canela molida**
**3 manzanas**
**2 cucharaditas de jugo de limón**
**180 g de harina de bizcocho, cernida**
**140 g de azúcar granulada**
**1 3/4 cucharaditas de polvo de hornear**
**1/4 cucharadita de sal**
**12 cl de leche**
**1 cucharadita de vainilla**
**1 huevo, separada la clara de la yema (técnica en la página 406)**
**90 g de pacanas picadas**

1. Precalentar el horno a 190°C.

2. Derretir 60 g de mantequilla en una bandeja de horno cuadrada de 20cm. Agregar la azúcar morena y las especias y mezclar bien.

3. Pelar las manzanas. Quitarles el corazón y desecharlo.

4. Cortar las manzanas en ruedas y disponer encima de la mezcla de azúcar morena en el fondo de la bandeja. Rociar con el jugo de limón y reservar.

5. Ligar la harina de bizcocho, la azúcar granulada, el polvo de hornear y la sal en una fuente grande. Agregar las 3 cucharadas restantes de mantequilla, cortándola con un mezclador para masa hasta que la mezcla parezca más grandes.

6. Añadir la leche y la vainilla y batir con la batidora eléctrica a velocidad baja hasta que se hayan humedecido los ingredientes secos. seguir batiendo por 2 minutos a velocidad media. Agregar la yema y las pacanas y mezclar suavemente.

7. Limpiar los batidores de la batidora eléctrica. Con la batidora eléctrica en velocidad alta, en un recipiente pequeño aparte batir la clara hasta que monte y haga pico firme. (Técnica en la página 420.) Mezclar la clara de huevo cuidadosamente con la masa y verter encima de las manzanas en la bandeja.

8. Hornear por 35 minutos o hasta que salga limpio un palillo de madera que se introduce en el medio. Enfriar el molde sobre una rejilla metálica por 5 minutos. Soltar las orillas e invertir sobre el plato para servir. Dejar reposar por 1 minuto antes de retirar el molde. Servir caliente.
*Hace una torta cuadrada de 20cm*

3º paso. Se quita el corazón de las manzanas.

5º paso. Se corta la mantequilla para mezclarla.

**TORTAS** · *Llenas de fruta*

*Llenas de fruta* • **TORTAS**

## Torta de peras frescas

**600 g de peras peladas y picadas**
**400 g de azúcar granulada**
**160 g de frutos secos picados**
**420 g de harina**
**2 cucharaditas de bicarbonato**
**1/2 cucharadita de sal**
**1/2 cucharadita de canela molida**
**1/2 cucharadita de nuez moscada molida**
**2 huevos**
**25 cl de aceite vegetal**
**1 cucharadita de vainilla**
**Azúcar glas para adornar**

1. En una fuente mediana, ligar las peras, azúcar granulada y frutos secos y mezclar suavemente. Dejar en reposo por 1 hora, revolviendo frecuentemente.

2. Precalentar el horno a 190°C. Untar con un poco de manteca un molde chimenea o molde chimenea acanalado.

3. Colocar en el molde 2 a 3 cucharaditas de harina. Golpear suavemente el lado del molde para que se cubra de harina uniformemente el fondo, los lados y el cono del medio. Invertir el molde y golpear el fondo suavemente para sacar la harina sobrante.

4. Ligar la harina, el bicarbonato, la sal, la canela y la nuez moscada en una fuente mediana aparte y reservar.

5. Con la batidora eléctrica a velocidad media, batir los huevos en una fuente grande. Agregar el aceite y la vainilla y mezclar suavemente. Añadir la mezcla de las peras y revolver bien. verter en el molde previamente preparado.

6. Hornear por 1 hora y 15 minutos o hasta que salga limpio un palillo cuando se introduce en el medio. Enfriar la torta por 10 minutos en su molde sobre una rejilla metálica. Soltar la orilla de la torta con un cuchillo o espátula metálica flexible. Usando guantes de cocina o paño para sacar cosas calientes del horno, coloque una rejilla de enfriar encima de la torta en el molde. Darle la vuelta a la torta con el molde de tal manera que la rejilla quede abajo. Sacudir la torta suavemente para soltarla del molde y luego sacar el molde. Enfriar por completo.

7. Colocar la torta sobre un plato y meter tiras de papel de cera debajo de la torta para no manchar el plato.

8. Espolvorear levemente con azúcar glas y sacar el papel de cera.

*Hace una torta de 25cm*
*con forma de anillo*

2º paso. Se unta con manteca un molde chimenea acanalado.

6º paso. Se sueltan las orillas de la torta.

7º paso. Se introducen tiras de papel de cera debajo de la torta.

**TORTAS** · *Llenas de fruta*

*Llenas de fruta* • **TORTAS**

# Pan dulce de girasol con limón

2 limones
300 g de azúcar
25 cl de aceite de girasol
6 huevos
230 g más 1 cucharada de harina, por partes
2 cucharaditas de polvo de hornear
1/4 cucharadita de sal
90 g de granos de semillas de girasol
Rodajitas de limón retorcidas para adorno
Nata montada, cáscara de limón y hojas de menta fresca par adornar

*Adorno de rodajitas de limón retorcidas: Cortar el limón en rodajas de alrededor de 6mm de espesor. En cada rodaja hacer un corte del centro a la orilla de afuera y retorcer la rodaja.

1. Precalentar el horno a 150°C. Untar con un poco de manteca dos bandejas de horno de 22,5 x 12,5cm.

2. Colocar 2 a 3 cucharaditas de harina en cada bandeja. Suavemente golpear el lado de la bandeja para recubrir uniformemente con harina el fondo y los lados. Invertir la bandeja y golpear suavemente el fondo para sacar la harina sobrante.

3. Utilizando rallador tipo caja o de los planos, rallar fina la parte de color de la cáscara del limón para que dé 5 cucharaditas.

4. Con la batidora eléctrica a velocidad media batir juntos en una fuente grande la azúcar, la ralladura de limón y el aceite. Añadir los huevos, 1 a la vez, batiendo bien después de cada uno.

5. Agregar 230 g de harina, el polvo de hornear y la sal y mezclar bien.

6. Ligar la cucharada restante de harina y los granos de semillas de girasol en un recipiente pequeño, mezclar suavemente, agregar a la masa, y revolver.

7. Verter la masa uniformemente a los moldes previamente preparados.

8. Hornear por 1 hora o hasta que salga limpio un palillo de madera cuando se introduce en el medio. Enfriar los panes por 10 minutos en sus moldes sobre una rejilla metálica. Soltar la orilla del pan con un cuchillo o espátula metálica flexible. Usando guantes de cocina o paño para sacar cosas calientes del horno, coloque una rejilla de enfriar encima del pan en el molde. Darle la vuelta al pan con el molde de tal manera que la rejilla quede abajo. Sacudir el pan suavemente para soltarlo del molde y luego sacar el molde. Enfriar por completo.

2° paso: Se recubre la bandeja con harina.

6° paso: Ligar los granos de semillas de girasol con harina.

* Rodajitas de limón: Retorcidas para adorno: Se retuercen las rodajas de limón.

*Llenas de fruta* • **TORTAS**  433

# Torta de naranja y almendras a la española

**1 naranja mediana**
**75 g de manteca**
**200 g más 2 cucharadas de azúcar, por partes**
**1 huevo**
**175 g de harina**
**1 1/2 cucharaditas de polvo de hornear**
**1/2 cucharadita de sal**
**18 cl de leche**
**90 g de almendras rebanadas**
**6 cl de licor con sabor a naranja**
**Naranja adicional para adornar**

1. Precalentar el horno a 180°C. Untar con manteca y harina un molde para torta cuadrado de 20cm o redondo de 22,5cm. (Técnica en la página 422.)

2. Rallar finamente la parte de color de la cáscara de la naranja utilizando un rallador tipo caja o de los planos. Medir 4 cucharaditas de cáscara de naranja y reservar.

3. Con la batidora eléctrica a media velocidad batir la manteca y 200 g de azúcar en una fuente grande hasta que la mezcla se note liviana y cremosa. Añadir el huevo y batir hasta que se homogenice.

4. En una fuente mediana, ligar la harina, el polvo de hornear y la sal. Agregar a la mezcla de la azúcar, alternando con la leche y batiendo bien cada vez que se añaden más ingredientes. Agregar la ralladura de naranja y revolver. Verter en el molde previamente preparado y esparcir las almendras encima.

5. Hornear por 40 a 45 minutos o hasta que salga limpio un palillo cuando se introduce en el medio.

6. Espolvorear encima las 2 cucharadas de azúcar restantes y rociar con el licor.

7. Enfriar la torta por 10 minutos en su molde sobre una rejilla metálica. Soltar la orilla de la torta con un cuchillo o espátula metálica flexible. Usando guantes de cocina o paño para sacar cosas calientes del horno, coloque una rejilla de enfriar encima de la torta en el molde. Darle la vuelta a la torta con el molde de tal manera que la rejilla quede abajo. Sacudir la torta suavemente para soltarla del molde y luego sacar el molde. Enfriar con el lado de las almendras hacia arriba.

8. Si se quiere, utilizar un rallador para cítricos para sacar la parte de color, aunque no la pulpa blanca, de la naranja adicional y espolvorear la ralladura encima de la torta.

*Hace una torta de 20 o 22,5cm*

2º paso. Se ralla la cáscara de naranja.

4º paso. Se esparcen las almendras encima de la masa.

6º paso. Se rocía el licor encima de la torta.

*Llenas de fruta* • **TARTAS** 435

# Torta aterciopelada de coco con especias

**Azúcar granulada**
**350 g de harina**
**1 1/2 cucharaditas de polvo de hornear**
**3/4 cucharadita de bicarbonato**
**1/2 cucharadita de sal**
**1 1/2 cucharaditas de canela molida**
**1/4 cucharadita de clavos de olor molidos**
**1/4 cucharadita de nuez moscada molida**
**1/4 cucharadita de pimienta de Jamaica molida**
**1/4 cucharadita de cardomomo molido**
**115 g de mantequilla o margarina, ablandada**
**100 g de azúcar morena, compacta**
**4 huevos**
**1 cucharadita de vainilla**
**37 cl de nata líquida**
**6 cl de melaza**
**230 g de coco rallado**
**250 g de mermelada de naranjas amargas**
**Crema de naranja (página 438)**
**Rosa de naranja confitada (página 438) y coco tostado\* para adornar**

\*Para tostar el coco, extenderlo uniformemente sobre una chapa de horno. Luego hornear por 8 a 10 minutos en horno a 180°C o hasta que se dore.

1. Precalentar el horno a 180°C. Untar con manteca tres moldes redondos para torta de 20cm y espolvorear encima bastante azúcar granulada como para recubrir levemente el fondo y los lados de los moldes.

2. En una fuente mediana ligar la harina, el polvo de hornear, el bicarbonato, la sal y las especias y reservar.

3. Con la batidora eléctrica a velocidad media, en una fuente grande batir la mantequilla hasta que se vea cremosa.

4. Agregar 100 g de azúcar granulada y azúcar morena y batir hasta que la mezcla se vea ligera y cremosa.

5. Añadir los huevos, 1 a la vez, batiendo bien después de cada uno. Añadir la vainilla y mezclar suavemente.

6. Ligar la nata líquida y la melaza en un recipiente pequeño. Agregar la mezcla de la harina a la mezcla de los huevos, alternando con la mezcla de la melaza, batiendo bien cada vez que se añaden más ingredientes.

7. Agregar el coco rallado, revolver para mezclarlo y verter la mezcla en los moldes preparados.

8. Hornear por 20 minutos o hasta que un palillo de madera salga limpio cuando se introduce en el medio de las capas de torta. Enfriar las capas de la torta por 10 minutos en sus moldes sobre rejillas metálicas. Soltar la orilla de la torta con un cuchillo o espátula metálica flexible. Usando guantes de cocina o paños para sacar cosas calientes del horno, coloque una rejilla de enfriar encima de la torta en el molde. Darle la vuelta a la torta con el molde de tal manera que la rejilla quede abajo. Sacudir la torta suavemente para soltarla del molde y luego sacar el molde. Hacer lo mismo con las demás capas de torta. Enfriar las capas por completo.

*sigue en la página 438*

4º paso. Se baten las azúcares hasta que la mezcla se vea ligera y cremosa.

6º paso. Se agrega la mezcla de la melaza.

7º paso. Se revuelve el coco para mezclarlo.

*Torta aterciopelada de coco con especias, continuación*

9. Con la mano o con un cepillo para repostería, suavemente quitar las migas de la superficie de encima y de los lados de las capas de torta. (Técnica en la página 422.)

10. Para armar la torta, untar dos capas de torta con la mermelada de naranja y colocar las capas una encima de la otra sobre un plato. Luego colocar la tercera capa encima.

11. Preparar la crema de naranja y extenderla encima y sobre los lados de la torta. refrigerar y adornar si se quiere.

*Hace una torta de 3 capas*

## Crema de naranja

**1 paquete (90g) de queso de nata, ablandado**
**265 g de azúcar glas cernida**
**Unas gotas de extracto de naranja**
**Leche (optativa)**

1. En una fuente grande batir el queso de nata hasta que se vea cremoso y añadir poco a poco la azúcar glas, batiendo hasta que la mezcla se vea ligera y cremosa. Mezclar suavemente con el extracto de naranja.

2. En caso necesario, agregar la leche, una cucharadita a la vez, para obtener una consistencia menos espesa.

## Rosa de naranja confitada

**200 g de azúcar granulada**
**25 cl de agua**
**1 naranja**

1. En una olla mediana ligar la azúcar y el agua y llevar a punto de ebullición a fuego medio-alto, revolviendo de vez en cuando.

2. Mientras tanto, pelar muy finamente la naranja, dejando el máximo de membrana posible sobre la naranja.

3. Enrollar la cáscara con cuidado, empezando en un lado corto y asegurar con un palillo de madera.

4. Colocar sobre una espumadera y agregar al jarabe caliente de la azúcar.

6. Bajar a fuego lento y hervir, siempre a fuego lento, por 10 minutos o hasta que la cáscara de naranja se vuelva translúcida. Sacarla del jarabe y colocar sobre una chapa de horno forrada con papel de cera para que se enfríe. Sacar el palillo.

*sigue en la página 440*

10º paso. Se untan las capas con la mermelada.

Rosa de naranja confitada: 2º paso. Se pela la naranja.

Rosa de naranja confitada: 4º paso. Se agrega la rosa al jarabe caliente de la azúcar.

# Torta de pacanas con mantequilla y azúcar quemada

**225 g de manteca**
**400 g de azúcar granulada**
**4 huevos**
**400 g de harina de bizcocho cernida**
**2 1/2 cucharaditas de bicarbonato**
**1/2 cucharadita de sal**
**25 cl de leche**
**1 cucharadita de vainilla**
**1 cucharadita de extracto de almendras**
**Relleno de azúcar quemada (página 440)**
**Crema de mantequilla (página 440)**
**45 g de pacanas picadas**

1. Precalentar el horno a 180°C. Untar con manteca y harina tres moldes redondos de 22,5cm para torta. (Técnica en la página 422.)

2. Con la batidora eléctrica a velocidad media batir, en una fuente grande, la manteca y la azúcar granulada hasta que la mezcla se vea ligera y cremosa.

3. Añadir los huevos, 1 a la vez, batiendo bien después de cada uno.

4. Cernir juntos los ingredientes secos y agregar a la mezcla, alternando con la leche, y batiendo bien cada vez que añada más ingredientes. Agregar la vainilla y el extracto de almendras y mezclar suavemente. Verter uniformemente en los moldes previamente preparados.

5. Hornear por 20 a 25 minutos o hasta que un palillo de madera salga limpio cuando se introduce en el medio de las capas de torta. Enfriar las capas de la torta por 10 minutos en sus moldes sobre rejillas metálicas. Soltar la orilla de la torta con un cuchillo o espátula metálica flexible. Usando guantes de cocina o paños para sacar cosas calientes del horno, coloque una rejilla de enfriar encima de la torta en el molde. Darle la vuelta a la torta con el molde de tal manera que la rejilla quede abajo. Sacudir la torta suavemente para soltarla del molde y luego sacar el molde. Hacer lo mismo con las demás capas de torta. Invertir las capas de torta de tal manera que se enfríen con el lado superior hacia arriba. Enfriar las capas por completo.

6. Con las manos o un cepillo para repostería sacar las migas sueltas de la superficie de encima y de los lados de las capas de torta. (Técnica en la página 422.) Preparar el relleno de azúcar quemada. Para armar la torta, untar las capas con el relleno y colocar una encima de la otra sobre un plato para torta.

7. Preparar la crema de mantequilla. Para hacer el diseño de cesta en los lados de la torta, con una cuchara trasladar 1/4 a 1/3 de la crema a una manga con boquilla dentada y plana para decorar en forma de cinta. Decorar con cintas verticales a una distancia de 5 cm una de la otra alrededor de los lados de la torta.

5º paso. Se saca una capa de torta para que se enfríe.

6º paso. Se unta la superficie de encima de las capas de torta con el relleno de azúcar quemada.

7º paso. Se decoran los lados de la torta con cintas verticales.

*Torta de pacanas con mantequilla y azúcar quemada, continuación*

8. Hacer una cinta horizontal alrededor del lado de la torta, justo debajo de la orilla superior. Hacer lo mismo a la mitad del lado de la torta.

9. Repetir el 7º paso, poniendo una cinta nueva a medio camino entre las cintas que se hicieron en el paso 7. (Seguir rellenando la manga con más crema según se requiera.)

10. Hacer cintas cortas horizontales a medio camino entre las cintas que se hicieron en el 8º paso, y también alrededor de la base de la torta. Cada cinta corta empieza justo en la orilla de una cinta vertical, cruza encima de la próxima cinta vertical y termina al llegar a la orilla de la próxima cinta vertical.

11. Cambiar la boquilla dentada plana por una de estrella. Decorar la superficie de encima de la torta con la crema que quede y espolvorear con pacanas.

*Hace una torta de 3 capas*

## Relleno de azúcar quemada

**600 g de azúcar granulada, por partes**
**18 cl de leche**
**1 huevo batido**
**Pizca de sal**
**115 g de mantequilla ablandada**

1. Colocar 100 g de azúcar granulada en una olla pesada y grande. Calentar a fuego medio, revolviendo constantemente hasta que la azúcar se ponga de un color café claro.

2. En una fuente mediana ligar las 2 1/2 tazas restantes de azúcar granulada, la leche, el huevo, y la sal, agregar la mantequilla y revolver. Añadir esta mezcla a la azúcar quemada.

3. Cocer a fuego medio, revolviendo de vez en cuando hasta que el termómetro para preparación de dulces alcance los 120°C (15 a 20 minutos) y enfriar por 5 minutos. Revolver con una cuchara de madera hasta que la mezcla homogenice y se vea espesa.

## Crema de mantequilla

**75 g de mantequilla, ablandada**
**400 g de azúcar glas cernida**
**2 cucharadas de mitad leche mitad nata**
**1/2 cucharadita de vainilla**

1. Con la batidora eléctrica a velocidad media, batir la mantequilla, en una fuente grande, hasta que se vea cremosa.

2. Poco a poco agregar la azúcar glas alternando con la mitad leche mitad nata y batir hasta que la mezcla se vea ligera y cremosa. En caso necesario, agregar 1 cucharada adicional de mitad leche mitad nata para así lograr la consistencia requerida. Agregar la vainilla y revolver.

8º paso. Se forman cintas horizontales alrededor de los lados de la torta.

9º paso. Se hacen cintas verticales adicionales.

10º paso. Se hacen cintas horizontales cortas adicionales.

# Torta de harina de maíz con coñac y pacanas

**225 g de margarina, ablandada**
**260 g de azúcar granulada**
**150 g de azúcar morena compacta**
**5 huevos**
**240 g de nata cortada**
**12 cl de coñac**
**315 g de harina**
**70 g de harina de maíz enriquecida**
**2 cucharaditas de polvo de hornear**
**1 cucharadita de sal (optativa)**
**1 cucharadita de canela molida**
**1/2 cucharadita de nuez moscada molida**
**230 g de pacanas picadas**
**Glaseado de coñac (receta a continuación)**
**Pacanas partidas por la mitad para adornar**

1. Precalentar el horno a 160°C. Untar con un poco de manteca y harina un molde chimenea o molde chimenea acanalado.

2. Con la batidora eléctrica a velocidad media, batir, en una fuente grande, la margarina y las azúcares hasta que la mezcla se vea ligera y cremosa. Añadir los huevos, 1 a la vez, batiendo bien después de cada uno. Agregar la nata cortada y el coñac y batir.

3. Cernir juntos los ingredientes secos y agregar a la mezcla de la margarina, mezclando hasta que se homogenice bien. Agregar las pacanas y revolver. Verter al molde previamente preparado y extender uniformemente hasta la orilla.

4. Hornear por 65 a 70 minutos o hasta que salga limpio un palillo de madera cuando se introduce en el medio de la torta. (La superficie tendrá un aspecto un poco húmedo en el centro.)

5. Enfriar la torta en el molde por 10 minutos sobre una rejilla metálica. Soltar la orilla de la torta y sacarla del molde, colocándola sobre una rejilla metálica para que se enfríe por completo. (Técnica en la página 430.)

6. Preparar el glaseado de coñac y rociar encima de la torta. Adornar, si se quiere. Guardar firmemente tapada.
*Hace una torta de 25cm con forma de anillo*

4º paso. Se comprueba si está hecha con un palillo de madera.

6º paso. Se rocía el glaseado de coñac encima de la torta.

## Glaseado de coñac

**2 cucharadas de margarina**
**130 g de azúcar glas cernida**
**1 a 2 cucharaditas de coñac**
**4 a 5 cucharaditas de leche**

1. Calentar la margarina en una olla mediana a fuego medio hasta que se derrita y se vuelva de color café claro. Enfriar un poco.

2. Agregar la azúcar glas, el coñac y la leche y batir hasta que la mezcla se vea sin grumos.

*Popurrí* • **TORTAS** 443

# Torta de calabaza de primera

**180 g de manteca**
**300 g de azúcar granulada**
**3 huevos**
**225 g de calabaza procesada en bloque**
**25 cl de suero de leche**
**385 g de harina**
**1 cucharada de polvo de hornear**
**1 1/2 cucharaditas de bicarbonato**
**1/2 cucharadita de sal**
**1 cucharadita de canela molida**
**1/4 cucharadita de pimienta de Jamaica molida**
**1/4 cucharadita de nuez moscada molida**
**1/8 cucharadita de jengibre molido**
**1/8 cucharadita de especia para pastel de calabaza**
**Nevado de crema (receta a continuación)**

1. Precalentar el horno a 180°C. Untar con manteca y harina dos moldes redondos de 22,5cm para torta. (Técnica en la página 422).

2. Con la batidora eléctrica a velocidad media, batir, en una fuente grande, la margarina y la azúcar granulada hasta que la mezcla se vea ligera y cremosa. Añadir los huevos, 1 a la vez, batiendo bien después de cada uno. Agregar la calabaza y el suero de leche y batir bien.

3. Cernir juntos el resto de los ingredientes secos y agregarlos a la mezcla de la manteca. Batir bien y verter en los moldes previamente preparados.

4. Hornear 40 a 45 minutos o hasta que salga limpio un palillo de madera cuando se introduce en el medio de las tortas. Enfriar en sus moldes por 10 minutos sobre rejillas metálicas. Soltar las orillas y sacar a rejillas metálicas para que terminen de enfriarse. (Técnica en la página 439.)

5. Con las manos o con un cepillo para repostería sacar las migas sueltas de la superficie de encima y de los lados de las capas de la torta. (Técnica en la página 422.) Rellenar y cubrir con nevado de crema.

*Hace una torta de 2 capas*

## Nevado de crema

**115 g de manteca**
**115 g de mantequilla, ablandada**
**2 claras***
**1 cucharadita de vainilla**
**530 g de azúcar glas cernida**

1. Con la batidora eléctrica a media velocidad, batir, en una fuente grande, la manteca y la mantequilla hasta que la mezcla se vea ligera y cremosa.

2. Añadir las claras y la vainilla y mezclar bien. Poco a poco añadir la azúcar glas y batir bien.

*Usar huevos limpios, sin grietas en las cáscaras.

1º paso. Se unta un molde con harina.

2º paso. Se agregan los huevos.

3º paso. Se vierte la masa en los moldes.

# CLASE DE COCINA
# POSTRES

**448** **APUNTES DE CURSO**

**450** **PASTELES PERFECTOS**

**462** **POSTRES DE ENSUEÑO**

**468** **GLORIOSO CHOCOLATE**

**478** **FANTASÍAS DE FRUTA**

**484** **GRANDES FINALES**

Flores de torta de queso con frambuesas
*(página 482)*

# APUNTES DE CURSO

Un postre estupendo dará a cualquiera comida ese toque especial, y es seguro que esta colección va a agradar a la gente. Se va a maravillar de la variedad de postres - tortas, pasteles, soufflés y cremas batidas - y de la multitud de sabores tales como vainilla, azúcar quemada, cereza, manteca de cacahuete, manzana, fresa, arce y, por supuesto, ¡chocolate!

El éxito en la cocina se logra muchas veces por medio de la planificación y preparación cuidadosas. Antes de empezar a trabajar con una receta. lea con cuidado las instrucciones y luego reúna todos los ingredientes y el equipo. No sustituya un ingrediente por otro a menos que la receta así lo especifique. Las sustituciones pueden cambiar el delicado equilibrio de los ingredientes y el resultado puede ser menos que óptimo. El dominio de las habilidades en preparación de postres que se mencionan a continuación puede asegurar que siempre tenga éxito.

### CONSEJOS PARA LA PREPARACION
- Mida todos los ingredientes con cuidado y precisión. Para medir la harina, pásela, sin apretarla, a una taza de medir seca y nivélela con una espátula metálica de borde derecho (no debe agitarla para que baje ni darle golpes sobre la mesa de trabajo).
- Utilice moldes del tamaño que se especifica en cada receta y prepárela de la manera indicada. Si el molde no es el correcto, puede hacer que el postre se queme por las orillas y el fondo o que se hunda en el medio.
- La temperatura del horno puede variar según el modelo y el fabricante del horno, así que debe vigilar con cuidado los postres y comprobar si está hecho de acuerdo a la prueba que se indica en la receta.

### CONSEJOS PARA HACER LA MASA
- Corte la manteca, margarina o mantequilla y mezcle con la harina y sal usando un mezclador para masa o dos cuchillos hasta que la mezcla esté en pedazos del tamaño de un guisante. Añadir el líquido, 1 cucharada a la vez, mezclando suavemente con un tenedor hasta que la masa esté justo lo bastante húmeda para mantenerse unida cuando se presiona.

- Si la masa está pegajosa y difícil de manejar, refrigérela hasta que se ponga más dura. La manera más fácil de evitar que se pegue la masa cuando se estira es usar una cubierta para el rodillo y un paño para la masa. Espolvorée con harina el rodillo cubierto y el paño para la masa antes de usar, y maneje la masa rápida y suavemente. Cuando el cascarón de masa de un pastel resulta demasiado duro muchas veces es porque o se ha agregado demasiada harina a la masa o se ha manejado demasiado.

- Estire la masa formando un círculo de 3mm de grosor, por lo menos 2,5cm más grande que un molde invertido para pastel. Para trasladar la masa al molde, coloque el rodillo encima de la masa, por el lado. Suavemente enrolle la masa una vez sobre el rodillo. Levante el rodillo y la masa con cuidado, y luego desenrolle la masa encima del molde. Con las puntas de los dedos vaya colocando la masa en el molde y ajústela suavemente a la forma del molde. Tenga cuidado de no tirar ni estirar la masa, pues si hace así se encogerá cuando se esté horneando.

- Muchas veces se prepara un cascarón de masa muerta, lo cual quiere decir que se hornea antes de agregar el relleno. Para evitar que la masa se hinche mientras se está horneando, forre el cascarón con papel de aluminio y llénela con frijoles secos, arroz sin cocer o pesos de cerámica o metal para pastel. Hornear el cascarón hasta que cuaje. Sacar el papel de aluminio y los pesos y volver a colocar el cascarón al horno para que termine de cocerse o enfriarlo por completo antes de agregar el relleno.

## BATIR LAS CLARAS

- Es más fácil separar los huevos cuando están fríos, pero las claras alcanzan mayor volumen si se dejan a temperatura ambiente por unos 30 minutos antes de batirse.

- Cuando bate las claras, siempre debe revisar que la fuente y los batidores estén perfectamente limpios y secos. Aun una pequeñísima cantidad de yema o grasa puede impedir que las claras alcancen su volumen óptimo. Para mejores resultados, utilice una fuente de cobre, acero inoxidable o vidrio (las fuentes de plástico pueden tener un película de grasa, aun después de haberse lavado varias veces).

- Bata las claras lentamente hasta que se vean espumosas, y entonces aumente la velocidad. Aquí agregue una pizca de sal y crémor tártaro para ayudar a que se estabilicen. No bata excesivamente porque se secarán y se apelmazarán.

- Bata las claras hasta lograr el estado que se requiera. Para hacer pico suave, al levantar los batidores de las claras, deben haber picos bien definidos pero que tiendan a caerse. Para hacer pico firme, al levantar los batidores de las claras deben haber picos firmes que permanezcan en la superficie y la mezcla no debe deslizarse cuando se inclina la fuente.

- En seguida mezcle las claras batidas suavemente con otra mezcla de tal forma que no pierdan volumen. Nunca hay que batir ni revolver.

## DISOLVER LA GELATINA

- Para disolver bien la gelatina natural, espolvorée un paquete de gelatina sobre 6 cl de líquido frío en una olla pequeña. Déjelo reposar por 3 minutos para que se ablande. A continuación revolver a fuego lento por unos 5 minutos o hasta que la gelatina se haya disuelto totalmente.

- Pase el dedo sobre la cuchara para ver si hay gránulos de gelatina sin disolver. Si no se sienten gránulos, significa que la gelatina se ha disuelto por completo, en cambio si se nota granular, siga calentando hasta que desaparezcan los gránulos.

## MONTAR LA NATA

- Para resultados óptimos al batir nata para montar o crema doble, primero refrigerar la nata, la fuente y los batidores -el frío mantiene sólida la grasa de la nata y así aumenta el volumen.

- Para obtener mayor volumen, bata la nata en una fuente profunda y estrecha. Generalmente 25 cl de nata da 50 cl de nata montada, entonces debe elegir una fuente donde quepa el mayor volumen. Bata la nata hasta que monte y haga pico suave. Para probarla, levante los batidores de la nata para montar: la mezcla debe formar picos definidos, pero que tiendan a caerse. No hay que batir excesivamente porque la nata se apelmazará convirtiéndose en mantequilla.

*Apuntes de curso* • **POSTRES** 449

# Pastel de frutas

Cascarón de masa con tapa
(página 461)
300 g de moras enlatadas o congeladas, descongeladas, bien estiladas
225 g de arándanos enlatadas o congeladas, descongeladas, bien estiladas
225 g de grosellas espinosas enlatadas o congeladas, descongeladas, bien estiladas
50 g de azúcar
3 cucharadas de maizena
1/8 cucharadita de extracto de almendras

1. Preparar el cascarón de masa de acuerdo a los pasos 1º y 2º de la receta para cascarón de masa con tapa. Estirar la masa y colocar la masa de la base en el molde para pastel, de acuerdo a los pasos 3º al 6º en la página 461. Cubrir con un envoltorio plástico y refrigerar por 30 minutos para dejar que descanse la masa.

2. Precalentar el horno a 220°C.

3. En una fuente grande juntar lasa moras, los arándanos y las grosellas espinosas. Agregar la azúcar, la maizena y el extracto de almendras y revolver bien.

4. Con una cuchara trasladar las frutas y colocar encima de la base de masa. Estirar la tapa de masa de acuerdo a los pasos 3º y 4º en la página 461. Colocar la tapa encima del relleno, de acuerdo al paso 7º en la página 461.

5. Cortar el borde dejando que sobresalga del molde en 1,5 cm. Doblar hacia abajo este pedazo sobresaliente de tal manera que la masa esté a la misma altura que la orilla del molde. Pellizcar la entre el pulgar y el dedo índice formando así una orilla parada. Hacer cortes por la orilla de la masa con 1,5 cm de distancia entre un corte y otro, formando orejitas sobresalidas.

6. Presionar 1 orejita hacia el medio del pastel y la siguiente hacia afuera, hacia la orilla del molde. Seguir alternando hacia adentro y hacia afuera por toda la orilla del pastel.

7. Con un tenedor perforar la tapa de la masa para que pueda salir el vapor.

8. Hornear por 40 minutos o hasta que el cascarón se dore. Enfriar por completo sobre una rejilla metálica.

*Para 6 a 8 personas*

4º paso. Se desenrolla la tapa encima del relleno.

5º paso. Se hacen cortes en el cascarón.

6º paso. Se presiona una orejita hacia el centro del pastel.

*Pasteles perfectos* • **POSTRES**

**Pastel con crema de manteca de cacahuete, continuación**

9. Cuando toda ala clara haya caído a la fuente, colocar la yema en otro recipiente. Pasar la clara a una tercera fuente. Repetir con los 2 huevos que quedan. (Para alcanzar el volumen requerido al batirse, las claras no deben tener ni un rastro de yema.)

10. Para hacer el relleno, ligar 100 g de azúcar granulada, la maizena, la harina y la sal. Agregar las yemas de los huevos y la leche y batir con batidor de rejilla hasta que se homogenice. Llevar a punto de ebullición a fuego medio, revolviendo constantemente. Seguir cociendo y revolviendo por 2 minutos o hasta que se espese. Retirar del fuego, añadir la mantequilla y la vainilla y revolver.

11. Colocar la azúcar glas en una fuente mediana. Con un mezclador para masa o 2 cuchillos, ligar la manteca de cacahuete con la azúcar glas hasta que la mezcla tenga pedazos del tamaño de un guisante.

12. Esparcir 1/3 de esta mezcla de la manteca de cacahuete sobre el fondo del cascarón de masa. Con una cuchara colocar la 1/3 del relleno encima de la mezcla. Esparcir nuevamente con 1/2 de la mezcla y encima colocar el resto del relleno.

13. Para hacer el merengue, en una fuente grande y limpia ligar las claras de huevo y el crémor tártaro. Con la batidora eléctrica a velocidad alta batir hasta que la mezcla se ponga espumosa. Batiendo siempre, agregar poco a poco 50 g de azúcar granulada hasta que monte y haga pico firme. Después de levantar los batidores del merengue, deben quedar picos firmes sobre la superficie y la mezcla no debe deslizarse al inclinar la fuente. (Técnica en la página 420.)

14. Con una espátula de goma, extender el merengue encima del relleno, cuidando de que cubra el relleno completamente y toque la orilla del cascarón de masa.

15. Formar picos y remolinos de adorno girando y levantando la espátula a medida que va extendiendo el merengue. Esparcir alrededor de la orilla el resto de la mezcla de manteca de cacahuete.

16. Hornear por 8 a 10 minutos o hasta que el merengue se dore, Enfriar completamente sobre una rejilla metálica.

*Para 6 a 8 personas*

11º paso. Se pica la manteca de cacahuete para mezclarla con el azúcar glas.

14º paso. Se extiende el merengue encima del relleno.

15º paso. Se hacen picos y remolinos de adorno.

# Pastel de chocolate con avellanas

**Cascarón de chocolate con avellanas (página 458)**
**1 sobre de gelatina natural**
**6 cl de agua fría**
**50 cl de nata para montar, por partes**
**240 g de pedacitos de chocolate semidulce**
**2 huevos***
**3 cucharadas de licor con sabor a avellanas**
**1 cucharadita de vainilla**
**24 caramelos de azúcar quemada, sin envoltorio**
**Flores de azúcar quemada para adornar (página 458)**

*Utilizar huevos limpios, sin grietas.

1. Preparar el cascarón de chocolate con avellanas y reservar.

2. Espolvorear la gelatina encima del agua en una olla pequeña. Dejar en reposo sin revolver por 3 minutos para que se ablande la gelatina. Calentar a fuego lento, revolviendo constantemente, hasta que la gelatina se disuelva por completo, unos 5 minutos. Pase el dedo sobre la cuchara para ver si hay gránulos de gelatina sin disolver. Si no se sienten gránulos, significa que la gelatina se ha disuelto por completo, en cambio si se nota granular, siga calentando hasta que desaparezcan los gránulos.

3. Añadir 25 cl de nata para montar a la mezcla de la gelatina. Calentar justo hasta llegar a punto de ebullición y retirar del fuego. Agregar los pedacitos de chocolate y revolver hasta que se derritan.

4. Agregar 12 cl de nata para montar, los huevos, el licor y la vainilla\ y batir bien. verter en una fuente grande y refrigerar por unos 15 minutos o hasta que se espese.

5. En una olla pequeña juntar los caramelos de azúcar quemada y 12 cl de nata para montar. Hervir a fuego lento, revolviendo de vez en cuando, hasta que se derritan por completo y no hayan grumos.

6. Verter la mezcla de los caramelos sobre el cascarón de masa previamente preparado, y dejar en reposo por unos 10 minutos.

7. Batir la mezcla ya espesa de gelatina con la batidora eléctrica hasta que se homogenice. Verter encima de la capa de los caramelos y refrigerar por 3 horas o hasta que se ponga firme.m Adornar, si se quiere.

*Para 6 a 8 personas*
*sigue en la página 458*

2º paso. Se comprueba si queda gelatina sin disolver.

3º paso. Se revuelve hasta que se derrita el chocolate.

5º paso. Se revuelve hasta que la azúcar quemada se haya derretido y no hayan grumos.

Pasteles perfectos • POSTRES

*Pastel de chocolate con avellanas, continuación*

## Cascarón de chocolate con avellanas

**115 g de avellanas
30 barquillos de chocolate
12 cl de mantequilla o margarina derretida**

1. Precalentar el horno a 180°C.

2. Para tostar las avellanas, extenderlas en una sola capa sobre una bandeja de horno y hornear por 10 a 12 minutos o hasta que hayan tostado y empiece a salirse la piel. Dejar que se enfríen un poco. Envolver las avellanas en un paño de cocina y frotar para quitar el máximo posible de la piel.

3. Juntar los barquillos y las avellanas en un procesador de alimentos o recipiente para mezclar y procesar, encendiendo y apagando hasta que se encuentren finamente machacados.

4. En una fuente mediana juntar la mezcla de barquillos con mantequilla. Colocar la mezcla sobre un molde de 22,5 cm para pastel y presionar sobre el fondo y los lados de tal manera que tenga una orilla bien alta.

5. Hornear por 10 minutos y enfriar completamente sobre una rejilla metálica.

## Flores de azúcar quemada

**6 a 8 caramelos de azúcar quemada**

1. Colocar 1 caramelo fresco y blando entre 2 hojas de papel de cera.

2. Con el rodillo, estirar la azúcar quemada hasta que tenga una forma ovalada de 5 cm (presionar duro con el rodillo).

3. Empezando por 1 esquina, enrollar la azúcar hasta formar un cono parecido a una flor. Hacer lo mismo con los demás caramelos. Antes de servir, colocar 1 flor de azúcar quemada sobre cada pedazo de pastel.

Cascarón de chocolate con avellanas: 2º paso. Se frotan las avellanas para quitarles la piel.

Flores de azúcar quemado: 2º paso. Se estira un caramelo hasta obtener una forma ovalada de 5 cm.

Flores de azúcar quemado: 3º paso. Se enrolla el azúcar quemado hasta formar un cono.

*Pasteles perfectos* • **POSTRES** 459

# Cascarón sin tapa

**185 g de harina**
**1/2 cucharadita de sal**
**115 g de manteca**
**3 cucharadas de agua fría**

1. Ligar la harina y la sal en una fuente grande y mezclar con la manteca utilizando un mezclador para masa o 2 cuchillos hasta que se formen pedazos del tamaño de un guisante.

2. Rociar con agua, 1 cucharada a la vez. Revolver suavemente con un tenedor hasta formar una masa compacta. Presionar para formar una bola.

3. Aplastar la masa entre las dos manos hasta formar un círculo de 12,5 a 15 cm.

4. Espolvorear con harina la superficie de trabajo y el rodillo. Estirar la masa, empezando en el medio y rodando hacia afuera con movimientos pequeños. Darle a la masa una 1/4 vuelta hacia la derecha. En caso necesario, espolvorear más harina debajo de la masa y sobre el rodillo para evitar que se pegue. Seguir estirando y girando la masa 2 o 3 veces más.

5. Estirar la masa formando un círculo de 3 mm de grosor, por lo menos 2,5 cm más grande que un molde invertido para pastel.

6. Colocar el rodillo sobre 1 lado de la masa. Suavemente enrolle la masa una vez sobre el rodillo.

7. Levantar el rodillo y la masa con cuidado, y luego desenrollar la masa encima del molde. Con las puntas de los dedos vaya colocando la masa en el molde y ajústela suavemente a la forma del molde. Tenga cuidado de no estirar la masa.

8. Cortar al tamaño requerido por la orilla de la masa dejando que sobresalga del molde en 1,5 cm. Doblar hacia abajo la parte sobresaliente y moldear en forma acanalada como quiera. Cubrir el cascarón con un envoltorio plástico y refrigerar por 30 minutos para que la masa descanse.

1º paso. Se pica la manteca y se mezcla.

3º paso. Se aplasta la masa hasta formar un círculo.

5º paso. Se estira la masa.

# Cascarón con tapa

**280 g de harina**
**1 cucharadita de sal**
**175 g de manteca**
**5 cucharadas de agua fría**

1. Ligar la harina y la sal en una fuente grande y mezclar con la manteca utilizando un mezclador para masa o 2 cuchillos hasta que se formen pedazos del tamaño de un guisante.

2. Rociar con agua, 1 cucharada a la vez. Revolver suavemente con un tenedor hasta que la mezcla se una formando una masa. Reunirla, presionando para formar una bola.

3. Dividir la masa en dos partes y presionar cada mitad entre las manos hasta formar un círculo de 12,5 a 15 cm.

4. Estirar cada mitad tal como se describe en la receta para cascarón sin tapa, pasos 4º y 5º.

5. Colocar el rodillo sobre 1 lado de la masa. Suavemente enrollar la masa una vez sobre el rodillo.

6. Levantar el rodillo y la masa con cuidado, y luego desenrollar la masa encima del molde. Con las puntas de los dedos vaya colocando la masa en el molde y ajústela suavemente a la forma del molde. Tenga cuidado de no estirar la masa. Cortar al tamaño requerido por la orilla de la masa dejándola a la misma altura que la orilla del molde. Cubrir el cascarón con un envoltorio plástico y refrigerar para que descanse la masa.

7. Colocar el relleno que se requiera dentro del cascarón sin hornear. Humedecer con agua la orilla del cascarón. Levantar la tapa y colocar encima del pastel de la misma manera que se describe en el paso 5º. Desenrollarla para que cubra el relleno. Perforar la tapa para que pueda salir el vapor.

8. Cortar al tamaño requerido por la orilla de la masa dejando que sobresalga del molde en 1,5 cm. Doblar la parte sobresaliente por debajo de la orilla de la base del cascarón y moldear en forma acanalada como quiera.

5º paso. Se levanta la masa estirada.

6º paso. Se desenrolla la masa encima del molde para pastel.

7º paso. Se desenrolla la tapa encima del relleno.

Pasteles perfectos • POSTRES

# Batido de mantequilla con sabor a manzana

**300 g de azúcar granulada**
**1 paquete (225 g) de queso de nata, ablandado (técnica en la página 478)**
**115 g de margarina, ablandada**
**6 huevos**
**280 g de harina**
**140 g de harina de maíz enriquecida**
**2 cucharaditas de polvo de hornear**
**1 cucharadita de canela molida**
**1/4 cucharadita de sal (optativa)**
**25 cl de mantequilla condimentada con sabor a manzana**
**1 cucharada de whisky americano (optativo)**
**1 cucharadita de vainilla**
**160 g de pacanas picadas**
**Glaseado de crema (receta a continuación)**

1. Precalentar el horno a 180°C. Untar con manteca un molde tipo Bundt para 3 l o un molde chimenea de 25 cm.

2. Con la batidora eléctrica a velocidad media, en una fuente grande batir la azúcar, el queso de nata y la margarina hasta que la mezcla se ponga ligera y cremosa, rozando el lado de la fuente una vez.

3. Añadir los huevos, 1 a la vez, batiendo bien después de cada uno.

4. Ligar la harina, la harina de maíz, el polvo de hornear, la canela y la sal en un recipiente pequeño.

5. Juntar la mantequilla con sabor a manzana, el whisky y la vainilla en un recipiente aparte.

6. Agregar la mezcla de la harina a la mezcla del queso de nata, alternando con la mezcla de la mantequilla con sabor a manzana. Batir a velocidad baja hasta que se homogenice bien, rozando el lado de la fuente una vez. Añadir las pacanas y revolver con una cuchara de madera.

7. Con una cuchara trasladar la mezcla al molde previamente preparado, extendiéndola hasta la orilla.

8. Hornear por 60 a 70 minutos o hasta que salga limpio un probador para torta o brocheta de madera cuando se introduce en el medio de la torta. Enfriar por 10 minutos en su molde y luego sacar del molde y colocar sobre una rejilla metálica. Enfriar por completo.

9. Preparar el glaseado de crema y rociar encima de la torta dejando que caiga de la punta de una cuchara.

*Para 10 a 12 personas*

1º paso. Se unta el molde con manteca.

9º paso. Se rocía el glaseado de crema encima de la torta.

## Glaseado de crema

**140 g de azúcar glas**
**1 1/2 cucharaditas de jarabe líquido de maíz**
**1/4 cucharadita de vainilla o whisky americano**
**4 a 5 cucharaditas de leche**

Ligar la azúcar glas, el jarabe de maíz y la vainilla en una fuente mediana y mezclar bien. Agregar la leche, 1 cucharadita a la vez hasta lograr una consistencia apropiada para rociar.

Postres de ensueño • **POSTRES**  463

# Torta con pedacitos de chocolate

280 g de harina
195 g de azúcar negra compacta
1 cucharada de polvo de hornear
1 cucharadita de sal
1/2 cucharadita de bicarbonato
100 g de azúcar granulada
115 g de manteca
3 huevos
31 cl de leche
1 1/2 cucharaditas de vainilla
80 g de pedacitos de chocolate, finamente picados
Relleno de azúcar con mantequilla (receta a continuación)
80 g de nueces finamente picadas, por partes
80 g de pedacitos de chocolate semidulce
2 cucharadas de mantequilla
1 cucharada de jarabe líquido de maíz
Frambuesas frescas y hojas de menta para adornar

1. Precalentar el horno a 180°C. Untar con manteca y harina dos moldes para horno redondos de 22,5 cm. (Técnica en la página 424.)

2. Ligar la harina, la azúcar negra, el polvo de hornear, la sal y el bicarbonato y reservar.

3. Con la batidora eléctrica a velocidad media, en una fuente grande batir la azúcar granulada y la manteca hasta que se ponga ligera y cremosa. Añadir los huevos, 1 a la vez, batiendo bien después de cada uno.

4. Agregar la leche y la vainilla y batir. Añadir la mezcla de la harina y los pedacitos de chocolate picados y batir bien. Verter a los moldes previamente preparados.

5. Hornear por 40 a 45 minutos o hasta que salga limpio un probador para torta o brocheta de madera cuando se introduce en el medio de la torta. Sacar las tortas de los moldes para que se enfríen.

6. preparar el relleno de azúcar con mantequilla. Extender el relleno sobre una capa de torta y espolvorear con 40 g de nueces. Colocar la otra capa de torta encima.

7. Juntar los pedacitos de chocolate, la mantequilla y el jarabe de maíz en una olla pequeña y revolver a fuego lento hasta que se derrita el chocolate.

8. Verter encima de la torta, dejando que una parte gotee por los lados de la torta. Espolvorear con 40 g de nueces. Adornar si se quiere.

*Para 8 a 10 personas*

## Relleno de azúcar con mantequilla

**100 g de azúcar morena clara
2 cucharadas de maizena
1/4 cucharadita de sal
12 cl de agua
1 cucharada de mantequilla**

Ligar la azúcar, la maizena y la sal en una olla. Agregar el agua y llevar a punto de ebullición, revolviendo constantemente. Hervir por 1 minuto, revolviendo siempre. Agregar la mantequilla y revolver. Enfriar.

4º paso. Se vierte la mezcla en los moldes previamente preparados.

6º paso. Se espolvorean las nueces encima del relleno de azúcar con mantequilla.

8º paso. Se vierte la mezcla de chocolate encima de la torta.

Postres de ensueño • **POSTRES** 465

# Dulces de leche con nueces negras

**800 g de azúcar**
**115 g de margarina**
**37 cl de leche evaporada**
**3 cucharadas de jarabe líquido de maíz**
**450 g de pedacitos de vainilla con leche***
**1 tarro (360 g) de crema de malvaviscos (gomitas/bombones)**
**160 g de nueces negras picadas**
**1 cucharada de vainilla**

*No utilice chocolate compuesto ni baño de chocolate para repostería.

1. Forrar con papel aluminio una bandeja de horno de 32,5 x 22,5 cm, dejando que sobresalga 2,5 cm por los lados de tal manera que se pueda usarlo a la hora de levantar el dulce para sacarlo de la bandeja. Untar el papel aluminio con un poco de mantequilla.

2. Ligar la azúcar, la margarina, la leche evaporada y el jarabe de maíz en una olla grande y revolver bien. Llevar a punto de ebullición a fuego medio, revolviendo justo hasta que se disuelva la azúcar.

3. Afirmar el termómetro para dulces al lado de la olla, teniendo cuidado de que el bulbo se haya sumergido completamente en la mezcla de la azúcar pero sin que toque el fondo de la olla.

4. Seguir calentando, sin revolver, hasta que la mezcla alcance la temperatura donde forma una pelota suave al meterse en agua fría (112°C), de acuerdo a las indicaciones del termómetro para dulces.

5. Sacar del fuego y agregar los pedacitos de vainilla con leche. Revolver con una cuchara de madera hasta que se derritan. Añadir la crema del malvaviscos (gomitas/bombones), las nueces y la vainilla, revolviendo bien cada vez que se agregan más ingredientes.

6. Verter a la bandeja preparada. Marcar en cuadraditos, traspasando el dulce hasta la mitad con un cuchillo afilado estando todavía caliente el dulce.

7. Sacar de la bandeja levantando el papel aluminio con el dulce adentro y colocar sobre una tabla para picar. Enfriar por completo y cortar en cuadrados siguiendo las líneas marcadas. Sacar el papel aluminio.

*Hace unas 1,4 k*

1º paso. Se forra la bandeja con papel aluminio.

3º paso. Se afirma un termómetro para dulces al lado de la olla.

6º paso. Se raya el dulce.

# Arroz con leche y chocolate

**50 cl de agua**
**220 g de arroz sin cocer**
**2 cucharadas de mantequilla**
**60 g de azúcar**
**2 cucharaditas de maizena**
**50 cl de leche**
**1/2 cucharadita de vainilla**
**2 yemas**
**80 g de pedacitos de chocolate semidulce**
**Crema batida**
**Cacao en polvo sin azúcar y galletas para adornar**

1. Llevar el agua a punto de ebullición en una olla grande y añadir el arroz y la mantequilla. Bajar el fuego y hervir a fuego lento por 20 minutos, retirar del fuego y dejar en reposo, unos 5 minutos, hasta que absorba todo el líquido.

2. Ligar la azúcar y la maizena en un recipiente pequeño y agregar al arroz caliente en la olla. Añadir la leche y revolver.

3. Llevar la mezcla a punto de ebullición, revolviendo de vez en cuando. Hervir por 1 minuto, revolviendo constantemente. Retirar del fuego, añadir la vainilla y revolver.

4. Batir las yemas en un recipiente pequeño y agregar alrededor de 25 cl de la mezcla de arroz caliente a las yemas batidas.

5. Volver a colocar la mezcla de las yemas en el resto de la mezcla del arroz que está en la olla.

6. Cocer la mezcla del arroz a fuego medio, revolviendo frecuentemente, justo hasta que se empiecen a formar burbujas. Retirar del fuego, agregar los pedacitos de chocolate y revolver hasta que se derritan.

7. Colocar en platos individuales para servir y refrigerar.

8. Meter la crema batida en una manga para repostería con boquilla de estrella grande y decorar cada plato de arroz.

9. Cernir el cacao en polvo sin azúcar por tamiz o colador fino sobre cada plato. Adornar, si se quiere.

*Para 6 personas*

4º paso. Se agrega 25 cl de la mezcla de arroz caliente a las yemas.

5º paso. Se añade la mezcla de las yemas nuevamente a la mezcla del arroz.

8º paso. Se decora cada plato con la crema batida.

*Glorioso chocolate* • **POSTRES**

# Brownies de naranja a lo capuchino

**2 naranjas**
**175 g de mantequilla**
**60 g de chocolate semidulce, picado grueso**
**60 g de chocolate de taza, picado grueso**
**360 g de azúcar**
**1 cucharada de café expreso instantáneo en polvo o de gránulos de café instantáneo**
**3 huevos**
**6 cl de licor con sabor a naranja**
**140 g de harina**
**1 paquete (360 g) de pedacitos de chocolate semidulce**
**2 cucharadas de manteca**

1. Precalentar el horno a 180°C. Untar con manteca una bandeja de horno de 32,5 x 22,5 cm.

2. Rallar fino la parte de color de la cáscara de una naranja con un rallador tipo caja o de los planos. Medir 2 cucharaditas de cáscara de naranja y reservar.

3. En una olla grande y pesada derretir a fuego lento el chocolate semidulce y el de taza picados, revolviendo constantemente. Añadir la azúcar y el café expreso en polvo y revolver. Retirar del fuego y enfriar un poco.

4. Agregar los huevos y batir, 1 a la vez, con batidor de rejilla. Batiendo siempre, añadir el licor y la cáscara de naranja.

5. Agregar la harina a la mezcla del chocolate y batir justo hasta que se homogenice. Extender la masa uniformemente en la bandeja de horno previamente preparada.

6. Hornear por 25 a 30 minutos o hasta que cuaje en el medio. Retirar la bandeja con masa del horno y colocar sobre una rejilla metálica.

7. Mientras tanto, derretir los pedacitos de chocolate con la manteca en una olla pequeña y pesada a fuego lento, revolviendo constantemente.

8. Inmediatamente después de sacar los brownies del horno, mientras estén todavía calientes untarlos con la mezcla del chocolate caliente. Enfriar por completo en la bandeja sobre una rejilla metálica y cortar en cuadros de 5 cm.

9. Hacer un adorno de cáscara de naranja sacando delgadas tiras de cáscara de la naranja que queda utilizando un rallador para cítricos.

10. Atar estas tiras en nudos o retorcer formando espirales, como adorno, si se quiere.

*Hace unas 2 docenas de brownies*

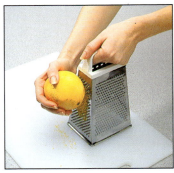

2º paso. Se ralla la cáscara de naranja.

8º paso. Se untan los brownies calientes con la mezcla de chocolate.

9º paso. Se sacan tiras delgadas de cáscara de naranja para adornar.

*Glorioso chocolate* • **POSTRES**

# Pastel de mousse de frambuesa y chocolate

40 barquillos de chocolate
6 cl de mantequilla derretida
180 g de chocolate semidulce
31 cl de crema doble
12 cl de agua
7 cucharadas de azúcar
5 yemas
3 cucharadas de licor con sabor a frambuesa
Crema batida, frambuesas frescas y hojas de menta para adorno

1. Colocar los barquillos en el procesador de alimentos o licuadora y procesar encendiendo y apagando hasta que se encuentren finamente machacados.

2. Juntar las migas de galleta y la mantequilla en una fuente mediana y mezclar bien. Presionar firmemente para que todo se adhiera al fondo y hasta una altura de 2,5 cm por los lados de un molde de 22,5 cm con lados desmontables.

3. Derretir el chocolate en la parte superior de un baño de María sobre agua caliente pero no hirviendo, y luego enfriar.

4. Refrigerar bien una fuente grande y los batidores. Verter la crema doble en la fuente también fría y, con la batidora eléctrica a velocidad alta, batir hasta que monte y haga pico suave. Para probar cuándo está lista, levante los batidores de la crema: debería tener picos definidos pero que tiendan a caerse. Refrigerar.

5. Desleír la azúcar con el agua en una olla pequeña y llevar a punto de ebullición a fuego medio-alto. Hervir por 1 minuto. Colocar este jarabe en un vaso de medir de cristal del tamaño de 25 cl.

6. Meter las yemas en una fuente grande, profunda y a prueba del calor y agregar batiendo el jarabe. Colocar la fuente en una olla grande de agua caliente pero no hirviendo y seguir batiendo hasta que haga pico suave. Para probar, levantar el batidor: le mezcla debería tener picos definidos pero que tiendan a caerse. Retirar del fuego.

7. Batir la mezcla hasta que se enfríe y agregar el chocolate derretido y el licor. Añadir 12 cl de crema batida a la mezcla del chocolate y revolver.

8. Con una espátula de goma incorporar suavemente el resto de crema batida, metiendo la espátula al fondo de la fuente, y haciendo que ésta roce los lados, y luego doblar la mezcla que se ha recogido levantándola para que quede encima de la mezcla. Repetir hasta que se haya incorporado uniformemente la mezcla del chocolate.

9. Verter al cascarón previamente preparado. Refrigerar hasta que esté firme, unas 3 horas o de un día para otro. Para servir, sacar el lado del molde. Adornar, si se quiere.

*Para 10 personas*

2º paso. Se presionan las migas para que se adhieran al molde.

4º paso. Se prueba para ver si forma picos suaves.

6º paso. Se agrega el jarabe caliente a las yemas y se bate.

*Glorioso chocolate* • **POSTRES**

# Postre de chocolate doble

**5 huevos, por partes**
**37 cl de crema doble, por partes**
**1 paquete de gelatina natural**
**1 paquete (360 g) de pedacitos de chocolate semidulce**
**1/4 cucharadita de sal**
**65 g de azúcar**
**Torta de chocolate (página 477)**
**180 g de chocolate blanco de taza, por partes**

\* Usar huevos limpios, que no estén agrietados.

1. Forrar una fuente de 2 litros con envoltorio plástico y untar con un poco de aceite.

2. Para separar la clara de la yema de los huevos, golpear el huevo suavemente en el medio contra una superficie dura, como el borde de un tazón. Con una mitad de la cáscara en cada mano, pasar la yema varias veces de una mitad a otra. Dejar que la clara caiga al tazón pasando entre las dos mitades de la cáscara.

3. Cuando toda la clara haya caído al tazón, colocar la yema en otro recipiente. Pasar la clara a un tercer tazón. Repetir con los 4 huevos que quedan. (Para que alcancen el volumen requerido al batirse, las claras no deberían tener ningún resto de la yema.)

4. Colocar las yemas y 12 cl de crema doble en un recipiente pequeño y batir un poco con un tenedor. Espolvorear la gelatina encima de la mezcla de las yemas y dejar en reposo sin revolver por 5 minutos para que se ablande.

5. Derretir los pedacitos de chocolate en la parte superior de un baño de María sobre agua caliente pero no hirviendo.

6. Agregar alrededor de 12 cl de chocolate derretido a la mezcla de las yemas.

7. Verter la mezcla de las yemas nuevamente con el resto del chocolate en la parte superior del baño de María y seguir calentando hasta que la gelatina se haya disuelto por completo. (Técnica en la página 457.)

*sigue en la página 476*

1º paso. Se unta con aceite la fuente forrada.

2º paso. Se separa un huevo.

5º paso. Se derriten los pedacitos de chocolate en la parte superior de un baño de María.

*Glorioso chocolate* • **POSTRES**

*Postre de chocolate doble, continuación*

8. Para hacer el merengue, con la batidora eléctrica a velocidad alta, batir las claras con sal en una fuente grande hasta que se vean espumosas. Poco a poco agregar la azúcar y batir hasta que haga pico firme. (Al sacar los batidores del merengue, deben quedar picos firmes sobre la superficie, y la mezcla no debe deslizarse al inclinar la fuente.)

9. Con una espátula de goma incorporar suavemente la mezcla del chocolate, metiendo la espátula al fondo de la fuente, pasarla rozando por los lados y luego doblar la mezcla que se ha recogido levantándola para que quede encima de la mezcla. Repetir hasta que el chocolate se haya incorporado uniformemente al merengue.

10. Batir la crema doble hasta que haga pico suave. (Técnica en la página 472.)

11. Incorporarla suavemente a la mezcla del chocolate tal como se indica en el paso 9º.

12. Verter a la fuente previamente preparada. Tapar y refrigerar por 4 horas.

13. Preparar la torta de chocolate.

14. Derretir 120 g de chocolate blanco en un recipiente pequeño colocado en una fuente de agua muy caliente, revolviendo de vez en cuando. Esto demorará unos 10 minutos.

15. Verter sobre una chapa de horno forrado con papel de cera y refrigerar hasta que esté firme, unos 15 minutos.

16. Cortar en triángulos grandes utilizando un cuchillo afilado.

17. Inmediatamente trasladar los triángulos de chocolate del papel de cera al refrigerador, usando una espátula o cuchillo y refrigerar hasta que llegue la hora de usarlos.

18. Colocar la torta sobre un plato para servir y desmoldar el mousse encima de la torta. Sacar el envoltorio plástico y, si quiere, recortar la torta alrededor del mousse.

19. Meter el resto del chocolate en una pequeña bolsa plástica con cierre para congeladores. Colocar en un microondas y hornear en MEDIO (50% de potencia) por 2 minutos. Darle la vuelta a la bolsa y hornear nuevamente en MEDIO (50% de potencia) por 2 a 3 minutos o hasta que el chocolate se haya derretido. Sobar la bolsa hasta que el chocolate se vea liso.

20. Cortar una esquina pequeña de la bolsa y rociar el chocolate encima del mousse. Refrigerar hasta que el chocolate blanco se haya derretido, unos 30 minutos. Adornar, si quiere.

*Para unas 8 personas*

8º paso. Se comprueba si hace pico firme.

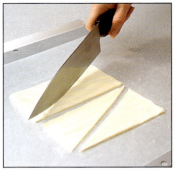

16º paso. Se corta el chocolate blanco en triángulos.

20º paso. Se rocía el chocolate blanco encima del postre.

## Torta de chocolate

**200 g de azúcar**
**75 g de manteca**
**2 huevos**
**7 cl de agua**
**1/2 cucharadita de vainilla**
**140 g de harina**
**45 g de cacao en polvo sin azúcar**
**1 cucharadita de bicarbonato**
**1/4 cucharadita de polvo de hornear**
**1/4 cucharadita de sal**

1. Precalentar el horno a 190°C. Untar con manteca el fondo y los lados de un molde redondo de 22,5 cm. Colocar 2 a 3 cucharaditas de harina en el molde y golpear el lado suavemente para recubrir uniformemente con harina el fondo y los lados.

2. Juntar la azúcar y la manteca en una fuente grande y batir con batidora eléctrica a velocidad media hasta que esté ligera y cremosa, rozando una vez el lado de la fuente. agregar los huevos, el agua y la vainilla y batir bien.

3. En un recipiente pequeño ligar la harina, el cacao, el bicarbonato, el polvo de hornear y la sal. Agregar a la mezcla de la manteca y batir con la batidora eléctrica a velocidad media hasta que se homogenice. verter al molde previamente preparado.

4. Hornear por 20 a 25 minutos o hasta que una sonda para tortas o un palillo de madera que se introduce en el medio salga limpio. enfriar por 10 minutos dentro de su molde.

5. Soltar la orilla, sacar la torta del molde y trasladarla a una rejilla metálica para que se enfríe por completo.

Torta de chocolate: 1º paso. Se recubre el molde con harina.

Torta de chocolate: 3º paso. Se bate hasta que se homogenice.

# Pastel de queso con piña y macademias

**Cascarón de macadamias (receta a continuación)**
**360 g de requesón**
**1 lata (225 g) de piña machacada en su jugo**
**1 huevo**
**17 cl de yogur natural**
**100 g de azúcar**
**1 cucharadita de vainilla**

1. Precalentar el horno a 180°C. Preparar el cascarón de macadamias.

2. Colocar el requesón sobre sus paquetes abiertos encima de la tabla y con el cuchillo funcional cortarlo a lo largo en rebanadas de 1,5 cm. Luego cortar en forma transversal en pedazos de 1,5 cm. Dejar en reposo a temperatura ambiente hasta que se ablande. (Cuando está blando es fácil comprimir.)

3. Estilar la piña, presionándola con el dorso de una cuchara para exprimir el jugo sobrante. Reservar 2 cucharadas de piña y untar con el resto el cascarón previamente preparado.

4. Ligar el requesón, el huevo, el yogur, la azúcar y la vainilla en una fuente mediana y mezclar bien. Verter esta mezcla encima de la piña en el cascarón.

5. Hornear por 20 minutos o justo hasta que cuaje y enfriar por completo sobre una rejilla metálica. refrigerar por un mínimo de 2 horas.

6. Antes de servir, adornar con las 2 cucharadas de piña reservadas y macadamias adicionales.

*Para 6 personas*

2º paso. Se ablanda el requesón.

4º paso. Se vierte la mezcla del requesón sobre la piña en el cascarón.

## Cascarón de macadamias

**12 galletas de soda**
**160 g de macadamias**
**90 g de mantequilla derretida**
**2 cucharadas de azúcar**

1. Partir las galletas de soda en pedazos grandes y colocar en un procesador de alimentos o licuadora. Agregar las macadamias y procesar hasta que se encuentre bien machacada la mezcla. Medir 42 cl.

2. En un recipiente pequeño ligar la mezcla de las migas, la mantequilla y la azúcar.

3. Presionar firmemente para que se adhiera al fondo y por los lados de una tortera de 20 o 22,5 cm, y refrigerar hasta que esté firme.

Cascarón de macadamias: 1º paso. Se procesan las galletas de soda y las macadamias hasta que queden bien machacadas.

Fantasías de fruta • POSTRES 479

# Torta de peras con jengibre

**30 galletas de jengibre**
**80 g de pacanas picadas**
**75 g de mantequilla derretida**
**25 cl de crema cortada**
**17 cl de mitad leche mitad crema**
**1 paquete (para 4 personas) de mezcla instantánea para postre de vainilla**
**2 cucharadas de coñac de albaricoque**
**4 peras maduras***
**65 g de azúcar morena compacta**
**1/2 cucharadita de jengibre molido**

\* O bien, sustituir las peras frescas por 1 lata (50 cl) de peras partidas por la mitad, estiladas y cortadas en lonchas finas.

1. Precalentar el horno a 180°C.

2. Juntar las galletas y las pacanas en un procesador de alimentos y licuadora y procesar encendiendo y apagando hasta que se encuentre bien machacada la mezcla.

3. En una fuente mediana ligar la mezcla de migas y la mantequilla. Presionar esta mezcla firmemente sobre el fondo y por los lados de un molde para quiche de 25 cm o una tortera de 22,5 cm. Hornear por 7 minutos y enfriar por completo sobre una rejilla metálica.

4. En una fuente grande ligar la crema cortada y la mezcla de mitad leche mitad crema y batir hasta que se homogenice. Añadir la mezcla para postre y batir, y luego el coñac de albaricoque, batiendo siempre hasta que se homogenice.

5. Verter al cascarón previamente preparado, tapar y refrigerar por varias horas o de un día para otro.

6. Justo antes de servir, precalentar el grill. Pelar las peras con un pelapapas y cortar longitudinalmente por la mitad. Sacar los corazones y las pepas y desecharlos. Cortar las peras en lonchas finas.

7. Disponer las peras en círculos parcialmente sobrepuestas encima de la mezcla en el cascarón.

8. Juntar la azúcar morena y el jengibre en un recipiente pequeño y espolvorear uniformemente encima de las peras. Colocar al grill por 4 a 6 minutos o hasta que la azúcar se derrita y se formen burbujas. Vigilar con cuidado que no se queme la azúcar. Servir de inmediato.

*Para 6 a 8 personas*

3º paso. Se presiona la mezcla de las migas para que se adhiera a un molde para quiche.

6º paso. Se cortan las peras en lonchas finas.

7º paso. Se disponen las lonchas de pera encima de la mezcla en el cascarón.

# Tortitas de queso con frambuesas

**3 paquetes (de 285g cada uno) de frambuesas congeladas, descongeladas**
**8 hojas de masa filo***
**6 cl de mantequilla derretida**
**1 paquete (de 225g) de queso crema ablandado (técnica en la página 478)**
**12 cl de requesón**
**1 huevo**
**100 g más 3 cucharadas de azúcar, por partes**
**4 cucharaditas de jugo de limón, por partes**
**1/2 cucharadita de vainilla**
**Frambuesas frescas y rebanadas de kiwis para adornar**

* Tapar con un envoltorio plástico, y encima un paño de cocina húmedo, para evitar que se seque la masa.

1. En un cedazo fino estilar las frambuesas descongeladas encima de un vaso de medir de tamaño de una taza y reservar el líquido.

2. Precalentar el horno a 180°C. Untar con manteca una bandeja para 12 bollos.

3. Con un cepillo untar con mantequilla derretida 1 hoja de masa filo, y cubrir con una segunda hoja de masa filo, untar ésta también con mantequilla. Hacer lo mismo con las demás hojas de masa filo.

4. Cortar el montón de masa filo por la mitad longitudinalmente y luego en tres partes en forma transversal, haciendo en total 12 cuadros. Cuidadosamente colocar un cuadro en cada molde para bollo.

5. Colocar el queso crema, el requesón, el huevo, 3 cucharadas de azúcar, 1 cucharadita de jugo de limón y la vainilla en el procesador de alimentos o licuadora y procesar hasta que esté sin grumos. Repartir la mezcla uniformemente entre los moldes para bollo.

6. Hornear por 10 a 15 minutos o hasta que se dore levemente. Cuidadosamente sacar las tortitas de los moldes para bollo y trasladar a una rejilla metálica para que se enfríen.

7. En una olla pequeña llevar el líquido de las frambuesas a punto de ebullición a fuego medio-alto y cocer hasta que se reduzca a 17 cl, revolviendo de vez en cuando.

8. Meter las frambuesas descongeladas en el procesador de alimentos o licuadora y procesar hasta que no tenga grumos. Presionar con el dorso de una cuchara para que pase por un cedazo fino, para sacar las semillas.

9. Ligar el puré de frambuesas, el jarabe concentrado de frambuesas, 100 g de azúcar y 3 cucharaditas de jugo de limón en una fuente pequeña, y mezclar bien.

10. Para servir, con una cuchara echar la salsa de frambuesas sobre 12 platos de postre. Colocar una tortita de queso sobre cada plato. Adornar si se quiere.

*Para 12 personas*

1º paso. Se estilan las frambuesas.

3º paso. Se unta la masa filo con mantequilla.

4º paso. Se coloca la masa filo en los moldes para bollo.

*Fantasías de fruta* • **POSTRES**

# Torta de queso con coco

1 lata (105 g) de coco rallado, por partes
20 barquillos de chocolate
165 g de pacanas picada finas
2 cucharadas de azúcar
60 g de margarina o mantequilla, derretida
3 paquetes (de 225g cada uno) de queso crema, ablandado (técnica en la página 478)
3 huevos
2 cucharadas de harina
1 lata (de 435g de crema de coco
Crema batida para adorno

1. Precalentar el horno a 150°C..

2. Para tostar el coco, extenderlo sobre una chapa de horno y hornear por 4 a 6 minutos o hasta que se encuentre levemente dorado, revolviendo frecuentemente. Sacar el coco de la chapa de horno, enfriar y reservar.

3. Colocar las galletas en el procesador de alimentos o licuadora y procesar encendiendo y apagando hasta que estén finamente trituradas.

4. En un recipiente pequeño juntar las galletas trituradas, las pacanas y la azúcar, agregar la margarina y revolver. Presionar firmemente para que la mezcla se adhiera al fondo de un molde de 22,5cm con lado desmontable.

5. Con la batidora eléctrica en alta velocidad batir el queso crema hasta que monte. Agregar los huevos y la harina y batir nuevamente en alta velocidad hasta eliminar los grumos, rozando el lado de la fuente una vez. Poco a poco agregar la crema de coco, batiendo a la vez. Agregar 17 cl de coco tostado y revolver con cuchara de madera.

6. Verter esta mezcla encima de la base previamente preparada y hornear por 1 hora y 10 minutos o hasta que la torta de queso se note esponjosa al tacto (estará blanda en el medio). Cuidadosamente soltar la torta de los lados del molde con una espátula y colocar sobre una rejilla de alambre para que se enfríe y refrigerar hasta que se note firme. Sacar el lado del molde.

7. Trasladar la crema batida a una manga con boquilla en forma de estrella y con ella decorar por la orilla de la torta. Espolvorear el resto del coco tostado dentro de la orilla de crema batida.

*Para 10 a 12 personas*

3º paso. Se procesan las galletas hasta que se encuentren finamente trituradas.

5º paso. Se agregan los huevos.

6º paso. Se suelta la torta de los lados del molde.

*Grandes finales* • POSTRES 485

# Tiramisu

**Zabaglione (página 488)**
**15 cl de crema doble**
**4 cucharadas de azúcar, por partes**
**450 g de queso mascarpone***
**7 cl de café expreso o negro recién hecho**
**6 cl de coñac o brandy**
**1 cucharada de vainilla**
**3 paquetes (de 90g cada uno) de soletillas, por partes**
**90g de chocolate amargo o semidulce, rallado**
**1 cucharada de cacao en polvo**
**Flores comestibles, tales con pensamientos, para adornar****

* El queso mascarpone se puede conseguir en algunos ultramarinos especializados. Si no lo consigue, mezcle 2 paquetes (de 225g cada uno) de queso crema ablandado con 12 cl de crema doble y 5 cucharadas de crema cortada.

** Tenga cuidado de usar solamente flores no-tóxicas.

1. Preparar el zabaglione, tapar y refrigerar hasta que se enfríe.

2. Batir la crema con 2 cucharadas de azúcar en una fuente grande hasta que monte y haga pico suave. Con una espátula de goma incorporar suavemente el queso mascarpone, metiendo la espátula al fondo de la fuente, pasándola rozando por los lados y luego doblar la mezcla que se ha recogido levantándola para que quede encima de la mezcla. Repetir hasta que el queso mascarpone se haya incorporado uniformemente y luego incorporar suavemente el zabaglione. (Si el zabaglione se ha cortado, batir hasta que se homogenice bien antes de incorporarlo al queso mascarpone.) Refrigerar por lo menos 3 horas o hasta que se enfríe bien.

3. Ligar el café expreso, el coñac, las 2 cucharadas restantes de azúcar y el extracto de vainilla.

4. Disponer un 1/4 de las soletillas en un diseño de pétalos de flor en una fuente de vidrio de 2 litros con lados derechos o una fuente especial para postre inglés.

5. Con el cepillo, untar las soletillas con bastante mezcla de café expreso. Con una cuchara colocar un 1/4 de la mezcla de queso encima de las soletillas a excepción de una franja de 2,5cm alrededor de las orillas de la fuente. espolvorear con un 1/4 del chocolate rallado.

6. Repetir las capas 3 veces más usando el resto de las soletillas, de la mezcla del café y del chocolate rallado. (Para adornar, espolvorear el 1/4 restante del chocolate por la orilla del postre, si quiere.)

*sigue en la página 488*

2º paso. Se incorpora el zabaglione suavemente a la mezcla de la crema batida.

4º paso. Se colocan las soletillas en capas.

5º paso. Con el cepillo, se untan las soletillas con la mezcla del café.

POSTRES • *Grandes finales*

Grandes finales • POSTRES 487

*Tiramisu, continuación*

7. Usando un colador o cedazo fino cernir el cacao en polvo encima del postre. Tapar y refrigerar por un mínimo de 30 minutos o hasta que se enfríe bien. Adornar, si se quiere.
Para 8 a 10 personas

## Zabaglione

**5 yemas
60 g de azúcar
12 cl de marsala, por partes
6 cl de vino blanco seco**

1. Colocar las yemas en la parte superior de un baño de María y agregar la azúcar. Con la batidora eléctrica a velocidad media, batir hasta que la mezcla tenga un color amarillo claro y se note cremosa.

2. Poner agua en la parte inferior del baño de María y llevar a punto de ebullición a fuego fuerte. Bajar a fuego lento y colocar la parte superior sobre el baño de María encima del agua hirviendo.

3. Para preparar las natillas, poco a poco agregar la 6 cl de marsala a la mezcla de las yemas, y batir con la batidora eléctrica. Batir por 1 minuto y luego agregar, batiendo siempre, la 6 cl de marsala y e vino blanco.

4. Seguir cociendo las natillas encima del agua que hierve suavemente a fuego lento por 6 a 10 minutos hasta que la mezcla se nota ligera y lo suficiente espesa como para formar montoncitos suaves cuando se le deja caer de los batidores. Durante este tiempo batir constantemente y rozar con frecuencia el fondo y los lados del recipiente. (Vigile la mezcla cuidadosamente, y no cocer demasiado, pues las natillas pueden cortarse.) Retirar inmediatamente la parte superior del baño de María de encima del agua y batir las natillas brevemente.***

*Para 4 personas*

*** El zabaglione puede servirse solo. Verterlo en 4 platos hondos individuales, y servir de inmediato con frutas frescas (moras, frambuesas etc.) y/o galletas.

7º paso. Se cierne el cacao en polvo encima del tiramisu.

Zabaglione: 3º paso. Se agrega la marsala a la mezcla de las yemas.

Zabaglione: 4º paso. Se baten las natillas hasta que formen montoncitos suaves.

# Mousse de chocolate con turrón de avellanas

**105 g de avellanas**
**2 sobres de gelatina natural**
**150 g de azúcar, por partes**
**4 cucharaditas de café expreso instantáneo en polvo**
**67 cl de leche**
**360g de chocolate semidulce**
**37 cl de crema doble**
**45 barquillos de chocolate**
**Turrón de avellanas (página 490) para adornar**

1. Precalentar el horno a 180°C.

2. Para tostar las avellanas, extenderlas en una sola capa sobre una chapa de horno. Hornear por 10 a 12 minutos o hasta que tuesten y les empiece a salir la piel y enfriar un poco. Envolver las avellanas en un paño de cocina grueso y frotar para quitar la mayor parte posible de la piel y reservar.

3. Juntar la gelatina con 100 g de azúcar y el café en polvo en una olla mediana. Añadir la leche y revolver. Dejar en reposo sin revolver por 3 minutos para que se ablande la gelatina. Calentar a fuego lento, revolviendo constantemente, hasta que la gelatina esté completamente disuelta, alrededor de 5 minutos. Pasar el dedo sobre la cuchara para ver si hay gránulos de gelatina sin disolver. Si no se sienten gránulos, significa que la gelatina se ha disuelto por completo, en cambio si se nota granular, siga calentando hasta que desaparezcan los gránulos.

4. Agregar el chocolate y seguir calentando a fuego lento, revolviendo constantemente, hasta que se derrita. Con un batidor de rejilla, batir hasta que el chocolate se haya incorporado bien. verter en una fuente grande y refrigerar, revolviendo de vez en cuando. Seguir refrigerando hasta que la mezcla forme montoncitos al caer de una cuchara. Sacar del refrigerador.

5. En el refrigerador enfriar bien una fuente grande y los batidores. Verter la crema doble fría y 50 g de azúcar restante a la fuente fría y batir con batidora eléctrica a velocidad alta hasta que monte y haga pico suave. Para probar cuándo está lista, levante los batidores de la crema: debería tener picos definidos pero que tiendan a caerse. Reservar 12 cl de la crema para el adorno.

*sigue en la página 490*

2º paso. Se saca la piel a las avellanas.

4º paso. Se prueba la mezcla de la gelatina.

5º paso. Se prueba a ver si hace pico suave.

*Mousse de chocolate con turrón de avellanas, continuación*

6. Con una espátula de goma incorporar la crema batida suavemente a la mezcla de la gelatina, metiendo la espátula al fondo de la fuente, pasándola rozando por los lados y luego doblar la mezcla que se ha recogido levantándola para que quede encima de la mezcla. Repetir hasta que la crema se haya incorporado uniformemente a la mezcla de la gelatina.

7. Colocar las galletas y las avellanas en un procesador para alimentos o licuadora y procesar encendiendo y apagando hasta que se encuentren finamente trituradas.

8. En copas para postre, alternar capas de la mezcla de la gelatina con la mezcla de las galletas trituradas. Refrigerar por un mínimo de 30 minutos y luego adornar con crema batida y turrón de avellanas.
*Para unas 10 personas.*

## Turrón de avellanas

**160 g de avellanas**
**150 g de azúcar**

1. Untar con manteca una chapa de horno.

2. Tostar y pelar las avellanas de la manera descrita en el 1º paso de la receta principal. Picar gruesas las avellanas.

3. Poner en un sartén grande y pesado 150 g de azúcar, a fuego medio. A medida que la azúcar comienza a derretir, inclinar el sartén hasta que la azúcar esté derretida y completamente dorada.

4. Agregar las avellanas y revolver. Rápidamente verter la mezcla sobre la chapa de horno previamente preparada. No intente extender la mezcla.

5. Dejar en reposo hasta que se haya enfriado y endurecido. Romper en pedazos.

7º paso. Se procesan las galletas y las avellanas hasta que estén finamente trituradas.

Turrón de avellanas: 3º paso. Se derrite la azúcar. Se derrite el azúcar.

Turrón de avellanas: 4º paso. Se vierte la mezcla sobre una chapa de horno previamente preparada.

Grandes finales • POSTRES 491

# CLASE DE COCINA
# RECETAS PARA VACACIONES

**494** **APUNTES DE CURSO**

**496** **APERITIVOS Y BEBIDAS**

**510** **PLATOS PRINCIPALES**

**524** **ACOMPAÑIEMENTOS**

**546** **POSTRES**

Pavo asado con salsa *(página 510)*

# APUNTES DE CURSO

Tanto para esa comida espectacular con la cual piensa deslumbrar a su familia y amigos en tiempo de vacaciones como para confeccionar un postre delicioso o plato sabroso de verduras para llevar a casa de amigos, las recetas en esta sección harán algo especial el plato que prepare, sea cual sea.

## TRINCHAR
Puede que para muchos trinchar la carne sea una tarea imponente. Sin embargo, con la ayuda de las siguientes indicaciones e ilustraciones, Ud aprenderá a trinchar el centro de interés como si Ud. mismo fuera un profesional.

### Indicaciones generales
- Deje suficiente tiempo antes de servir no sólo para la preparación de la carne al horno, sino también para dejarla en reposo y para trincharla.
- Se recomienda que trozos grandes de carne, tales como los asados, los pavos y los pollos enteros, se dejen en reposo por 10 a 20 minutos. Un tiempo en reposo permite que la carne termine de hacerse. Es más fácil trinchar la carne después de que haya estado en reposo. Si la carne se trincha inmediatamente después de sacarla del horno, pierde una gran parte de su sabroso jugo.
- Las temperaturas que se mencionan para sacar la carne y las aves del horno son de 2,5 a 5°C más bajas que las temperaturas finales usuales. Esto es porque la temperatura sigue subiendo durante el tiempo de reposo.
- Durante el tiempo de reposo, haga los toques finales de la ensalada y las guarniciones. También es buen momento para hacer la salsa.

- A menos que piense trinchar la carne en la mesa misma, coloque la carne sobre una tabla grande con una parte hundida en un extremo donde se puede acumular el jugo. (O bien, colocar una tabla dentro de una bandeja de horno: así el jugo se acumulará en la bandeja.) Utilice un cuchillo de trinchar largo y afilado para cortar la carne y un tenedor para carne de asa larga para sostenerla.
- Mientras esté trinchando carne, ponga el pan a calentar al horno.

### Asados sin hueso
Los asados sin hueso de carne de ternera, de cerdo y de cordero son fáciles de trinchar. Afirme el asado con un tenedor de asa larga para carne y corte, y, sosteniendo el cuchillo en forma perpendicular a la tabla, corte atravesando las fibras de la carne en tajadas delgadas y uniformes. Hacer las tajadas de un grosor de 6 a 12mm.

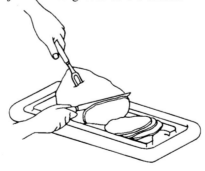

Asado de costillas de ternera en trozo
Para mayor estabilidad al trinchar un asado de trozo de costillas, corte una loncha del extremo más grueso del asado de tal forma que la carne quede plana y estable sobre la tabla. Introducir un tenedor para carne de asa larga debajo de la costilla superior y cortar atravesando la parte superior del asado en dirección hacia el hueso. Se puede cortar este asado en tajadas de un grosor de 1,5cm a 6mm.

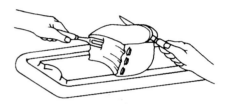

Con la punta del cuchillo, corte a lo largo del hueso para soltar la tajada de carne.

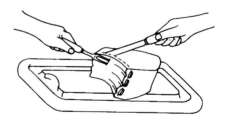

Saque la tajada de carne metiendo la hoja del cuchillo debajo de la tajada de carne que se ha cortado. Afirmarla con un tenedor para carne, levantar la tajada y colocarla sobre un plato.

**Pierna de cordero con hueso**
Para mayor estabilidad, coloque encima de la tabla la pierna de cordero con el hueso hacia afuera. Corte dos o tres trozos longitudinales de la parte de la carne que tiene más próxima: así la carne se podrá colocar plana sobre la tabla.

Déle una cuarta vuelta al asado de tal manera que descanse sobre el lado que se ha cortado. Introduzca un tenedor de asa larga en la carne que queda frente al hueso de la pierna para afirmar el asado. Sostenga el cuchillo en forma perpendicular a la tabla, y, empezando junto al hueso del jarrete, cortar atravesando la fibra de la carne en tajadas delgadas y uniformes. Haga tajadas de un grosor de 6mm a 1,5cm.

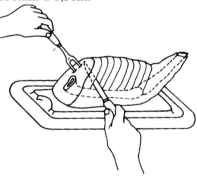

Cuando llegue al hueso de la cadera, suelte las tajadas de carne cortando por debajo de ellas a lo largo del hueso de la pierna.

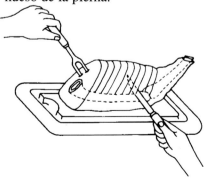

**Pavo asado**
Empiece a cortar un pavo asado sacando la pierna: sostenga la pata y con un cuchillo de trinchar corte la piel entre el muslo y el cuerpo del pavo hasta llegar a la coyuntura. Separe la pierna del cuerpo del pavo y atraviese la coyuntura junto al espinazo.

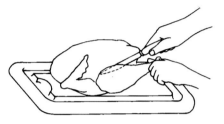

Separe la pata del muslo: coloque la pierna sobre la tabla con el lado de la piel hacia arriba y atraviésela en la coyuntura.

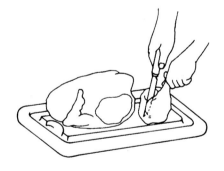

En este punto, se puede servir la pata tal cual o se puede cortar en tajadas. Para cortar la pata en tajadas, sosténgala en un ángulo sobre la tabla, con el extremo del hueso hacia arriba. Corte hacia abajo haciendo tajadas de 6mm. Gire la pata a medida que vaya cortando. Sacar y desechar los tendones grandes.

Para cortar el muslo en tajadas, colocarlo con el lado de la piel hacia abajo. Cortar a lo largo del hueso y luego déle la vuelta para que tenga el lado de la piel hacia arriba y corte la carne atravesando la fibra.

Para sacar las alas, introduzca un tenedor de asa larga en el pavo para afirmarlo. Utilice un cuchillo de trinchar para cortar hacia abajo entre el ala y el cuerpo del pavo. Saque el ala y haga un corte atravesando la coyuntura.

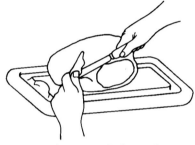

Para sacar la carne de la pechuga, introduzca un tenedor de asa larga en el pavo para afirmarlo. Por la base de la carne de pechuga, haga un corte horizontal atravesando la pechuga hasta llegar al hueso. Corte las tajadas en forma derecha y uniforme hasta llegar al corte horizontal. Allí las tajadas se van a caer ya separadas del pavo.

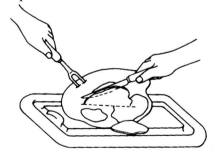

*Apuntes de curso* • **RECETAS PARA VACACIONES**

## *Ratatouille de tres champiñones*

**1 paquete (105g) de champiñones tipo shiitake frescos***
**1 tomate pequeño**
**Perejil fresco**
**1 cucharada de aceite de oliva**
**1 cebolla grande, picada (técnica en la página 543)**
**4 dientes de ajo molidos (técnica en la página 543)**
**1 paquete (de 225g) de champiñones pequeños, picados**
**1 paquete (de 180g) de champiñones tipo crimini, picados**
**25 cl de caldo de pollo**
**2 cucharadas de queso parmesano rallado**
**3 panes árabes (de 15cm cada uno)**
**Perejil fresco para adornar**

\* O bien, sustituir por 30g de champiñones negros secos chinos. Poner los champiñones secos en un recipiente pequeño y cubrir con agua caliente. Remojar por 20 minutos para que se ablanden. Estilar, y exprimir el agua sobrante. Preparar tal como se indica en el paso 1º.

1. Sacar y desechar los tallos de los champiñones shiitake. Abrir los sombreretes con un cuchillo funcional.

2. Cortar el tomate a la mitad y sacar el tallo. Quitar las pepitas con una cuchara. Con un cuchillo de cocinero picar en pedazos finos suficiente tomate.

3. Para picar el perejil fresco, colocarlo en una taza para medir y picar con tijeras de cocina suficiente como para dar 2 cucharadas. Reservar.

4. Precalentar el grill. Calentar el aceite en un sartén grande a fuego medio hasta que esté caliente. Agregar la cebolla y el ajo y rehogar por 5 minutos, revolviendo de vez en cuando. Agregar los 3 tipos de champiñones y rehogar por 5 minutos más, revolviendo con frecuencia.

5. Añadir el caldo de pollo y llevar a punto de ebullición. Cocer por unos 10 minutos o hasta que el líquido se haya absorbido. Retirar del fuego, agregar el tomate, el perejil picado y el queso. Con una cuchara trasladar la mezcla a una fuente.

6. Mientras tanto, partir cada pan árabe horizontalmente por la mitad. Poner las mitades de los panes una encima de la otra y cortar el montón en 6 triángulos. Disponer los triángulos en una sola capa sobre una bandeja para horno. Poner al grill a una distancia de 10cm de la llama por 1 a 3 minutos o hasta que se tuesten los triángulos.

7. Disponer los triángulos de pan árabe tostado y la salsa caliente en una cesta. Adornar si se quiere.

*Hace alrededor de 55 cl.*

1º paso. Se pican los sombreretes de los champiñones.

3º paso. Se pica el perejil con tijeras hasta que dé 2 cucharadas.

Aperitivos y bebidas • RECETAS PARA VACACIONES

# Tapas de pizza a la francesa (Pissaladiere)

**2 cucharadas de aceite de oliva**
**1 cebolla mediana, rebanada fina**
**1 pimentón rojo, cortado en tiras de 7,5cm**
**2 dientes de ajo, molidos (técnica en la página 543)**
**50 g de aceitunas negras deshuesadas, cada una cortada en secciones delgadas**
**1 lata (de 285g) de masa para pizza refrigerada**
**90g de queso suizo o Gruyere**

1. Colocar la rejilla del horno en la posición más baja. Precalentar el horno a 220°C. Untar con manteca una chapa de horno grande y reservar.

2. En un sartén mediano calentar el aceite a fuego medio, y cuando está caliente añadir la cebolla, el pimentón y el ajo. Rehogar y revolver por 5 minutos hasta que las verduras estén tiernas y no demasiado hechas. Agregar las aceitunas y revolver. Retirar del fuego y reservar.

3. Sacar la masa de la lata y moldear con las manos hasta formar un rectángulo de 40 x 30cm sobre la chapa de horno previamente preparada.

4. Disponer las verduras encima del rectángulo de masa y espolvorear con el queso. Hornear por 10 minutos, y luego soltar la masa de la chapa de horno con una espátula larga. Colocar la masa encima de la rejilla del horno y hornear por 3 a 5 minutos más hasta que dore.

5. Meter la chapa de horno debajo de la masa para sacarla de la rejilla y trasladarla a la tabla de picar. Cortar la masa atravesándola, formando ocho tiras de 4,5cm de ancho. A continuación cortar la masa en diagonal en diez tiras de 5 cm de ancho, formando trozos con forma de rombo. Servir inmediatamente.

*Para unas 24 personas (a 2 trozos en forma de rombo por persona)*

3º paso. Sobre la chapa de horno se moldea la masa formando un rectángulo de 40 x 30cm.

4º paso. Se traslada la masa a la rejilla del horno.

5º paso. Se corta la masa en pedazos con forma de rombo.

**RECETAS PARA VACACIONES** • *Aperitivos y bebidas*

# Bocados de pescado con coco

160 g de coco rallado
80 g de cacahuetes sin sal
1 huevo
1 cucharada de salsa de soja
1/4 cucharadita de sal
45 g de maizena
450g de pescado blanco firme (pintarroja, abadejo o bacalao), cortado en 2,5cm
Salsa para acompañar (receta a continuación)
1 litro de aceite vegetal para freír con abundante aceite
Secciones de limón y hojas de apio fresco para adornar

1. Poner el coco y los cacahuetes en el procesador de alimentos y procesar, encendiendo y apagando hasta que los cacahuetes estén molidos.

2. Ligar el huevo, la salsa de soja y la sal en un plato de 22,5cm para pastel y reservar. Poner la maizena sobre papel de cera, y la mezcla del coco sobre otra hoja del papel de cera.

3. Voltear los cubos de pescado en la maizena hasta que estos queden recubiertos y agregar a la mezcla del huevo. Revolver hasta que queden recubiertos. Cubrir con un poco de la mezcla de coco y refrigerar hasta que quede listo para freírlos.

4. Preparar la salsa para acompañar y reservarla.

5. Calentar el aceite en una olla pesada de 3 litros a fuego medio hasta que el termómetro para aceite marque 185°C. Freír el pescado, unos cuantos pedazos a la vez, por 4 a 5 minutos o hasta que doren, de modo que los cubos de pescado se desmenuzan fácilmente si se pinchan con un tenedor. Ajuste el fuego para mantener la temperatura. (Dejar que la temperatura del aceite vuelva a los 185°C entre un lote y otro.) Estilar bien y servir con salsa. Adornar si se quiere.

*Hace unos 24 aperitivos.*

1º paso. La mezcla del coco y los cacahuetes molidos.

5º paso. Se fríe el pescado.

## Salsa para acompañar

1 lata (de 225 g) de melocotones rebanados, sin estilar
2 cucharadas de azúcar morena compacta
2 cucharadas de salsa de tomate
1 cucharada de vinagre
1 cucharada de salsa de soja
2 cucharaditas de maizena

1. Juntar los ingredientes en el procesador de alimentos, y procesar encendiendo y apagando hasta que los melocotones estén picados.

2. Llevar la mezcla de la salsa a punto de ebullición a fuego medio en una olla de 1 litro. Hervir por 1 minuto hasta que se espese, revolviendo constantemente. Vaciar a una fuente para servir y reservar. (La salsa se puede servir caliente o fría.)

*Hace alrededor de 30 cl*

Aperitivos y bebidas • RECETAS PARA VACACIONES

# Farditos de queso con salchicha

Salsa (receta a continuación)
120g de carne de salchicha italiana de cerdo
120g de queso tipo mozzarella rallado
1 lata de chiles verdes picados, estilados sobre papel de cocina
2 cucharadas de cebollín picado fino (aproximadamente 1 cebollín grande)
40 hojas de masa fina para empanadas
1 litro de aceite vegetal para freír en abundante aceite

1. Preparar la salsa y reservarla, manteniéndola caliente. Preparar la carne de salchicha en un sartén pequeño a fuego medio-alto por 6 a 8 minutos y revolver para separar la carne. Estilar el jugo y la grasa de la carne.

2. Ligar la carne de salchicha, el queso, los chiles y el cebollín en una fuente mediana. Colocar una cucharadita colmada de la mezcla cerca de la esquina de una hoja de masa fina para empanadas. Untar la esquina opuesta con agua.

3. Doblar una esquina y enrollar al estilo de un brazo de reina.

4. Humedecer con agua ambos extremos del enrollado. Juntar los extremos para formar un pequeño fardo, haciendo que un extremo coincida en parte con el otra, y presionar firmemente para sellar. hacer lo mismo con el resto del relleno y las hojas de masa fina para empanadas.

5. Calentar el aceite en una olla pesada de 3 litros hasta que el termómetro para aceite mida 185°C. Freír los farditos, unos pocos a la vez, por unos 1/2 minutos o hasta que se doren. Ajustar el fuego para mantener la temperatura. (Dejar que la temperatura del aceite vuelva a los 185°C entre cada lote.) Estilar sobre papel de cocina, y servir calientes con salsa.

*Hace 40 aperitivos*

3º paso. Se enrolla la hoja de masa fina para empanadas al estilo de un brazo de reina.

4º paso. Se juntan los extremos hasta formar un fardito.

## Salsa

1 lata (450 g) de tomates enteros, sin estilar
2 cucharadas de aceite de oliva
2 cucharadas de cebollín picado
2 dientes de ajo molidos (técnica en la página 543)
3 cucharadas de cilantro picado o perejil (técnica en la página 496)

Juntar los tomàtes con su jugo y el aceite en el procesador de alimentos, Procesar hasta que los tomates estén picados. Vaciar a una olla de 1 litro, agregar el cebollín y el ajo y revolver. Llevar a punto de ebullición a fuego medio. Cocer, sin tapar, por 5 minutos y luego retirar del fuego. Agregar el cilantro y revolver.

*Hace alrededor 42 cl*

*Aperitivos y bebidas* • RECETAS PARA VACACIONES

# Palitos de pesto con queso

60 g de nueces
1 paquete (de 225g) de queso crema, ablandado
11 cl de salsa pesto refrigerada (alrededor de la mitad de un paquete de 210g)
60 g de queso feta, desmenuzado
2 cucharaditas de pimienta negra triturada
2 cucharadas de zanahoria finamente rallada
2 cucharadas de perejil fresco picado (técnica en la página 496)
Galletas de soda varias
Rebanadas finas de zanahoria, perejil y tomillo fresco para adornar

1. Precalentar el horno a 180°C. para tostar las nueces, extenderlas en una sola capa sobre la chapa de horno y hornear por 8 a 10 minutos o hasta que se doren, revolviendo frecuentemente. Sacar las nueces de la chapa y enfriar.

2. Poner las nueces en un procesador de alimentos y procesar, encendiendo y apagando hasta que las nueces estén molidas, pero no hasta formar una crema. Sacar del procesador de alimentos y reservar.

3. Poner el queso crema, la salsa pesto y el queso feta en el procesador de alimentos y procesar hasta que la mezcla del queso esté sin grumos.

4. Untar 17 cl de la mezcla del queso sobre una hoja de papel de cera y moldear un palo de 10cm de largo. Envolver la mezcla del queso con el papel de cera., y repetir con el resto de la mezcla del queso.

5. refrigerar los palos, por lo menos 4 horas, hasta que estén bien fríos. Rodar cada palo hacia adelante y atrás para formar un palo de 12,5cm.

6. Juntar las nueces y la pimienta negra en una hoja de papel de cera. Desenvolver 1 palo y rodarlo en la mezcla de las nueces para recubrirlo.

8. Servir inmediatamente o envolver y refrigerar por un máximo de un día antes de servirlo. Para servir, rebanar el palo finamente y servir con galletas de soda. Adornar, si se quiere.

*Hace 2 palos*

**Nota:** Si prefiere, puede recubrir cada palo con 40 g de perejil picado en vez de las nueces, pimienta y zanahoria.

2º paso. Las nueces molidas.

5º paso. se enrolla el palo refrigerado hacia adelante y atrás para formar un palo de 12,5cm.

6º paso. Se rueda el palo en la mezcla de las nueces con pimienta.

*Aperitivos y bebidas* • **RECETAS PARA VACACIONES** 505

# Café a la vienesa

**240 g de crema doble, por partes**
**1 cucharadita de azúcar glas**
**1 barra (90g) de chocolate amargo o semidulce**
**75 cl de café fuerte recién hecho**
**6 cl de licor de crema de cacao o whisky irlandés (optativo)**
**Raspaduras de chocolate reservados**

1. Refrigerar la fuente, los batidores y la crema antes de ponerse a batir. Colocar 160 g de crema con la azúcar en la fuente refrigerada y batir con la batidora eléctrica a velocidad máxima hasta que se formen picos suaves. Para probar, levante los batidores de la mezcla: debería tener picos definidos pero que tienden a caerse. No recalentar.

2. Cubrir y refrigerar por hasta 8 horas. Si la mezcla se ha separado un poco después de refrigerarse, batirla suavemente con un batidor de rejilla antes de usarla.

3. Para hacer las raspaduras de chocolate para el adorno, colocar el chocolate sobre papel de cera y, sosteniendo el chocolate con una mano, pasar un pelapapas varias veces sobre el chocolate y reservar las raspaduras. Romper en pedazos el resto del chocolate.

4. Colocar 80 g de crema en una olla pequeña y pesada. Llevar a punto de ebullición lenta a fuego medio-bajo. Añadir los pedazos de chocolate, tapar y retirar del fuego. dejar en reposo por 5 minutos o hasta que se derrita el chocolate. Revolver hasta que esté sin grumos.

5. Añadir el café caliente a la mezcla del chocolate. Calentar a fuego lento justo hasta que empiecen a formarse burbujas por las orillas de la olla y el café esté bien caliente, revolviendo frecuentemente. Retirar del fuego y añadir el licor de cacao y revolver.

6. Verter en 4 tazas calientes y colocar la crema batida encima. Adornar con las raspaduras de chocolate.

*Hace unas 87 cl, para 4 personas*

1º paso. Se comprueba si a mezcla de la crema batida forma picos suaves.

3º paso. Se hacen las raspaduras de chocolate.

5º paso. Se calienta la mezcla del café.

*Aperitivos y bebidas* • RECETAS PARA VACACIONES

# Sidra calentada con azúcar y especias

**1 naranja**
**1 limón**
**12 clavos de olor enteros**
**1,5 l de sidra de manzanas**
**65 g de azúcar**
**3 trozos de canela en rama**
**12 bayas enteras de pimienta de Jamaica**
**Trozos adicionales de canela en rama y tiras de cítricos para adornar**

1. Con la punta de una brocheta de madera perforar 6 agujeros a distancias regulares alrededor de la naranja y del limón.

2. Introducir los clavos de olor enteros en los huecos.

3. Cortar una tajada de la naranja de tal forma que incluya todos los clavos de olor. Partir el resto de la naranja en rodajas finas utilizando un cuchillo funcional. Hacer lo mismo con el limón.

4. En una olla mediana, juntar las rodajas de naranja y limón, la sidra, la azúcar, 3 trozos de canela en rama y la pimienta de Jamaica. A fuego medio llevar justo a punto de ebullición suave. No hervir. Bajar a fuego lento y cocer por 5 minutos.

5. Pasar la sidra por un cedazo fino a las tazas. Desechar la fruta y los condimentos. Adornar, si se quiere.

*Hace 1,5 l, para 6 personas*

1º paso. Se perfora la naranja con una brocheta de madera.

2º paso. Se introducen clavos de olor enteros en la naranja.

5º paso. Se pasa la sidra a las tazas por un cedazo fino.

Aperitivos y bebidas • RECETAS PARA VACACIONES

# Pavo asado con salsa de la bandeja

**1 pavo fresco o descongelado (5,4 a 6,3k),\* reservándose los menudillos y el pescuezo (desechar el hígado o reservar para otro propósito**
**Relleno de salchicha con pan de maíz (página 540) o su relleno favorito (optativo)**
**2 clavos de olor molidos (técnica en la página 543) (optativos)**
**100 g de mantequilla derretida**
**Caldo de pavo con menudillos (página 512)**
**25 cl de vino blanco seco o vermut**
**3 cucharadas de harina**
**Sal y pimienta negra recién molida**

\*Un pavo de 5,4 a 6,3k debe demorar 2 a 3 días para descongelarse en el refrigerador. No descongelar a temperatura ambiente.

1. Precalentar el horno a 230°C. Lavar el pavo y secar con papel de cocina.

2. Preparar el relleno, se quiere.

3. Rellenar en forma suelta las cavidades del cuerpo y del pescuezo, si se quiere.

4. Doblar la piel encima de las aperturas y cerrar con brochetas. Atar juntas las patas utilizando hilo de algodón o meterlos por el hueco de la piel, si es que hay. Meter las alas debajo del pavo.

5. Poner el pavo en una rejilla para carne en una bandeja para asado poco profunda. Si se quiere, agregar el ajo a la mantequilla y revolver. Introducir el termómetro para carnes en la parte más gruesa del muslo sin que toque el hueso. Untar 1/3 de la mezcla de la mantequilla uniformemente encima del pavo.

6. Meter el pavo al horno e inmediatamente bajar la temperatura a 160°C. Asar por 18 a 20 minutos por 450 g para un pavo sin relleno o 22 a 24 minutos por 450 g para un pavo relleno, untando con la mezcla de la mantequilla después de 1 hora y luego después de 1 1/2 horas. Untar con el jugo de la bandeja tras cada hora que esté al horno. (El tiempo total que está al horno debería ser entre 4 y 5 horas). Si el pavo se dora demasiado, cubrir con papel aluminio. El pavo está hecho cuando la temperatura interna alcance los 80°C y se puede mover fácilmente las patas en las fosas.

7. Mientras el pavo está al horno, preparar el caldo de pavo con menudillos.

*sigue en la página 512*

4º paso. Se meten las alas debajo del pavo.

5º paso. Se introduce el termómetro para carnes.

6º paso. Se unta el pavo con el jugo de la bandeja.

*Platos principales* • RECETAS PARA VACACIONES

*Pavo asado con salsa de la bandeja, continuación*

8. Trasladar el pavo a la tabla de picar y cubrir con papel aluminio. Dejar en reposo por 15 minutos mientras prepara la salsa.

9. Sacar y reservar todo el jugo de la bandeja. Para sacar el glaseado de la bandeja, echar el vino a la bandeja y colocarla sobre los quemadores a fuego medio-alto, raspando para recoger la parte dorada y revolviendo constantemente por 2 a 3 minutos o hasta que la mezcla se haya reducido por alrededor de la mitad.

10. Sacar 75 g de la grasa de la bandeja:** desechar el resto de la grasa. Colocar esta 75 g de grasa en una olla grande.

11. Agregar la harina y cocer a medio fugo por 1 minuto, revolviendo constantemente. Poco a poco agregar las 3 tazas de caldo de pavo, el jugo de la bandeja habiéndose quitado la grasa y la mezcla del vino con el glaseado de la bandeja.

12. Cocer a medio fuego por 10 minutos, revolviendo de vez en cuando. Añadir los menudillos reservados, picados, y calentar bien. Salpimentar al gusto.

13. Trinchar el pavo con un cuchillo de trinchar. (Técnicas en la página 495.)

Hace platos para 12 personas con 83 cl de salsa

**O bien, sustituir 60 g de mantequilla o margarina por la grasa del pavo.

**Salsa de pavo con crema:** Agregar 240 g de crema doble a los menudillos y revolver; proceder de acuerdo a la receta. Hace 1,1 l de salsa.

## Caldo de pavo con menudillos

**Menudillos y pescuezo reservados del pavo (desechar el hígado o reservar para otro propósito)**
**1 l de agua**
**1 lata (440ml) de caldo de pollo**
**1 cebolla mediana, partida en cuartos**
**2 zanahorias medianas, picadas gruesas o rebanadas**
**4 ramitos grandes de perejil**
**1 hoja de laurel comestible**
**1 cucharadita de tomillo seco, machacado**
**10 granos de pimienta enteros**

1. Para hacer el caldo, juntar en una olla de 3 litros los menudillos, el pescuezo, el agua y el caldo de pollo. Llevar a punto de ebullición a fuego fuerte y sacar cualquiera espuma.

2. Añadir la cebolla, las zanahorias, el perejil, la hoja de laurel, el tomillo y los granos de pimienta. Bajar a fuego lento y hervir suavemente, sin tapar, por 1 1/2 a 2 horas, revolviendo de vez en cuando. (Si el líquido se evapora demasiado rápido, añadir 12 cl más de agua.) Enfriar hasta llegar a temperatura ambiente.

3. Pasar el caldo por el colador y reservar. Si hay menos de 75 cl de caldo, agregar agua hasta alcanzar las 3 tazas de líquido. Si hay más de 75 cl, llevar a punto de ebullición y calentar hasta que el líquido se reduzca a 75 cl

4. Sacar la carne del pescuezo, picar finos los menudillos y reservar.

5. Se puede preparar el caldo hasta un día antes de servir. Cubrir los menudillos y el caldo por separado y refrigerar.

*Hace 3 tazas*

9º paso. Se saca el glaseado de la bandeja.

10º paso. Con una cuchara se saca de la grasa del pavo.

Caldo de pavo con menudillos: 3º paso. Se pasa el caldo por un cedazo.

# Costillas de primera con Yorkshire pudding** y salsa de rábano picante con crema

**3 dientes de ajo molidos (técnica en la página 543)**
**1 cucharadita de pimienta negra recién molida**
**Carne de 3 costillas para asado, habiéndosele quitado la grasa\* (2,7 a 3k)**
**Yorkshire pudding (página 514)**
**Salsa de rábano picante con crema (página 514)**

\*Pídale al carnicero que quite el hueso de la espina dorsal para que se pueda trinchar la carne con mayor facilidad. Se debe recortar la grasa dejándola de un grosor de sólo 6mm.

\*\*Masa horneada a base de leche, huevos y harina que se sirve tradicionalmente con el rosbif en los países de habla inglesa.

1. Precalentar el horno a 230°C. Mezclar el ajo y la pimienta y pasar sobre la superficie de la carne.

2. Poner la carne, con el lado del hueso hacia abajo (los huesos reemplazan la rejilla) en una bandeja de horno poco profunda. Introducir un termómetro para carnes en la parte más gruesa del asado, sin tocar ni el hueso ni la grasa, y asar por 15 minutos.

3. Bajar la temperatura del horno a 160°C. Asar por 20 minutos por 450 g o hasta que la temperatura interna alcance los 60°C a 65°C si quiere la carne poco hecha, o 68°C a 75°C se la quiere regular.

4. Mientras tanto, prepare el Yorkshire pudding y la salsa de rábano picante con crema.

5. Cuando el asado haya alcanzado la temperatura deseada, trasladarlo a la tabla de picar y cubrir con papel aluminio. Dejar en reposo en un lugar caliente por 20 a 30 minutos para permitir que se trinche con mayor facilidad. La temperatura del asado seguirá subiendo en unos 5°C durante el tiempo de reposo.

6. Reservar 6 cl del jugo y la grasa de la bandeja. Inmediatamente después de sacar el asado del horno, aumentar la temperatura a 230°C.

7. Mientras se hornea el Yorkshire pudding, trinchar el asado con un cuchillo para trinchar. (Técnicas en la página 494.) Servir con Yorkshire pudding y salsa de rábano picante con crema.

*Para 6 a 8 personas*
*continúa en la página 514*

2º paso. Se introduce el termómetro para carnes.

5º paso. Se cubre con papel aluminio durante el tiempo de reposo.

6º paso. Se reserva 6 cl de jugo y grasa de la bandeja.

*Platos principales* • **RECETAS PARA VACACIONES**

*Costillas de primera con Yorkshire pudding y salsa de rábano picante con crema, continuación*

## Yorkshire pudding

25 cl de leche
2 huevos
1/2 cucharadita de sal
140 g de harina
6 cl del jugo y grasa reservados de asado o mantequilla sin sal

1. En procesador de alimentos o licuadora, procesar la leche, los huevos y la sal por 15 segundos. Añadir la harina y procesar por 2 minutos más. Dejar esta masa en reposo a temperatura ambiente por 30 minutos a 1 hora. (Esto permite que la harina absorba todo el líquido, resultando así en un pudding más ligero.)

2. Colocar el jugo y la grasa del asado en una bandeja de horno cuadrada de 22,5 x 22,5cm. Poner en el horno a 230°C por 5 minutos. (Usar guante para horno cuando saca la bandeja, pues ésta estará muy caliente.)

3. Procesar la masa por otros 10 segundos más y echarla al líquido en la bandeja. No revolver.

4. Volver a colocar la bandeja al horno inmediatamente, y hornear por 20 minutos. Bajar la temperatura del horno a 230°C, y hornear por 10 minutos hasta que el pudding esté dorado e hinchado. Cortar en cuadros.

*Para 6 a 8 personas*

## Salsa de rábano picante con crema

240 g de crema doble
75 g de rábano picante listo para usar, sin estilar
2 cucharaditas de vinagre balsámico o de vino tinto
1 cucharadita de mostaza seca
1/4 cucharadita de azúcar
1/8 cucharadita de sal

1. Refrigerar una fuente grande, los batidores y la crema antes de batirla. Echar la crema a la fuente fría y batir con la batidora eléctrica a velocidad máxima hasta que monte y haga pico suave. Para probar, levantar los batidores de la crema: la mezcla debería tener picos definidos pero que tienden a caerse. No batir excesivamente.

2. En una fuente mediana juntar el rábano picante, el vinagre, la mostaza, la azúcar y la sal.

3. Incorporar la crema batida suavemente a la mezcla, metiendo el utensilio al fondo de la fuente, pasándolo rozando por los lados y luego doblar la mezcla que se ha recogido levantándola para que quede encima de la mezcla. Repetir hasta que la crema batida se haya incorporado uniformemente a la mezcla del rábano picante. Cubrir y refrigerar por un mínimo de 1 hora. Se puede preparar la salsa hasta 8 horas antes de servirla.

*Hace 37 cl*

Yorkshire pudding: 3º paso. Se vacía la masa al líquido caliente en la bandeja.

Salsa de rábano picante con crema: 1º paso. Se prueba la crema batida para ver si se forman picos suaves.

*Platos principales* • RECETAS PARA VACACIONES

# Pollo Wellington

**6 mitades de pechuga de pollo deshuesada y despellejada (unas 180g cada una)**
**3/4 cucharadita de sal, por partes**
**1/4 cucharadita de pimienta negra acabada de moler, por partes**
**60 g de mantequilla o margarina, por partes**
**360 g de champiñones (tipo champiñón pequeño o crimini), picados finos**
**70 g de chalotas o cebolla picadas finas**
**2 cucharadas de oporto o coñac**
**1 cucharada de hojas de tomillo fresco o 1 cucharadita de hojas secas de tomillo, machacadas**
**1 paquete (de 480,5g) de masa de hojaldre congelada, descongelada**
**1 huevo, separada la clara de la yema**
**1 cucharada de mostaza francesa**
**1 cucharadita de leche**

1. Espolvorear el pollo con 1/4 cucharadita de sal y 1/8 cucharadita de pimienta. Derretir 2 cucharadas de mantequilla en un sartén grande a fuego medio hasta que se ponga espumosa. Freír 3 mitades de pechuga de pollo por 6 minutos hasta que se doren por ambos lados. (Estarán esponjosas en el medio.) Trasladar a un plato y freír el pollo que queda. Enfriar un poco.

2. En un sartén a fuego medio derretir las dos cucharadas restantes de mantequilla hasta que se ponga espumosa. Agregar los champiñones y chalotas y freír, revolviendo por 5 minutos o hasta que los champiñones suelten su líquido. Añadir el oporto, el tomillo, la 1/2 cucharadita restante de sal y 1/8 cucharadita de pimienta. Hervir a fuego lento por 10 a 12 minutos o hasta que se evapore el líquido, revolviendo frecuentemente, y luego enfriar.

3. Sobre una superficie espolvoreada con harina aplastar cada hoja de masa hasta que mida 37,5 x 30cm. Cortar cada hoja en tres rectángulos de 30 x 12,5cm. Si quiere, sacar una pequeña cantidad de masa de las esquinas para usar de adorno.

4. Batir la clara de huevo en una taza para, con un cepillo, untar los rectángulos de masa. Colocar una pechuga de pollo ya enfriada sobre un lado de cada rectángulo de masa y untar sobre cada pechuga 1/4 cucharadita de mostaza, seguido por 1/4 taza de la mezcla de los champiñones ya enfriada.

5. Doblar el lado contrario del rectángulo de masa encima del pollo y doblar la orilla de la masa del fono encima de la de arriba, apretando las orillas para sellar. Colocar sobre una chapa de horno sin engrasar.

6. Batir la yema y la leche en una taza y untar la superficie de la masa. Adornar con pedazos de masa, si quiere, y luego untar nuevamente con la mezcla de la yema. Cubrir con un envoltorio plástico, no muy apretado. Refrigerar hasta que se enfríen, de 1 a 4 horas antes de hornear.

7. Precalentar el horno a los 200°C. Quitar el envoltorio plástico y hornear el pollo envuelto por 25 a 30 minutos o hasta que esté bien dorado y el polo mida 71°C. Adornar, si se quiere.

*Para 6 personas*

4º paso. Se unta el pollo con la mezcla de los champiñones.

5º paso. Se aprietan las orillas de la masa para sellarla.

6º paso. Se adorna con pedazos de masa.

RECETAS PARA VACACIONES • *Platos principales*

*Platos principales* • RECETAS PARA VACACIONES

# Carne de pecho de vaca

**1 pedazo entero de pecho de vaca, habiéndosele quitado toda la grasa (2,250k)**
**4 dientes de ajo, molido (técnica en la página 543)**
**1/2 cucharadita de pimienta negra acabada de moler**
**2 cebollas grandes. peladas y cortadas en rodajas de 6mm**
**1 botella (345ml) de salsa de chile picante**
**8 cl de caldo de carne, cerveza, o agua**
**2 cucharadas de salsa inglesa**
**1 cucharada de azúcar morena compacta**

1. Precalentar el horno a 180°C. Colocar la carne de pecho de vaca con el lado de la grasa hacia arriba en una bandeja para asado poco profunda. Untar la carne uniformemente con el ajo y espolvorear con la pimienta.

2. Separar la cebolla en arandelas y disponerlas sobre la carne. Ligar la salsa de chile, el caldo, la salsa inglesa y la azúcar y echar la mezcla encima de la carne y las cebollas.

3. Cubrir con papel aluminio grueso o tapa para la bandeja.

4. Asar por 2 horas, darle la vuelta a la carne, echar las cebollas a la salsa, revolver, y echar sobre la carne con una cuchara. Cubrir y asar por 1 a 2 horas más o hasta que se note tierna al pincharla con un tenedor. (El tiempo en el horno depende del grosor y de la calidad de la carne.)

5. Trasladar la carne a la tabla de picar, cubrirla con papel aluminio y dejar en reposo por 10 minutos.

6. En este punto, se puede cubrir y refrigerar la carne por un máximo de 1 día antes de servirla. Para volver a calentar la carne, cortar la en diagonal en rebanadas finas con un cuchillo de trinchar. Poner los pedazos de carne y el jugo en un sartén grande, cubrir y calentar a fuego medio-bajo hasta que se note bien caliente.

7. Revolver el jugo en la bandeja y con una cuchara sacar y botar la grasa, dejando sólo el jugo. (Se puede diluir el jugo con agua hasta alcanzar la consistencia deseada o ponerlo más espeso hirviéndolo suavemente, sin tapar, en una olla.)

8. Cortar la carne en rebanadas finas con un cuchillo de trinchar en diagonal atravesando la fibra. Con una cuchara echar el jugo encima de la carne.

*Para 10 a 12 personas*

**Variación:** Si quiere, agregar papas rojas para hervir, zanahorias picadas, pastinacas o nabos al jugo durante la última hora en el horno.

1º paso. Se unta la carne con el ajo.

2º paso. Se vierte la mezcla de la salsa de chile encima de la carne y las cebollas.

3º Paso. Se cubre la bandeja con papel aluminio grueso.

*Platos principales* • RECETAS PARA VACACIONES 519

# Filete de cerdo glaseado

**2 filetes enteros (675g) que se les ha quitado la grasa**
**100 g de jalea de grosellas rojas o jalea de salsa de arándanos en lata**
**1 cucharada de rábano picante rallado de botella, estilado**
**12 cl de caldo de pollo**
**12 cl de vino del Rin u otro vino dulce de mesa**
**Sal y pimienta al gusto (optativo)**

1. Precalentar el horno a 160°C.

2. Colocar los filetes sobre una rejilla dentro de una bandeja poco profunda para asados.

3. Ligar la jalea y rábano picante en una fuente que sirve para microondas u olla pequeña. Calentar en ALTO por 1 minuto o a fuego lento sobre quemador hasta que se derrita la jalea y luego revolver bien. Usando el cepillo, untar los filetes con una mitad de la mezcla.

4. Asar por 30 minutos y darles la vuelta a los filetes. Untar con el resto de la mezcla de la jalea y seguir asando por unos 30 a 40 minutos, según el grosor de los filetes o hasta que el termómetro mida 71°C*. Sacar el termómetro y revisar la temperatura del otro filete.

5. Trasladar los filetes a una tabla de picar y cubrir con papel aluminio. dejar en reposo por 10 minutos.

6. Sacar la rejilla de la bandeja. Para sacar el glaseado de la bandeja, verter el caldo y el vino a la bandeja y colocarla encima de los quemadores y cocer a fuego medio-alto, revolviendo frecuentemente y raspando para recoger las partes doradas, por 4 a 5 minutos o hasta que la salsa se reduzca a 12 cl.

7. Pasar la salsa por un cedazo fino y condimentar al gusto con sal y pimienta, si se quiere.

8. Trinchar los filetes formando tajadas finas con un cuchillo de trinchar. (Técnica en la página 494.) Servir con salsa.

*Para 6 personas*

\* Debido a que son tan delgados los filetes de cerdo, la forma más precisa de medir la temperatura interna es por medio de un termómetro de lectura instantánea, que tiene el tubo más delgado que un termómetro regular para carnes. Introducir el termómetro en la parte más gruesa del filete. No dejarlo en el filete mientras se está asando ya que el termómetro no es refractario.

6º paso. Se saca el glaseado de la bandeja.

7º paso. Se pasa la salsa por el cedazo.

*Platos principales* • RECETAS PARA VACACIONES

# Pierna asada de cordero

**3 cucharadas de mostaza de grano grueso**
**2 dientes de ajo, molidos\* (técnica en la página 543)**
**1 1/2 cucharaditas de hojas de romero, machacadas**
**1/2 cucharadita de pimienta negra acabada de moler**
**1 pierna de cordero, que se le ha quitado la grasa y el hueso, enrollado y atado (unas 1,8 k)**
**Jalea de menta (optativa)**

\*Para obtener una sabor más fuerte a ajo dentro de la carne, cortar el ajo en láminas. Abrir pequeños tajos al azar por la superficie del asado con la punta de un cuchillo afilado e introducir las láminas de ajo en los tajos.

1. Precalentar el horno a 200°C. Ligar la mostaza, el ajo, el romero y la pimienta y refregar la mezcla sobre la superficie de la carne de cordero. En este punto se puede cubrir la carne y refrigerarla por un máximo de 24 horas antes de asarla.

2. Colocar el asado en una rejilla en una bandeja poco profunda para asado forrada con papel aluminio. Introducir un termómetro para carnes en la parte más gruesa del asado.

3. Asar por 15 minutos. Bajar la temperatura del horno a 160°C y asar por 20 minutos por 450 g hasta que el asado alcance los 75°C en la parte más gruesa si lo quiere regular.

4. Trasladar el asado a una tabla de picar y cubrir con papel aluminio. Dejar en reposo por 10 minutos antes de trinchar. La temperatura del asado seguirá subiendo en unos 2,5 a 5°C durante el tiempo de reposo.

5. Cortar el cordel con tijeras y desecharlo. Trinchar el asado en rebanadas finas con el cuchillo de trinchar. (Técnica en la página 494.) Servir con jalea de menta, si se quiere.

*Para 6 a 8 personas*

**Pierna de cordero asada con hueso:** Preparar de acuerdo a lo indicado más arriba, pero ase una pierna de cordero de 2,5 a 3 kilos por 25 minutos por 450 g. Después de dejar en reposo, trinchar en tajadas delgadas con un cuchillo de trinchar. (Técnica en la página 495.)

\*Se introducen láminas de ajo en la carne de cordero.

1º paso. Se refriega la mezcla de la mostaza encima del cordero.

2º paso. Se introduce un termómetro para carnes.

*Platos principales* • RECETAS PARA VACACIONES 523

# Zanahorias glaseadas con naranja

**Jengibre fresco (optativo)**
**450 g de zanahorias pequeñas frescas o congeladas, descongeladas**
**75 g de mermelada de naranjas amargas**
**2 cucharadas de mantequilla**
**2 cucharaditas de mostaza francesa**

1. Utilizando un pelalegumbres o cuchillo afilado, pelar un pequeño pedazo de jengibre fresco. Rallar suficiente jengibre con un rallador para jengibre o con el lado fino de un rallador tipo caja, hasta que se obtenga 1/2 cucharadita y reservar.

2. Para cocer las zanahorias, calentar 2,5cm de agua salada en una olla de 2 litros a fuego fuerte hasta que hierva. Inmediatamente agregar las zanahorias y lleve al punto de ebullición nuevamente. Bajar a fuego lento, cubrir y hervir suavemente por 10 a 12 minutos para las zanahorias frescas (8 a 10 minutos para las zanahorias congeladas) o hasta que estén tiernas y no demasiado hechas.

3. Estilar bien y volver a colocar las zanahorias en la olla.

4. Agregar la mermelada de naranjas, la mantequilla, la mostaza y el jengibre. Hervir, sin tapar, a fuego medio por 3 minutos hasta que las zanahorias estén glaseadas, revolviendo de vez en cuando.

5. En este punto, se puede trasladar las zanahorias a una fuente con tapa que sirve para microondas. Cubrir y refrigerar por un máximo de 8 horas antes de servir. Para calentar nuevamente, colocar en el microondas en ALTO por 4 a 5 minutos o hasta que esté caliente.

*Para 6 personas*

**Nota:** Se pueden multiplicar los ingredientes por 2 para servir de 10 a 12 personas.

1º paso. Se ralla el jengibre fresco con un rallador para jengibre.

2º paso. Se prueba para ver si están hechas.

4º paso. Se revuelven con los demás ingredientes.

*Acompañamientos* • RECETAS PARA VACACIONES 525

# Coles de Bruselas con salsa de mostaza

**675 g de coles de Bruselas frescas\***
**1 cucharada de mantequilla o margarina**
**50 g de chalotas o cebolla picada**
**75 g de mezcla de crema con leche**
**1 1/2 cucharadas de mostaza francesa con estragón\*\* o mostaza de Dusseldorf**
**1/4 cucharadita de sal**
**1/8 cucharadita de pimienta negra acabada de moler o nuez moscada molida**
**1 1/2 cucharadas de queso parmesano rallado (optativo)**

\*O bien, sustituir 2 paquetes (570 g) de coles de Bruselas congeladas por las coles de Bruselas frescas. Omitir los pasos 1, 2 y 3. Cocer de acuerdo a las indicaciones en el paquete y estilar y lavar según se indica en el 4º paso.

\*\*O bien, sustituir 1 1/2 cucharadas de mostaza francesa más 1/8 cucharadita de hojas secas de estragón machacadas por la mostaza francesa con estragón.

1. Sacar el tallo y las hojas exteriores magulladas de cada col de Bruselas.

2. Para cocer más rápida e uniformemente, cortar una X profunda en el tallo de cada col de Bruselas con un cuchillo de pelar. Si algunas coles de Bruselas son más grandes que otras, cortar las grandes por la mitad.

3. Usar una olla lo suficiente grande para que quepan las coles de Bruselas en una sola capa. Llevar a punto de ebullición 2 litros de agua salada en una olla. Agregar las coles de Bruselas y volver a su punto de ebullición. Hervir, sin tapar, por 7 a 10 minutos o hasta que se noten casi tiernas al pincharlas con un tenedor.

4. Estilar con colador, lavar bajo la llave del agua fría para que dejen de cocerse y estilar bien.

5. Derretir la mantequilla en la misma olla a fuego medio hasta que se ponga espumosa. Agregar las chalotas, cocer por 3 minutos, revolviendo de vez en cuando y agregar la mezcla de leche con crema, la mostaza, la sal y la pimienta. hervir por 1 minuto hasta que se espese.

6. Añadir las coles de Bruselas estiladas y calentar por alrededor de 1 minuto o hasta que se calienten bien, revolviendo suavemente con la salsa.

7. En este punto, las coles de Bruselas se pueden tapar y refrigerar por un máximo de 8 horas antes de servirlas. Volver a calentar en una olla a fuego lento, o bien colocarlas en una fuente que sirve para microondas y volver a calentar en un horno de microondas en ALTO por 3 minutos hasta que se calienten.

8. Justo antes de servirlas, espolvorear con queso, si se quiere.

*Para 6 a 8 personas*

1º paso. Se sacan las hojas exteriores magulladas.

2º paso. Se corta una "X" en el lado del tallo de las coles de Bruselas.

*Acompañamientos* • RECETAS PARA VACACIONES

# Brécol con pimentón rojo y chalotas

**2 cabezas de brécol fresco (1,20k)**
**1 pimentón grande**
**3 chalotas grandes (90g) o una cebolla pequeña**
**2 cucharaditas de margarina o mantequilla**
**1/2 cucharadita de sal**
**1/4 cucharadita de pimienta negra acabada de moler**
**1/4 taza de almendras rebanadas, tostadas\* (optativas)**

*Para tostar las almendras, ver las indicaciones para tostar nueces en la página 504, 1º paso.

1. Cortar las hojas y los extremos de los tallos de brécol. Cortar el brécol en cogollitos sacando las cabezas de tal manera que se incluya una pequeña parte del tallo. Pelar los tallos y luego cortarlas en pedazos de 2,5cm.

2. Para cocer el brécol, calentar 2 litros de agua levemente salada en una olla de 3 litros a fuego fuerte hasta que hierva. Agregar el brécol inmediatamente y llevar nuevamente a punto de ebullición. Hervir, sin tapar, por 3 a 5 minutos hasta que adquiera un color verde vivo y se note tierno. Estilar el brécol en un colador, lavar con agua fría y estilar bien.

3. Lavar el pimentón rojo bajo la llave de agua fría. Para sacar las semillas, colocarlo sobre su base en una tabla de picar y con un cuchillo funcional cortar los lados en 3 o 4 tajadas longitudinales. (Cortar cerca del tallo, pero sin atravesarlo.) Desechar el tallo y las semillas, y sacar las semillas que queden. Lavar el interior del pimentón bajo el agua fría de la llave y luego cortar en tiras delgadas.

4. Sacar la piel exterior de las chalotas y el extremo de la raíz y luego cortar las chalotas en rodajas finas.

5. En este punto, las hortalizas se pueden envolver separadamente y refrigerar por un máximo de 6 horas antes de cocerse.

6. Derretir la margarina en un sartén antiadherente de 30cm a fuego medio. Agregar el pimentón y las chalotas y rehogar por 3 minutos, revolviendo de vez en cuando. Agregar el brécol al sartén y rehogar por 4 a 6 minutos, revolviendo siempre de vez en cuando. Espolvorear con sal y pimienta negra, mezclar bien y adornar con almendras si se quiere.

*Para 6 a 8 personas*

1º paso. Se cortan los tallos en pedazos de 2,5cm.

3º paso. Se cortan los lados del pimentón.

4º paso. Se saca el extremo de la raíz de la chalota.

**RECETAS PARA VACACIONES • *Acompañamientos***

Acompañamientos • RECETAS PARA VACACIONES

# *Gratinado de batatas*

- **1,350k de batatas (alrededor de 5 grandes)**
- **11.5 g de mantequilla o margarina, por partes**
- **50 g más 2 cucharadas de azúcar morena compacta, por partes**
- **2 huevos**
- **16 cl de jugo de naranja**
- **2 cucharaditas de canela molida, por partes**
- **1/2 cucharadita de sal**
- **1/4 cucharadita de nuez moscada molida**
- **45 g de harina**
- **50 g de avena tradicional sin cocer**
- **55 g de pacanas o nueces picadas**

1. En el horno precalentado a 180°C asar las batatas hasta que se noten tiernas, por 1 hora. O bien, pincharlas varias veces con un tenedor y colocarlas sobre un plato adecuado para microondas. Dejar en el microondas en ALTO por 16 a 18 minutos, girando y dándoles vuelta a las batatas después de 9 minutos. dejar en reposo por 5 minutos.

2. Estando las batatas todavía calientes, cortar longitudinalmente por la mitad, sacar la pulpa de la piel y ponerla en una fuente grande.

3. Batir 60 g de mantequilla y 2 cucharadas de azúcar con las batatas utilizando una batidora eléctrica a velocidad media hasta que la mantequilla se derrita. Añadir los huevos, el jugo de naranja, 1 1/2 cucharaditas de canela, la sal y la nuez moscada, rozando una vez por los lados de la fuente. Batir hasta que la mezcla esté sin grumos y vaciarla a una fuente de horno o fuente para gratinado de 1,5 litros. Aplanar la superficie.

4. Para hacer la mezcla para cubrir, ligar la harina, la avena, 60 g de azúcar restante y la 1/2 cucharada grande restante de canela en una fuente mediana. Con un mezclador para masa o 2 cuchillos, picar y mezclar 50 g de mantequilla hasta que la mezcla esté como migas grandes, agregar las pacanas y mezclar.

5. Espolvorear la mezcla uniformemente encima de las batatas.

6. Al llegar a este punto, se puede tapar el gratinado de batatas y refrigerar por un máximo de 1 día. Dejarlo en reposo a temperatura ambiente por 1 hora antes de ser horneado.

7. Precalentar el horno a 180°C.

8. Hornear por 25 a 30 minutos o hasta que las batatas estén bien calientes. Para que esté más crujiente encima, hacer al grill a una distancia de 12,5cm de la llama por 2 a 3 minutos o hasta que dore.

*Para 6 a 8 personas*

2º paso. Se saca la pulpa de la piel de las batatas y se pone en una fuente.

3º paso. Se bate la mezcla de las batatas hasta que no tenga grumos.

4º paso. Se pica la mantequilla con la mezcla para cubrir.

*Acompañamientos* • RECETAS PARA VACACIONES

## Latkes de papas

**2 papas rojas grandes o 3 medianas para asar 810g**
**1 cebolla grande (de 225g)**
**2 huevos**
**35 g de harina matzo**
**3/4 cucharadita de sal**
**1/4 cucharadita de pimienta negra acabada de moler**
**2 cucharadas de aceite vegetal, por partes**
**Compota de manzanas (optativa)**
**Crema cortada (optativa)**

1. Para preparar las papas, sacar la piel con un pelalegumbres.

2. Rallar las papas y la cebolla en el procesador de alimentos con el disco para rallar o rallar a mano on un rallador tipo caja.

3. Colocar la mezcla de las papas en una fuente grande y agregar los huevos, la harina matzo, la sal y la pimienta y mezclar bien.

4. Calentar 1 cucharada de aceite en un sartén antiadherente grande a fuego medio-bajo hasta que se caliente. Depositar la mezcla en el sartén 50 g a la vez.

5. Usar el dorso de la espátula para aplastar la mezcla de las papas formando croquetas de 8,75cm, de un espesor de alrededor 1,5cm.

6. Freír por unos 4 minutos por lado o hasta que se doren y trasladarlos a un plato refractario forrado con papel de cocina.

7. Mantener los latkes calientes en el horno a 95°C mientras se preparan los demás. Añadir la cucharada restante de aceite cuando se necesite. Servir calientes con compota de manzanas o crema cortada y adornar como quiera.

*Hace unos 18 latkes*

2º paso. Se rallan las papas en el procesador de alimentos.

4º paso. Se depositan en el aceite caliente porciones de de taza de pasapurés.

5º paso. Se aplasta la mezcla de las papas con el dorso de la espátula para formar las croquetas.

*Acompañamientos* • RECETAS PARA VACACIONES

# Puré de papas bajo en calorías

**900g de papas rojas medianas para hervir**
**4 dientes grandes de ajo, pelados**
**18 cl de suero de leche de cultivo (1 1/2% grasa)**
**1/2 cucharadita de sal**
**1/2 cucharadita de pimienta negra acabada de moler**
**2 cucharadas de cebollino picado para adornar**

1. Para preparar las papas, sacarles la piel con un pelapapas y cortar en trozos.

2. Poner las papas y el ajo en una olla grande y agregar suficiente agua para cubrirlos. Llevar a punto de ebullición a fuego fuerte y luego bajar a medio fuego. hervir suavemente, sin tapar, por 20 a 30 minutos o hasta que las papas se noten tiernas al pincharlas con un tenedor, y estilar.

3. Colocar las papas y el ajo en una fuente mediana y moler con un pasapurés o batir con la licuadora a velocidad media hasta que esté sin grumos.* Agregar el suero de leche, la sal y la pimienta y revolver con un tenedor justo hasta que se mezcle. Adornar, si se quiere.

*Hace 4 tazas, para 8 personas*

*Para obtener una textura más cremosa, pasar las papas por un pasapurés fino o molinillo de alimentos a una fuente mediana y terminar tal como se indica en el 3º paso.

**Puré de papas con mantequilla:** Seguir las indicaciones dadas más arriba. En el 3º paso, agregar 1 cucharada de mantequilla o margarina a las papas junto con el suero de leche, la sal y la pimienta.

1º paso. Se cortan las papas en trozos.

2º paso. Se meten las papas a la olla.

*Se pasan las papas por el pasapurés.

**534** ❖• **RECETAS PARA VACACIONES** • *Acompañamientos*

*Acompañamientos* • **RECETAS PARA VACACIONES** 535

# Verduras mixtas con vinagreta de frambuesas

**80 g de nueces trozadas**
**1 chalota**
**8 cl de aceite vegetal**
**2 1/2 cucharadas de vinagre de frambuesas**
**1/2 cucharadita de sal**
**1/2 cucharadita de azúcar**
**Hojas de lechuga romana**
**Hojas de espinacas**
**Hojas de lechuga de hojas rojas**
**150 g de uvas rojas sin pepas, partidas por la mitad**

1. Precalentar el horno a 180°C. Para tostar las nueces, extender una sola capa sobe una chapa de horno y hornear por 6 a 8 minutos o hasta que estén levemente doradas, revolviendo frecuentemente. Sacar las nueces de la chapa de horno y enfriar. Picar grueso con un cuchillo de cocinero y reservar.

2. Sacar la piel exterior y el extremo de la raíz de la chalota. Picar la chalota fina con un cuchillo de cocinero para que dé 1 cucharada.

3. Poner el aceite, el vinagre, la chalota, la sal y la azúcar en una fuente pequeña o tarro pequeño con tapa. Batir juntos o tapar y agitar el tarro hasta que se mezcle. Tapar y refrigerar por un máximo de 1 semana.

4. Lavar las verduras separadamente en agua fría, cambiando el agua varias veces. Estilar bien y en caso necesario secar con papel de cocina para sacar el agua sobrante. O bien, girar en una ensaladera giratoria para eliminar la humedad.

5. Desechar cualquiera hoja marchita o magullada y cortar los tallos o sacarlos con la mano si se notan leñosos.

6. Romper la lechuga romana en pedazos para comer de un solo bocado en una cantidad suficiente para llenar dos tazas en forma compacta. Romper las espinacas también en pedazos para comer de un solo bocado en una cantidad suficiente para llenar dos tazas en forma compacta y hacer lo mismo con la lechuga de hojas rojas.

7. Ligar las verduras, las uvas y las nueces ya enfriadas en una fuente grande y justo antes de servir añadir el aliño. Mezclar bien para recubrir.

*Para 6 a 8 personas*

2º paso. Se saca el extremo de la raíz de la chalota.

4º paso. Se gira la verdura en una ensaladera giratoria para eliminar la humedad.

6º paso. Se compacta la lechuga romana en una taza para medir.

Acompañamientos • RECETAS PARA VACACIONES 537

# Chutney de arándanos con manzana

1 paquete (360g) de arándanos frescos o congelados
2 manzanas para cocinar medianas
1 cebolla mediana
260 g de azúcar granulada
12 cl de agua
75 g de pasas sultanas
100 g de azúcar morena clara compacta
6 cl de vinagre de sidra
1 cucharadita de canela molida
1 cucharadita de jengibre molido
1/8 cucharadita de clavos de olor molidos
1/8 cucharadita de pimienta de Jamaica molida
80 g de nueces o pacanas tostadas* y picadas (optativas)

*Para tostar las nueces, ver las indicaciones en la página 504, 1º paso.

1. Lavar los arándanos y revisarlos, desechando los tallos y arándanos marchitos.

2. Pelar las manzanas con un pelapapas y cortar en cuatro partes. Con un cuchillo afilado sacar los tallos y los corazones. Cortar las manzanas en pedazos 6mm. Cortar suficiente para hacer 2 tazas.

3. Para picar la cebolla, pelarla y con un cuchillo funcional cortar por la mitad pasando por la raíz. Poner sobre la tabla de picar con el lado del corte hacia abajo. Con el cuchillo en forma horizontal, hacer cortes paralelos a la tabla, casi hasta llegar a la raíz. Después, cortar la cebolla verticalmente en tajadas finas, sosteniendo la cebolla con los dedos para que mantenga su forma y luego cortarla en forma atravesada hasta llegar al extremo de la raíz. (Por más cerca que se hagan los cortes uno del otro, más fino se pica la cebolla.) Hacer lo mismo con la otra mitad.

4. Ligar la azúcar granulada y el agua en una olla pesada de 2 litros. Cocer a fuego fuerte hasta que hierva. Hervir suavemente por 3 minutos.

5. Agregar los arándanos, las manzanas, la cebolla, las pasas, la azúcar morena, el vinagre, la canela, el jengibre, los clavos de olor y la pimienta de Jamaica. Llevar a punto de ebullición a fuego fuerte. Bajar a fuego medio y hervir suavemente, sin tapar, por 20 a 25 minutos o hasta que la mezcla esté muy espesa, revolviendo de vez en cuando. Enfriar y agregar las nueces si se quiere.

6. Tapar y refrigerar por un máximo de 2 semanas antes de servir.

*Hace alrededor de 1 k sin las nueces o 1,3 k con nueces*

**Nota:** Este chutney sirve para hacer un delicioso aperitivo si se unta encima de queso crema en tostadas redondas delgadas.

2º paso. Se cortan las manzanas en pedazos de 6mm.

3º paso. Se pica la cebolla.

RECETAS PARA VACACIONES • *Acompañamientos*

Acompañamientos • RECETAS PARA VACACIONES

# Relleno de pan de maíz con carne de salchicha

**Pan de maíz hecho un día antes según la receta\* (página 542)**
**225g de carne de salchicha de cerdo (regular o picante)**
**115 g de mantequilla o margarina**
**2 cebollas medianas, picadas (técnica en la página 543)**
**2 dientes de ajo, molidos (técnica en la página 543)**
**2 cucharaditas de salvia seca**
**1 cucharadita de condimento para aves**
**18 a 30 cl de caldo de pollo**
**Hojas de salvia para adornar**

\*O bien, sustituir el pan de maíz con 1 paquete (450g) de migas ya hechas de pan de maíz. Omitir el 1º paso. 180°C. Desmenuzar grueso el pan de maíz, suficiente para hacer 6 tazas. Extender uniformemente en una bandeja de horno de 37,5 x 25cm. Hornear por 20 a 25 minutos o hasta que se seque.

1. Precalentar el horno a 180°C. Desmenuzar grueso el pan de maíz, bastante para hacer 450 g. Extender uniformemente en una bandeja de horno de 37,5 x 25 cm. Hornear por 20 a 25 minutos o hasta que se seque.

2. Dorar la carne de salchicha en un sartén grande a fuego medio-alto hasta que coja color, revolviendo para desmenuzar la carne. Estilar la carne de salchicha sobre papel de cocina y reservar. Limpiar el sartén con papel de cocina para sacar la grasa.

3. En el mismo sartén derretir la mantequilla a fuego medio hasta que esté espumosa. Freír las cebollas y el ajo en la mantequilla por 10 minutos hasta que se ablanden las cebollas. Añadir la salvia y el condimento para aves y freír por 1 minuto más.

4. Ligar las migas del pan de maíz la carne de salchicha y la mezcla de las cebollas en una fuente grande.

5. Si se va a hornear el relleno dentro de un pavo, rociar encima del relleno 18 cl de caldo y revolver suavemente hasta que se haya humedecido uniformemente. Rellenar las cavidades del cuerpo y el pescuezo con el relleno en forma no muy compacta. Se puede preparar el relleno hasta 1 día antes de usarlo. No rellenar el pavo hasta justo antes de que Ud. esté listo para asarlo. Asar de acuerdo a las indicaciones de la página 510 o las indicaciones que se entregan junto con el pavo.

*sigue en la página 542*

1º paso. Se extienden las migas de pan de maíz en la bandeja.

2º paso. Se revuelve la carne de salchicha para desmenuzarla.

5º paso. Se rellena un pavo.

*Acompañamientos* • RECETAS PARA VACACIONES

*Relleno de pan de maíz con carne de salchicha, continuación*

6. Si el relleno se va a hornear separadamente, rociar 30 cl de caldo encima del relleno y revolver hasta que se haya humedecido uniformemente. trasladar a una fuente de horno con tapa de 3 litros.

7. Al llegar a este punto, se puede tapar el relleno de pan de maíz con carne de salchicha y refrigerar por un máximo de 1 día antes de hornear.

8. Precalentar el horno a 180°C.

9. Hornear por 45 minutos (de 55 a 60 minutos si estuviera refrigerado) o hasta que se haya calentado bien. para obtener un relleno más seco, destapar durante los últimos 15 minutos en el horno. Adornar, si se quiere.

*Hace 2,8 k de relleno*

## Pan de maíz

**175 g de harina amarilla de maíz**
**105 g de harina**
**2 cucharadas de azúcar**
**1 cucharada de polvo de hornear**
**3/4 cucharadita de sal**
**1 huevo**
**1 taza de leche**
**3 cucharadas de mantequilla o margarina, derretida y enfriada**

1. Precalentar el horno a 220°C. Untar con manteca una bandeja de horno cuadrada de 22,5cm y reservar.

2. Ligar la harina de maíz, harina, azúcar, polvo de hornear y sal en una fuente mediana. Ligar el huevo, la leche y la mantequilla en una taza de medir de 4 tazas y agregar a la mezcla de la harina de maíz. Revolver justo hasta que se humedezcan los ingredientes secos y verter a la bandeja previamente preparada.

3. Hornear por 20 a 25 minutos, o hasta que se note dorado y un palillo que se clave en el medio, al sacarlo, sale seco. Enfriar completamente sobre una rejilla metálica.

4. Se puede preparar el pan de maíz un máximo de 2 días antes de usarlo para hacer relleno. Taparlo y dejar reposar a temperatura ambiente.

*Hace 450 g de migas de pan de maíz*

Pan de maíz: 2º paso. Se agrega la mezcla de la leche a los ingredientes secos.

Pan de maíz: 3º paso. Se prueba si el pan de maíz está hecho usando un palillo de madera.

# Relleno de arroz silvestre con champiñones

**120 g de arroz silvestre sin cocer**
**180g de champiñones frescos\***
**1 cebolla grande**
**1 diente de ajo**
**Pan francés hecho el día anterior (alrededor de 4 onzas [120g])**
**80 g de mantequilla o margarina**
**1/2 cucharadita de salvia desmenuzada**
**1/2 cucharadita de hojas secas de tomillo, machacadas**
**1/2 cucharadita de sal**
**1/4 cucharadita de pimienta negra acabada de moler**
**25 cl de caldo de pollo**
**80 g de pacanas picadas gruesas**
**Ramitos de tomillo para adornar**

*O bien, sustituir 90 g de sombreretes de champiñones shiitake frescos rebanados por 150 g de los champiñones frescos.

1. Lavar y cocer el arroz de acuerdo a las indicaciones del paquete y reservar.

2. Limpiar los champiñones con un paño limpio de cocina o papel de cocina. Sacar la parte delgada del tallo y desechar. Con un cuchillo de pelar, cortar los champiñones en rebanadas para dar 3 tazas.

3. Para pelar la cebolla, sacar la piel y con un cuchillo funcional cortar la cebolla por la mitad pasando por la raíz. Colocar sobre la tabla de picar con el lado del corte hacia abajo. Sostener el cuchillo en forma horizontal y hacer cortes paralelos a la tabla, hasta llegar casi al extremo de la raíz de la cebolla. Después, cortar la cebolla verticalmente en tajadas delgadas, sosteniendo la cebolla con los dedos para que no pierda su forma, para luego girar la cebolla y cortar en forma transversal hasta llegar al extremo de la raíz. (Por más cerca que se hagan los cortes el uno del otro, más fina se pica la cebolla.) Hacer lo mismo con la otra mitad de la cebolla.

4. Para moler el ajo, recortar los extremos de los dientes de ajo y aplastar un poco bajo el lado plano de la hoja de un cuchillo de cocinero. Sacar la piel. Picar el ajo con el cuchillo de cocinero hasta que se encuentre en pedazos finos y uniformes. Reservar.

*sigue en la página 544*

2º paso. Se limpia el champiñón con un paño de cocina húmedo.

3º paso. Se pica la cebolla.

4º paso. se aplasta el ajo para quitar la piel.

*Relleno de arroz silvestre con champiñones, continuación*

5. Cortar el pan francés con un cuchillo dentado en rebanadas de 1,5cm. Montar varias rebanadas una encima de las otras y cortar longitudinalmente en tiras de 1,5cm de ancho y luego en forma transversal para hacer cubos de 1,5cm. Cortar suficiente pan para hacer 4 tazas.

6. Extender los cubos de pan en una sola capa sobre una chapa de horno, poner al grill a una distancia de 10 a 12 cm de la llama por 4 minutos o hasta que se encuentren levemente tostados, revolviendo tras 2 minutos, y reservar.

7. Calentar la mantequilla en un sartén grande a fuego medio hasta que se ponga espumosa. Agregar la cebolla y el ajo. Freír y revolver por 3 minutos. Agregar los champiñones y freír por 3 minutos, revolviendo de vez en cuando. Añadir la salvia, 1/2 cucharadita de tomillo, la sal y la pimienta. Añadir el arroz cocido y freír por 2 minutos, revolviendo de vez en cuando. Agregar el caldo y revolver, y luego las pacanas y los cubos de pan tostado. Revolver suavemente.

8. Trasladar a una fuente de horno de 1 1/2 litros.

9. Al llegar a este punto, se puede tapar el relleno de arroz silvestre con champiñones y refrigerar por un máximo de 8 horas antes de hornear.

10. Precalentar el horno a 160°C.

11. Cubrir con la tapa de la fuente o con papel aluminio. Hornear por 40 minutos (50 minutos si se ha refrigerado) o hasta que se caliente bien. Adornar, si se quiere.

*Para 6 a 8 personas*

5º paso. Se corta el pan francés en cubos.

6º paso. Se extienden los cubos en la chapa de horno.

7º paso. Se revuelven los cubos de pan con la mezcla del caldo.

*Acompañamientos* • RECETAS PARA VACACIONES

# Pastel de calabaza con praliné

**175 g de harina**
**1 cucharada de azúcar granulada**
**3/4 cucharadita de sal, por partes**
**60 g de manteca vegetal**
**60 g de mantequilla o margarina**
**2 a 4 cucharadas de agua fría**
**450 g de calabaza**
**450 g de leche evaporada**
**2 huevos**
**130 g de azúcar morena compacta**
**1 cucharadita de canela molida**
**1/2 cucharadita de jengibre molido**
**1/4 cucharadita de clavos de olor molidos**
**Praliné para colocar encima (página 548)**
**Crema batida con azúcar (página 550)**
**Canela adicional y pacanas partidas para adornar**

1. Para hacer el cascarón, ligar la harina, la azúcar granulada y 1/4 cucharadita de sal en una fuente grande. Agregar la manteca y mantequilla, picar y mezclar utilizando un mezclador de masa o 2 cuchillos hasta que la mezcla forme pedazos del tamaño de guisantes.

2. Espolvorear la mezcla de la harina con agua, 1 cucharada a la vez, y revolver con un tenedor hasta que la mezcla se una. Apretar para formar una bola y envolver en envoltorio plástico. Refrigerar por alrededor de 1 hora o hasta que se enfríe bien.

3. Sacar el envoltorio plástico y aplastar la masa hasta formar un disco de 12,5 a 15 cm. Espolvorear con harina la superficie y el rodillo. Aplastar la masa con movimientos cortos empezando en el medio del disco y estirar la masa hacia la orilla con el rodillo. Girar la masa un cuarto de una vuelta hacia la derecha. En lo necesario, espolvorear más harina debajo de la masa y sobre el rodillo para impedir que se pegue. Seguir estirando y girando la masa 2 a 3 veces más. Estirar la masa con el rodillo hasta que tenga un grosor de 3 mm.

4. Recortar la masa hasta que tenga 2,5 cm más que una pastelera invertida de 25cm, con fondo desmontable, o 4cm más que un plato de 22,5cm para pastel. Colocar el rodillo sobre un lado de la masa y colocar la masa suavemente sobre el rodillo una vez.

5. Cuidadosamente levantar el rodillo con la masa encima y desenrollar la masa encima del molde para pastel. Con las puntas de los dedos colocar la masa en el molde. No estirar la masa. Cortar la masa para que esté a la misma altura que el borde del molde. (Estirar la masa con el rodillo y darle forma acanalada dentro del plato para pastel.)

6. Cubrir el cascarón del pastel con un envoltorio plástico y refrigerar por 30 minutos para que descanse la masa.

7. Precalentar el horno a 200°C

*sigue en la página 548*

3º paso. Se estira la masa.

4º paso. Se coloca la masa encima del rodillo.

5º paso. Se desenrolla la masa encima del molde para pastel.

**RECETAS PARA VACACIONES • *Postres***

Postres • RECETAS PARA VACACIONES 547

*Pastel de calabaza con praliné, continuación*

8. Para hacer la masa muerta del cascarón, perforar el cascarón con los dientes de un tenedor a una distancia de 6 mm una marca de la otra, unas 40 veces.

9. Recortar un cuadrado de papel aluminio unas 10cm mayor que el molde para pastel. Colocar el papel aluminio encima de la masa del cascarón y llenar con frijoles secos, arroz sin cocer o pesos cerámicos para pastel.

10. Hornear el cascarón por 10 minutos o hasta que cuaje. Retirarlo del horno y con cuidado sacar el forro de papel aluminio y los frijoles. Colocar al horno nuevamente y hornear por 5 minutos o hasta que se dore levemente. Enfriar sobre una rejilla metálica. (Si usa frijoles o arroz, guárdelos para usar de nuevo para hacer masa muerta. Ya no se pueden usar como ingredientes para cocinar.)

11. Para preparar el relleno, precalentar el horno a 200°C. Con la batidora eléctrica en velocidad lenta, batir la calabaza, la leche, los huevos, la azúcar morena, 1 cucharadita de canela la 1/2 cucharadita de sal que queda, el jengibre y los clavos de olor en una fuente grande. Vaciar al cascarón ya enfriado y hornear por 35 minutos.

12. Preparar el praliné para colocar encima. Espolvorearlo encima del centro del pastel dejando una orilla de 4cm sin cubrir alrededor del pastel.

13. Hornear por 15 minutos más o hasta que salga limpio un cuchillo al introducirse a 2,5cm del centro.

14. Enfriar completamente sobre una rejilla metálica. Preparar la crema batida con azúcar y con una cuchara meterla en una manga de repostería con boquilla acanalada. Adornar la orilla del pastel con la crema batida, haciendo un borde atractivo. Espolvorear la canela adicional sobre la crema batida y adornar con las pacanas partidas.

*Para 8 personas*

## Praliné para recubrir

**65 g de azúcar morena compacta
50 g de pacanas picadas
50 g de avena rápida
1 cucharada de mantequilla o margarina, ablandada**

Colocar la azúcar, las pacanas y la avena en una fuente pequeña, y mezclar con la mantequilla utilizando un mezclador para masa o 2 cuchillos hasta lograr una consistencia como de migas.

8º paso. Se perfora el cascarón con los dientes del tenedor.

9º paso. Se rellena el forro de papel aluminio con frijoles secos.

13º paso. Con un cuchillo se prueba para ver si está hecho.

# Torta cremosa de trufas de chocolate

**2 paquetes (225g cada uno) de chocolate semidulce (generalmente 16 cuadros)**
**340 g de mantequilla o margarina**
**200 g de azúcar**
**100 g de crema líquida**
**6 huevos grandes**
**2 cucharaditas de vainilla**
**Rosquitas de chocolate (página 550)**
**Crema de chocolate (página 550)**
**Crema batida con azúcar (página 550)**
**Hojas de menta para adornar**

1. Precalentar el horno a 180°C. Forrar con papel aluminio el fondo de un molde de 22,5 cm con lado desmontable, metiendo las orillas del papel aluminio debajo del molde. Colocar el lado desmontable del molde, levantar el papel aluminio hacia arriba por los lados del molde. Untar con mantequilla el fondo recubierto de papel aluminio y los lados del molde y reservar.

2. Calentar el chocolate, la mantequilla, la azúcar y la crema en una olla pesada de 2 litros a fuego lento hasta que se derrita el chocolate y la mezcla quede sin grumos, revolviendo frecuentemente. Retirar del fuego.

3. Batir los huevos y la vainilla en una fuente grande con un batidor de rejilla hasta que se ponga espumosa la mezcla. Poco a poco agregar la mezcla caliente del chocolate y batir hasta que se una bien. No bata la mezcla vigorosamente. No hay que incorporar aire a la mezcla.

4. Vaciar la mezcla al molde preparado. Hornear por 45 minutos o hasta que un palillo de madera salga limpio al introducirse a alrededor de 2,5 cm de la orilla y el medio se vea formado. Enfriar la torta completamente en el molde sobre una rejilla metálica.

5. Preparar las rosquitas de chocolate y refrigerarlas.

6. Cuando la torta se haya enfriado, cuidadosamente retirar el lado desmontable del molde Dejar la torta sobre el fondo del molde y envolverla con papel aluminio. Refrigerar hasta que se encuentre bien helada, por lo menos 4 horas o de un día para otro.

7. Preparar la crema de chocolate. Desenvolver la torta, retirar la base del molde y colocar la torta al revés sobre un plato. Rodear la torta con tiras de papel de cera.

8. Untar la superficie superior y los lados con la crema caliente, usando una espátula metálica. Retirar las tiras de papel de cera una vez que haya cuajado la crema.

*sigue en la página 550*

1º paso. Se forra el fondo del molde con papel aluminio.

4º paso. Se averigua si está hecha la torta con un palillo de madera.

7º paso. Se colocan tiras de papel de cera alrededor de la orilla del plato.

*Torta cremosa de trufas de chocolate, continuación*

9. Preparar la crema batida con azúcar. Con una cuchara meter la mezcla de la crema en una manga para repostería con boquilla de estrella mediana. Decorar con crema la orilla de la torta.

10. Adornar la crema con las rosquitas de chocolate. Refrigerar hasta el momento de servir. Justo antes de servir, adornar con hojas de menta.

## Rosquitas de chocolate

**30g de chocolate, picado grueso**
**1 cucharadita de manteca vegetal**

1. Colocar el chocolate y la manteca en un vaso de vidrio para medir que alcance a medir 1 taza. Poner en el microondas en ALTO POR 1 1/2 minutos o hasta que se derrita, revolviendo tras cada 30 segundos en el horno.

2. Verter el chocolate derretido sobre la parte de atrás de una chapa de horno, tabla de mármol u otra superficie plana resistente al calor. Rápidamente extender el chocolate con la espátula para que forme una capa muy delgada. refrigerar por unos 10 minutos o hasta que se ponga firme aunque todavía flexible.

3. Justo cuando el chocolate se ponga firme, utilice una espátula metálica pequeña de bordes derechos o un cuchillo de pelar, y, sosteniéndolo a un ángulo de 45°, pasarlo firmemente por la chapa de horno, debajo del chocolate, de tal manera que el chocolate se enrosque a medida que se vaya avanzando. (Si el chocolate estuviera demasiado firme para enroscarse, dejarlo en reposo por algunos minutos a temperatura ambiente. Refrigerar si se pone demasiado blando.)

4. Utilizando una brocheta pequeña o palillo trasladar las rosquitas a papel de cera. guardar en un lugar frío y seco, hasta que llegue la hora de usarlas.

## Crema de chocolate

**160 g de pedacitos de chocolate semidulce**
**2 cucharadas de mantequilla o margarina**
**3 cucharadas de mezcla de leche y crema**
**2 cucharadas de jarabe líquido de maíz**

Calentar los pedacitos de chocolate y la mantequilla en una olla pesada de 1 litro a fuego lento, revolviendo frecuentemente. Retirar del fuego y agregar la mezcla de crema con leche y el jarabe de maíz y revolver hasta que esté homogénea la mezcla.

*Hace alrededor de 30 cl*

## Crema batida con azúcar

**240 g de crema doble**
**2 cucharadas de azúcar glas**
**1/2 cucharadita de vainilla**

Refrigerar bien una fuente grande, los batidores y la crema. Colocar la crema, la azúcar y la vainilla en la fuente helada y batir con la batidora eléctrica a velocidad alta hasta que se formen picos suaves. Para probar, levantar los batidores de la crema doble: la mezcla debería tener picos definidos pero que tienden a caerse. No batir excesivamente. Refrigerar.

*Hace unas 2 tazas*

9º paso. Se decora con crema la orilla de la torta.

Crema batida con azúcar: se prueba la mezcla de la crema para ver si hace pico suave.

*Postres* • RECETAS PARA VACACIONES
551

# Linzer Torte

**75 g de almendras enteras, tostadas***
**210 g de harina**
**1 cucharadita de canela molida**
**1/4 cucharadita de sal**
**160 g de azúcar granulada**
**115 g de mantequilla o margarina**
**1/2 cucharadita de ralladura de limón**
**1 huevo**
**180 g de mermelada de frambuesas o de albaricoque**
**Azúcar glas**

*Para tostar las almendras, ver las indicaciones para tostar nueces en la página 504, 1º paso.

1. Meter las almendras en el procesador de alimentos y procesar, encendiendo y apagando hasta que las almendras se encuentren molidas pero no convertidas en crema.

2. Precalentar el horno a 190°C.

3. Ligar la harina, las almendras, la canela y la sal en una fuente mediana y reservar.

4. Agregar el azúcar granulada, la mantequilla y la ralladura de limón en una fuente grande usando una batidora eléctrica a velocidad medias por unos 5 minutos o hasta que la mezcla se encuentre ligera y cremosa, rozando una vez los lados de la fuente. Agregar el huevo y batir hasta que se homogenice bien.

5. Agregar la mezcla de la harina y batir a velocidad baja hasta que esté bien mezclado. Con una cuchara trasladar 2/3 de la masa al fondo de un molde para pastel de 25 cm con fondo desmontable. Extender uniformemente apretándola sobre la fono y por los lados del molde. Extender mermelada sobre el fondo de la masa.

6. Estirar el 1/3 restante de la masa sobre una superficie espolvoreada con harina con el rodillo también levemente enharinado, hasta formar un cuadrado de 25 x 15 cm. Cortar la masa en 25 x 1,5 cm utilizando un rodillo para cortar pizza o cuchillo afilado.

7. Disponer 4 a 5 tiras de masa longitudinalmente encima de la mermelada. Disponer otras 4 a 5 tiras de masa en forma transversal encima. Presionar los extremos de las tiras de masa para que se unan con el borde del cascarón.

8. Hornear por 25 a 35 minutos o hasta que el cascarón esté dorado. Enfriar completamente en el molde sobre una rejilla metálica. Sacar el pastel del molde y cortar en secciones y espolvorear con azúcar glas.

9. Guardar, firmemente tapado, a temperatura ambiente por 1 a 2 días.

*Para 12 personas*

6º paso. Se corta la masa en tiras con un rodillo para cortar pizza.

7º paso. Se disponen las tiras en forma entramada.

Postres • RECETAS PARA VACACIONES

# Suflés individuales de naranja

**Atomizador antiadherente**
**3 naranjas**
**1 1/2 cucharadas de maizena**
**3 cucharadas de licor con sabor a naranja**
**6 claras de huevo**
**1/8 cucharadita de sal**
**6 cucharadas de azúcar granulada**
**1 1/2 cucharadas de almendras rebanadas (optativas)**
**1 1/2 cucharadas de azúcar glas (optativo)**

1. Precalentar el horno a 230°C. Rociar 6 platos para suflé individuales 225 a 285g cada uno con el atomizador antiadherente. Colocar los platos sobre una bandeja de horno y reservar.

2. Rallar la parte de color (sin la pulpa blanca) de la cáscara de naranja utilizando un rallador tipo caja o plana. Rallar suficiente cáscara como para dar 1_ cucharaditas.

3. Sacar la cáscara y la membrana de las naranjas y partir en secciones sosteniéndolas encima de una olla de 1 litro. Picar las naranjas. Habrá 1 1/2 tazas de jugo y pulpa.

4. Agregar la maizena y revolver hasta que esté sin grumos. Cocer y revolver a fuego medio hasta que hierva la mezcla y se espese un poco. Retirar del fuego, agregar el licor y la cáscara de naranja reservada y reservar.

5. Batir las claras y la sal con una batidora eléctrica a velocidad alta en una fuente grande hasta que hagan pico suave. Probar la mezcla levantando los batidores de las claras: la mezcla debería tener picos definidos pero que tienden a caerse.

6. Poco a poco agregar la azúcar granulada y seguir batiendo, 1 cucharada a la vez, hasta que monte y haga pico firme y se haya disuelto la azúcar. Después de levantar los batidores de la mezcla de las claras, deben quedar picos firmes encima y la mezcla no debe deslizarse al inclinar la fuente.

7. Con una espátula de goma o batidor de rejilla, incorporar 1/4 de la mezcla de las claras suavemente a la mezcla de las naranjas. A continuación incorporar toda la mezcla de las naranjas al resto de la mezcla de las claras. Con una cuchara trasladar la mezcla a los platos previamente preparados y espolvorear con almendras, si se quiere.

8. Inmediatamente hornear por 12 a 15 minutos o hasta que los suflés se noten hinchados y dorados. Espolvorear con azúcar glas, si quiere. Servir de inmediato.

*Para 6 personas*

5º paso. Se prueba la mezcla de las claras batidas para ver si hace pico suave.

6º paso. Se prueba la mezcla de las claras batidas para ver si hace pico firme.

7º paso. Se incorpora la mezcla de las claras a la mezcla de las naranjas.

# *Rugelach*

**210 g de harina**
**1/4 cucharadita de sal**
**1/4 cucharadita de bicarbonato**
**115 g de mantequilla o margarina**
**90g de queso crema, ablandado**
**65 g más 4 taza de azúcar granulada, por partes**
**1 cucharadita de ralladura de limón, por partes**
**115 g de nueces tostadas y molidas (técnica en la página 504) o 1 taza de almendras enteras**
**1 cucharadita de canela molida**
**2 cucharada de miel**
**1 cucharada de jugo de limón**
**Azúcar glas**

1. Poner la harina, la sal y el bicarbonato en una fuente pequeña y mezclar. En una fuente grande batir, con la batidora eléctrica a velocidad media, la mantequilla, el queso crema, 1/3 taza de azúcar granulada y 1/2 cucharadita de ralladura de limón por unos 5 minutos o hasta que se note ligera y cremosa, rozando una vez los lados de la fuente.

2. Poco a poco agregar la mezcla de la harina y batir a baja velocidad hasta que homogenice bien, rozando los lados de la fuente una vez.

3. Moldear la masa hasta formar 3 discos de 12,5 cm, envolverlos en plástico y refrigerar hasta que estén firmes, unas 2 horas.

4. Precalentar el horno a 190°C. Untar con manteca 2 chapas de horno y reservar. En una fuente mediana ligar las nueces, la _ taza restante de azúcar granulada y la canela, y reservar. En una fuente pequeña mezclar la miel, la 1/4 cucharadita de ralladura de limón y el jugo de limón y reservar.

5. Trabajando con 1 pedazo de masa a la vez, desenvolverla y colocar sobre una superficie espolvoreada con harina. Estirar la masa con un rodillo espolvoreado con harina hasta formar un círculo de 25 cm. Mantener refrigerada el resto de la masa.

6. Con el cepillo untar con 1/3 de la mezcla de la miel y espolvorear con 1/3 de la mezcla de las nueces. Presionar suavemente para que se adhiera la mezcla de las nueces a la masa.

7. Utilizando un rodillo para cortar pizza o un cuchillo afilado dividir el círculo en 12 triángulos, enrollar bien apretado al estilo de un brazo de reina. Colocar las galletas a una distancia de 2,5 cm la una de la otra sobre las chapas de horno previamente preparadas.

8. Repetir con los 2 otros pedazos de masa y los ingredientes para el relleno. Hornear por 10 a 12 minutos o hasta que estén levemente dorados. Dejar las galletas en reposo por 1 minuto sobre las chapas de horno y luego trasladarlas a una rejilla metálica y enfriar. Espolvorear con azúcar glas y guardar firmemente tapadas.

*Hace 3 docenas*

5º paso. Se estira la masa.

6º paso. Se espolvorea la mezcla de nueces encima de la masa.

7º paso. Enrollar la masa al estilo de un brazo de reina.

# Ositos de jengibre

**490 g de harina**
**2 cucharaditas de canela molida**
**1 1/2 cucharaditas de jengibre molido**
**1 cucharadita de sal**
**1 cucharadita de bicarbonato**
**1 cucharadita de pimienta de Jamaica molida**
**225 g de mantequilla o margarina, ablandada**
**175 g de azúcar morena compacta**
**1 cucharadita de vainilla**
**75 g de melaza**
**2 huevos**
**Grageas de colores varias y azúcar de colores (optativo)**
**Fondant para adornar tipo crema o gel preparada en tubo (optativo)**
**Dulces varios y chocolate rallado (optativo)**

1. Colocar la harina, la canela, el jengibre, la sal, el bicarbonato y la pimienta de Jamaica en una fuente mediana y revolver para mezclar. Reservar.

2. Batir la mantequilla, la azúcar y la vainilla con una batidora eléctrica en una fuente grande por unos 5 minutos o hasta que se note ligera y cremosa, rozando los lados de la fuente una vez. (La mezcla no estará completamente homogénea.) Agregar la melaza y los huevos y batir hasta que se homogenice, rozando los lados de la fuente una vez.

3. Agregar la mezcla de la harina y batir a velocidad baja hasta que homogenice. Dividir la masa en 3 partes iguales y aplastar cada pedazo hasta formar un disco. Envolver con plástico y refrigerar por un mínimo de 2 horas o un máximo de 24 horas.

4. Precalentar el horno a 180°C. Untar chapas de horno grandes con manteca y reservar.

5. Trabajando con 1 pedazo de masa a la vez, colocar la masa sobre una superficie espolvoreada con harina y estirar la masa con un rodillo levemente enharinado hasta obtener un espesor de 3mm. Mantener refrigerada el resto de la masa.

6. Recortar la masa con cortadores con forma de osito de 8 cm. Colocar las galletas a una distancia de 2,5 cm la una de la otra sobre las chapas de horno preparadas. Moldear los pedazos de masa sobrantes para formar pelotitas y trenzas para los ojos y narices y para adornar los ositos. Adornar los ositos con grageas de colores, si se quiere.

7. Hornear por 10 minutos o hasta que las galletas estén doradas por debajo. Dejar en reposo sobre la chapa de horno por 1 minuto. Sacar las galletas con una espátula y trasladarlas a una rejilla metálica para que se enfríen.

8. Una vez que estén frías las galletas, decorarlas mangueando o untando con fondant. Adornar con grageas de colores, azúcar de colores, dulces de diferente tipo y/o chocolate rallado. Guardar firmemente tapadas a temperatura ambiente.

*Hace alrededor de 3 docenas de galletas*

5º paso. Se estira la masa.

6º paso. Se recorta la masa con un cortador.

8º paso. Se adornan los ositos.

*Postres* • RECETAS PARA VACACIONES 559

# CLASE DE COCINA
# ADORNOS

**562** APUNTES DE CURSO

**564** DE FRUTAS

**572** DE VERDURAS

**582** DULCES

**590** VARIOS

*De arriba a la izquierda*, en el sentido del reloj: Figuras de mantequilla *(página 594)*, Copas de tortilla *(página 595)* y Figuras de masa recortadas *(página 593)*

# APUNTES DE CURSO

El objetivo de muchos cocineros es hacer que la presentación de la comida sea tan buena como su sabor. Sin embargo, muchos no se atreven a agregar el toque especial que hace que todo se destaque. Si así es usted, aquí está lo que necesita. Este capítulo le ofrece más de 30 ideas creativas para adornos que, con toda seguridad, darán ese toque profesional a lo que Ud. sirva.

Eche una mirada a esta selección de adornos llenos de colorido y se dará cuenta de cuán fácil es transformar en distintivos especiales ingredientes comunes tales como zanahorias, manzanas, pastillas de goma y chocolate. Por ejemplo, triángulos de pimentón pueden alegrar las carnes asadas. O bien, se encantarán sus invitados con su propia rosa de azúcar quemada. ¿Necesita ayuda para convencer a los pequeños que coman esa ensalada que les hace bien? Mariposas de calabacines le garantizan un plato limpio. Y, finalmente, no hay nada más irresistible que una decadente torta de queso con un adorno de deliciosas hojas de chocolate encima.

Las instrucciones están escritas con explicaciones claras para cada paso y podrá observar las técnicas en la práctica por medio de fotografías que le dirán cómo se deben preparar las recetas. Todo esto hace que esta sección sea igualmente interesante de mirar como fácil de usar. Sea usted un cocinero principiante o un cocinero experimentado, va a sorprender a todo el mundo - incluso a usted mismo - por los resultados profesionales que obtendrá. Para ayudarle mejor, nuestro útil glosario le presenta una lista de herramientas de cocina que necesitará para recrear cada uno de estos llamativos adornos. Y, para facilitarle aun más las cosas, hemos incluido algunos trucos para ahorrar tiempo y asegurar resultados buenos e infalibles cada vez.

Además, cada adorno incluye una lista de posibles usos para el momento que se presente - sea una cena de lo más elegante, una fiesta de niños o una parrilla informal al aire libre.

Si Ud le agrada cocinar y presentar platos atractivos la vista, es seguro que esta sección le dará muchas horas de placer. Con un poco de práctica, pronto va a reproducir fácilmente esos estupendos adornos que se ven en los mejores restaurantes y panaderías. Entonces, tome sus herramientas y prepárese para adornar - no hay límites para su creatividad.

## ESCOJA EL ADORNO APROPIADO
Al elegir un adorno, escoja el que realce y complemente el color y la textura de la comida. Utilice un adorno de color brillante para alegrar un plato de color suave. Déle acentuación a un plato de textura blanda con un adorno crujiente.

No olvide tomar en cuenta también el tamaño del adorno. Combine un adorno grande con una bandeja o plato grande de comida. Si la comida contiene una mezcla de ingredientes, que el adorno sea sencillo.

Recuerde que los adornos deben ser para realzar y no ensombrecer ni ocultar la belleza y el sabor de un plato.

## ANTES DE EMPEZAR
Busque frutas, verduras y legumbres que tengan forma pareja, que no estén magulladas y que estén en la etapa de madurez que se requiere. En general, mientras más consistente es una fruta u hortaliza, más fácil es de trabajar con ella y más durará el adorno terminado en forma fresca y atractiva.

Asegúrese de que los cuchillos que use estén afilados. Un cuchillo afilado permite que Ud. corte con precisión porque no es necesario presionarlo ni forzarlo. Sáquele filo usted mismo a sus cuchillos con un afilador de acero, o mándelos a afilar en una ferretería.

## HACER LOS ADORNOS POR ADELANTADO
Cuando sea posible, prepare los adornos antes de ponerse a hacer las tareas finales de preparación de las comidas. En fiestas, no habrá mucho tiempo para crear adornos a última hora. (Una vez el adorno terminado no olvide de guardarlo en forma apropiada, para agregarlo al plato justo antes de servirlo.)

• La mayoría de los adornos con verduras o legumbres pueden hacerse por adelantado y luego, colocar en recipientes herméticos o envueltos en plástico y poner a refrigerar hasta el día siguiente.

• Para mantener frescos los adornos, envolverlos en plástico transparente y guardarlos en el refrigerador. Cuando trabaje con manzanas u otras frutas que se oscurecen al cortarse, unte las superficies cortadas de la fruta con suficiente jugo de limón antes de envolver y refrigerar.

- Debe poner a secar, o a endurecer, los adornos que así lo requieran, en un lugar frío y seco, por varias horas, o de un día para otro.

- Para ponerlos más crujientes, deje que los adornos refrigerados permanezcan en agua helada por una o dos horas más. O bien, estilar bien los adornos y luego envolverlos en una hoja plástica y refrigerar de un día para otro.

## UTENSILIOS PARA CREAR ADORNOS

De la misma manera que Ud. depende del equipo de su cocina que le ayuda a producir una buena comida, así le harán falta también algunos utensilios para poder crear adornos espectaculares. Aquí van algunos de los más comunes:

**Utensilio para cortar y quitarle el centro a las frutas:** Este utensilio con forma de rueda es estupendo para cortar legumbres tales como zanahorias como también manzanas.

**Grill parrilla:** Para obtener resultados óptimos cuando hacen al grill alimentos de alto contenido de grasa, como por ejemplo el tocino, asegúrese de que la parrilla que se usa tenga una rejilla acanalada o perforada que permita que caiga la grasa a un recipiente inferior.

**Cepillos:** Los cepillos estándar para repostería sirven para hacer la mayoría de los adornos, pero para trabajos más finos o delicados, es mejor un pincel pequeño de niño.

**Enroscador y paletas para mantequilla:** Ambos aparatos le ayudan a moldear la mantequilla. Utilice el enroscador para formar delicadas rosquitas de mantequilla y las paletas para hacer bolitas de mantequilla.

**Pelador de cítricos:** Utilice este utensilio para cortar una delgada tira de cáscara de cítricos u otros productos frescos.

**Tabla de picar:** Sea cual sea el tipo de tabla que tenga, es importante mantenerla limpia. Límpiela con agua y jabón y luego desinféctela con cloro bien diluido y agua caliente después de usarla cada vez.

**Manga para repostería o cono de papel apergaminado:** Utilícelos para hacer diseños con manga u otros trabajos de adorno de las tortas.

**Boquillas:** Las boquillas que use con mayor frecuencia que sean las que se usan para escribir, de estrella, de rosita y de hoja. Para comenzar, compre una de cada tipo y luego amplíe su colección cuando necesite una boquilla adicional para un nuevo adorno.

**Termómetro para aceite de freír:** Tenga cuidado de usar el tipo de termómetro que está diseñado para medir altas temperaturas del aceite, el apropiado que se usa para freír.

**Blondas y esténciles:** Estos se usan para efectuar diseños encima de las tortas, las tortas de queso y otros postres.

**Cuchillo para toronja:** Los bordes dentados de este cuchillo son útiles para muchos trabajos de adorno.

**Rallador manual:** El tipo más práctico es el que tiene, por lo menos, una sección fina y otra para rallar más gruesa.

**Cortapastas para aperitivos o galletas pequeñas:** Se venden en la mayoría de las tiendas de cocina. Elija las figuras que cree que va a utilizar con mayor frecuencia.

**Cuchillos:** Es esencial tener cuchillos afilados. Los que va a usar con más frecuencia son el cuchillo de cocinero para cortar artículos grandes como sandías; un cuchillo funcional para alimentos de tamaño medio, tales como las piñas o cantalupos; y un cuchillo de pelar para todo tipo de corte.

**Aparato para hacer bolitas de melón:** Este útil utensilio se puede encontrar en diferentes tamaños. El más versátil es el que tiene un diámetro de 2,5 cm.

**Tijeras:** Un par de tijeras pequeñas es ideal para cortar cosas pequeñas tales como las hojas de los cebollines. Tijeras de cocina o para aves son mejores para trabajos grandes y duros.

**Brochetas y palillos:** Cuando hace adornos, tenga a la mano palillos de madera como también brochetas de madera de 15 y 25 cm. De vez en cuando puede que necesite una brocheta metálica. Elija una que tenga unas 20 cm de largo.

**Bolsa plástica fuerte con cierre para guardar alimentos:** Para manguear, elija una bolsa que cierre sola del tipo que se suele usar para congelar. El grosor adicional de este tipo de bolsa facilita el trabajo.

**Pelapapas:** El tipo que gira es el mejor - pero asegure de que esté afilado.

**Colador o cedazo de alambre:** Este utensilio con forma de fuente, hecho de malla metálica, es estupendo para cernir o espolvorear azúcar glas o cacao como también para estilar los alimentos.

# Frutas recubiertas de azúcar

*En tiempo de vacaciones, déle mayor atractivo a las tortas, plum-cakes, o pudines hechos al vapor con una cascada de uvas o arándanos recubiertos de azúcar.*

*Para un cóctel, prepare bandejas de quesos rebanados y salchicha ahumada. Adorne las bandejas varias frutas recubiertas de azúcar.*

**Uvas (en racimos pequeños), arándanos rojos agrios, cerezas y/o arándanos azules**

**Clara de huevo**
**Azúcar**
**Pequeñas hojas comestibles (optativas)**

**EQUIPO:**
**Papel de cocina**
**Fuente pequeña**
**Tenedor**
**Pequeño pincel limpio o cepillo de repostería**
**Papel de cera**
**Cucharita**

1. Lavar la fruta y secarla cuidadosamente con papel de cocina o dejar que se sequen al aire sobre papel de cocina.

2. En un recipiente pequeño batir la clara con un tenedor hasta que esté espumosa.

3. Con el pincel o cepillo de repostería untar cada pedazo de fruta con la clara, dejando una capa fina que cubra la fruta uniformemente por todos lados.

4. Colocar la fruta sobre papel de cera que se haya recubierto de azúcar y con una cucharita espolvorear una capa leve y uniforme de azúcar sobre la fruta. Si quedaran partes sin recubrir, repita las capas de clara de huevo y azúcar.

5. Dejar la fruta recubierta de azúcar a temperatura ambiente hasta que se seque. Adornar con hojas comestibles, si se quiere.

2º paso. Se bate la clara de huevo.

3º paso. Se unta la fruta con la clara de huevo.

4º paso. Se espolvorea la fruta con el azúcar.

# Rodajas rayadas de cítricos

*Un par de rodajas rayadas de cítricos junto con un ramito de perejil fresco hacen un adorno llamativo para su pescado predilecto.*

*Se puede adornar una ensalada de frutas Waldorf o cualquier otra macedonia de frutas colocando un borde de rodajas rayadas de naranja alrededor de la orilla de la ensalada.*

*Para darle a una fuente de refresco de frutas un toque especial para una fiesta, si se trata de un ponche en base a cítricos o una sangría, póngale a flotar rodajas rayadas de cítricos.*

*En una taza alta deposite la mitad de una rodaja rayada de naranja y llénela con sidra caliente con especias - ¡estupendo para los días helados de invierno!*

**Limón, lima, naranja o toronja**

**EQUIPO:**
**Pelador de cítricos o cucharita para toronjas**
**Tabla de picar**
**Cuchillo de pelar**

1. Cortar una ranura en la cáscara de la fruta con un pelador de cítricos o la punta de una cuchara para toronjas, cortando longitudinalmente desde el extremo del tallo hasta el otro extremo. Siga cortando ranuras a una distancia de 8mm a 1,5 cm una de la otra rodeando la fruta completamente.

2. Colocar la fruta sobre la tabla y cortar en rodajas delgadas atravesándola con un cuchillo de pelar.

1º paso. Se abren ranuras en la cáscara.

2º paso. Se corta la fruta en rodajas.

*De frutas* • ADORNOS 565

# Flores de cereza

*Se puede adornar una ensalada de cerezas en molde echando sobre cada plato un poco de yogur con sabor a vainilla y colocando encima en el medio una flor de cereza al marrasquino.*

*Agregue un toque de color al arroz con leche en platos individuales adornando cada uno con una flor de cereza al marrasquino y un pequeño ramito de menta.*

*Al hacer regalos de Navidad, rocíe con fondant de azúcar glas sus panes caseros, plum-cakes o galletas favoritos. Luego adórnelos con flores rojas y verdes de cerezas confitadas.*

**Cereza al marrasquino o cereza confitada**
**Pequeño pedazo de fruta o cáscara confitada (optativo)**

**EQUIPO:**
**Tabla**
**Cuchillo de pelar**

1. Colocar la cereza sobre la tabla y con el cuchillo de pelar cortarla en 6 secciones, cuidando de dejar una 1/3 parte de la base de la cereza sin cortar.

2. Use la punta del cuchillo para tirar los segmentos de cereza hacia afuera de tal manera que parezcan pétalos de flor.

3. Si quiere, colocar un pequeño pedazo de fruta confitada o cáscara en el medio de la flor.

1º paso. Se corta la cereza en parte formando secciones.

2º paso. Se separan las secciones de tal manera que parezca una flor.

ADORNOS · *De frutas*

# Mariposas de limón/lima

*¿Piensa dar una fiesta mejicana? Si adorna cada plato de la cena con una mariposa de limón o lima, sus invitados dirán -¡olé!*

*Hágale un floreo al bacalao o hipogloso al horno, colocando sobre cada plato una fina mariposa de limón.*

*Puede lograr que los niños coman sus verduras colocando una mariposa de limón o de lima encima de cada plato.*

**Limón**

**EQUIPO:**
**Pelapapas o pelador de cítricos**
**Tabla de picar**
**Cuchillo de pelar**

1. Se empieza en un extremo del limón, donde se corta una delgada tira alrededor del limón con un pelapapas o pelador de cítricos.

2. Repetir por el otro extremo.

3. Colocar ambas tiras sobre la tabla y con un cuchillo de pelar cortar la cáscara en tiras muy delgadas, cada una de alrededor de 2,5 cm de largo.

4. Poner el limón sobre la tabla, sacar los extremos donde se ha pelado la cáscara y desecharlos. Rebanar el resto del limón en forma transversal.

5. Cortar cada rodaja en tres partes.

6. Para hacer cada mariposa, disponer 2 secciones de limón sobre el alimento o plato escogido, de tal manera que las puntas de las secciones se toquen en el medio.

7. Para hacer las antenas, cuidadosamente colocar 2 tiras de cáscara en el lugar donde se tocan las dos secciones.

**Alternativa de mariposa de lima:** Por el limón sustituir una lima y proseguir de la manera indicada.

1º paso. Se corta una tira de cáscara.

3º paso. Se corta la cáscara en tiras delgadas.

5º paso. Se corta la rodaja en tres partes.

7º paso. Se agregan las antenas.

*De frutas* • **ADORNOS** 567

## Abanicos de fresa

*La torta de fresas, postre predilecto de todos los tiempos en Estados Unidos, tiene un toque muy especial cuando ostenta una cucharada de crema batida y un abanico de fresa.*

*Haga que los pastelitos de hojaldre con crema, los palos de crema o los napolitanos sean todavía más irresistibles colocando unos cuantos abanicos de fresa en la base de cada pastel antes de servirlo.*

*Cuando se está de capa caída en el verano no hay nada que alegre más que un batido de fresas con leche hecho con fresas frescas y con un abanico de fresa encima.*

**Fresas con el pedazo de tallo**

**EQUIPO:**
**Tabla de picar**
**Cuchillo de pelar**

1. Colocar la fresa sobre la tabla de picar con la punta hacia Ud.

2. Con el cuchillo de pelar hacer 4 o 5 cortes longitudinales de la punta de la fresa casi al extremo del tallo.

3. Separar las láminas un poco, cuidando de tenerlas siempre unidas con la parte de arriba. Colocar sobre un plato o sobre la comida para asegurar su posición.

2º paso. Se corta la fresa en parte.

3º paso. Se abren los cortes en forma de abanico.

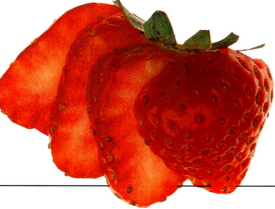

# Bolitas de melón con hojas

*Haga un atractivo borde de bolitas de melón alrededor de una bola de queso o ensalada de frutas en molde.*

*Para hacer un postre ligero, disponga las bolitas de melón y las hojas en platos individuales y rociar con puré de fresas o frambuesas. Servir con macarrones o galletas de mantequilla.*

*Para un buffet frío en verano, adorne platos de lonchas de jamón y pavo con grupos de bolitas de melón con hojas.*

*Coloque un grupo de bolitas de melón con hojas encima de un pastel de helado o postre de mousse congelado.*

**Melón dulce de pulpa verdosa y/o cantalupo**

**EQUIPO:**
**Tabla de picar**
**Cuchillo de cocinero**
**Cuchara grande**
**cuchillo de pelar**
**Palillos**
**Aparato para hacer bolitas de melón**
**Papel de cera**

1. Colocar el melón sobre la tabla de picar y cortar longitudinalmente por la mitad con un cuchillo de cocinero. Sacar las pepas con una cuchara y desecharlas.

2. Para hacer las hojas, corte varias tajadas delgadas de una mitad del melón, y pelarlas con el cuchillo de pelar. Desechar la cáscara.

3. Con el cuchillo de pelar, cortar figuras con forma de hoja de estas tajadas. (Las hojas pequeñas deben tener alrededor de 1,6 cm de largo por 2 cm de ancho. Las hojas más grandes deben tener alrededor de 3 cm de largo por 1,6 cm de ancho.)

4. Utilizando la punta de un palillo raye un dibujo de venas en las hojas.

5. Para hacer las bolitas de melón, ponga la copa del aparato para hacer bolitas de melón junto a la pulpa de la otra mitad del melón y presionar con firmeza para que corte la pulpa. Gírelo hasta que la copa esté mirando hacia arriba. Retirar el aparato e invertirlo sobre papel de cera para sacar la bolita de melón. Repetir para hacer más bolitas de melón.

6. Colocar una hoja sobre el alimento o el plato elegido y agrupar las bolitas de melón junto al extremo de la hoja.

2º paso. Se pelan las tajadas de melón.

3º paso. Se recortan las figuras con forma de hoja.

4º paso. Se raya un dibujo en las hojas.

5º paso. Se hacen las bolitas de melón.

*De frutas • ADORNOS*

## Copas de manzana

*Si quiere una presentación innovadora, amontone ensalada de zanahorias con pasas en copas de manzana y servir sobre hojas de limón u hojas de lechuga.*

*Como entrada para el desayuno o un almuerzo ligero, sirva una mezcla de frutas frescas en copas de manzana.*

*Cuando el menú del desayuno incluye una cesta de bollos, sirva al lado queso crema batida en una copa de manzana.*

**Manzana**
**Jugo de naranja o de limón**

**EQUIPO:**
**Tabla de picar**
**Cuchillo de pelar**
**Cucharita para toronja o cucharita metálica**
**Cepillo para repostería**

1. Para hacer que la manzana se equilibre bien sobre su base, en caso necesario poner la manzana de lado sobre la tabla y cortar una tajada delgada de la base con un cuchillo de pelar.

2. Para hacer la orilla dentada, sostener el cuchillo a un ángulo de 45° y perforar el corazón de la manzana con la punta del cuchillo, introduciéndolo por el lado de la manzana. Formar una "V" invertida haciendo un segundo corte, introduciendo el cuchillo hasta el medio de la manzana, de tal manera que el final de este corte coincida con el final del corte anterior. Seguir cortando en forma de "V" por toda la circunferencia de la manzana. Separar cuidadosamente las dos mitades de la manzana.

3. Con una cuchara para toronja o cucharita, sacar los corazones de las mitades de la manzana, dejando una copa de un grosor de 1,5 cm.

4. Con el cepillo para repostería, untar el interior de las copas de manzana con suficiente jugo de naranja o de limón para impedir que se oxide.

1º paso. Se corta una tajada delgada de la base de una manzana.

2º paso. Se hace un corte dentado alrededor de la manzana.

3º paso. Se saca el corazón de una manzana.

ADORNOS • *De frutas*

# Secciones de lima/limón

*Se puede hacer flotar secciones de lima y/o limón en una fuente de ponche de cítricos.*

*Para hacer un postre fácil pero elegante a la vez, ponga cucharadas de sorbete de lima en vasos bonitos y adorne cada vaso con una sección de lima o limón y un ramito de menta.*

*Coloque dos o tres secciones de lima o limón en el centro de un importante pastel de crema de lima o en base a otros cítricos.*

*Déle alegría a una fuente de arroz con mantequilla o pilau de arroz con una sección de limón de adorno.*

**Lima**

**EQUIPO:**
**Tabla de picar**
**Cuchillo de pelar**

1. Colocar la lima sobre la tabla y cortar a lo largo por la mitad.

2. Colocar la mitad de la fruta, con el lado del corte hacia abajo, sobre la tabla de picar. Trabajando en el centro de la parte superior de la fruta, corte una sección delgada y poco profunda cuidando de no traspasarla con el cuchillo. Sacar la sección y reservar.

3. Con un movimiento suave como si estuviera aserruchando, siga cortando secciones cada vez mayores (cada una de _ de pulgada más grande que la anterior) hasta llegar a un total de 4 o 5 secciones. Sacar cada sección cuando se corta.

4. Repetir con la mitad restante de la fruta.

**Alternativa de secciones de limón:**
Sustituir la lima con un limón y seguir de la manera indicada.

2º paso. Se corta una sección poco profunda de la fruta.

3º paso. Se cortan secciones cada vez mayores.

# Flores de zapallito/zapallo de verano

*Traiga a la mesa un plato colmado de tallarines y albóndigas con unas cuantas flores de zapallito.*

*Realce el centro de una quiche de espinacas o de brécol con una flor de zapallito o de zapallo de verano.*

*Para preparar un elegante aperitivo oriental, coloque uno o dos rollitos de primavera en un plato con pequeñas fuentes de salsa agridulce y de mostaza, una al lado de la otra y termine el plato con una flor de zapallito o de zapallo de verano.*

**Zapallitos**

**EQUIPO:**
**Tabla de picar**
**Cuchillo de pelar**
**Pelapapas**
**Palillo de madera**

1. Poner un zapallito de lado sobre la tabla y sacar ambos extremos con un cuchillo de pelar y desecharlos.

2. Con un pelapapas cortar rebanadas longitudinales del zapallito, asegurando de que haya cáscara verde por ambos lados de cada tira. Seguir rebanando hasta que llegue a las semillas.

3. Dar vuelta el zapallito, dejando alrededor de 1,5 cm de cáscara verde. Seguir cortando en rebanadas. Luego volver a dar vuelta y cortar una vez más.

4. Sacar los extremos de las rebanadas con un cuchillo de pelar para que queden uniformes.

5. Hacer cortes a una distancia de 2mm el uno del otro, por uno de los lados largos de cada rebanada, cortando casi hasta llegar a la orilla contraria.

6. Enrollar cada rebanada empezando en un lado corto.

7. Introducir un pedazo pequeño de un palillo de madera para que atraviese la base de cada rollito y lo asegure.

8. Colocar las flores mirando hacia arriba y abrir un poco.

**Alternativa con zapallo de verano:**
Sustituir los zapallitos por zapallos amarillos de verano, y seguir tal como se indica.

2º paso. Se corta un zapallito en rebanadas.

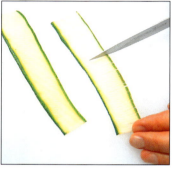

5º paso. Se corta a lo largo del lado de la rebanada.

6º paso. Se enrolla la rebanada.

7º paso. Se asegura la flor con un palillo.

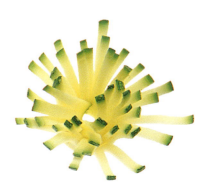

# Triángulos de pimentón

*Haga flotar unos cuantos triángulos de pimentón encima de su sopa de crema predilecta.*

*Realce con atractivo los bistec o las chuletas haciendo triángulos de pimentón verde, rojo o amarillo. Disponga un triángulo de cada color sobre cada plato junto con la carne.*

*Sirva una salsa de aperitivo con triángulos de pimentón en vez de papas fritas.*

*Para adornar ensaladas de plato principal, disponga cuatro o cinco triángulos de pimentón sobre los platos individuales de ensalada y ponga encima una cucharada de atún o de ensalada de pollo.*

**Pimentón verde, rojo o amarillo**
**Una fuente de agua helada**
**(optativa)**

**EQUIPO: Tabla de picar**
**Cuchillo de pelar**

1. Poner el pimentón con el extremo del tallo hacia arriba, sobre la tabla y con el cuchillo de pelar cortar una tajada de _ pulgada [6mm] de grosor de ambos lados del pimentón. Sacar y desechar la membrana y las semillas.

2. Cortar cada tajada de pimentón en un rectángulo de 3 cm de largo y 2 cm de ancho.

3. Empezando a una 1/3 parte de la distancia entre los lados largos de cada rectángulo, cortar a lo largo de cada rectángulo, terminando a una distancia de 6 mm del otro extremo. Girar el rectángulo y hacer lo mismo por el otro lado.

4. Para formar cada triángulo, sostener las dos esquinas exteriores de un rectángulo y juntarlas en el medio.

5. Para asegurar los extremos, haga que coincidan un poco. Si quiere, coloque los triángulos en agua helada para que se pongan más crujientes. Sacarlos del agua y estilar bien.

1º paso. se cortan los lados del pimentón.

3º paso. Se hacen cortes en el rectángulo.

4º paso. Se tuerce el rectángulo cortado para formar un triángulo

5º paso. Se hacen coincidir en parte los extremos para asegurar el triángulo.

*De verduras* • **ADORNOS** 573

# Estrellas de zanahoria

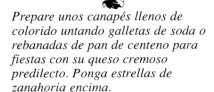

*Corte las zanahorias en forma de estrella en vez de simples palos o círculos para convencer a los niños a que coman sus zanahorias.*

*Prepare unos canapés llenos de colorido untando galletas de soda o rebanadas de pan de centeno para fiestas con su queso cremoso predilecto. Ponga estrellas de zanahoria encima.*

*Cubra una ensalada de verduras en molde con una capa delgada de queso crema batido. Adorne con estrellas de zanahoria.*

**Zanahorias grandes**

**EQUIPO:**
**Pelapapas**
**Tabla de picar**
**Cuchillo de pelar**
**Pelador para cítricos (optativo)**

1. Pelar la zanahoria con un pelapapas y colocarla sobre la tabla, Con el cuchillo de pelar cortar la zanahoria donde empiece a tener un diámetro de menos de 1,5 cm y desechar el extremo delgado. Cortar el extremo del tallo de la zanahoria y desechar. Poner la zanahoria de pie sobre el extremo más ancho y plano y cortar una rebanada a lo largo de un lado del pedazo de zanahoria.

2. Hacer 4 veces más, girando la zanahoria cada vez que se corta, haciendo una figura de pentágono con 5 lados iguales.

3. Cortar una ranura en el medio de cada lado plano usando un pelador para cítricos o la punta de un pelapapas.

4. Cortar la zanahoria en forma horizontal en tajadas delgadas con un cuchillo de pelar, formando estrellas.

1º paso. Se corta la primera delgada tajada longitudinal de la zanahoria.

2º paso. Se corta la zanahoria en forma de pentágono

3º paso. Se corta una ranura en cada lado plano.

574 ADORNOS · *De verduras*

# Rosquitas de cebollín/apio

*Para dar un aspecto elegante a un plato principal de pasta, sírvalo sobre sus platos de ensalada más bonitos con una rosquita de cebollín o de apio al lado.*

*Meta una rosquita de cebollín en una fuente de salsa para parrillas para que sus invitados lo usen para untar más salsa sobre sus costillas asadas o bocadillos de carne a la parrilla.*

*Toda comida oriental se completa con una fuente colmada de arroz. Adorne la fuente con una delicada rosquita de apio o de cebollín.*

**Cebollín o tallo de apio**
**Fuente de agua fría**
**Fuente de agua helada**

**EQUIPO:**
**Tabla de picar**
**Cuchillo de pelar**

1. Para hacer una rosca de cebollín, ponga el cebolleta sobre la tabla de picar, cortar la raíz con un cuchillo de pelar y desecharla. Cortar el cebollín en forma transversal en un pedazo 7,5 cm, que tenga alrededor de 3 cm de la parte blanca y la misma medida de la parte verde.

2. Hacer un corte largo desde el extremo blanco del cebollín hasta casi el centro del pedazo y repetir hasta que el extremo esté cortado en tiras delgadas.

3. Colocar el cebollín en agua fría (no agua helada). Dejar en reposo por 30 segundos o hasta que los extremos empiecen a enroscarse. Sacar del agua y estilar bien.

4. Para hacer una rosca de apio, cortar los extremos del tallo de apio y dividir en pedazos de 7,5 cm. Cortar cada pedazo a lo largo por la mitad y luego en tiras delgadas tal como se indica en el 2º paso más arriba. Colocar en agua helada y refrigerar hasta que se enrosquen los extremos.

1º paso. Se corta un pedazo de 7,5 cm del cebollín.

2º paso. Se corta un extremo de la cebolla en tiras delgadas.

4º paso. Se corta un extremo del apio en tiras delgadas.

*De verduras* • ADORNOS

# Abanicos de rábanos

*Agregue abanicos de rábano a su próxima ensalada de verduras mixtas.*

*Juntar un abanico de rábano con hojas frescas de albahaca y usar para adornar un plato de pollo cacciatore.*

*Para una fiesta, adornar un plato de nachos con un abanico de rábano junto con un ramito de perejil.*

**Un rábano grande
una fuente de agua helada**

**Equipo
tabla de picar
cuchillo de pelar**

1. Colocar el rábano sobre la tabla y con el cuchillo de pelar cortar los extremos de arriba y abajo y desecharlos.

2. Cortar tajadas de 3mm de grosor en forma transversal, atravesando aproximadamente 3/4 del rábano, teniendo cuidado de no traspasarlo.

3. Colocar el rábano en agua helada y colocar en el refrigerador por varias horas o hasta que se abra el abanico, Sacarlo y estilar bien.

1º paso. Se cortan los extremos del rábano.

2º paso. Se corta el rábano parcialmente en tajadas delgadas.

# Copa de pimentón

*Use una copa de pimentón en vez de una fuente cuando sirve salsas de crema o guacamole. O bien, utilícela como envase para palitos de zanahoria y apio como un centro de mesa comestible.*

*Para presentación innovadora, llenar las copas de pimentón con raciones individuales de atún, huevo o ensalada de jamón. servir sobre lechuga romana con hojas de punta roja.*

*Moldear raciones individuales de aspic de tomate en copas de pimentón. Servirla como entrada con mayonesa o crema cortada encima.*

**Pimentón grande, rojo, verde o amarillo**

**EQUIPO:**
**Tabla de picar**
**Cuchillo de pelar**

1. Colocar el pimentón sobre la tabla y con el cuchillo de pelar cortar aproximadamente 1,5 cm alrededor del tallo y desechar el tallo.

2. Sacar y desechar la membrana y las semillas.

3. Lavar el pimentón bajo la llave de agua fría e invertir para estilar bien.

4. En caso necesario, cortar una tajada de la base del pimentón para crear una superficie plana, ponerlo derecho y llenar como quiera.

1º paso. Se saca el extremo del tallo del pimiento.

2º paso. Se saca la membrana y las semillas.

4º paso. Se saca la base del pimiento para nivelarlo.

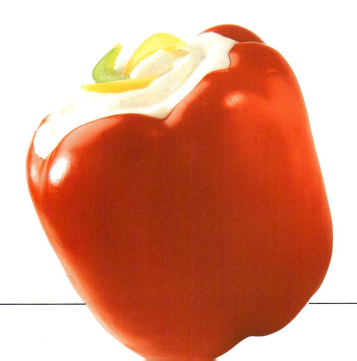

# Rosas de tomate

*Una delicada rosa de tomate es exactamente lo que se necesita para alegrar una sencilla fuente de requesón.*

*¿Su concepto de felicidad culinaria lo representa el fettuccine a lo Alfredo? Hágalo un poquito mejor agregando una rosa de tomate.*

*Cuando sirve un pescado grande entero, agréguele un poco de color al plato con rosas de tomate.*

**Tomate firme y maduro**
**Hojas pequeñas de menta fresca**
**(optativas)**

**EQUIPO:**
**Tabla de picar**
**Cuchillo de pelar**

1. Colocar el tomate sobre la tabla de picar y sacarle el corazón al tomate con un cuchillo de pelar.

2. Cortar una rebanada muy delgada de la base del tomate y desecharla.

3. Empezando por la parte superior del tomate, pélelo con un cuchillo cortando la piel en tira contínua y estrecha en forma de espiral alrededor del tomate entero, con un movimiento suave de aserruchar.

4. Colocar la tira sobre la tabla, con el lado de la piel o de la pulpa hacia arriba. Empezando por el extremo donde se empezó a cortar, enroscar la tira alrededor de si misma formando una rosca.

5. Meter el final de la tira debajo de la rosca para asegurarla, como también 2 o 3 hojas de menta en la base de la rosa de tomate, si así lo quiere.

1º paso. Se saca el corazón del tomate.

3º paso. Se pela el tomate.

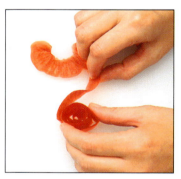
4º paso. Se enrosca la tira de tomate.

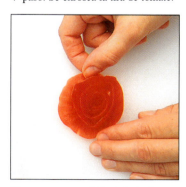
5º paso. se mete el final de la tira debajo de la rosca para asegurarla.

**ADORNOS** • *De verduras*

# Champiñones acanalados

*Juntar uno o dos champiñones acanalados con un ramito de berro para adornar los platos de la cena cuando sirve carne a la parrilla u otros platos de carne de vaca.*

*Colocar champiñones acanalados en los extremos de los kebab de pollo.*

*Adornar su paté favorito con varios champiñones acanalados.*

**Sombrerete grande de champiñón blanco fresco**
**Fuente pequeña de jugo de limón**

**EQUIPO:**
**Paño húmedo limpio**
**Papel de cocina**
**Tabla de picar**
**Cuchillo de pelar**

1. Suavemente limpiar el champiñón con el paño húmedo o lavar un poco con agua. Secar cuidadosamente con papel de cocina y colocar el champiñón sobre la tabla de picar. Sacar o cortar el tallo con el cuchillo de pelar y desechar.

2. Con el cuchillo de pelar a un ángulo de 45º, empezar en la parte superior del sombrerete del champiñón y cortar una ranura delgada y curva hasta llegar a la orilla del sombrerete. Girar el champiñón y seguir cortando ranuras curvas, haciendo en total 6 a 8 delgadas ranuras con un espacio uniforme entre cada una.

3. Una vez que se hayan hecho todos los cortes, sacar cuidadosamente cada pedazo triangular con la punta del cuchillo y desechar.

4. Para ayudar a que el champiñón acanalado no se oxide, métalo en jugo de limón.

2º paso. Se cortan ranuras en el sombrerete del champiñón.

3º paso. Se sacan secciones de las ranuras.

*De verduras • ADORNOS* 579

# Mariposas de zapallito/zapallo de verano

*Un plato de simples tomates rebanados puede volverse una belleza cuando lo adorna una mariposa de zapallito.*

*Una capa de mariposas de zapallito interpuestas con rodajas de naranja - complemento perfecto para un plato de pato asado.*

*Cuidadosamente ponga las mariposas de zapallito encima de platos de sopa de mariscos.*

**Zapallito pequeño a mediano
Fuente de agua helada
Brotes de alfalfa o de soja**

**EQUIPO:
Tabla de picar
Cuchillo de pelar
Tenedor**

1. Colocar el zapallito sobre la tabla, sacar ambos extremos con el cuchillo de pelar y desecharlos.

2. Para rayar el zapallito, pase los dientes de un tenedor a lo largo del zapallito y hacer lo mismo por toda su superficie.

3. Hacer un corte transversal, aproximadamente a 3 mm del final del zapallito, entrando hasta alrededor de 2/3 dentro del zapallito. Aproximadamente a 3 mm de este corte, hacer otro corte transversal que traspase totalmente el zapallito.

4. Colocar las rodajas, con el lado del corte hacia abajo, sobre la tabla. Recortar el lado sin cortar de la rodaja a aproximadamente 3 mm de la orilla para formar una base plana.

5. Para abrir las alas, colocar la rodaja sobre su base plana y cuidadosamente abrir los lados redondeados. (Si se quiere, coloque las rodajas en agua helada para ablandar de manera que se pueda separar más las alas. Sacar y estilar bien). Repetir para hacer mariposas adicionales.

6. Colocar cada mariposa sobre el alimento o plato elegido. Para hacer las antenas, meter 2 brotes en un extremo d cada mariposa.

**Alternativa con zapallo de verano:**
Sustituir el zapallito con zapallo amarillo de verano y seguir de la manera indicada.

2º paso. Se raya el zapallito.

3º paso. Se corta en rodajas el zapallito.

4º paso. Se recortan las rodajas para formar la base.

5º paso. Se abren las alas.

580 · **ADORNOS** · *De verduras*

# Flores de chiles

*Adorne un plato de nachos o una salsa mejicana con un par de flores de chiles.*

*Sirva platos colmados de sopa de quingombó o su plato principal favorito de sopa o guiso y coloque una flor de chile al lado.*

*Una flor de chile es el adorno perfecto para casi cualquier plato oriental. ¿Por qué no lo pone con carne de cerdo agridulce?*

**Un chile pequeño, rojo, amarillo o verde o jalapeño**
**Fuente de agua helada**

**EQUIPO:**
**Tabla de picar**
**Cuchillo de pelar**
**Guantes de plástico o goma**

1. Colocar el chile sobre la tabla, quitar la punta delgada con el cuchillo de pelar y desecharla. (Debido a que el aceite de los chiles picantes puede quemarle la piel, use guantes de plástico o de goma cuando trabaja con los chiles.)

2. Para cada flor, empezando en la punta de un chile, hacer un corte delgado longitudinal hacia el tallo, asegurando de que no traspase el extremo del tallo. repetir, haciendo cortes longitudinales alrededor del chile.

3. Lavar el chile bajo la llave de agua fría para sacar las semillas.

4. Colocar el chile en agua helada y refrigerar por varias horas o hasta que el chile se abra. Sacarlo del agua y estilar bien.

1º paso. Se corta la punta del chile.

2º paso. Se hacen cortes longitudinales en el chile.

3º paso. Se lava el chile para sacar las semillas.

# *Figuras de chocolate*

*Para obtener un postre realmente sensacional, coloque en salsa de natilla revuelta varias lonchas de manzana, durazno o pera, cocidas al vapor, y ponga una figura de chocolate encima.*

*No hay nada mejor que un pastel de fresas frescas, ¿dice usted? ¿Qué le parece un pastel de fresas frescas adornado con una figura de chocolate?*

*Termine un bollo de crema o bomba con fondant y una figura de chocolate.*

**Chocolate amargo, semidulce o de leche (en barra)**

**EQUIPO:**
**Tabla de picar**
**Cuchillo de pelar**
**Vaso de vidrio para medir**
**Olla pequeña**
**Espátula de goma**
**Bolsa plástica pequeña con cierre para alimentos**
**Tijeras de cocina**
**Papel de cera**

1. Colocar el chocolate sobre la tabla de picar y con el cuchillo de pelar raspar el chocolate para cortar unas láminas bien delgadas.

2. Colocar las láminas de chocolate en el vaso para medir y llenar la cuarta parte de una olla (aproximadamente 2,5 cm de profundidad) con agua tibia (no caliente). Introducir el vaso para medir en el agua para derretir el chocolate, revolviendo frecuentemente con una espátula de goma hasta que esté sin grumos. (Tenga cuidado de que no se meta agua en el chocolate.) Sacar el vaso para medir de la olla y dejar que el chocolate se enfríe un poco.

3. Llenar la bolsa plástica hasta aproximadamente la mitad con chocolate derretido.

4. Sellar bien la bolsa y con las tijeras quitarle una esquina de abajo.

5. Sostener el extremo sellado de la bolsa con la mano que usa para escribir. Poner los dedos cerca del hueco de la bolsa y la otra mano debajo de la bolsa para guiarla.

6. Presionando la bolsa suavemente, sostenerla con el hueco justo encima del papel de cera, sacando el chocolate en un chorrito constante, haciendo diferentes figuras. Dejar de presionar y levantar la bolsa al terminar cada figura. Crear flores, corazones, árboles de Navidad, entramados o cualquiera figura de filigrana.

7. Dejar las figuras en reposo en un lugar frío y seco hasta que endurezca el chocolate. (No enfriar en el refrgerador). Cuidadosamente sacar las figuras del papel de cera y guardarlas en un lugar fresco y seco hasta que llegue la hora de usarlas.

1º paso. Se raspa el chocolate.

3º paso. Se llena una bolsa con chocolate derretido.

4º paso. Se quita una pequeña esquina del fondo de la bolsa.

6º paso. Se hacen las figuras.

**ADORNOS** • *Dulces*

# Diseños de cacao/azúcar cernido

*Se puede optimizar una torta hecha con especias, pan de jengibre o su torta de queso predilecta al espolvorearlos con azúcar glas.*

*Una torta de frutos secos sin fondant exige un diseño de adorno con azúcar glas o cacao en polvo.*

**Torta de queso, torta o bizcocho
Cacao en polvo sin azúcar o
   azúcar glas**

**EQUIPO:
Tijeras de cocina
Papel de cera
Blonda con diseño grueso
Cuchara grande
Cedazo fino
Brochetas o palillos**

1. Con las tijeras, cortar el papel de cera en tiras, cada una de 5 a 7,5 cm de ancho y 12,5 a 15 cm de largo. Meter las tiras debajo del postre sobre el plato de servir para que no se manche el plato al espolvorear con cacao en polvo o azúcar glas.

2. Colocar la blonda encima de la torta de queso, torta o bizcocho.

3. Con una cuchara trasladar el cacao en polvo o el azúcar glas a un cedazo. (El cacao en polvo es bueno para postres de color claro y el azúcar glas para postres de color oscuro.)

4. Sosteniendo el cedazo encima del postre, golpear el cedazo suavemente con la mano para que se espolvoree el cacao en polvo o el azúcar glas en una capa uniforme encima de toda la superficie.

5. Cuidadosamente quitar las tiras de papel de cera alrededor de la base del postre. Con una brocheta o palillo levantar la blonda de encima del postre.

6. Como alternativa a la blonda, usando tiras de papel, no se usa blonda, sino que se recortan tiras de papel limpio, cada tira con un ancho de 1,5 a 2 cm y con un largo suficiente para atravesar la superficie que usted quiere adornar. Disponer las tiras de papel en un diseño de entramado encima del bizcocho, torta o torta de queso. Continúe tal como se indica en los pasos 3 al 5.

2º paso. Se coloca una blonda sobre el postre.

4º paso. Se cierne el cacao encima de la blonda.

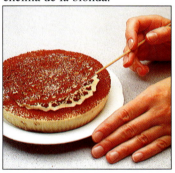

5º paso. Se quita la blonda.

6º paso. Se disponen las tiras de papel encima del postre.

Dulces • ADORNOS 583

# *Fondant con cheurones*

*Para que luzcan realmente elegantes sus brownies u otras galletas de tipo barra, recubrir primero con fondant de un color y después haga cheurones de fondant de un color contrastante.*

*Celebre las vacaciones con fondant con cheurones de los colores que correspondan a la estación del año - rojo y verde para Navidad, rojo y blanco para el Día de los Enamorados, o rosado con amarillo para Semana Santa. ¡Son infinitas las posibilidades!*

*Más apasionante aún, utilice dos colores diferentes de fondant contrastante, por ejemplo: cheurones rojos y azules sobre una torta recubierta con fondant blanco son perfectos para las fiestas patrias norteamericanas.*

**Fondant que se haya elegido**
**Torta, brownies o galletas**
**Fondant elegido de un color contrastante**
**EQUIPO:**
**Espátula metálica delgada o cuchillo pequeño**
**Cono de papel apergaminado o manga de repostería (para decorar)**
**Tijeras de cocina (optativas)**
**Boquilla para escribir (Nº 2, 3 o 4)**
**Cuchara**

1. Untar el fondant elegido encima de la torta, brownies o galletas que haya escogido, utilizando una espátula metálica o cuchillo.

2. Si piensa usar un cono de papel apergaminado, con las tijeras quitarle alrededor de 1,5 cm de la punta. Meter una boquilla para escribir en la abertura de la manga o cono de papel apergaminado. (En caso necesario cortar un hueco más grande en el papel para que quepa la boquilla.)

3. Con una cuchara llenar la manga o cono hasta alrededor de la mitad con fondant de un color contrastante y presionar sobre el fondant desde el extremo abierto para que baje bien a la manga o cono. Sostener el extremo abierto de la manga o cono en la palma de la mano que usa para escribir, y colocar los dedos cerca del hueco de la manga o cono. Meter la otra mano debajo de la manga o cono para sostener y guiar la boquilla.

4. Sostener la manga o cono a un ángulo de 45º, justo encima del alimento que se está decorando. Presionando la manga suavemente, guiar la boquilla de tal forma que se trace una línea de fondant contrastante encima del fondant de la torta o galleta. Al alcanzar el final de la línea, deje de presionar y levante la manga. Repetir para hacer líneas paralelas.

5. Formando ángulo recto a las líneas paralelas con el cuchillo o la espátula, arrastrar la punta atravesando las líneas a una distancia regular una línea de la otra, tirando el utensilio siempre en el mismo sentido.

6. O bien, para lograr un diseño diferente, tirar la punta del cuchillo línea por medio en sentido contrario.

1º paso. Se unta el fondant encima de la torta.

4º paso. Se hacen líneas paralelas encima de la torta.

5º paso. Se hacen cheurones todos con la misma orientación.

6º paso. Se hacen cheurones en sentido contrario.

# Figuras de chocolate recortadas

*Para la próxima fiesta de cumpleaños de su niño, ponga una figura de chocolate al lado de cada ración de torta. Haga que el niño le ayude, eligiendo las figuras de cortapastas para galletas o aperitivos que más le gusten.*

*Confeccione algo especial para fiesta para la Noche de las Brujas colocando, justo antes de servir, pequeñas figuras de chocolate encima de magdalenas con fondant anaranjado.*

**Chocolate semidulce (en barra)**
**Manteca**

**EQUIPO:**
**Tabla de picar**
**Cuchillo de pelar**
**Vaso de vidrio para medir**
**Olla pequeña**
**Espátula de goma**
**Chapa de hornear, bandeja o fuente, mármol u otra superficie resistente al calor**
**Papel de cera**
**Espátula de metal**
**Cortapastas para aperitivos o galletas pequeñas**

1. Preparar el chocolate derretido tal como se indica en la receta para hojas de chocolate (página 587, pasos 1 al 3). Dejar que el chocolate se enfríe un poco.

2. Forrar una chapa de horno con papel de cera y verter encima el chocolate derretido. Usando una espátula de metal, extender el chocolate rápidamente formando una capa delgada (de un grosor de 3 a 6 mm.

3. Dejar en reposo en un lugar fresco y seco justo hasta que se endurezca. (No enfriar en el refrigerador). Cortar el chocolate en figuras con cortapastas para aperitivos o galletas, acercando los cortapastas el máximo posible el uno al otro.

4. Sacar las figuras cuidadosamente con la espátula metálica y guardar en un lugar fresco y seco hasta que llegue la hora de usarse.

**Nota:** Para recortar las figuras de chocolate con más facilidad, calentar con las manos los cortapastas para aperitivos o galletas antes de usarse.

2º paso. Se unta la chapa de horno con el chocolate.

3º paso. Se recortan las figuras.

4º paso. Se sacan las figuras.

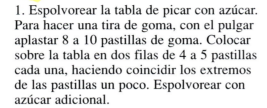

# Moños de goma

*Moños de goma festivos rojos y verdes dan un toque navideño a pan dulce con fondant. Póngalos sobre panes de plátano, de dátiles, de naranja o de zapallo.*

*Adorne una ensalada de molde de gelatina con un moño de goma del mismo color o contrastante.*

*Adorne una torta de crema de Boston con un lindo moño de goma anaranjada.*

**Azúcar**
**8 a 10 pastillas de goma**

**EQUIPO:**
**Tabla de picar**
**Rodillo**
**Cuchillo de pelar**

1. Espolvorear la tabla de picar con azúcar. Para hacer una tira de goma, con el pulgar aplastar 8 a 10 pastillas de goma. Colocar sobre la tabla en dos filas de 4 a 5 pastillas cada una, haciendo coincidir los extremos de las pastillas un poco. Espolvorear con azúcar adicional.

2. Pasar el rodillo sobre las pastillas aplastadas, formando una tira de 15 a 7,5 cm, dando vuelta la tira frecuentemente para recubrir de azúcar.

3. Con el cuchillo de pelar recortar los extremos del pedazo de goma y botar estos pedazos sobrantes. Cortar el pedazo que queda en tiras de 1,5 cm de ancho.

4. De estas tiras cortar dos pedazos de 7,5 cm de largo, cuatro de 6,5 cm, y uno de 4 cm.

5. Para armar el moño, doblar los dos pedazos de 7,5 cm por la mitad, formando 2 lazadas. Colocarlas con un extremo junto al otro para formar la base del moño. Presionar los extremos para unirlos firmemente.

6. Doblar 2 de las tiras de 6,5 cm y colocarlas con un extremo junto al otro encima de los primeros, presionando suavemente para unir.

7. Colocar la tira de 4 cm de tal manera que atraviese el centro del moño, envolviéndolo, y tape los extremos de las lazadas. Presionar suavemente para unir.

8. Con un cuchillo recortar los extremos de las dos tiras de 6,5 cm en forma diagonal. Colocar los extremos de estas tiras debajo del centro del moño, formando una "V" invertida como los extremos de un moño. Presionar suavemente para unir.

1º paso. Se colocan las pastillas aplastadas en líneas de tal manera que coincidan un poco los extremos de las pastillas.

2º paso. Se pasa el rodillo encima de las pastillas de goma para aplastarlas completamente.

5º paso. Se juntan 2 lazadas para formar la base del moño.

7º paso. Se hace el centro del moño.

# *Hojas de chocolate*

Haga lucir su torta de chocolate predilecta colocándola sobre un plato con pie central para torta. Disponer hojas de chocolate alrededor de la base de la torta para hacer un borde atractivo.

Para hacer una torta de queso de aspecto llamativo, disponga tres hojas de chocolate en el centro de su torta de queso favorita. Sobre las hojas coloque una rosa que le guste - sea de verdad o hecha de azúcar quemada, azúcar glas o pastillas de goma.

Termine una comida festiva con un postre ligero pero elegante. Ponga una cucharada de sorbete de limón o naranja en un plato elegante para postre. Luego ponga una o dos hojas de chocolate sobre cada ración.

**Chocolate semidulce (en barra)**
**Manteca**
**Hojas no tóxicas, como las de rosa, limón o camelia**

**EQUIPO:**
**Tabla de picar**
**Cuchillo de pelar**
**Vaso de vidrio para medir**
**Olla pequeña**
**Espátula de goma**
**Papel de cocina**
**Pincel pequeño y limpio y cepillo para repostería**
**Papel de cera**

1. Colocar el chocolate sobre la tabla de picar y con el cuchillo de pelar raspar el chocolate para cortar unas láminas bien delgadas (ver Figuras de chocolate, página 582, 1º paso).

2. Colocar las láminas de chocolate en el vaso para medir y agregar la manteca. (Use 1 cucharadita de manteca por cada 60g de chocolate.)

3. Llenar una cuarta parte de una olla (aproximadamente 2,5 cm de profundidad) con agua tibia (no caliente). Colocar el vaso para medir en el agua para derretir el chocolate, revolviendo frecuentemente con la espátula de goma hasta que no tenga grumos. (Tenga cuidado de que no caiga agua al chocolate.)

4. Lavar las hojas y secar bien con papel de cocina. Untar el dorso de cada hoja con un pincel o cepillo para repostería, cubriendo la hoja con una capa gruesa y uniforme. repetir con una segunda capa de chocolate, si quiere, para tener una hoja más fuerte.

5. Cuidadosamente sacar cualquier chocolate que haya caído sobre el lado superior de la hoja.

6. Colocar las hojas, con el lado del chocolate hacia arriba, sobre papel de cera y dejar en reposo en un lugar fresco y seco hasta que se endurezca el chocolate. (No enfriar en el refrigerador).

7. Cenado el chocolate se haya endurecido, cuidadosamente saque las hojas del chocolate y enfriar el chocolate hasta que llegue la hora de usarse.

3º paso. Se derrite el chocolate.

4º paso. Se untan las hojas con el chocolate derretido.

5º paso. Se quita el chocolate sobrante del lado superior de las hojas.

7º paso. Se separan las hojas.

# Rosas de azúcar quemada

*Ya recubierta de fondant y con relleno, su torta predilecta puede coronarse con un ramillete de rosas de azúcar quemada.*

*Si quiere preparar un postre especialísimo, coloque rosas de azúcar quemada encima de petit-fours y dispóngalos sobre un plato espectacular para postre.*

*Haga realzar una deliciosa tortaleta de azúcar quemada con una rosa de azúcar quemada.*

**Azúcar**
**Caramelos de azúcar quemada adquiridos comercialmente**

**EQUIPO:**
**Tabla de picar**
**Cucharita**
**Rodillo**
**Cuchillo de pelar**

1. Con una cucharita espolvoree azúcar sobre una tabla de picar. Sacar el envoltorio de 3 caramelos de azúcar quemada y colocarlos sobre una tabla espolvoreada con azúcar. Espolvorear con azúcar adicional.

2. Con el rodillo estirar cada caramelo hasta que tenga forma ovalada (de un grosor de alrededor de 2 mm, dando vuelta frecuentemente el caramelo para recubrirlo de azúcar. Con un cuchillo de pelar cortar cada forma ovalada por la mitad en forma transversal.

3. Moldear el centro de una rosa empezando por un lado de las mitades de la forma ovalada y enrollar hasta obtener una forma de capullo.

4. Para hacer los pétalos, moldear alrededor del capullo otra mitad de la forma ovalada, con el lado derecho hacia abajo. Presione sobre el pétalo para que se adhiera al capullo. Ensanchar la orilla un poco para que parezca pétalo.

5. Hacer lo mismo con las demás mitades del óvalo para formar pétalos adicionales, haciendo que un pétalo coincida encima de otro un poco por los lados.

6. Colocar la rosa de lado y cortar la base con un cuchillo de tal manera que quede plana y se pueda equilibrar.

2º paso. Se cortan los óvalos por la mitad.

3º paso. Se enrolla la mitad de un óvalo para formar el capullo de la rosa.

4º paso. Se coloca el primer pétalo alrededor del capullo.

5º paso. Se forman pétalos adicionales.

**ADORNOS • Dulces**

# Rosquitas de chocolate

*Ya recubierto de fondant y con relleno, su bizcocho o torta de queso predilectos pueden adornarse con un halo de roscas de chocolate.*

*Si quiere preparar algo especial para después de la cena, ponga encima del café cucharadas de crema batida y roscas de chocolate.*

*Espolvoree azúcar glas encima de las roscas de chocolate y utilícelas para dar un toque festivo a un pastel o pudín de chocolate.*

*Déles ese algo especial a los brownies, recubriéndolos con crema de mantequilla con vainilla y colocando una rosquita de chocolate encima de cada brownie.*

**Chocolate semidulce (en barra)**
**Manteca**

**EQUIPO:**
**Tabla de picar**
**Cuchillo de pelar**
**Vaso de vidrio para medir**
**Olla pequeña**
**Espátula de goma**
**Bandeja o fuente de horno, mármol u otra superficie resistente al calor**
**Espátula de metal**
**Paleta metálica pequeña para dar vuelta los panqueques o cortador para queso**
**Brocheta pequeña o palillo**
**Papel de cera**

1. Colocar el chocolate sobre la tabla de picar y con el cuchillo de pelar raspar el chocolate para cortar unas láminas bien delgadas.

2. Colocar las láminas de chocolate en el vaso para medir y agregar la manteca. (Use 1 cucharadita de manteca por cada 60g de chocolate.)

3. Llenar una cuarta parte de una olla (aproximadamente 2,5 cm de profundidad) con agua tibia (no caliente). Colocar el vaso para medir en el agua para derretir el chocolate, revolviendo frecuentemente con la espátula de goma hasta que no tenga grumos. (Tenga cuidado de que no caiga agua al chocolate.) Sacar el vaso para medir de la olla y dejar que el chocolate se enfríe un poco.

4. Echar el chocolate derretido sobre el dorso de una bandeja de horno, extendiéndolo rápidamente con la espátula metálica para formar una capa delgada (de un grosor de alrededor de 6 mm).

5. Dejar en reposo en un lugar fresco y seco hasta que se endurezca el chocolate. (No enfriar en el refrigerador). Justo cuando el chocolate se haya endurecido, utilice una paleta para panqueques, cortador para queso o cuchillo de pelar para formar roscas. Sostenga el utensilio a un ángulo de 45º y raspe el chocolate para formar una rosca.

6. Utilizando una brocheta pequeña o palillo trasladar la rosca a papel de cera y guardar en un lugar fresco y seco hasta que llegue la hora de usarse.

1º paso. Se raspa el chocolate.

4º paso. Se extiende el chocolate derretido.

5º paso. Se raspa el chocolate para formar roscas.

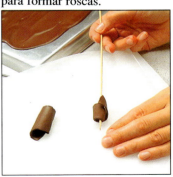
6º paso. Se trasladan las roscas.

Dulces • ADORNOS

# Roscas de tocino

*Adorne pedazos de quiche con roscas de tocino.*

*Disponga de algunas roscas de tocino como adorno encima de una ensalada mixta o guiso.*

*Para preparar con rapidez un aperitivo o bocado, unte tostaditas delgadas o pan centeno fino con el queso cremoso que más le guste. Coloque una rosca de tocino encima de cada uno.*

**Lonchas de tocino**

**EQUIPO:**
**Tabla de picar**
**Cuchillo de pelar**
**Brochetas metálicas de 15 a 20 cm**
**Grill parrilla**
**Tenedor**
**Papel de cocina**

*Cada loncha de tocino hace 3 roscas

1. Colocar las lonchas de tocino sobre la tabla de picar y con el cuchillo de pelar cortar cada loncha en forma transversal en 3 pedazos.

2. Enrollar, no muy apretados, los pedazos de tocino y ensartar en brochetas metálicas a una distancia de 1,5 cm aproximadamente, un pedazo del otro.

3. Colocar las brochetas, con una distancia de 4 a 5 cm entre ellas, sobre la rejilla sin calentar de un grill parrilla. Colocar debajo del grill precalentado de tal manera que la rejilla esté a 12,5 cm de la llama. Hacer a la parrilla por 4 a 6 minutos o hasta que el tocino esté crujiente, dándolo vuelta cada 2 minutos. Enfriar y con un tenedor sacar las roscas de las brochetas. Estilar sobre papel de cocina y enfriar bien.

1º paso. Se corta el tocino.

2º paso. Se ensarta el tocino en las brochetas.

3º paso. Se sacan las roscas de las brochetas.

# Adornos de queso crema

*Se puede conseguir el adorno perfecto adornando con queso crema lonchas de salmón ahumado colocadas en galletas de soda o pancitos de rosquilla.*

*Haga un adorno con queso crema mangueando un diseño de rombos sobre los asados de pedazos enteros de carne.*

*Manguee queso crema ablandado sobre su ensalada de gelatina preferida.*

*Con el mango ponga un poco de queso crema encima de los bistek una vez hechos o tajadas de rosbif calientes.*

**Queso crema batido**
**Eneldo fresco (optativo)**

**EQUIPO:**
**Bolsa plástica grande con cierre para guardar alimentos**
**Cuchara grande**
**Tijeras grandes**

1. Con una cuchara llenar la bolsa plástica con queso crema hasta aproximadamente la mitad. Cerrar bien la bolsa y cortar un pedacito pequeño de la esquina inferior de la bolsa con tijeras de cocina.

2. Sostener el extremo cerrado de la bolsa en la mano que usa para escribir, y colocar los dedos cerca de la abertura. Poner la otra mano debajo de la bolsa.

3. Para hacer palotes y líneas, sostener la bolsa plástica a un ángulo de 45°C, a aproximadamente 6 mm de la superficie del alimento. A la vez que presiona la bolsa suavemente, guiarla para crear el diseño requerido. Al terminar cada palote o línea, dejar de presionar la bolsa y retirarla de los alimentos. Adornar con eneldo fresco, si quiere.

4. Si quiere adornar con una bolita con punta o redondeada de queso crema, sostener la bolsa plástica de tal manera que haga ángulo recto con el alimento, colocar la abertura justo encima, y presionar suavemente, levantando la bolsa un poco a la vez que presiona. Cuando la bolita de queso crema alcance el tamaño deseado, deje de presionar y retire la bolsa. Adornar con eneldo fresco, si así lo quiere.

1º paso. Se corta una pequeña esquina de la base de la bolsa.

3º paso. Se hacen palotes.

4º paso. Se hacen bolitas.

Varios • ADORNOS

# Pollitos de huevo

*Adorne un plato de jamón horneado con una familia de pollitos de huevo.*

*Para los pequeñitos, prepare un desayuno especial de huevos sirviéndoles pollitos de huevo.*

*¿Piensa servir ensalada del cocinero para la cena? Por qué no coloca un pollito de huevo encima?*

**Pimentón rojo, verde o amarillo
Rebanada de aceituna negra
Huevo duro pelado**

**EQUIPO:
Tabla de picar
Cuchillo de pelar**

1. Colocar el pimentón sobre la tabla de picar. Cortar longitudinalmente a la mitad con un cuchillo de pelar. Sacar el tallo, la membrana y las semillas y desechar. Cortar un rectángulo de 5 x 4 cm de cada mitad del pimentón.

2. Para hacer la cola, recortar en un ángulo ambos lados largos de un rectángulo de pimentón. Hacer cortes en zigzag por el lado ancho del mismo rectángulo.

3. Cortar el rectángulo restante de pimentón a la mitad longitudinalmente. Para hacer la cresta del pollito, cortar en zigzag la orilla de un lado largo de una mitad de rectángulo. Si quiere, recortar la cresta para que tenga la misma proporción que el huevo.

4. Para hacer el pico, cortar un pequeño triángulo de la mitad restante del rectángulo y reservar.

5. Para hacer los ojos, cortar 2 pedazos pequeños de la rebanada de aceituna y reservar.

6. Para armar el pollito de huevo, cortar a lo largo del huevo con el cuchillo de pelar para sacar una sección larga y desechar. Poner el huevo, con el lado del corte hacia abajo, sobre la tabla de picar.

7. Hacer un corte horizontal en el extremo más ancho del huevo. Introducir en el hueco la cola, con el lado de la piel hacia arriba. Hacer un corte longitudinal en la parte superior del extremo más pequeño del huevo e introducir la cresta del pollito en el hueco.

8. Cortar un hueco en la punta del extremo más pequeño del huevo e introducir el pico. Poner un pedazo de aceituna a cada lado del pico para representar los ojos.

2º paso. Se hacen cortes en zigzag en la cola.

3º paso. Se recorta la cresta.

6º paso. Se corta una sección del lado inferior del huevo.

7º paso. Se introduce la cola y la cresta en el huevo.

# Figuras de masa

*Para que sea sensacional un simple pastel de picadillo de frutos secos, disponga un círculo de figuras con forma de estrella encima de la tapa del cascarón antes de hornear.*

*Si quiere una alternativa rápida a un pastel con diseño de entramado encima, en vez de hacer tiras de masa recorte varios rombos o círculos con orilla festoneada. Disponga las figuras en un diseño atractivo encima del relleno del pastel antes de hornear.*

*¿Necesita una actividad divertida para mantener ocupados a los niños? Deje que recorten figuras imaginativas de la masa estirada, espolvoree las figuras con azúcar y canela y hornee sobre chapas de horno. A los niños les encantará comer sus creaciones con compota de manzanas, pudín o helado.*

**Harina**
**Masa para el cascarón del pastel**
**Leche**
**Azúcar**
**Agua**

**EQUIPO:**
**Paño para repostería**
**Rodillo**
**Forro para rodillo (optativo)**
**Cortapastas para aperitivos o galletas o cuchillo para pelar**
**Chapa de horno**
**Espátula de metal**
**Cepillo pequeño para repostería**
**Rejilla metálica**
**Paleta para dar vuelta los panqueques**

1. Espolvorear el paño para repostería con harina. Colocar la masa encima del pavo y estirarla con el rodillo hasta que tenga un grosor de 3 mm. (Para evitar en lo posible que la masa se adhiera al rodillo, use un rodillo con forro.)

2. Cortar en las figuras requeridas usando cortapastas para aperitivos o galletas o un cuchillo para pelar.

3. Para adornar un pastel sin tapa, trasladar las figuras recortadas a una chapa de horno con una espátula de metal. utilice la punta del cuchillo de pelar para adornar las figuras con un diseño, si quiere. Untar las figuras con leche usando un cepillo para repostería y espolvorear con azúcar.

4. Hornear las figuras a 220°C (o a la temperatura que se recomienda en la receta de la masa) hasta que se doren. Utilizando la paleta para panqueques, trasladarlas a una rejilla metálica para que se enfríen. Disponer las figuras horneadas encima del relleno del pastel.

5. Para adornar un pastel de cascarón con tapa sin hornear, usar una espátula metálica para sacar las figuras del paño, y con un cepillo para repostería humedecer con agua el dorso de las figuras. Disponer las figuras, con el lado húmedo hacia abajo, encima de la tapa del pastel.

6. Hacer cortes en la tapa del cascarón con un cuchillo de pelar como parte del diseño.

7. O bien, hacer cortes por la orilla de las figuras. Untar con leche la tapa del cascarón y las figuras, y espolvorear con azúcar. Hornear tal como se indica en la receta del pastel.

3º paso. Se adornan las figuras con el diseño que quiera.

4º paso. Se colocan las figuras sobre un pastel.

6º paso. Se abren cortes en la tapa del cascarón.

7º paso. Se hacen cortes por la orilla de las figuras recortadas.

Varios • ADORNOS 593

# Figuras de mantequilla

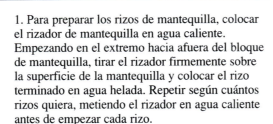

*Disponga dos o tres roscas de mantequilla encima de un montón de panqueques bien calientes*

*La próxima vez que ofrezca un buffet, en vez de las tradicionales porciones de mantequilla, coloque bolitas de mantequilla en una bonita fuente de vidrio llena de hielo triturado. Sirva junto con una canasta de molletes calientes o galletas.*

*Para una sustanciosa comida de invierno, adorne platos de guiso de ostras elegantes círculos condimentados de mantequilla.*

**Fuente de agua caliente**
**Mantequilla o margarina, refrigeradas**
**Fuente de agua helada**
**Hierbas frescas picada, hierbas secas machacadas o ajo fresco molido**

**EQUIPO:**
**Rizador de mantequilla (para rizos de mantequilla)**
**Paletas para mantequilla (para bolitas de mantequilla)**
**Tabla de picar**
**Cuchillo de pelar**
**Fuente pequeña**
**Cucharita metálica**
**Papel de cera**

1. Para preparar los rizos de mantequilla, colocar el rizador de mantequilla en agua caliente. Empezando en el extremo hacia afuera del bloque de mantequilla, tirar el rizador firmemente sobre la superficie de la mantequilla y colocar el rizo terminado en agua helada. Repetir según cuántos rizos quiera, metiendo el rizador en agua caliente antes de empezar cada rizo.

2. Para preparar bolitas de mantequilla, colocar las paletas para mantequilla en agua helada hasta que se enfríen. Poner un bloque de mantequilla sobre la tabla de picar y cortar en pedazos de 1,5 cm con el cuchillo de pelar.

3. Con los dedos, moldear los pedazos de mantequilla para formar bolitas. Refrigerar hasta que se endurezcan, si es necesario.

4. Rodar cada bolita entre los lados rayados de las paletas, moviendo las paletas en círculos pequeños en sentido contrario. Colocar las pelotas terminadas en agua helada.

5. Para preparar mantequilla condimentada, dejar el bloque de mantequilla a temperatura ambiente hasta que se ablande y poner la mantequilla en una fuente pequeña. Agregar hierbas o ajo y revolver con una cuchara hasta que se homogenice. (utilizar alrededor de 1 cucharadita de hierbas frescas o 1/4 a 1/2 cucharadita de hierbas secas o ajo molido por cada 1/2 taza de mantequilla.) Colocar la mezcla de mantequilla sobre papel de cera y moldear para formar un rollo. Envolver con papel de cera y refrigerar hasta que se endurezca.

6. Para servir, corte el rollo de mantequilla en círculos con el cuchillo de pelar. O bien, utilice el rollo de mantequilla condimentada para hacer los rizos o bolitas de mantequilla.

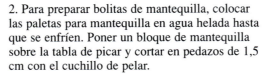

1º paso. Se tira el rizador sobre el bloque de mantequilla.

3º paso. Se rueda la mantequilla para formar bolitas.

4º paso. Se ruedan las bolitas entre las paletas.

5º paso. Se envuelve mantequilla con hierbas en papel de cera para refrigerar.

ADORNOS · Varios

# Copas de tortilla

*Las copas de tortilla son estupendas como recipientes para el guacamole, la salsa picante o su salsa preferida.*

*Llene las copas de tortilla con ensalada de repollo, zanahoria y cebolla con mayonesa o su ensalada de pasta favorita para dar un realce perfecto a una comida de hamburguesas a la parrilla en tiempo de verano.*

*para hacer una ensalada refrescante, llene copas de tortilla con pedazos de fruta fresca y rocíe con adobo de semillas de amapola.*

*Durante las vacaciones, haga pequeñas copas de tortilla para la salsa de arándanos. Disponga las copas llenas alrededor del pavo sobre el plato de servir.*

**Aceite para freír**
**Tortillas de harina de trigo de 15 a 17,5 cm**

**EQUIPO:**
**Olla grande y pesada**
**Termómetro para aceite de freír**
**Guantes para horno (optativas)**
**Cucharón**
**Tenazas metálicas largas**
**Papel de cocina**

1. Verter 7,5 cm de aceite para freír en una olla grande y pesada. Fijar un termómetro para freír, con la cubeta sumergida en el aceite, en un lado de la olla.

2. Cuidadosamente colocar las tortillas, una a la vez, en el aceite caliente. Con el cucharón, presionar la tortilla hacia abajo de tal manera que forme una copa. Freír la tortilla hasta que esté crujiente y dorada.

3. Vaciar el aceite del cucharón y sacar el cucharón de la olla. Con las tenazas sacar la copa de tortilla del aceite caliente.

4. Invertir la copa de tortilla y estilar invertida sobre papel de cocina. Repetir según el número de copas de tortilla que se necesite.

2º paso. Se fríe una tortilla.

3º paso. Se saca una copa de tortilla del aceite caliente.

Varios • ADORNOS

# INDICE

**A**
Abanicos de fresa, 568
Abanicos de rábanos, 576
Adornos de queso crema, 591
**Aguacates/paltas**
   Barquitos de aguacate con pollo, 174
   Burritos de carne de cerdo, 306
   Flautas con relleno de pollo, 294
   Gazpacho, 292
   Guacamole clásico, 290
   sacar el cuesco, 174
   Tostadas de pollo, 296
**Ajo**
   aplastar, 58
   picar, 166
   Picatostes al ajo, 292
   Salsa de ajo y cebolla, 64
**Alcachofas**
   comprobar si están listas, 55
   Ensalada de pasta en copas de alcachofa, 55
   preparación de las puntas de las hojas, 55
   sacar la rebaba pilosa, 56
**Aliño para ensalada**
   Aliño de lima con comino, 296
   Vinagreta de albahaca, 56
**Almejas**
   Cioppino, 245
   cocer, 245
   limpiar, 245
   Mariscos frescos con ensalada de linguine, 52
**Almendras**
   Biscotti de almendras con pedacitos de chocolate, 396
   dorar en sartén, 310
   Pollo con almendras, 220
   Tarta de naranja y almendras a la española, 434
   tostar al horno, 389
Antipasto con champiñones marinados, 242
**Aperitivos** (*ver también* **Salsas y cremas; Tapas**)
   Alas de pollo picantes con miel, 40
   Antipasto con champiñones marinados, 242
   Bocados de pescado con coco, 500
   Canapés venecianos, 240
   Carne de cerdo a la parrilla, 206
   Champiñones con huevos, 20
   Champiñones marinados, 244
   Empanaditas chinas, 200
   Empanaditas de queso con espinacas, 22
   Enrollados para entremeses, 203
   Farditos de queso con salchicha, 502
   Langostinos, 16
   Lasaña fría de mariscos y queso con hierbas, 18
   Molde de camarones, 42
   Nachos olé, 288
   Ostiones à la Schaller, 44
   Palitos de pesto con queso, 504
   Ratatouille de tres champiñones, 496
   Rollitos de primavera de verduras, 28
   Salsa roja y verde, 286
   Sorpresas de pavo con queso, 38
   Tapas de pizza a la francesa, 498
   Tostadas con langostinos, 198
   Totopos de maíz, 335
   Trozos de chorizo con queso, 286
Apio, rosquitas de, 575
**Arroz**
   Arroz cocido al vapor, 234
   Arroz con leche y chocolate, 468
   Arroz frito, 232
   Arroz verde, 330
   Ensalada de pollo a la laguna, 156
   Molde de camarones, 42
   Relleno de arroz silvestre con champiñones, 543
   Risotto alla Milanese, 276
**Arvejas**
   Arvejas con pepinos y eneldo, 124
   Carne de vaca a la oriental, 74
   extraer las arvejas, 124
   sacar las fibras de las vainas, 126
   Spetzque, 84
**Avena**
   Galletas con pedacitos de chocolate, naranja y nueces, 356
   Soles tostados con queso, 34
Azúcar cernida, diseños de, 583
Azúcar con mantequilla, relleno de, 464

azúcar flor, cernir, 384
**Azúcar quemada**
  Barras con azúcar quemada, chocolate y pacanas, 364
  Flores de azúcar quemada, 458
  Pastel de chocolate con avellanas, 457
  Relleno de azúcar quemada, 440
  Rosas de azúcar quemado, 588
  Tarta de pacanas con mantequilla y azúcar quemada, 439
Azúcar terciada con mantequilla, brownies de, 382

**B**
Barras con azúcar quemada, chocolate y pacanas, 364
Barras de merengue a la vienesa, 389
Barras de tablero de ajedrez, 386
Batido, 406
Batido de dulce de manzana, 462
**Bebidas**
  Café a la vienesa, 506
  Sidra calentada con azúcar y especias, 508
**Berenjenas**
  Fettuccine al estilo caponata, 110
  Pimentones partidos rellenos con ratatouille, 128
Biscotti de almendras con pedacitos de chocolate, 396
Bola de nieve con pan rallado encima, 104
Bolitas de melón con hojas, 569
Brazo de reina elegante de chocolate, 414
**Brécol**
  Aros de verduras en cabezas de brécol, 98
  Brécol con pimentón rojo y chalotas, 528
  cocer al vapor, 70
  cortar los tallos, 70
  Pasta con brécol, 70
  pelar los tallos, 98
  Rollitos de primavera de verduras, 28
**Brownies**
  Brownies a la irlandesa, 384
  Brownies con pedacitos de chocolate y menta, 380
  Brownies con trozos de chocolate blanco, 378
  Brownies de azúcar terciada con mantequilla, 382
  Brownies de naranja a lo capuchino, 470
**Bruselas**
  Bruselas cocidos en caldo, 100
  Bruselas con salsa de mostaza, 526
  comprobar si están hechas, 100
  preparación, 100

**C**
Cabello de ángel, pasta de, con salsa de ají picante, 65

**Cacao**
  Brazo de reina elegante de chocolate, 414
  Crema de cacao, 426
  Diseños de cacao cernido, 583
  Galletas en blanco y negro, 372
  Galletas sin horno para una ocasión especial, 360
  Pastel de ángel con chocolate, 420
  Relleno de cacao con frutos secos, 426
  Torta de chocolate, 477
  Torta de chocolate con nata cortada, 425
  Torta de postre con techo, 422
  Torta selva negra, 417
Café a la vienesa, 506
**Calabazas/Zapallos/Auyamas**
  Calabaza de Neptuno, 138
  cortar en rodajas, 140
  Flores de calabaza de verano, 572
  Manojos de porotos verdes, 94
  Mariposas de calabaza de verano, 580
  Pastel de calabaza con praliné, 546
  Rodajas de calabaza con chutney, 140
  Rollitos de primavera de verduras, 28
  Torta de calabaza de primera, 444
**Calamares**
  Calamares fritos con salsa tártara, 268
  cortar en anillos, 268
  limpiar, 268
  Mariscos frescos con ensalada de linguine, 52
Caldo de pavo con menudos, 512
Caldo rápido de carne, 58
**Camarones**
  Molde de camarones, 42
**Camote**
  Camotes y manzanas a la cazuela, 134
  Gratinado de camote, 530
Canapés del suroeste para picar, 32
Canapés venecianos, 240
**Carne de ternera**
  golpear, 264
  Ternera a la parmesana, 264
**Carne de vaca** (*ver también* **Carne molida**)
  asados, introducir el termómetro, 513
  Carne de pecho de vaca, 518
  Carne de vaca con anacardos, 212
  Carne de vaca con pimentones, 214
  Chimichangas de carne, 298
  Costillas de primera con Yorkshire pudding y salsa de rábano picante con nata, 513
  Enchiladas de carne, 301
  Fajitas, 316
  golpear hasta obtener un grosor de 1/4 pulgada [6 mm], 316
  Relleno del picadillo, 314
  Tacos picantes de carne, 304

**Carne molida**
    Caldo rápido de carne, 58
    Carne de vaca a la oriental, 74
    Chili, 318
    dorar, 318
    Lasaña de espinacas, 261
    Ravioles con cuatro clases de carne, 255
    Relleno surtido con cuatro clases de carne, 256
    Spetzque, 84

**Cascarón**
    aplastar la masa, 460
    Cascarón con tapa, 461
    Cascarón de chocolate con avellanas, 458
    Cascarón de macadamias, 478
    Cascarón sin tapa, 460
    hacer borde acanalado, 452
    hacer cortes en el cascarón, 450
    mezclar la manteca, 460

**Cebollas**
    Carne desmenuzada de cerdo con cebollas, 216
    Cebollas a la crema, 118
    Cebollas sin pelar asadas, 120
    escaldar, 118
    Focaccia de cebolla con queso, 25
    Frijoles frescos en salsa de cebolla, 96
    picar, 22, 58
    Pasta de espinacas y ajo con salsa de ajo y cebolla, 62
    Salsa de ajo y cebolla, 64

**Cebollines**
    Roscas de cebollín, 206, 575
    Rosquitas de cebollín, 575

**Cerdo** (*ver también* **Chorizo, salchicha y carne de salchicha**)
    abrir, 320
    Arroz frito, 232
    Burritos de carne de cerdo, 306
    Carne de cerdo a la parrilla, 206
    Carne desmenuzada de cerdo con cebollas, 216
    Cerdo a la parrilla marinado con chiles, 320
    Conchas rellenas para la cena dominical, 76
    Empanaditas chinas, 200
    Enrollados para entremeses, 203
    Filete de cerdo glaseado, 520
    golpear para obtener grosor de 1/4 pulgada [6 mm], 320
    Pollo chow mein, 222
    Queso de soja Ma Po, 228
    Ravioles con cuatro clases de carne, 255
    Relleno surtido con cuatro clases de carne, 256
    Sopa long, 210

**Cerezas**
    Dulce de cerezas para adorno, 418
    Flores de cereza, 566

**Champiñones**
    Antipasto con champiñones marinados, 242
    Champiñones acanalados, 579
    Champiñones con huevos, 20
    Champiñones marinados, 244
    Fusilli Pizzaiolo, 72
    limpiar los sombrerillos, 115
    Pasta con pollo y ajo sin sal, 78
    Pollo alla Firenze, 186
    Pollo Wellington, 516
    Ratatouille de tres champiñones, 496
    Relleno de arroz silvestre con champiñones, 543
    sacar los tallos, 214
    Sopa de champiñones exóticos, 115

**Chile**
    Chile del bueno, 170
    Chili, 318

**Chiles/ajíes**
    chiles, a la parrilla, 284
    Chiles, flores de, 581
    chiles, limpiar, 285
    Chiles rellenos, 313
    chiles, sacar las semillas, 128

Chimichangas de carne, 298

**Chocolate**
    Arroz con leche y chocolate, 468
    Barras de tablero de ajedrez, 386
    Brazo de reina elegante de chocolate, 414
    Café a la vienesa, 506
    Cascarón de chocolate con avellanas, 458
    Crema de chocolate, 424
    Cuadraditos de torta de queso con chocolate, 362
    derretir en baño María, 474
    derretir en microondas, 375
    derretir sobre agua caliente, 394
    Figuras de chocolate, 582
    Figuras de chocolate recortadas, 585
    Fresas con baño de chocolate, 426
    Galletas austríacas de chocolate y azúcar flor, 368
    Galletas austríacas de dos tonos, 370
    Galletas con ventanilla de damasco, 394
    Galletas de chocolate rápidas, 340
    Galletas de manteca de maní con doble baño de chocolate, 358
    Galletas de puntilla de chocolate, 400
    Glaseado de chocolate, 412, 550
    Hojas de chocolate, 587
    Macarrones de chocolate, 366
    Mousse de chocolate con turrón de avellanas, 489
    Pastel de chocolate con avellanas, 457
    Pastel de mousse de frambuesa y chocolate, 472
    Postre de chocolate doble, 474

rallar, 426
raspar, 506
Rosquitas de chocolate, 550, 589
Sándwiches de chocolate y cardamomo, 398
Sándwiches de helado tradicionales, 375
Torta cremosa de trufas de chocolate, 549

**Chorizo, salchicha y carne de salchicha**
Chimichangas de carne, 298
Farditos de queso con salchicha, 502
quitar la piel del chorizo, 286
Relleno de pan de maíz con carne de salchicha, 540
Relleno surtido con cuatro clases de carne, 256
Ravioles con cuatro clases de carne, 255
Trozos de chorizo con queso, 286

Chutney de arándanos con manzana, 538
Cioppino, 245

**Coco**
Bocados de pescado con coco, 500
Cuadraditos de torta de queso con coco, 484
Galletas en barra fáciles, 346
Macarrones con pedacitos de chocolate, 344
Pollo al coco con chutney fresco, 184
Relleno de cacao con frutos secos, 426
Torta aterciopelada de coco con especias, 436
Torta de queso con coco, 484

**Coliflor**
Bola de nieve con pan rallado encima, 104
Rollitos de primavera de verduras, 28
preparación, 104

Conchas rellenas para la cena dominical, 76
Copa de pimentón, 577
Copas de tomate rellenos de Tabbouleh, 142
Copas de tortilla, 595

**Cordero**
introducir termómetro, 522
Pierna asada de cordero, 522
Pierna asada de cordero con hueso, 522

Crema batida con azúcar, 550
Crema de chocolate, 424
Crema de naranja, 438
Crema de nata montada, 418
Crema de queso de nata para cubrir, 410

**Cremas, glaseados y nevados**
Crema de cacao, 426
Crema de chocolate, 424
Crema de mantequilla, 440
Crema de naranja, 438
Crema doble montada, 418
Fondant con cheurones, 584
Fondant irlandés de crema, 384
Glaseado de chocolate, 412, 550
Glaseado de coñac, 442
Glaseado de crema, 462
Nevado de crema, 444

Crema para montar, 472
Croquetas de chirivía, 122
Cuadraditos de torta de queso con chocolate, 362

**Curry**
Curry de pollo con manzana, 162
Enrollados de pollo al curry, 182

**D**
Damasco, galletas con ventanilla de, 394
Diseños de cacao/azúcar cernida, 583
Dulces de leche con nueces negras, 466

**E**
Empanaditas chinas, 200
Enrollados de pescado con salsa de jaiba, 226
Enrollados para entremeses, 203

**Ensaladas de plato principal**
Ensalada china de pollo caliente, 154
Ensalada de pollo a la laguna, 156
Ensalada griega con pollo y nueces, 160
Ensalada tropical de piña, 158
Mariscos frescos con ensalada de linguine, 52
Pollo tailandés con ensalada de fettuccine, 50

**Ensaladas para acompañar**
Ensalada briosa de zapallitos y garbanzos, 328
Ensalada de jícama y pepino, 326
Ensalada de pasta en copas de alcachofa, 55
Verduras mixtas con vinagreta de frambuesas, 536

**Espárragos**
Corona de espárragos, 92
pelar los tallos, 92
Pollo y espárragos con salsa de frijoles negros, 218

**Espinacas**
Conchas rellenas para la cena dominical, 76
Empanaditas de queso con espinacas, 22
Espinacas a la mandarina, 136
Lasaña de espinacas, 261
Ñoquis de espinacas, 274
Pasta de espinacas y ajo con salsa de ajo y cebolla, 62
Pollo alla Firenze, 186
Relleno surtido con cuatro clases de carne, 256
Ravioles con cuatro clases de carne, 255
sacar humedad sobrante, 76
sacar tallos, 62

Espirales de chocolate con canela y nueces, 392
Estrellas de zanahoria, 574

**F**
Fajitas, 316
Fettuccine al estilo caponata, 110

Fettuccine casero, 252
Fettuccine clásico de Alfredo, 252
Fideos fritos, 234
Fideos lo mein con langostinos, 224
Figuras de chocolate, 582
Figuras de chocolate recortadas, 585
Figuras de mantequilla, 594
Figuras de masa, 593
Filete de cerdo glaseado, 520
Filice de pollo al ajo, 164
Flautas con relleno de pollo, 294
Flores de zapallito/calabaza de verano, 572
Flores de chiles/ají, 581
Fondant con cheurones, 584
Fondant irlandés de crema, 384
**Frambuesas**
    Barras de merengue a la vienesa, 389
    Pastel de mousse de frambuesa y chocolate, 472
    Tortitas de queso con frambuesas, 482
**Fresas**
    Abanicos de fresa, 568
    Fresas con baño de chocolate, 426
**Frijoles**
    Ensalada briosa de zapallitos y garbanzos, 328
    frescos, sacar los granos de las vainas, 96
    Frijoles frescos en salsa de cebolla, 96
    Frijoles refritos, 332
    Manojos de porotos verdes, 94
    Menestrón alla Milanese, 248
Frijoles refritos, 332
Frittata mediterránea con salsa, 82
**Frutas** *(ver individualmente también)*
    Bolitas de melón con hojas, 569
    Ensalada de pollo a la laguna, 156
    Ensalada tropical de piña, 158
    Frutas recubiertas de azúcar, 564
    melón, hacer bolitas, 188
    melón, pelar, 569
    Pastel de frutas, 450
    Pollo al coco con chutney fresco, 184
    Pollo con frutas y mezcla de mostazas, 188
    Verduras mixtas con vinagreta de frambuesas, 536
Frutas, pastel de, 450
Frutas recubiertas de azúcar, 564
**Frutos secos** *(ver también* **Almendras; Cacahuetes; Nueces; Pacanas***)*
    avellanas, frotar para quitar la piel, 386
    Carne de vaca con anacardos, 212
    Cascarón de chocolate con avellanas, 458
    Cascarón de macadamias, 478
    Fusilli Pizzaiolo, 72
    moler, 504
    Mousse de chocolate con turrón de avellanas, 489
    Pastel de chocolate con avellanas, 457
    Pastel de queso con piña y macademias, 478
    Relleno de cacao con frutos secos, 426
    Rosetas de maíz en tiempo de cosecha, 36
    tostar en sartén, 250
    Turrón de avellanas, 490

## G
**Galletas** *(ver también* **Galletas en barra; Brownies***)*
    aplastar la masa, 370
    aplastar la masa entre hojas de papel de cera, 375
    cortar la masa, 374
    Espirales de chocolate con canela y nueces, 392
    Galletas austríacas de chocolate y azúcar flor, 368
    Galletas austríacas de dos tonos, 370
    Galletas con pedacitos de chocolate, naranja y nueces, 356
    Galletas con pedacitos de chocolate y manteca de maní, 342
    Galletas con ventanilla de damasco, 394
    Galletas de chocolate rápidas, 340
    Galletas de manteca de maní con doble baño de chocolate, 358
    Galletas de plátano con pedacitos de chocolate, 352
    Galletas de puntilla de chocolate, 400
    Galletas en barra fáciles, 346
    Galletas en blanco y negro, 372
    Galletas gigantes con pedacitos de chocolate, especiales para niños, 354
    Galletas sin horno para una ocasión especial, 360
    guardar, 348
    introducir en chocolate derretido, 358
    Lo último en galletas con pedacitos de chocolate, 348
    Macarrones con pedacitos de chocolate, 344
    Macarrones de chocolate, 366
    Ositos de jengibre, 558
    Rugelach, 556
    Sándwiches de chocolate y cardamomo, 398
    Sándwiches de helado tradicionales, 375
    uso del cortador de galletas, 368
**Galletas en barra** *(ver también* **Brownies***)*
    Barras con azúcar quemada, chocolate y pacanas, 364
    Barras de merengue a la vienesa, 389
    Biscotti de almendras con pedacitos de chocolate, 396
    Cuadraditos de torta de queso con chocolate, 362
    Galletas de mantequilla con pedacitos de chocolate, 350

Galletas en barra fáciles, 346
Galletas sin horno para una ocasión especial, 360
Gazpacho, 292
**Gelatina**
   ablandar, 42
   disolver, 457
   sacar del molde, 42
**Glaseados (ver Cremas, Glaseados y Nevados)**
Goma, lazos de, 586
Guacamole clásico, 290

## H
Hojas de chocolate, 587
Huachinango (pargo) en salsa de chiles y tomates, 322
**Huevos**
   Champiñones con huevos, 20
   claras, batir, 220
   duros, 20
   Frittata mediterránea con salsa, 82
   Pollitos de huevo, 592
   separar, 62

## J
**Jaiba**
   Enrollados de pescado con salsa de jaiba, 226
   Jaiba con hierbas y pasta, 68
   Molde de camarones, 42
   sacar los caparazones, 68
**Jengibre**
   Ositos de jengibre, 558
   picar, 212
   rallar, 40
   Torta de peras con jengibre, 480
Tostadas de pollo, 296

## L
**Langostinos**
   Arroz frito, 232
   Calabaza de Neptuno, 138
   Cazuela de langostinos en pasta de cabello de ángel, 80
   Cioppino, 245
   descascarar, 16
   Enrollados para entremeses, 203
   Fideos lo mein con langostinos, 224
   Langostinos, 16
   Langostinos al horno con mantequilla de chiles y ajo, 324
   Mariscos frescos con ensalada de linguine, 52
   Pollo chow mein, 222
   sacar la vena, 16
   Sopa de wonton, 208
   Tostadas con langostinos, 198

Lasaña de espinacas, 261
Lasaña fría de mariscos y queso con hierbas, 18
Lazos de goma, 586
**Lechuga**
   romper las hojas, 536
   secar en ensaladera giratoria, 536
levadura, fermentar, 25
**Lima**
   Aliño de lima con comino, 296
   extraer el jugo, 168
   Mariposas de lima, 567
   Secciones de lima, 571
**Limón**
   extraer el jugo, 164
   Mariposas de limón, 567
   Pan dulce de girasol con limón, 432
   quitar la cáscara, 164
   rodajitas de limón retorcidas, 432
   Rodajas rayadas, 565
   Secciones de limón, 571
Linzer Torte, 552

## M
Macadamias, cascarón de, 478
Macarrones de chocolate, 366
**Maíz**
   Choclos con mantequilla a la parrilla, 106
   preparación, 106
   sacar los granos del choclo, 108
   Salsa de maíz con tomatillo, 108
   Spetzque, 84
**Maní**
   Torta de postre con techo, 422
   Relleno de maní, 424
Manojos de porotos verdes, 94
**Manteca de maní**
   Galletas de manteca de maní con doble baño de chocolate, 358
   Galletas gigantes con pedacitos de chocolate, especiales para niños, 354
   Macarrones con pedacitos de chocolate, 344
   Pastel con crema de manteca de maní, 454
   Relleno de maní, 424
Mantequilla con chile, 308
Mantequilla, crema de, 440
Mantequilla, figuras de, 594
Mantequilla, puré de papas con, 534
**Manzanas**
   Batatas y manzanas a la cazuela, 134
   Chutney de arándanos con manzana, 538
   Copas de manzana, 570
   Curry de pollo con manzana, 162
   Ensalada de pollo a la laguna, 156
   Pastel dorado de manzanas, 452
   Pollo relleno con glaseado de manzana, 192
   sacar el tallo, el corazón y las semillas, 156

Sidra calentada con azúcar y especias, 508
Torta streusel de manzana, 428

**Mariscos** (*ver* **Almejas; Calamares; Camarones; Cangrejo; Gambas; Mejillones; Vieiras**)
Mariscos frescos con ensalada de linguine, 52
Masa, figuras de, 593
Mazorcas con mantequilla a la parrilla, 106
Menestrón alla Milanese, 248

**Mejillones**
desbarbar, 52
Mariscos frescos con ensalada de linguine, 52

**Mocha**
Café a la vienesa, 506
Brownies de naranja a lo capuchino, 470
Mousse de chocolate con turrón de avellanas, 489

### N
Nachos olé, 288

**Naranja**
Brownies de naranja a lo capuchino, 470
Crema de naranja, 438
Espinacas a la mandarina, 136
Galletas con pedacitos de chocolate, naranja y nueces, 356
Pollo agridulce del rancho, 178
rallar cáscara, 40
Rodajas rayadas de cítricos, 565
rodajitas retorcidas de naranja, 38
Rosa de naranja confitada, 438
sacar la cáscara, 178
Suflés individuales de naranja, 554
Torta de naranja y almendras a la española, 434
Zanahorias glaseadas con naranja, 524

**Nueces**
Dulces de leche con nueces negras, 466
Ensalada griega con pollo y nueces, 160
Espirales de chocolate con canela y nueces, 392
Galletas con pedacitos de chocolate, naranja y nueces, 356
Rugelach, 556
tostar en sartén, 160

### O
**Ostiones**
Calabaza de Neptuno, 138
Ostiones à la Schaller, 44

### P
**Pacanas**
Batido de dulce de manzana, 462
moler, 180
Pechugas de pollo con pacanas, 180
Praliné para recubrir, 548
Torta de harina de maíz con coñac y pacanas, 442
Torta de pacanas con mantequilla y azúcar quemada, 439
Torta de queso con coco, 484
Palitos de pesto con queso, 504
Rosetas en tiempo de cosecha, 36
Pan de maíz, 542

**Pan con levadura**
amasar, 26
duplicar el volumen original, 26
Focaccia de cebolla con queso, 25
hacer que la levadura fermente, 25

**Pan rápido**
Canapés del suroeste para picar, 32
Pan de maíz, 542
Tortillas de harina de trigo, 333
Tortillas de maíz, 334

**Papaya**
pelar, 158
picar, 158

**Pastas**
amasar a mano, 64
amasar con máquina de hacer pasta, 65
Caldo rápido de carne, 58
Carne de vaca a la oriental, 74
Carne de vaca con pimentones, 214
Cazuela de langostinos en pasta de cabello de ángel, 80
Conchas rellenas para la cena dominical, 76
cortar la masa con cuchillo, 250
cortar la masa con máquina de hacer pasta, 66
Ensalada de pasta en copas de alcachofa, 55
Fettuccine al estilo caponata, 110
Fettuccine casero, 252
Fettuccine clásico de Alfredo, 252
Fideos fritos, 234
Fideos lo mein con langostinos, 224
Frittata mediterránea con salsa, 82
Fusilli Pizzaiolo, 72
Jaiva con hierbas y pasta, 68
Lasaña de espinacas, 261
Lasaña fría de mariscos y queso con hierbas, 18
Mariscos frescos con ensalada de linguine, 52
Ñoquis de espinacas, 274
Pasta casera de cabello de ángel con salsas de tomate clásicas, 258
Pasta con brécol, 70
Pasta con pollo y ajo sin sal, 78
Pasta de cabello de ángel con salsa de chile picante, 65
Pasta de espinacas y ajo con salsa de ajo y cebolla, 62
Pesto clásico con linguine, 250
Pollo con almendras, 220

Pollo chow mein, 222
Pollo tailandés con ensalada
   de fettuccine, 50
Ravioles con cuatro clases de carne, 255
Sopa de calabacines, tomates y fideos, 60
Spetzque, 84
Vermicelli, 235
Pastel de ángel con chocolate, 420
**Pasteles** (*ver también* **Cascarón;
Tortas**)
   Pastel con crema de manteca de maní, 454
   Pastel de calabaza con praliné, 546
   Pastel de chocolate con avellanas, 457
   Pastel de frutas, 450
   Pastel de mousse de frambuesa y chocolate,
     472
   Pastel de queso con piña y macadamias, 478
   Pastel dorado de manzanas, 452
**Papas**
   Latkes de papas, 532
   pasar por el pasapurés, 534
   Papas rojas gratinadas, 130
   Papas suizas, 132
   Puré de papas bajo en calorías, 534
   Puré de papas con mantequilla, 534
**Pavo**
   introducir termómetro, 510
   Pavo asado con salsa de la bandeja, 510
   rellenar, 540
   Sorpresas de pavo con queso, 38
   untar con el jugo de la bandeja, 510
**Pedacitos de chocolate** (*ver también*
**Chocolate**)
   Barras con azúcar quemado, chocolate y
     pacanas, 364
   Barras de merengue a la vienesa, 389
   Biscotti de almendras con pedacitos de
     chocolate, 396
   Brownies con pedacitos de chocolate
     y menta, 380
   Espirales de chocolate con canela y
     nueces, 392
   Galletas con pedacitos de chocolate, naranja y
     nueces, 356
   Galletas con pedacitos de chocolate y manteca
     de cacahuete, 342
   Galletas de banana con pedacitos de
     chocolate, 352
   Galletas de mantequilla con pedacitos de
     chocolate, 350
   Galletas en barra fáciles, 346
   Galletas gigantes con pedacitos de chocolate,
     especiales para niños, 354
   Lo último en galletas con pedacitos de
     chocolate, 348
   Macarrones con pedacitos de chocolate, 344
   Torta con pedacitos de chocolate, 464

**Pepinos**
   Arvejas con pepinos y eneldo, 124
   Ensalada de jícama y pepino, 326
   Gazpacho de pollo, 172
   pelar, 172
   sacar las semillas, 14
   Sopa fría de pepino, 14
**Peras**
   Torta de peras con jengibre, 480
   Torta de peras frescas, 430
perejil, moler, 22
**Pescado** (*ver también* *Almejas;
Calamares;* **Jaiba**; **Langostinos;
Mejillones; Ostiones**)
   Bocados de pescado con coco, 500
   Cioppino, 245
   Enrollados de pescado con salsa de jaiba, 226
   Huachinango (pargo) en salsa de chiles y
     tomates, 322
   Lasaña fría de mariscos y queso
     con hierbas, 18
Pesto clásico con linguine, 250
Pierna asada de cordero, 522
Pierna asada de cordero con hueso, 522
**Piña**
   Ensalada tropical de piña, 158
   Pastel de queso con piña y macadamias, 478
**Pimentones**
   Aros de verduras en cabezas de brécol, 98
   Brécol con pimentón rojo y chalotas, 528
   Carne de vaca con pimentones, 214
   Copa de pimentón, 577
   cortar en aros, 98
   cortar los costados, 72
   Pimentones partidos rellenos
     con ratatouille, 128
   sacar el tallo y las semillas, 98
   sacar las semillas, 128
   Triángulos de pimentón, 573
Pollitos de huevo, 592
**Pollo**
   Alas de pollo picantes con miel, 40
   asado, cortar, 78
   asar a la parrilla, 78
   Barquitos de aguacate con pollo, 174
   Chile del bueno, 170
   cocido, desmenuzar, 153
   cocido, picar en cubitos, 156
   cocido, sacar los huesos, 156
   comprobar si está hecho, 50
   crudo, aplanar pechugas, 150
   crudo, cortar en pedazos, 50
   crudo, deshuesar, 222
   crudo, despellejar, 150
   crudo, despellejar y deshuesar pechugas, 152
   crudo entero, despresar, 150
   crudo entero, dividir, 151

Curry de pollo con manzana, 162
Enrollados de pollo al curry, 182
Ensalada china de pollo caliente, 154
Ensalada griega con pollo y nueces, 160
Ensalada de pollo a la laguna, 156
Filice de pollo al ajo, 164
Flautas con relleno de pollo, 294
Gazpacho de pollo, 172
Mole de pollo, 310
Pasta con pollo y ajo sin sal, 78
Pechugas de pollo con pacanas, 180
Pechugas de pollo salteadas con tomates secados al sol, 190
Pizza casera, 271
Polenta clásica, 278
Pollo agridulce del rancho, 178
Pollo al coco con chutney fresco, 184
Pollo alla Firenze, 186
Pollo chow mein, 222
Pollo clásico a la marsala, 266
Pollo con almendras, 220
Pollo con eneldo (bajo en calorías), 176
Pollo con frutas y mezcla de mostazas, 188
Pollo olímpico de Seúl, 166
Pollo picante, 168
Pollo picante a la parrilla, 308
Pollo relleno con glaseado de manzana, 192
Pollo tailandés con ensalada de fettuccine, 50
Pollo Wellington, 516
Pollo y espárragos con salsa de frijoles negros, 218
Ravioles con cuatro clases de carne, 255
Relleno surtido con cuatro clases de carne, 256
Tostadas de pollo, 296

**Postres** (*ver también* **Brownies; Galletas en barra; Galletas; Mousse; Pasteles; Tortas; Tortitas**)
Linzer Torte, 552
Postre de chocolate doble, 474
Suflés individuales de naranja, 554
Torta de queso con coco, 484
Tortitas de queso con frambuesas, 482
Tiramisu, 486
Praliné para recubrir, 548

## Q
**Queso**
Adornos de queso crema, 591
Antipasto con champiñones marinados, 242
Arroz verde, 330
Batido de dulce de manzana, 462
Burritos de carne de cerdo, 306
Canapés del suroeste para picar, 32
Carne de vaca a la oriental, 74
Cazuela de langostinos en pasta de cabello de ángel, 80

Chimichangas de carne, 298
Empanaditas de queso con espinacas, 22
Enchiladas de carne, 301
Ensalada griega con pollo y nueces, 160
Farditos de queso con salchicha, 502
Fettuccine clásico de Alfredo, 252
Flautas con relleno de pollo, 294
Focaccia de cebolla con queso, 25
Lasaña de espinacas, 261
Lasaña fría de mariscos y queso con hierbas, 18
Nachos Olé, 288
Ñoquis de espinacas, 274
Palitos de pesto con queso, 504
Pasta con brécol, 70
Pastel de queso con piña y macadamias, 478
Pechugas de pollo salteadas con tomates secados al sol, 190
Pizza casera, 271
Polenta clásica, 278
Pollo clásico a la marsala, 266
queso crema, ablandar, 478
Queso de crema para cubrir, 410
Salsa para tacos, 30
Soles tostados con queso, 34
Sorpresas de pavo con queso, 38
Spetzque, 84
Tacos picantes de carne, 304
Torta de queso con coco, 484
Torta de zanahoria, 408
Tortitas de queso con frambuesas, 482
Ternera a la parmesana, 264
Tiramisu, 486
Tostadas de pollo, 296
Trozos de chorizo con queso, 286
Queso de soja Ma Po, 228

## R
Rábanos, abanicos de, 576
Ravioles con cuatro clases de carne, 255
**Rellenos**
Relleno de arroz silvestre con champiñones, 543
Relleno de azúcar con mantequilla, 464
Relleno de azúcar quemada, 440
Relleno de cacao con frutos secos, 426
Relleno del picadillo, 314
Relleno de maní, 424
Relleno de natillas, 412
Relleno de pan de maíz con carne de salchicha, 540
Relleno surtido con cuatro clases de carne, 256
**Repollo**
Menestrón alla Milanese, 248
Pollo chow mein, 222
rallar, 248

sacar el corazón, 210
Sopa long, 210
Risotto alla Milanese, 276
Rodajas de calabaza con chutney, 140
Rodajas rayadas de cítricos, 565
Rollitos de primavera de verduras, 28
Rosa de naranja confitada, 438
Rosas de azúcar quemada, 588
Rosas de tomate, 578
Roscas de cebollín, 206, 575
Roscas de tocino, 590
Rosquitas de apio, 575
Rosquitas de cebollín, 575
Rosquitas de chocolate, 550, 589
Rugelach, 556

## S

**Salsas y cremas**
    Guacamole clásico, 290
    Salsa, 502
    Salsa agridulce, 204
    Salsa de ajo y cebolla, 64
    Salsa de chile picante, 66, 302
    Salsa de maíz con tomatillo, 108
    Salsa de rábano picante con nata, 514
    Salsa de tomate, 82, 314
    Salsa de tomate fresca, 300
    Salsa de tomates pera, 256
    Salsa napolitana, 260
    Salsa para acompañar, 500
    Salsa para tacos, 30
    Salsa pizzaiola, 260
    Salsa roja y verde, 286
    Salsa tártara, 270
Sándwiches de chocolate y cardamomo, 398
semillas de sésamo, tostar, 310

**Sofritos**
    Carne desmenuzada de cerdo con cebollas, 216
    Carne de vaca a la oriental, 74
    Carne de vaca con anacardos, 212
    Carne de vaca con pimentones, 214
    Fideos lo mein con langostinos, 224
    Pollo chow mein, 222
    Pollo con almendras, 220
    Pollo y espárragos con salsa de frijoles negros, 218
    Queso de soja Ma Po, 228
    Zapallitos al estilo de Shanghai, 230

**Sopas** (*ver también* **Chile**)
    Cioppino, 245
    Gazpacho, 292
    Menestrón alla Milanese, 248
    Sopa de champiñones exóticos, 115
    Sopa de tomate dorada, 12
    Sopa de wonton, 208
    Sopa de zapallitos, tomates y fideos, 60
    Sopa fría de pepino, 14
    Sopa long, 210
Spetzque, 84
Suflés individuales de naranja, 554

## T

Tacos, salsa para, 30

**Tapas**
    Canapés del suroeste para picar, 32
    Rosetas de maíz en tiempo de cosecha, 36
    Soles tostados con queso, 34
    Totopos de maíz, 335
Tapas de pizza a la francesa, 498

**Técnicas**
    aguacate, sacar el cuesco, 174
    ajo, aplastar, 58
    ajonjolí, semillas de, tostar, 310
    ajo, picar, 166
    alcachofas, comprobar si están listas, 55
    alcachofas, preparación, 55
    alcachofas, sacar la rebaba pilosa, 56
    almejas, cocer, 245
    almejas, limpiar, 245
    almendras, dorar en sartén, 310
    almendras, tostar al horno, 389
    apio, cortar en diagonal, 74
    arvejas, extracción, 124
    avellanas, frotar para quitar la piel, 386
    azúcar flor, cernir, 384
    bandeja, sacar el glaseado, 512
    brécol, cocer al vapor, 70
    brécol, pelar los tallos, 98
    brécol, sacar los tallos, 70
    Bruselas, comprobar si están hechas, 100
    Bruselas, preparación, 100
    calabaza, cortar en rodajas, 140
    calamares, cortar en anillos, 268
    calamares, limpiar, 268
    carne de cerdo, abrir, 320
    carne de cerdo, golpear para obtener grosor de 1/4 pulgada [6 mm], 320
    carne de cordero, introducir termómetro, 522
    carne de ternera, golpear, 264
    carne de vaca, asada; introducir termómetro, 513
    carne de vaca, golpear para obtener grosor de 1/4 pulgada [6 mm], 316
    carne de vaca, molida, dorar, 318
    cascarón, estirar la masa, 460
    cascarón, hacer borde acanalado, 452
    cascarón, hacer cortes, 450
    cascarón, mezclar la manteca, 460
    cebolla, escaldar, 118
    cebolla, picar con cuchillo, 58
    cebolla, picar en procesador de alimentos, 22,
    cebollino, picar con tijeras, 224

champiñones, limpiar los sombrerillos, 115
champiñones, sacar los tallos, 214
chiles, a la parrilla, 284
chiles, limpiar, 285
chiles, sacar las semillas, 66
chocolate, derretir en baño María, 474
chocolate, derretir en microondas, 375
chocolate, derretir sobre agua caliente, 394
chocolate, rallar, 426
chocolate, raspar, 506
chorizo, quitar la piel, 286
coliflor, preparación, 104
crema doble, 472
espárragos, pelar los tallos, 92
espinacas, sacar humedad sobrante, 76
espinacas, sacar tallos, 62
frijoles, sacar los granos de las vainas, 96
frutos secos, moler, 504
frutos secos, tostar en sartén, 250
galletas, estirar la masa, 370
galletas, estirar la masa entre hojas de papel de cera, 375
galletas, guardar, 348
galletas, introducir en chocolate derretido, 358
galletas, moldear la masa en bolitas, 342
galletas, uso del cortador de galletas, 368
gelatina, ablandar, 42
gelatina, disolver, 457
gelatina, sacar del molde, 42
glaseado, sacarlo de la bandeja, 512
huevos, batir las claras, 220
huevos, duros, 20
huevos, separar, 62
jaiba, sacar los caparazones, 68
jengibre, picar, 212
jengibre, rallar, 40
juliana, cortar en, 102
langostinos, descascarar, 16
langostinos, sacar la vena, 16
lechuga, romper las hojas, 536
lechuga, secar en ensaladera giratoria, 536
levadura, fermentar, 25
lima, extraer el jugo, 168
limón, extraer el jugo, 164
limón, quitar la cáscara, 164
limón, rodajitas retorcidas, 432
maíz, preparación, 106
maíz, sacar los granos del choclo, 108
manzana, sacar tallo, corazón y semillas, 156
masa con levadura, duplica en volumen, 26
masa con levadura, amasar, 26
mejillones, desbarbar, 52
melón, hacer bolitas, 188
melón, pelar, 569
naranja, rallar cáscara, 40

naranja, rodajitas retorcidas, 38
naranja, sacar la cáscara, 178
nueces, tostadas en sartén, 160
pacanas, moler, 180
papas, pasar por pasapurés, 534
papaya, pelar, 158
papaya, picar, 158
pasta, amasar a mano, 64
pasta, amasar con máquina de hacer pasta, 65
pasta, cortar la masa con cuchillo, 250
pasta, cortar la masa con máquina de hacer pasta, 66
pavo, introducir termómetro, 510
pavo, rellenar, 540
pavo, untar con el jugo de la bandeja, 510
pepino, pelar, 172
pepino, sacar las pepas, 14
perejil, moler, 22
pimentones, cortar en aros, 98
pimentones, cortar los costados, 72
pimentones, sacar el tallo y las semillas, 98
pimentones, sacar las semillas, 128
pollo, asado a la parrilla, 78
pollo, asado, cortar, 78
pollo cocido, cortar en cubitos, 156
pollo cocido, desmenuzar, 153
pollo cocido, sacar los huesos, 156
pollo, comprobar si está hecho, 50
pollo crudo, aplanar pechugas, 150
pollo crudo, cortar en pedazos, 50
pollo crudo, deshuesar, 222
pollo crudo, despellejar, 150
pollo crudo, despellejar y deshuesar pechugas, 152
pollo crudo entero, despresar, 150
pollo crudo entero, dividir, 151
queso crema, ablandar, 478
repollo, rallar, 248
repollo, sacar el corazón, 210
tirabeque, sacar las fibras de las vainas, 126
tomates, pelar, 230
tomates, sacar pepitas, 12
tomates, sacar pulpa y pepitas, 142
tomates secados al sol, picar, 190
tortas, espolvorear con harina y forrar bandeja, 414
tortas, espolvorear moldes con harina, 422
tortas, medir las capas, 411
tortas, probar para ver si están hechas, 410
tortas, repartir la masa entre diferentes moldes, 422
tortas, sacar las migas de las capas, 422
tortas, separar para formar capas, 411
tortas, untar con manteca molde chimenea, 408
trinchar, asado de carne de ternera en trozo, 494

trinchar, asados sin hueso, 494
trinchar, pavo asado, 495
trinchar, pierna de cordero con hueso, 495
zanahorias, cortar en juliana, 102
zanahorias, probar para ver si están hechas, 524
zanahorias, rallar, 408
zapallitos, hacer lazos, 144

Tirabeque
Tirabeque con ajonjolí, 126
Tiramisu, 486
Tiritas crujientes de zapallito, 144

**Tocino**
Roscas de tocino, 590
Vieiras à la Schaller, 44

**Tomates**
Copas de tomate rellenos de Tabbouleh, 142
Gazpacho, 292
Huachinango (pargo) en salsa de chiles y tomates, 322
Pasta casera de cabello de ángel con salsas de tomate clásicas, 258
Pechugas de pollo salteadas con tomates secados al sol, 190
pelar, 230
Rosas de tomate, 578
sacar pepitas, 12
sacar pulpa y pepitas, 142
Salsa de tomate, 82, 314
Salsa de tomate fresca, 300
Salsa de tomates pera, 256
secados al sol, picar, 190
Sopa de zapallitos, tomates y fideos, 60
Sopa de tomate dorada, 12

**Tortas, batidos y bizcochos**
Batido, 406
Batido de dulce de manzana, 462
Brazo de reina elegante de chocolate, 414
espolvorear molde con harina, 422
medir la altura de las capas, 411
Pan dulce de girasol con limón, 432
Pastel de ángel con chocolate, 420
probar para ver si está hecha, 410
repartir la masa entre diferentes moldes, 422
sacar las migas de las capas, 422
separar para formar capas, 411
Torta aterciopelada de coco con especias, 436
Torta con pedacitos de chocolate, 464
Torta cremosa de trufas de chocolate, 549
Torta de calabaza de primera, 444
Torta de chocolate, 477
Torta de chocolate con crema cortada, 425
Torta de crema de Boston, 411
Torta de harina de maíz con coñac y pacanas, 442
Torta de naranja y almendras a la española, 434
Torta de pacanas con mantequilla y azúcar quemada, 439

Torta de peras con jengibre, 480
Torta de peras frescas, 430
Torta de postre con techo, 422
Torta de zanahoria, 408
Torta selva negra, 417
Torta streusel de manzana, 428
untar con manteca y forrar la bandeja para brazo de reina, 414
untar con manteca molde chimenea, 408
Tortillas de harina de trigo, 333
Tortillas de maíz, 334
Tortitas de queso con frambuesas, 482
Totopos de maíz, 335
Triángulos de pimentón, 573

**Trinchar**
asados sin hueso, 494
asado de carne de ternera en trozo, 494
pavo asado, 495
pierna de cordero con hueso, 493
Turrón de avellanas, 490

**V**
Verduras mixtas con vinagreta de frambuesas, 536
Vinagreta de albahaca, 56

**Y**
**Yogur**
Pechugas de pollo con pacanas, 180
Pollo con eneldo (bajo en calorías), 176
Yorkshire pudding, 514

**Z**
Zabaglione, 488
**Zanahorias**
cortar en juliana, 102
Estrellas de zanahoria, 574
Palitos de zanahoria, 102
Pollo alla Firenze, 186
probar para ver si están hechas, 524
rallar, 408
Torta de zanahoria, 408
Zanahorias glaseadas con naranja, 524

**Zapallitos**
Ensalada briosa de zapallitos y garbanzos, 328
Flores de zapallito, 572
hacer lazos, 144
Mariposas de zapallito, 580
Menestrón alla Milanese, 248
Pimentones partidos rellenos con ratatouille, 128
Sopa de zapallitos, tomates y fideos, 60
Tiritas crujientes de zapallito, 144
Zapallitos al estilo de Shanghai, 230

# TABLA DE CONVERSION METRICA

### MEDIDAS DE VOLUMEN (seco)

⅛ cuchardita = 0.5 mL
¼ cuchardita = 1 mL
½ cuchardita = 2 mL
¾ cuchardita = 4 mL
1 cuchardita = 5 mL
1 cucharada = 15 mL
2 cucharadas = 30 mL
¼ taza = 60 mL
⅓ taza = 75 mL
½ taza = 125 mL
⅔ taza = 150 mL
¾ taza = 175 mL
1 taza = 250 mL
2 tazas = 1 pinta = 500 mL
3 tazas = 750 mL
4 tazas = 1 cuarto = 1 L

### Medidas De Volumen (Liquido)

1 onza liquido (2 cucharadas) = 30 mL
4 onzas liquido (½ taza) = 125 mL
8 onzas liquido (1 taza) = 250 mL
12 onzas liquido (1½ tazas) = 375 mL
16 onzas liquido (2 tazas) = 500 mL

### PESO (sólidos)

½ onza = 15 g
1 onza = 30 g
3 onzas = 90 g
4 onzas = 120 g
8 onzas = 225 g
10 onzas = 285 g
12 onzas = 360 g
16 onzas = 1 Libra = 450 g

### DIMENSIONES

¹⁄₁₆ pulgada = 2 mm
⅛ pulgada = 3 mm
¼ pulgada = 6 mm
½ pulgada = 1.5 cm
¾ pulgada = 2 cm
1 pulgada = 2.5 cm

### TEMPERATURA HORNO

250°F = 120°C
275°F = 140°C
300°F = 150°C
325°F = 160°C
350°F = 180°C
375°F = 190°C
400°F = 200°C
425°F = 220°C
450°F = 230°C

### MEDIDAS PARZA RECIPIENTES DE HORNEAR

| Utensilios | Medidas En Pulgadas/Cuartos | Volúmen Métrico | Medidas En Centimetros |
|---|---|---|---|
| Torteras | 8x8x2 | 2 L | 20x20x5 |
| De Hornear | 9x9x2 | 2.5 L | 22x22x5 |
| (cuadradas | 12x8x2 | 3 L | 30x20x5 |
| Rectangulares) | 13x9x2 | 3.5 L | 33x23x5 |
| Molde De | 8x4x3 | 1.5 L | 20x10x7 |
| Pan Inglés | 9x5x3 | 2 L | 23x13x7 |
| Torteras | 8x½ | 1.2 L | 20x4 |
| Redondas | 9x1½ | 1.5 L | 23x4 |
| Plato | 8x1¼ | 750 mL | 20x3 |
| Para Tartas | 9x1¼ | 1 L | 23x3 |
| Fuente ó | 1 cuartos | 1 L | — |
| Cacerola | 1½ cuartos | 1.5 L | — |
| De Hornear | 2 cuartos | 2 L | — |